KB084461

HSK
3급
고수들의
합격전략
4주 단기완성

시대
고시
기획

PREFACE 머리말

"쌤! HSK는 어떤 책이 좋아요?"

강의를 하다 보면 학생들이 가장 많이 하는 질문인데 책이 너무 다양해서 어떤 책이 좋은지 모르겠다는 것이다. 서점에는 HSK 관련 서적이 매년 새롭게 출시된다. 학생들은 그중에서도 단기간에 적은 에너지를 들이면서 높은 성적을 얻을 수 있는 '가성비가 좋은' 책을 원한다. 그러나 공부는 로또가 아니다. 학습자들의 '노력'이 반드시 수반되어야 한다. 다만 우리가 쌓아온 노하우, 십수 년이 넘는 기간 동안 중국어 교육에 몸담으면서 HSK라면 꿈에서도 학습 맵, 기출 문제가 그려지는 전문 강사들에게는 '이건 꼭 나와!'라고 자신있게 말할 수 있는 노하우가 있다. 지금까지 강의한 경험을 살려 이 노하우를 책으로 엮고자 했지만 여러 가지 상황으로 착수가 어려웠다. 그러다 비슷한 고민을 하고 계신 좋은 선생님들과 인연이 닿아 본 교재를 집필하게 되었다. 우리가 책을 집필하면서 가장 고민한 부분은 두 부분인데, 학생들이 가장 어려워하고 알고 싶어 하는 것을 쉽고, 논리적으로 접근해야 한다는 것과 시험에 가장 많이 출제되는 문제와 이론을 재구성하는 것이었다. 이를 위해 각자 오래 시간 동안 쌓아 온 빅데이터를 기반으로 본서를 기획하고 집필하였다.

"쌤! HSK를 따면 뭐가 좋아요?"

HSK는 중국 정부가 공인하는 가장 대표적인 중국어 능력 시험이다. 대외중국어 교학, 언어학, 심리학 전문가들이 모여 〈국제 언어 능력 표준〉에서 제시한 상용어휘를 바탕으로 출제하기 때문에 중국어 능력 평가 시험 중 국제적으로도 가장 권위가 있다. 우리나라에서 중국어를 한다면 반드시 따야 하는 어학 자격증인 HSK는 대학 진학 및 졸업, 취업 및 승진에 중요한 평가 기준으로 활용된다. 특히 '취업'을 위해 HSK를 공부한다고 말하는 학생들은 약 80% 이상에 달한다. 국제 정세에 따라 어느 정도 변동이 있을 수는 있지만, 기업에서의 중국어 실력자의 수요는 꾸준히 늘어나고 있어 중국어는 이미 영어와 함께 반드시 갖추어야 할 제2외국어로 자리매김하였다. 이는 우리나라의 대중국 무역 의존도를 봐도 충분히 실감할 수 있는 부분이다. 따라서 이제는 중국어 시험이 대학 입시, 취업의 조건 등에 국한되지 않고 인생의 중요한 도약을 할 때마다 거치는 관문이 된다는 것을 생각해볼 때 그 중요성은 우리 곁에서 흔히 볼 수 있는 중국인 관광객만큼이나 자명한 것이다.

이 책이 한 번에 일확천금을 얻는 로또는 아니지만, 단기간에 좋은 성적을 얻을 수 있는 가성비가 좋은 책이라는 것은 자부한다. 우리는 함께 수많은 논의를 거쳐 내용을 다듬었고 학생들의 의문점을 해소하고 중국어 실력을 최대한 향상시킬 수 있는 데에 주안점을 두었다. 본서가 사회의 첫걸음, 꿈을 향한 도약을 하는 학습자들에게 든든한 디딤돌이 되길 바란다.

저자 **이지현, 이선민, 김보름, 김혜연**

HSK 소개

❶ HSK란?

HSK(汉语水平考试)는 제1언어가 중국어가 아닌 사람의 중국어 능력을 평가하기 위해 만들어진 중국 정부 유일의 국제 중국어 능력 표준화 시험입니다. 생활 · 학습 · 업무 등 실생활에서의 중국어 운용 능력을 평가하며 현재 세계 112개 국가, 860개 지역에서 시행되고 있습니다.

❷ 시험 방식

- **HSK PBT(Paper-Based Test)** : 시험지와 OMR답안지로 진행하는 시험
- **HSK IBT(Internet-Based Test)** : 컴퓨터로 진행하는 시험

❸ HSK의 용도 및 등급별 수준

HSK는 국내외 대학(원) 및 특목고 입학 · 졸업 시 평가 기준, 중국 정부 장학생 선발 시 평가 기준, 각급 업체 및 기관의 채용 · 승진 시 평가 기준이 되는 시험입니다. 총 1급~6급으로 구성되어 있으며, 등급별 수준은 하단의 표와 같습니다.

급수	수준
HSK 6급 (5,000 단어 이상)	중국어 정보를 듣거나 읽는 데 있어 쉽게 이해할 수 있으며, 중국어를 이용하여 구두 또는 서면 형식으로 자신의 견해를 유창하고 적절하게 전달할 수 있다.
HSK 5급 (2,500 단어 이상)	중국 신문과 잡지를 읽을 수 있고, 중국 영화 또는 TV프로그램을 감상할 수 있다. 또한 중국어로 비교적 완전한 연설을 할 수 있다.
HSK 4급 (1,200 단어 이상)	여러 분야의 화제에 대해 중국어로 토론할 수 있다. 또한 비교적 유창하게 중국인과 대화하고 교류할 수 있다.
HSK 3급 (600 단어 이상)	중국어로 일상생활, 학습, 업무 등 각 상황에서 기본적인 회화를 할 수 있다. 또한 중국 여행 시 겪게 되는 대부분의 상황에서 중국어로 대응할 수 있다.
HSK 2급 (300 단어 이상)	중국어로 간단하게 일상생활에서 일어나는 화제에 대해 이야기할 수 있다.
HSK 1급 (150 단어 이상)	간단한 중국어 단어와 문장을 이해하고 사용할 수 있으며, 기초적인 일상 회화를 할 수 있다.

❹ 접수 방법

인터넷 접수	HSK한국사무국 홈페이지(www.hsk.or.kr)를 통해 접수
우편 접수	구비 서류를 준비하여 HSK한국사무국에 등기우편으로 발송 ❖ 구비 서류 : 응시원서(홈페이지 다운로드), 사진 2장(1장은 응시원서에 부착), 응시비 입금영수증
방문 접수	서울공자아카데미에 방문하여 접수 ❖ 구비 서류 : 응시원서(홈페이지 다운로드), 사진 3장, 응시비

❺ 시험 당일 준비물

- 수험표 : 인터넷/우편 접수 시 홈페이지에서 출력, 방문 접수 시 접수처에서 배부
- 유효신분증 & 필기구 : '주민등록증, 운전면허증, 기간 만료 전의 여권, 주민등록증 발급신청확인서, 청소년증, 청소년증 발급신청확인서' 등의 신분증 & '2B연필 및 지우개' 등의 필기구

❻ HSK 3급 시험의 구성

시험 내용		문항수		시험 시간	점수
듣기	제1부분	10	40문항	약 35분	100점
	제2부분	10			
	제3부분	10			
	제4부분	10			
듣기 영역에 대한 답안 작성시간				5분	
독해	제1부분	10	30문항	30분	100점
	제2부분	10			
	제3부분	10			
쓰기	제1부분	5	10문항	15분	100점
	제2부분	5			
총계		**80문항**		**약 85분**	**300점**

▶ 각 영역별 만점은 100점으로 총점 180점 이상이면 합격

▶ 성적 조회 : HSK IBT는 시험일로부터 2주 후 조회 가능, HSK PBT는 시험일로부터 1개월 후 조회 가능, 수험표 상의 수험번호와 성명을 입력하여 조회할 수 있음 (중국고시센터 홈페이지 : http://www.chinesetest.cn)

▶ 성적표는 시험일로부터 45일 후 수령 가능하며 시험 성적은 시험일로부터 2년간 유효함

듣기

듣기 제1부분 : 대화를 듣고 일치하는 사진 고르기 (총 10문항 / 1번~10번)

남녀의 짧은 대화를 듣고 시험지에 주어진 여러 사진 중 일치하는 것을 고르는 유형으로, 녹음은 두 번씩 들려줍니다.

듣기 제1부분 문제 예시

第1-5题

[보기]

A 

B 

C 

D 

E 

F 

[문제]

1. □

[녹음 지문]

男：我等了一个多小时了，怎么还没到我呢？

女：这家餐厅非常有名，总是排很长的队。

듣기 제2부분 : 녹음을 듣고 일치/불일치 판단하기 (총 10문항 / 11번~20번)

녹음의 내용과 시험지에 제시된 문장이 일치하는지 일치하지 않는지를 판단하는 문제로 녹음을 모두 두 번씩 들려줍니다.

듣기 제2부분 문제 예시

[문제]

11. ★ 从这儿到机场很近。 (　　　)

[녹음 지문]

不用担心，从这儿到机场打车只要二十分钟，我们不会晚的。

듣기 제3, 4부분 : 대화를 듣고 질문에 답하기 (총 20문항 / 21번~40번)

남녀의 대화를 듣고 마지막에 제시하는 질문에 알맞은 답을 고르는 문제로 제3부분(21번~30번)은 남녀가 한 번씩 주고 받는 대화이고, 제4부분(31번~40번)은 남녀가 두 번씩 주고 받는 대화입니다. 녹음은 모두 두 번씩 들려줍니다.

듣기 제3부분 문제 예시

[문제]

21. A 骑自行车
B 弹钢琴
C 游泳

[녹음 지문 및 질문]

男：你会骑自行车吗？
女：我不会，你教教我吧，我一直想学。

问：女的想学什么？

듣기 제4부분 문제 예시

[문제]

31. A 写报告　B 吃饭　C 约会

[녹음 지문 및 질문]

男：饭都做好了，准备吃饭了。
女：等一会儿，这个报告马上写完。
男：吃后再写呗，菜冷了就不好吃了。
女：你先吃，我马上就写完了。

问：女的在做什么？

독해

독해 제1부분 : 연결되는 문장 고르기 (총 10문항 / 41번~50번)

5개의 보기 중에서 제시된 문장과 의미가 연결되거나 서로 상응하는 문장을 고르는 문제입니다.

독해 제1부분 문제 예시

[보기]

A 可以先生，一共是478元5角。
B 不是，我一直在家里玩电子游戏呢。
C 小静，帮我开一下窗户好吗？谢谢。
D 这件衬衫你花了多少钱？
E 当然。我们先坐地铁，然后换出租车。
F 听说你要去中国留学，你什么时候去啊？

[문제]

41. 我肚子还是不舒服，吃药也没用。 (　　　)

독해 제2부분 : 빈칸에 알맞은 단어 넣기 (총 10문항 / 51번~60번)

문장의 빈칸에 들어갈 알맞은 단어를 제시된 보기 중에서 고르는 문제 유형입니다.

독해 제2부분 문제 예시

[보기]

A 年轻　B 先　C 节日　D 虽然　E 声音　F 洗澡

[문제]

51. 这张照片是我十年前照的，那时我很(　　　)。

독해 제3부분 : 단문을 읽고 질문에 답하기 (총 10문항 / 61번~70번)

지문을 읽고 제시된 질문에 알맞은 답을 고르는 유형입니다.

독해 제3부분 문제 예시

61. 如果你想去北京旅游，那么你最好找一家在地铁站附近的宾馆住，因为北京地铁非常方便，坐地铁可以去很多地方。

★ 根据这段话，北京的地铁：

A 很干净　　B 很方便　　C 很安静

쓰기

쓰기 제1부분 : 어순 배열하기 (총 5문항 / 71번~75번)

제시된 어휘를 중국어의 어순에 맞게 배열하여 하나의 완벽한 문장을 완성하는 문제입니다.

쓰기 제1부분 문제 예시

71. 自己的　　他已经　　房间　　打扫了

쓰기 제2부분 : 빈칸에 알맞은 한자 쓰기 (총 5문항 / 76번~80번)

빈칸에 들어갈 알맞은 한자를 쓰는 문제로 빈칸 위에는 해당 한자의 병음이 제시되어 있습니다.

쓰기 제2부분 문제 예시

76. 我学习时，有（ tīng ）音乐的习惯，你有没有这样的习惯？

HSK 3급 합격 노하우

HSK 3급 준비반(20명)

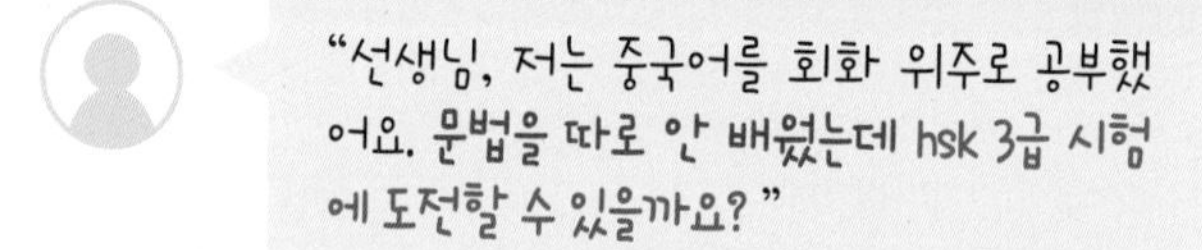

"선생님, 저는 중국어를 회화 위주로 공부했어요. 문법을 따로 안 배웠는데 hsk 3급 시험에 도전할 수 있을까요?"

"HSK에 한자 쓰는 문제가 있다는데 정말인가요?ㅠㅠ 저는 중고등학교 때 한자 수업이 없었거든요~ 한자 읽는 것도 어려운데 쓰는 거 너무 어려워요~~"

"선생님, 저는 4급 성적이 필요해서 이번에 시험삼아 3급을 보려고 해요. 3급 성적이 있으면 4급 시험 준비를 좀 더 수월하게 할 수 있을까요?"

- 문법을 체계적으로 배운 적이 없는 분들
- 한자 쓰기가 부담되시는 분들
- 4급 시험의 발판으로 3급 시험에 응시하는 분들

학습자분들은 대부분 이런 고민을 하고 계십니다.
이러한 고민의 완벽한 해법이 될 HSK 합격 노하우를
이제 공개합니다!!!

GUIDE

HSK 시험을 처음 준비하는 분들 중에는 중국어의 모든 문법과 단어를 알고 있어야 한다는 부담을 가진 분들이 많이 계십니다. 그래서 목표 급수를 높이 설정하거나 HSK가 어떤 시험인지 알기 전에 무작정 두꺼운 책부터 고르곤 합니다. 이것이 잘못된 것은 아니지만, 공부가 지치지 않기 위해서는 장거리(5, 6급)와 단거리(눈앞에 필요한 급수) 목표에 따라 전략을 잘 세우는 것이 중요합니다.

우선, 학습에 대한 너무 많은 부담을 내려놓고, HSK 시험이 어떤 형식으로 출제되는지 파악합니다. 각 부분마다 평가하는 언어 능력(듣기, 독해, 쓰기)이 다르기 때문에 문제 유형을 파악하면 스스로 문제를 푸는 요령을 터득할 수 있습니다. 지피지기면 백전백승이다! 문제를 알아야 풀지요.

다음, 필요한 표현만 공부하던 회화 학습에서 벗어나, 이제 문장 분석의 기초가 되는 문장 성분을 익혀, 문장 어순에 대한 감각을 길러야 합니다. 이 말은 복잡한 문법 용어를 외우라는 말이 아니라, '주어 + 술어 + 목적어'를 판단하는 감각을 기르라는 말입니다. 이 기본 뼈대만 잘 세워도 근육과 살(보어, 부사어, 관형어)을 간단하게 붙여 나갈 수 있습니다.

그리고 나서, 전문가의 노하우를 적극 활용합니다. HSK 전문 강사의 강의 노하우가 담긴 출제 빈도가 높은 문제와 핵심 이론을 집중적으로 공략합니다. HSK는 다루는 주제와 문법의 범위가 넓고, 제한된 시간 안에 풀어야 하기 때문에 전략적인 접근이 없으면 시작부터 쉽게 지치게 됩니다. HSK 고수들이 알려주는 3급 빈출 문제 유형 70개를 합격 공략과 함께 차근차근 풀어 보세요.

마지막으로, HSK 3급의 문제 유형은 2급의 짧은 단어에서 문장으로 확장되고, 어휘량도 두 배로 늘어납니다. 따라서 국가한반에서 제공한 3급 필수 어휘를 꼭 암기해야 합니다.

HSK는 긴 시간보다는 전략적으로 단기간 집중해서 준비하는 것이 유리합니다. 학습자 여러분의 친절한 학습 가이드가 되어 줄 본 교재의 합격 공략법 70개를 공략1부터 차근차근 꾸준히 학습해 봅시다. 체계적인 학습 플랜을 따라 학습하다 보면 4주 후에는 시험에 대한 자신감과 실력이 모두 향상된 자신을 발견하게 될 것입니다.

여러분 모두의 합격을 기원합니다!

교재의 구성 & 합격전략

「HSK 3급 고수들의 합격전략」은 HSK 전문 강사들이 다년간 축적한 HSK 3급 합격 공략법 70개를 단기간에 효과적으로 학습할 수 있도록 구성한 교재입니다. 교재는 '영역별 유형 분석 및 풀이 전략 파악 → 유형별 기본기 다지기 → 유형별 합격 공략 비법을 익혀 실전 문제 풀어보기 → 실전 테스트 풀기 → 영역별 미니모의고사 풀기 → 실전모의고사로 마무리'의 효과적인 흐름으로 구성하였습니다. 합격에 필수적인 기본기를 다지는 것부터 시작해 실전모의고사까지 풀어볼 수 있어 교재 한 권만으로도 '기본 개념 탑재 + 실전 대비'가 가능합니다. 아래의 그림을 보면 각 영역별 합격 공략을 한눈에 파악할 수 있어 학습량을 예상할 수 있습니다.

GUIDE

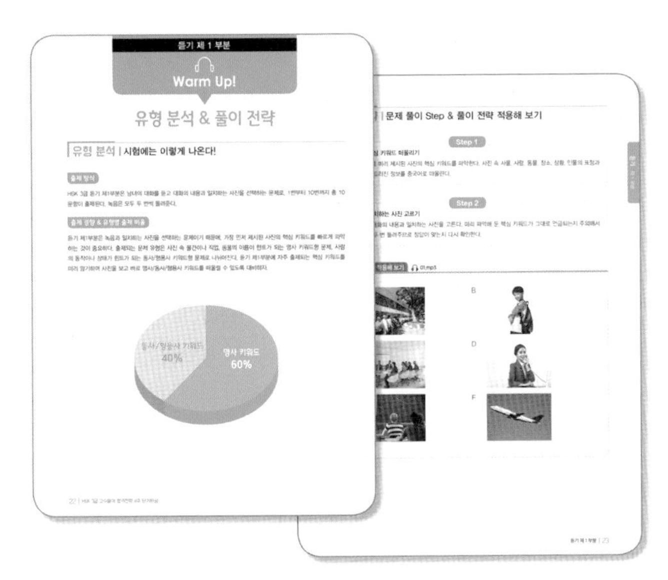
듣기 제 1 부분
Warm Up!
유형 분석 & 풀이 전략
유형 분석 | 시험에는 이렇게 나온다!
| 문제 풀이 Step & 풀이 전략 적용해 보기
Step 1
Step 2
동사/형용사 키워드 40%
명사 키워드 60%

1
유형 분석 & 풀이 전략

문제를 알고 푼다!

듣기 · 독해 · 쓰기의 영역별 문제 유형 및 출제 빈도를 분석하였고 HSK 전문 강사의 노하우가 담겨 있는 '문제 접근법 + 정답률을 높이는 방법'을 수록하였습니다. 또한 문제 풀이 STEP을 통해 문제에 대한 자신감을 가질 수 있습니다.

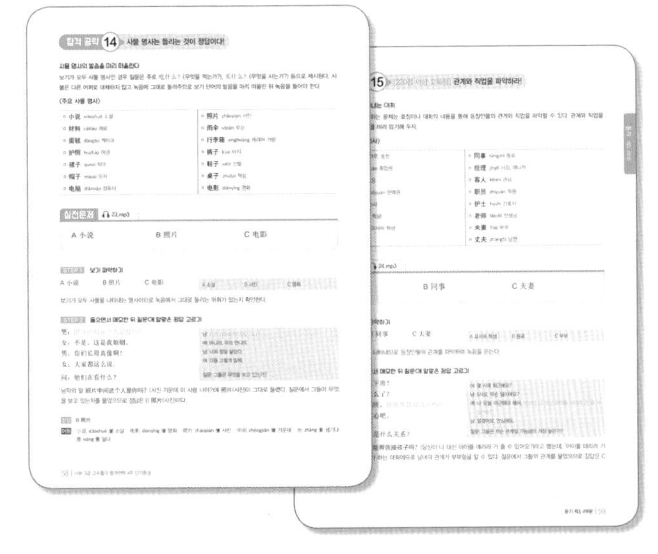
합격 공략 14 사물 명사는 들리는 것이 정답이다!
실전문제
A 小说　B 照片　C 电影
B 同事　C 丈夫

2
70개 합격 공략법

시험 문제 여기서 다 나온다!

HSK 3급 듣기 · 독해 · 쓰기 전 영역에서 가장 많이 출제되는 문제를 70개로 분류한 뒤 이에 맞는 합격 공략법 70개를 제시하였습니다. 각 합격 공략은 '① 공략법 및 주요 문법 · 어휘 학습 → ② 공략법에 따라 실전 문제 직접 풀어보기'의 2단계로 구성됩니다.

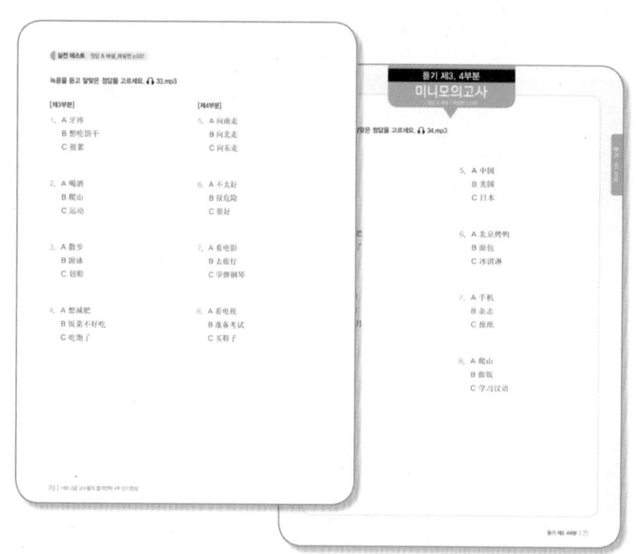
실전 테스트

녹음을 듣고 알맞은 정답을 고르세요. 33.mp3

[제3부분]

1. A 牙疼 B 想吃饼干 C 很累
2. A 喝酒 B 爬山 C 运动
3. A 散步 B 游泳 C 划船
4. A 想减肥 B 饭菜不好吃 C 吃饱了

[제4부분]

5. A 向南走 B 向北走 C 向东走
6. A 不太好 B 很危险 C 很好
7. A 看电影 B 去旅行 C 学弹钢琴
8. A 看电视 B 准备考试 C 买鞋子

듣기 제3, 4부분

미니모의고사

알맞은 정답을 고르세요. 34.mp3

5. A 中国 B 美国 C 日本
6. A 北京烤鸭 B 面包 C 冰淇淋
7. A 手机 B 杂志 C 报纸
8. A 爬山 B 做饭 C 学习汉语

3

실전테스트 & 미니모의고사

문제량으로 승부한다!

각 합격 공략 비법을 학습한 뒤엔 배운 내용을 점검할 수 있도록 5~10문제 분량의 '실전테스트'를 수록하였습니다. 또한 듣기 제1부분, 듣기 제2부분 등 영역별 실전 감각도 기를 수 있도록 10~16문제 분량의 '영역별 미니모의고사'를 수록하였습니다.

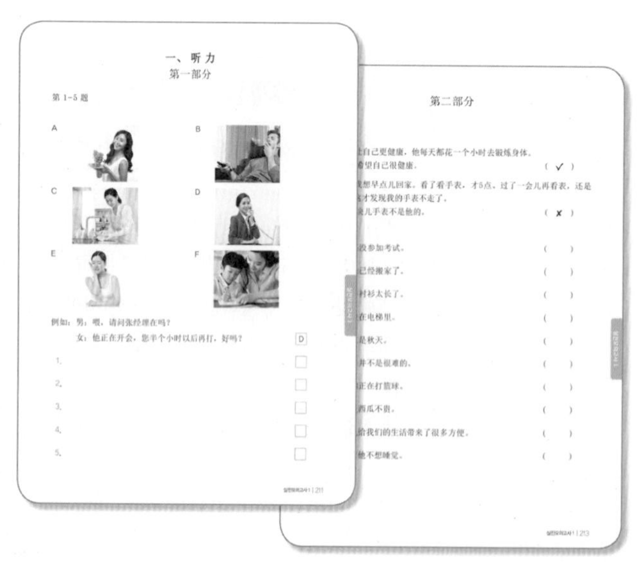
一、听力

第一部分

第 1-5 题

例如：男：喂，请问张经理在吗？

女：他正在开会，您半个小时以后再打，好吗？ D

1.
2.
3.
4.
5.

第二部分

自己更健康，他每天都花一个小时去锻炼身体。
希望自己很健康。 (✓)

想早点儿回家。看了看手表，才5点。过了一会儿再看表，还是才发现我的手表不走了。
儿手表不是他的。 (✗)

没参加考试。 ( )
已经搬家了。 ( )
衬衫太长了。 ( )
在电梯里。 ( )
是秋天。 ( )
并不是很难的。 ( )
正在打篮球。 ( )
西瓜不贵。 ( )
给我们的生活带来了很多方便。 ( )
他不想睡觉。 ( )

4

최종 모의고사 2회분

시험장 분위기 그대로!

70개의 합격 공략과 영역별 미니모의고사를 모두 푼 뒤에는 실제 시험 형식으로 자신의 실력을 테스트해 볼 수 있도록 실전모의고사 2회분을 수록하였습니다. 실제 시험 시간을 설정하여 OMR 답안지에 직접 마킹함으로써 시간 분배 감각을 익힐 수 있습니다.

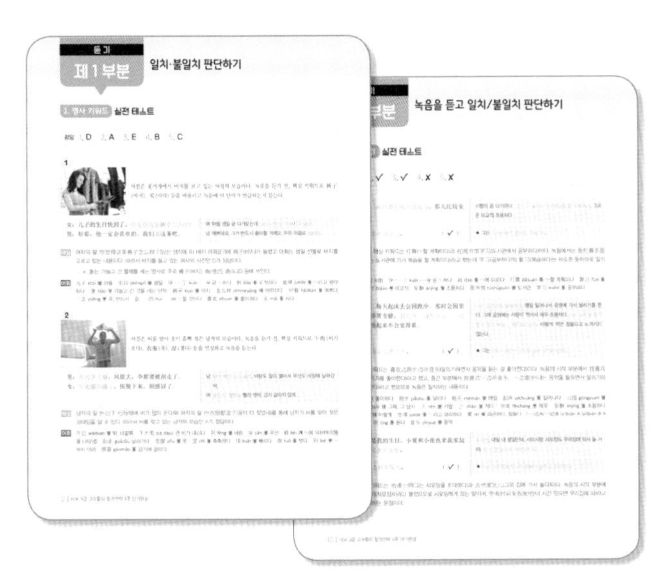

5
명쾌한 해설

읽기만 해도 정답 노하우가!

교재의 실전테스트, 영역별 미니모의고사, 실전모의고사의 해설 · 해석 · 어휘가 담긴 해설편을 분권으로 수록하였습니다. 모든 문제의 해설은 문제 풀이 STEP에 따라 전개되기 때문에 해설을 읽는 것만으로도 문제 푸는 방법을 자연스럽게 익힐 수 있습니다.

6
3급 필수 어휘 단어장

2급과 3급의 징검다리!

HSK 3급 필수 어휘는 총 600개로 2급의 두 배입니다. 또한 쓰기 영역이 새롭게 추가되기 때문에 단어를 쓸 줄도 알아야 합니다. 이를 위해 3급 단어장에는 필수 어휘 600개를 제공하였고, 또한 듣기, 쓰기의 왕기초를 다질 수 있도록 '듣기 기초 훈련'과 '쓰기 기초 훈련'을 수록하였습니다.

목차

듣기

독해

GUIDE

■ 독해 제3부분

쓰기

■ 쓰기 제1부분

■ 쓰기 제2부분

실전모의고사

▶ 학습 플랜 활용법

❶ 아래의 학습 플랜에 따라 3급 합격 공략법 70개를 4주 동안 학습할 수 있습니다.
❷ 학습 플래너의 각 날짜별로 배정된 학습 내용을 그날그날 학습합니다.
❸ 학습을 완료하면 '학습 완료'에 체크(V) 표시를 합니다.
❹ 학습 플래너는 자신의 학습 속도 및 분량에 맞게 조절해서 사용할 수 있습니다.
(ex) 이틀치를 하루에 학습할 경우 '2주 완성 학습 플랜'으로 활용이 가능합니다.

• 학습 시작 날짜: ______월 ______일 • 학습 종료 날짜: ______월 ______일
• 하루 평균 학습 시간: _____시간 • 시험 예정일: ______월 ______일

1 주차	**DAY 01** ______월 ______일 [듣기 제1부분] 합격 공략 01~03 + 실전테스트 학습 완료 ( )	**DAY 02** ______월 ______일 [듣기 제1부분] 합격 공략 04~06 + 실전테스트 + 미니모의고사 학습 완료 ( )	**DAY 03** ______월 ______일 [듣기 제2부분] 합격 공략 07~09 + 실전테스트 학습 완료 ( )
DAY 04 ______월 ______일 [듣기 제2부분] 합격 공략 10~12 + 실전테스트 + 미니모의고사 학습 완료 ( )	**DAY 05** ______월 ______일 [듣기 제3, 4부분] 합격 공략 13~15 + 실전테스트 학습 완료 ( )	**DAY 06** ______월 ______일 [듣기 제3, 4부분] 합격 공략 16~18 + 실전테스트 학습 완료 ( )	**DAY 07** ______월 ______일 [듣기 제3, 4부분] 합격 공략 19~21 + 실전테스트 + 미니모의고사 학습 완료 ( )
2 주차	**DAY 08** ______월 ______일 [독해 제1부분] 합격 공략 22~24 + 실전테스트 학습 완료 ( )	**DAY 09** ______월 ______일 [독해 제1부분] 합격 공략 25~27 + 실전테스트 + 미니모의고사 학습 완료 ( )	**DAY 10** ______월 ______일 [독해 제2부분] 합격 공략 28~30 + 실전테스트 학습 완료 ( )

DAY 11 _____월 _____일 [독해 제2부분] 합격 공략 31~33 + 실전테스트 학습 완료 (　　)	**DAY 12** _____월 _____일 [독해 제2부분] 합격 공략 34~36 + 실전테스트 학습 완료 (　　)	**DAY 13** _____월 _____일 [독해 제2부분] 합격 공략 37~39 + 실전테스트 학습 완료 (　　)	**DAY 14** _____월 _____일 [독해 제2부분] + 미니모의고사 학습 완료 (　　)
3 **주차**	**DAY 15** _____월 _____일 [독해 제3부분] 합격 공략 40~42 + 실전테스트 학습 완료 (　　)	**DAY 16** _____월 _____일 [독해 제3부분] 합격 공략 43~45 + 실전테스트 학습 완료 (　　)	**DAY 17** _____월 _____일 [독해 제3부분] + 미니모의고사 학습 완료 (　　)
DAY 18 _____월 _____일 [쓰기 제1부분] 합격 공략 46~48 + 실전테스트 학습 완료 (　　)	**DAY 19** _____월 _____일 [쓰기 제1부분] 합격 공략 49~51 + 실전테스트 학습 완료 (　　)	**DAY 20** _____월 _____일 [쓰기 제1부분] 합격 공략 52~54 + 실전테스트 학습 완료 (　　)	**DAY 21** _____월 _____일 [쓰기 제1부분] 합격 공략 55~57 + 실전테스트 학습 완료 (　　)
4 **주차**	**DAY 22** _____월 _____일 [쓰기 제1부분] 합격 공략 58~60 + 실전테스트 학습 완료 (　　)	**DAY 23** _____월 _____일 [쓰기 제1부분] 합격 공략 61~63 + 실전테스트 학습 완료 (　　)	**DAY 24** _____월 _____일 [쓰기 제1부분] 합격 공략 64~66 + 실전테스트 + 미니모의고사 학습 완료 (　　)
DAY 25 _____월 _____일 [쓰기 제2부분] 합격 공략 67~68 + 실전테스트 학습 완료 (　　)	**DAY 26** _____월 _____일 [쓰기 제2부분] 합격 공략 69~70 + 실전테스트 + 미니모의고사 학습 완료 (　　)	**DAY 27** _____월 _____일 실전모의고사 1 학습 완료 (　　)	**DAY 28** _____월 _____일 실전모의고사 2 학습 완료 (　　)

듣기
제1부분

대화를 듣고 일치하는 사진 고르기

Warm Up!

유형 분석 & 풀이 전략

1. 명사 키워드

사물, 직업, 동물을 나타내는 단어 듣기

2. 동사/형용사 키워드

동작, 상태를 나타내는 단어 듣기

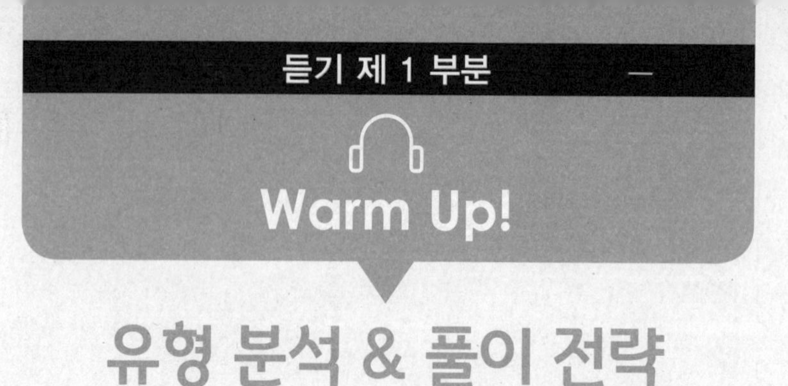

유형 분석 & 풀이 전략

유형 분석 | 시험에는 이렇게 나온다!

출제 방식

HSK 3급 듣기 제1부분은 남녀의 대화를 듣고 대화의 내용과 일치하는 사진을 선택하는 문제로, 1번부터 10번까지 총 10문항이 출제된다. 녹음은 모두 두 번씩 들려준다.

출제 경향 & 유형별 출제 비율

듣기 제1부분은 녹음과 일치하는 사진을 선택하는 문제이기 때문에, 가장 먼저 제시된 사진의 핵심 키워드를 빠르게 파악하는 것이 중요하다. 출제되는 문제 유형은 사진 속 물건이나 직업, 동물의 이름이 힌트가 되는 명사 키워드형 문제, 사람의 동작이나 상태가 힌트가 되는 동사/형용사 키워드형 문제로 나뉘어진다. 듣기 제1부분에 자주 출제되는 핵심 키워드를 미리 암기하여 사진을 보고 바로 명사/동사/형용사 키워드를 떠올릴 수 있도록 대비하자.

풀이 전략 | 문제 풀이 Step & 풀이 전략 적용해 보기

Step 1

사진을 보고 핵심 키워드 떠올리기

녹음을 듣기 전에 미리 제시된 사진의 핵심 키워드를 파악한다. 사진 속 사물, 사람, 동물, 장소, 상황, 인물의 표정과 행동 등 가장 두드러진 정보를 중국어로 떠올린다.

Step 2

녹음을 듣고 일치하는 사진 고르기

녹음을 들으며 대화의 내용과 일치하는 사진을 고른다. 미리 파악해 둔 핵심 키워드가 그대로 언급되는지 주의해서 듣는다. 녹음은 두 번 들려주므로 정답이 맞는지 다시 확인한다.

풀이 전략 적용해 보기 01.mp3

A

B

C

D

E

F

STEP 1 사진을 보고 핵심 키워드 떠올리기

A는 사람들이 길게 줄 서 있는 모습으로 排队(줄을 서다), 等(기다리다) 등을 핵심 키워드로 떠올린다.
B는 책가방을 맨 남자아이가 서 있는 모습으로 书包(가방), 学校(학교) 등을 핵심 키워드로 떠올린다.
C는 여러 사람이 회의를 하고 있는 모습으로 会议(회의하다)를 떠올린다.
D는 전화를 받는 여자의 모습이므로 喂(여보세요), ……在吗? (~계세요?) 등을 떠올린다.
E는 수업하는 모습이므로 老师(선생님), 上课(수업하다) 등을 떠올린다.
F는 비행기가 이륙하는 모습이므로 飞机(비행기), 起飞(이륙하다) 등을 떠올린다.

STEP 2 녹음을 듣고 일치하는 사진 고르기

男：我等了一个多小时了，怎么还没到我呢？
女：这家餐厅非常有名，总是排很长的队。

남: 나 1시간 넘게 기다렸는데, 어째서 아직도 내 차례가 안 오지?
여: 이 식당 엄청 유명해. 항상 길게 줄 서 있어.

남자와 여자의 대화 중에 사진 A의 핵심 키워드 等(기다리다)과 排队(줄 서다)가 들렸다. 따라서 줄을 서서 기다리는 모습의 사진인 A가 정답이다.

정답 A

어휘 书包 shūbāo 명 책가방 学校 xuéxiào 명 학교 会议 huìyì 명 회의 喂 wèi 감 여보세요 在 zài 동 있다 上课 shàngkè 동 수업하다 飞机 fēijī 명 비행기 起飞 qǐfēi 동 이륙하다 等 děng 동 기다리다 小时 xiǎoshí 명 시간 家 jiā 양 가정 · 가업 · 기업을 세는 단위 餐厅 cāntīng 명 식당 有名 yǒumíng 형 유명하다 总是 zǒngshì 부 항상 排队 páiduì 동 줄을 서다

듣기 제 1 부분

01

명사 키워드

사물, 직업, 동물을 나타내는 단어 듣기

기본기 다지기 기본 개념 잡기 & 공략 미리보기

녹음과 일치하는 사진을 고르는 문제에서는 가장 먼저 사진 속 정보를 파악하는 것이 중요하다. 사진에 등장한 사물과 동물의 이름, 그리고 직업을 파악하고, 두 사람의 관계를 나타내는 그림인 경우 호칭을 핵심 키워드로 떠올리며 녹음을 듣는다.

| 기본 개념 잡기 1 | 명사 키워드 문제 유형

A

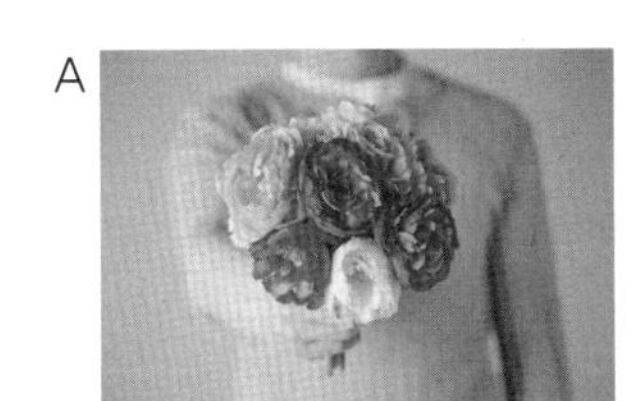

女：今天是什么特别的日子吗？你怎么买了花？
오늘 무슨 특별한 날이야? 너 왜 꽃을 샀어?

男：今天是我妈妈的生日。她特别喜欢花，所以我买了一朵花送给她。
오늘 우리 엄마 생신이야. 엄마가 꽃을 아주 좋아해서 선물로 드리려고 한 송이 샀어.

사진은 남자가 꽃을 들고 있는 모습으로 花(꽃)가 핵심 키워드이다. 녹음에서 花가 들렸으므로 A가 일치하는 사진이다.

| 기본 개념 잡기 2 | 주요 명사 키워드

집 안	
□ 厨房 chúfáng 주방	□ 洗手间 xǐshǒujiān 화장실
□ 客厅 kètīng 거실	□ 房间 fángjiān 방
□ 盘子 pánzi 접시	□ 杯子 bēizi 컵
□ 报纸 bàozhǐ 신문	□ 筷子 kuàizi 젓가락
□ 勺子 sháozi 숟가락	□ 灯 dēng 등
□ 冰箱 bīngxiāng 냉장고	□ 沙发 shāfā 소파
사무/학업	
□ 电脑 diànnǎo 컴퓨터	□ 电子邮件 diànzǐ yóujiàn 이메일
□ 材料 cáiliào 자료	□ 作业 zuòyè 숙제
□ 椅子 yǐzi 의자	□ 桌子 zhuōzi 책상
□ 黑板 hēibǎn 칠판	□ 铅笔 qiānbǐ 연필
의복	
□ 帽子 màozi 모자	□ 眼镜 yǎnjìng 안경
□ 衬衫 chènshān 셔츠	□ 裤子 kùzi 바지

□ 裙子 qúnzi 치마	□ 鞋子 xiézi 신발
□ 手表 shǒubiǎo 손목시계	□ 衣服 yīfu 옷
음식	
□ 面条 miàntiáo 국수	□ 米饭 mǐfàn 쌀밥
□ 蛋糕 dàngāo 케이크	□ 牛奶 niúnǎi 우유
□ 果汁 guǒzhī 주스	□ 菜 cài 요리
교통수단	
□ 自行车 zìxíngchē 자전거	□ 地铁 dìtiě 지하철
□ 出租车 chūzūchē 택시	□ 飞机 fēijī 비행기
동물	
□ 狗 gǒu 개	□ 猫 māo 고양이
□ 熊猫 xióngmāo 판다	□ 马 mǎ 말
□ 鸟 niǎo 새	□ 鱼 yú 물고기
가족	
□ 爸爸 bàba 아빠	□ 妈妈 māma 엄마
□ 哥哥 gēge 형, 오빠	□ 姐姐 jiějie 누나, 언니
□ 弟弟 dìdi 남동생	□ 妹妹 mèimei 여동생
회사	
□ 公司 gōngsī 회사	□ 办公室 bàngōngshì 사무실
□ 名片 míngpiàn 명함	□ 经理 jīnglǐ 사장, 매니저
□ 同事 tóngshì 동료	□ 会议 huìyì 회의
학교	
□ 学校 xuéxiào 학교	□ 教室 jiàoshì 교실
□ 班 bān 반, 학급	□ 老师 lǎoshī 선생님
□ 学生 xuésheng 학생	□ 同学 tóngxué 반 친구, 급우
□ 考试 kǎoshì 시험	□ 成绩 chéngjì 성적
장소 및 직업	
□ 公园 gōngyuán 공원	□ 商店 shāngdiàn 상점
□ 售货员 shòuhuòyuán 판매원	□ 老板 lǎobǎn 사장
□ 顾客 gùkè 고객, 손님	□ 医生 yīshēng 의사
□ 大夫 dàifu 의사	□ 护士 hùshi 간호사

기타 사물	
□ 手机 shǒujī 휴대 전화	□ 雨伞 yǔsǎn 우산
□ 行李箱 xínglǐxiāng 캐리어 가방	□ 护照 hùzhào 여권
□ 照相机 zhàoxiàngjī 카메라	□ 照片 zhàopiàn 사진

| 공략 미리보기 |

합격 공략 01 사물의 이름을 떠올리라!

사물의 이름이 녹음에 그대로 들린다

사진의 정보를 파악할 때, 만일 사진에 사물이 있으면 그 사물의 이름을 중국어로 떠올린다. 보통 녹음에서는 사진 속 사물의 명칭을 그대로 들려주므로 사물의 발음을 정확하게 알고 있다면 어렵지 않게 정답을 고를 수 있다. HSK 3급 필수 어휘 중 사물을 나타내는 명사를 발음에 주의해서 외워 두자. (p25 주요 명사 키워드 참고)

실전문제 02.mp3

A

B

C

STEP 1 사진을 보고 핵심 키워드 떠올리기

A는 여자가 접시를 들고 요리를 담고 있고, 남자가 옆에 서 있는 모습으로 菜(음식), 盘子(접시)가 핵심 키워드이다.
B는 환자가 병원에 입원해 있는 모습이므로 医院(병원), 住院(입원하다), 生病(병이 나다)이 핵심 키워드이다.
C는 도서관에서 책을 보는 모습이므로 图书馆(도서관), 看书(책을 읽다)가 핵심 키워드이다.

STEP 2 **녹음을 듣고 일치하는 사진 고르기**

女：面条儿做好了，盘子给我。
男：好的，我太饿了，我们快吃吧。

여: 국수 다 됐어. 접시 좀 줘.
남: 알겠어. 너무 배고프다. 우리 빨리 먹자.

녹음에서 요리가 다 됐다며 盘子(접시)를 달라고 하는 내용이 들렸다. 보기 중에서 접시가 있는 사진을 빠르게 찾는다. 접시를 들고 요리를 담고 있는 사진인 A가 정답이다.

정답 A

어휘 菜 cài 명 요리, 음식 盘子 pánzi 명 접시 医院 yīyuàn 명 병원 住院 zhùyuàn 동 입원하다 生病 shēngbìng 동 병이 나다 图书馆 túshūguǎn 명 도서관 面条儿 miàntiáor 명 국수 饿 è 형 배고프다 快 kuài 형 빠르다

합격 공략 02 동물의 이름을 떠올리라!

동물의 이름이 녹음에 그대로 들린다

사진에 동물이 있으면 그 동물의 중국어 이름을 떠올려야 한다. 대부분 동물 이름이 그대로 들리므로 3급 시험에 자주 등장하는 동물의 이름을 외워 두자. (p25 주요 명사 키워드 참고)

A

B

C

STEP 1 **사진을 보고 핵심 키워드 떠올리기**

A는 여자와 개가 있으며 狗(개)가 핵심 키워드이다.
B는 남자가 TV를 보고 있는 모습이므로 看电视(TV를 보다)가 핵심 키워드이다.
C는 사진을 찍는 모습이므로 照相机(카메라), 拍照片(사진을 찍다)이 핵심 키워드이다.

STEP 2 **녹음을 듣고 일치하는 사진 고르기**

男：我下个星期去中国出差，你能帮我照顾我的狗吗？
女：没问题，你什么时候回来？

남: 나 다음 주에 중국으로 출장 가는데, 우리 개 좀 돌봐 줄 수 있어?
여: 문제없어. 언제 돌아 와?

녹음에서 자신의 狗(개)를 돌봐 줄 수 없겠느냐고 부탁을 했다. 보기의 사진 중에서 중 개가 있는 보기를 빠르게 찾는다. 여자와 개가 함께 있는 사진인 A가 정답임을 알 수 있다.

정답 A

어휘 狗 gǒu 명 개 电视 diànshì 명 텔레비전 照相机 zhàoxiàngjī 명 카메라 拍照片 pāi zhàopiàn 사진을 찍다 下个星期 xià ge xīngqī 다음 주 去 qù 동 가다 出差 chūchāi 동 출장하다 帮 bāng 동 돕다 照顾 zhàogù 동 돌보다 没问题 méi wèntí 문제없다 什么时候 shénme shíhou 언제 回来 huílái 동 돌아오다

합격 공략 03 [220점 이상 고득점] 관계와 직업을 파악하라!

관계와 직업을 나타내는 단어

사진에 특정 직업을 가진 사람이 있으면 호칭이 핵심 키워드가 될 가능성이 높다. 운전기사와 손님의 경우 师傅(기사님)가 녹음에 등장하고, 종업원과 손님의 경우 服务员(종업원)과 같은 호칭이 녹음에 언급된다. 대부분 호칭은 녹음의 시작 부분에 들린다는 것을 잊지 말자.

실전문제 04.mp3

A

B

C

STEP 1 사진을 보고 핵심 키워드 떠올리기

A는 버스를 기다리는 사람들의 모습이므로 排队(줄을 서다), 等(기다리다), 公共汽车(버스)가 핵심 키워드이다.
B에서 여자는 테이블에 앉아 있고, 남자는 주문을 받는 모습이므로 服务员(종업원), 点菜(주문하다) 등이 핵심 키워드이다.
C는 남자 구두 사진이므로 鞋子(신발), 皮鞋(구두)가 핵심 키워드이다.

STEP 2 녹음을 듣고 일치하는 사진 고르기

女：服务员，我点菜，一碗牛肉面，一瓶可乐。
男：好的，还要别的吗？

여: 종업원, 주문할게요. 소고기면 한 그릇과 콜라 한 병 주세요.
남: 알겠습니다. 더 필요하신 거 있으세요?

녹음에서 여자가 服务员(종업원)이라는 호칭을 사용했다. 服务员은 식당에서 손님이 직원을 부를 때 사용하는 호칭이고 点菜(주문하다)가 들렸으므로 식당이 배경인 사진을 빠르게 찾는다. 여자가 테이블에 앉아 있고, 남자가 주문을 받고 있는 사진인 B가 정답이다.

정답 B

어휘 排队 páiduì 동 줄을 서다 公共汽车 gōnggòng qìchē 명 버스 服务员 fúwùyuán 명 종업원 点菜 diǎncài 동 주문하다 鞋子 xiézi 명 신발 皮鞋 píxie 명 가죽 구두 碗 wǎn 양 그릇을 세는 단위 牛肉面 niúròumiàn 명 소고기면 瓶 píng 양 병(병을 세는 단위) 可乐 kělè 명 콜라 还 hái 부 더 要 yào 동 필요하다 别的 bié de 대 다른 것

실전 테스트 정답 & 해설_해설편 p.002

녹음을 듣고 일치하는 사진을 고르세요. 05.mp3

A

B

C

D

E

1. ☐

2. ☐

3. ☐

4. ☐

5. ☐

듣기 제 1 부분

02

동사/형용사 키워드

동작, 상태를 나타내는 단어 듣기

기본기 다지기 기본 개념 잡기 & 공략 미리보기

사진 속 인물의 동작이나 표정, 상황은 주로 동사와 형용사로 표현된다. 동사와 형용사는 문장의 술어가 되므로 녹음을 들을 때 무엇이 '어떠하다'인 술어에 초점을 맞춰 듣도록 한다. 또한 동작과 상태, 상황을 나타내는 단어를 알고 있어야 녹음을 듣고 정확한 정보를 파악할 수 있다.

| 기본 개념 잡기 1 | 동사/형용사 키워드 문제 유형

A

女：李经理正在开会，您一个小时以后再打电话，好吗？
이 사장님은 지금 회의 중이십니다. 1시간 뒤에 다시 전화 주시겠습니까?

男：好的，我一会儿再打。
알겠습니다. 잠시 후 다시 걸죠.

사진은 전화하는 모습이므로 打电话(전화를 하다)가 핵심 키워드이다. 녹음에서 打电话가 그대로 들렸으므로 A가 일치하는 사진이다.

| 기본 개념 잡기 2 | 주요 동사/형용사 키워드

동작	
□ 找 zhǎo 찾다	□ 帮助 bāngzhù 돕다
□ 喝 hē 마시다	□ 擦 cā 닦다
□ 吃 chī 먹다	□ 看 kàn 보다
□ 刷牙 shuāyá 양치하다	□ 打电话 dǎ diànhuà 전화하다
□ 洗脸 xǐliǎn 세수하다	□ 洗澡 xǐzǎo 샤워하다
□ 聊天儿 liáotiānr 이야기하다, 수다떨다	□ 旅行 lǚxíng 여행하다
□ 学习 xuéxí 공부하다	□ 排队 páiduì 줄을 서다
□ 感冒 gǎnmào 감기에 걸리다	□ 买东西 mǎi dōngxi 물건을 사다
□ 散步 sànbù 산책하다	□ 打扫 dǎsǎo 청소하다
□ 介绍 jièshào 소개하다	□ 收拾 shōushi 정리하다
□ 整理 zhěnglǐ 정리하다	□ 唱歌 chànggē 노래를 하다
□ 跳舞 tiàowǔ 춤을 추다	□ 打车 dǎchē 택시를 잡다
□ 减肥 jiǎnféi 다이어트하다	□ 上课 shàngkè 수업하다

□ 爬山 páshān 등산하다	□ 修理 xiūlǐ 수리하다
□ 问路 wènlù 길을 묻다	□ 做菜 zuòcài 밥을 하다
□ 打招呼 dǎ zhāohū 인사하다	□ 去 qù 가다
상황/상태	
□ 冷 lěng 춥다	□ 热 rè 덥다
□ 疼 téng 아프다	□ 累 lèi 피곤하다
□ 忙 máng 바쁘다	□ 困 kùn 졸리다
심리	
□ 开心 kāixīn 즐겁다	□ 高兴 gāoxìng 기쁘다
□ 伤心 shāngxīn 상심하다	□ 着急 zháojí 조급해하다
□ 难过 nánguò 힘들다	□ 担心 dānxīn 걱정하다

| 공략 미리보기 |

합격 공략 04	사진 속 동작을 나타내는 동사를 떠올리라!
합격 공략 05	사진 속 상태를 나타내는 형용사를 떠올리라!
합격 공략 06	[220점 이상 고득점] 그 상황과 관련된 대화를 떠올리라!

합격 공략 04 사진 속 동작을 나타내는 동사를 떠올리라!

사진 속 동작이 그대로 들린다

사진 속 인물이 어떤 동작을 하고 있으면 녹음에 그 동작이 대부분 그대로 언급된다. 사람이 칠판을 지우고 있는 사진에서는 擦(닦다)가, 물건을 찾고 있는 사진에서는 找(찾다)가, 전화를 받고 있는 사진에서는 打电话(전화를 하다)가 녹음에 그대로 들린다. 따라서 자주 출제되는 동사를 암기해 두는 것이 중요하다.

실전문제 06.mp3

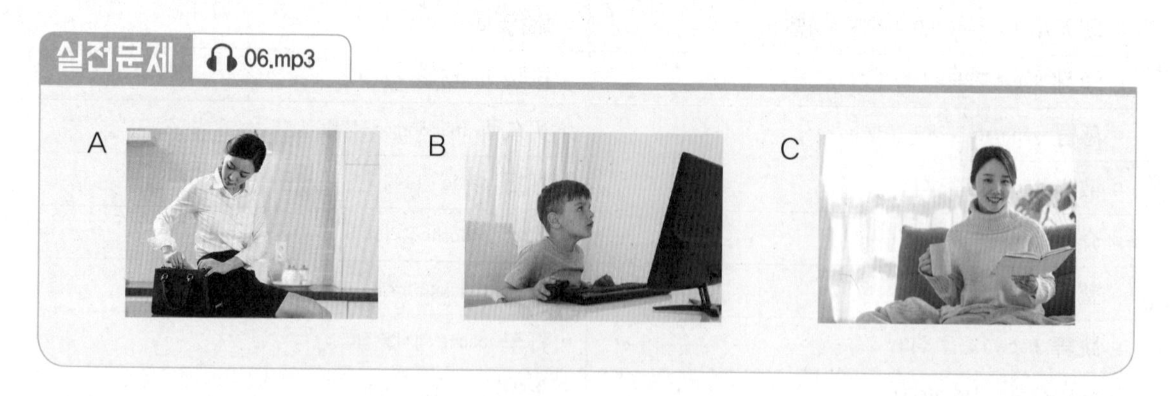

STEP 1 **사진을 보고 핵심 키워드 떠올리기**

A는 여자가 물건을 찾고 있는 모습이므로 找(찾다)가 핵심 키워드이다.
B는 남자아이가 컴퓨터를 하는 모습이므로 电脑(컴퓨터), 玩儿游戏(게임을 하다)를 떠올려 둔다.
C는 커피를 마시는 여자의 모습으로 咖啡(커피), 喝(마시다)가 핵심 키워드이다.

STEP 2 **녹음을 듣고 일치하는 사진 고르기**

女：你看见我的手机了吗？我怎么找不到了？
男：你不是刚才在客厅打电话了吗？那儿找一找吧。

여: 너 내 핸드폰 봤어? 나 왜 못 찾겠지?
남: 너 방금 거실에서 전화하지 않았어? 거기 찾아 봐.

녹음에서 여자는 남자에게 핸드폰을 봤냐고 물어보며 找不到(못 찾겠다)라고 했으므로 사진 A의 핵심 키워드와 일치한다. 따라서 여자가 무언가를 찾고 있는 모습인 A가 정답이다.

정답 A

어휘 找 zhǎo 동 찾다 电脑 diànnǎo 명 컴퓨터 玩儿游戏 wánr yóuxì 게임을 하다 咖啡 kāfēi 명 커피 喝 hē 동 마시다 看见 kànjiàn 동 보다 手机 shǒujī 명 핸드폰 怎么 zěnme 대 어떻게, 왜 找不到 zhǎo bu dào 찾을 수 없다 刚才 gāngcái 명 방금 客厅 kètīng 명 거실 打电话 dǎ diànhuà 전화를 걸다

합격 공략 05 사진 속 상태를 나타내는 형용사를 떠올리라!

사진 속 상태를 나타내는 형용사/심리동사가 그대로 들린다

사진 속 사람/사물의 상태를 나타내는 형용사나, 사람의 심리를 나타내는 심리동사가 그대로 녹음에 언급된다. 졸고 있는 직장인 사진은 困(졸리다)이 녹음에 들리고, 울고 있는 아이의 사진에서는 难过(슬프다)가 녹음에 언급된다. 따라서 사람/사물의 상태를 나타내는 형용사와 감정을 나타내는 심리동사를 암기해 두면 어렵지 않게 문제를 풀 수 있다.

실전문제  07.mp3

A 

B 

C 

STEP 1 **사진을 보고 핵심 키워드 떠올리기**

A는 웃고 있는 아이의 모습으로 高兴(기쁘다), 幸福(행복하다)가 핵심 키워드이다.
B는 남자가 시계를 보며 조급해하는 모습이므로 着急(조급해하다)가 핵심 키워드이다.
C는 남녀가 등산을 하는 모습으로 爬山(등산하다)이 핵심 키워드이다.

STEP 2 녹음을 듣고 일치하는 사진 고르기

女：你怎么这么着急？
男：我六点半要坐飞机，现在已经五点半了，我怕赶不上飞机。

여: 너 왜 이렇게 조급해해?
남: 6시 반에 비행기 타야 하는데, 지금 벌써 5시 반이야. 비행기 놓칠까 봐 걱정돼.

녹음에서 여자가 남자에게 你怎么这么着急？(너 왜 이렇게 조급해 해?)라고 했고, 남자는 我怕赶不上飞机(비행기를 놓칠까 봐 걱정돼)라며 자신이 왜 조급해하는지 말했으므로 시계를 보며 초조해 하는 모습인 B가 정답이다.

정답 B

어휘 高兴 gāoxìng 형 기쁘다 幸福 xìngfú 형 행복하다 着急 zháojí 형 조급해하다 爬山 pá shān 동 등산하다 怎么 zěnme 대 어떻게, 왜 这么 zhème 대 이렇게 半 bàn 수 절반 坐 zuò 동 앉다, 타다 飞机 fēijī 명 비행기 现在 xiànzài 명 현재 已经 yǐjīng 부 이미 怕 pà 동 걱정하다 赶不上 gǎn bu shàng 제시간에 댈 수 없다

합격 공략 06 [220점 이상 고득점] 그 상황과 관련된 대화를 떠올리라!

키워드가 녹음에 직접 언급되지 않는 경우

사진 속 상황을 나타내는 키워드가 녹음에 직접 들리지 않아 대화의 내용으로 유추해야 하는 경우가 있다. 예를 들면 명함을 주고 받거나, 악수를 하는 상황에서는 打招呼(인사하다), 介绍(소개하다)를 들려주는 게 아니라 인사말이나 자신을 소개하는 대화를 들려준다. 또 회의하는 상황에서는 会议(회의하다)가 아니라 동료들이 업무에 관해 나누는 대화를 들려준다. 따라서 단어를 암기할 때는 하나의 단어만 암기하지 말고, 뜻이 서로 관련있는 단어들을 함께 외우는 것이 좋다.

실전문제 08.mp3

STEP 1 사진을 보고 핵심 키워드 떠올리기

A는 남자와 여자가 악수하고 있는 모습으로 你好(안녕하세요), 认识你很高兴(만나서 반갑습니다)을 연상할 수 있다.
B는 치통이 있는 남자의 모습으로 牙疼(이가 아프다)이 핵심 키워드이다.
C는 낚시를 하는 남자의 모습으로 钓鱼(낚시하다)가 핵심 키워드이다.

STEP 2 녹음을 듣고 일치하는 사진 고르기

男：你好，我姓王，叫王明，认识你很高兴。
女：你好，我叫张雪，认识你我也很高兴。

여: 안녕하세요. 저는 왕씨이고 왕밍이라고 해요. 만나 뵙게 되어 반갑습니다.
남: 안녕하세요. 저는 장쉐라고 해요. 만나 뵙게 되어 저도 반갑습니다.

녹음에서 두 사람이 서로 자신의 이름이 무엇인지 소개하고 있다. 또한 认识你很高兴(만나 뵙게 되어 반갑습니다)은 처음 만날 때 나누는 인사말이므로 남자와 여자가 서로 악수하는 장면인 A가 정답이다.

정답 A

어휘 认识 rènshi 동 알다 高兴 gāoxìng 형 기쁘다 牙疼 yáténg 형 이가 아프다 钓鱼 diàoyú 동 낚시하다 姓 xìng 명 성 叫 jiào 동 ~라고 부르다

실전 테스트 정답 & 해설_해설편 p.004

녹음을 듣고 일치하는 사진을 고르세요. 09.mp3

A

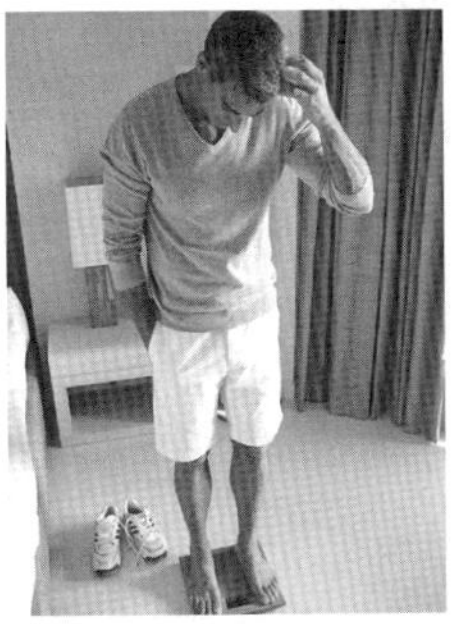

B

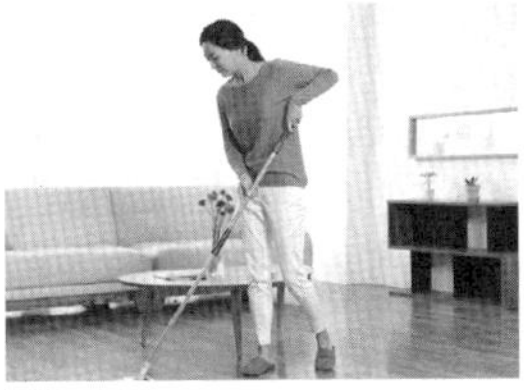

C

D

E

1. ☐

2. ☐

3. ☐

4. ☐

5. ☐

미니모의고사

| 정답 & 해설 | 해설편 p.006

녹음을 듣고 일치하는 사진을 고르세요. 10.mp3

1–5

A 

B 

C 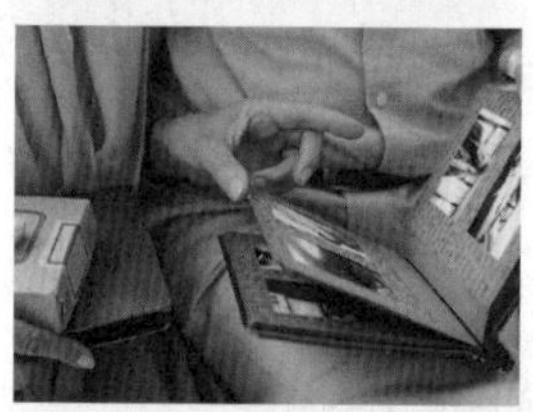

D 

E 

1. ☐

2. ☐

3. ☐

4. ☐

5. ☐

6–10

A

B

C

D

E

6.

7.

8.

9.

10.

듣기
제2부분

녹음을 듣고 일치/불일치 판단하기

Warm Up!

유형 분석 & 풀이 전략

1. 일치/유사형

일치하는 단어와 유사한 표현 듣기

2. 파악형

전체의 내용을 파악하며 듣기

유형 분석 & 풀이 전략

유형 분석 | 시험에는 이렇게 나온다!

출제 방식

HSK 3급 듣기 제2부분은 서술형으로 된 한두 문장의 짧은 녹음을 듣고 문제와 일치하는지를 판단하는 문제이다. 일치하면 답안지에 ✓표시, 일치하지 않으면 ✗를 표시한다. 11번부터 20번까지 총 10문항이 출제되고 녹음은 두 번씩 들려준다.

출제 경향 & 유형별 출제 비율

일치/불일치를 파악하는 문제는 녹음을 듣기 전 문제를 미리 분석해 둬야 어렵지 않게 문제를 풀 수 있다. 출제되는 문제 유형으로는 문장의 핵심 키워드가 녹음에 그대로 들리거나 동의어를 사용한 문제, 일부만 내용이 같아 혼동을 유발하는 문제 등 일치/유사형 문제가 가장 많이 출제되고(60%), 그 밖에 녹음의 전체 내용을 이해해야 풀 수 있는 파악형 문제가 40% 정도 출제된다. 특히 동의어 문제의 출제 비중이 높으므로 평소에 듣기 제2부분에 자주 출제되는 핵심 키워드와 동의어를 함께 암기해 두는 것이 좋다.

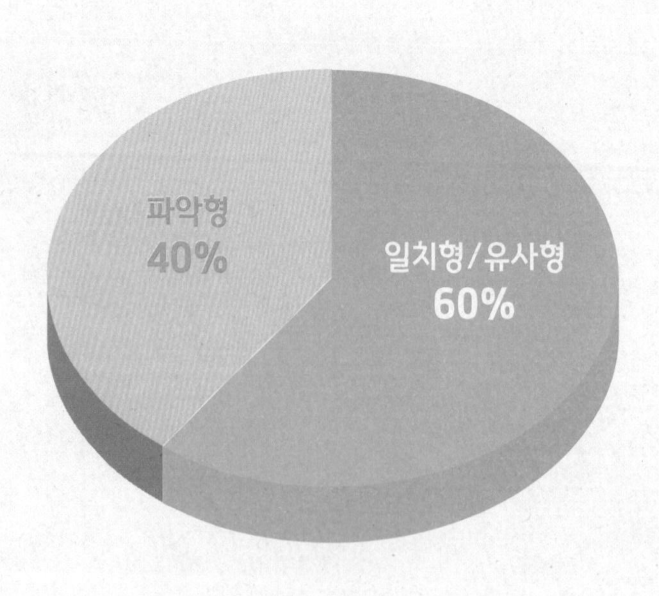

풀이 전략 | 문제 풀이 Step & 풀이 전략 적용해 보기

Step 1

제시된 문장 분석하기

제시된 문장을 보고 핵심 키워드를 파악하여 녹음의 내용을 예상한다. 시간, 장소, 긍정/부정 등의 정보가 일치/불일치를 가르는 핵심 키워드가 된다.

Step 2

녹음과 대조하여 일치/불일치 판단하기

문장의 핵심 키워드가 그대로 들리는지 유사한 표현이 사용됐는지 파악하며 녹음을 듣는다. 일치하는 내용에는 밑줄을, 불일치하는 내용에는 취소선 등으로 표시하고, 부가 정보를 함께 메모한 뒤, 정답으로 일치(✓)/불일치(✗)를 표시한다.

풀이 전략 적용해 보기 11.mp3

★ 从这儿到机场很近。 (　　)

STEP 1 제시된 문장 분석하기

★ 从这儿到机场很近。 여기에서 공항까지 아주 가깝다.

문장의 핵심 키워드는 从这儿到机场(여기에서부터 공항까지)과 很近(가깝다)이다. 따라서 거리에 대한 표현에 중점을 두고 녹음을 듣는다.

STEP 2 녹음과 대조하여 일치/불일치 판단하기

不用担心，从这儿到机场打车只要二十分钟，我们不会晚的。

걱정하지 마. 여기에서부터 공항까지 택시 타면 20분밖에 안 걸려. 우리는 늦지 않을 거야.

녹음에 从这儿到机场(여기에서부터 공항까지)이 그대로 언급되었고, 이어 只要二十分钟(20분밖에 안 걸려)이라고 하여 只(겨우, 단지)가 사용되었으므로 거리가 가깝다는 내용이다. 따라서 정답은 일치이다.

정답 일치(✓)

어휘 从A到B cóng A dào B A부터 B까지　机场 jīchǎng 명 공항　打车 dǎchē 동 택시를 타다　近 jìn 형 가깝다　不用 búyòng 부 ~할 필요가 없다　担心 dānxīn 동 걱정하다　只 zhǐ 부 오직　分钟 fēnzhōng 명 분　晚 wǎn 형 늦다

듣기 제 2 부분

01

일치/유사형

일치하는 단어와 유사한 표현 듣기

기본기 다지기 기본 개념 잡기 & 공략 미리보기

듣기 제2부분에서는 문장의 핵심 키워드가 녹음에 그대로 들리는 일치/유사형 문제가 다수 출제된다. 녹음에 핵심 키워드가 그대로 들렸다면 일치하는 정답일 가능성이 높으므로 다른 추가적인 내용이 없으면 그대로 정답을 고르도록 한다. 또한 비슷한 뜻을 가진 동의어를 꼭 암기해 두도록 하자.

| 기본 개념 잡기 1 | 일치/유사형 문제 유형

1. 100% 일치하는 경우

(녹음) 我 打算 去北京 旅行。 나는 베이징으로 여행을 갈 계획이다.

(문제) ★ 他 打算 去 旅行。 그는 여행을 갈 계획이다.

문제의 打算(~할 계획이다)과 旅行(여행)이 녹음에 그대로 등장했으므로 일치하는 내용이다.

2. 동의어를 사용한 경우

(녹음) 我 每天 早上去公园 跑步。 나는 매일 아침 공원에 가서 달리기를 한다.

(문제) ★ 他 每天 运动。 그는 매일 운동한다.

문제의 运动(운동)이 녹음에서는 跑步(달리기)로 표현되었다. 跑步는 运动의 한 종류이므로 녹음과 문제의 내용은 일치한다.

| 기본 개념 잡기 2 | 동의어 및 유사 표현

핵심 키워드	동의어 및 유사 표현	
□ 生病 shēngbìng 병이 나다	感冒 gǎnmào 감기에 걸리다	流鼻涕 liú bítì 콧물이 나다
	咳嗽 késou 기침하다	去医院 qù yīyuàn 병원에 가다
	发烧 fāshāo 열이 나다	看病 kànbìng 진찰을 받다

단어	동의어/관련어	
□ 运动 yùndòng 운동하다	跑步 pǎobù 달리다 锻炼身体 duànliàn shēntǐ 몸을 단련하다	
□ 拍照 pāizhào 사진을 찍다	拍照片 pāi zhàopiàn 사진을 찍다	照相 zhàoxiàng 사진을 찍다
□ 容易 róngyì 쉽다	不难 bù nán 어렵지 않다 不复杂 bú fùzá 복잡하지 않다	简单 jiǎndān 간단하다
□ 旅行 lǚxíng 여행하다	旅游 lǚyóu 여행하다	
□ 学习 xuéxí 공부하다	读 dú 공부하다, 읽다 看书 kàn shū 책을 읽다	复习 fùxí 복습하다
□ 高兴 gāoxìng 즐거워하다	开心 kāixīn 즐겁다 快乐 kuàilè 즐겁다	幸福 xìngfú 행복하다 愉快 yúkuài 유쾌하다
□ 便宜 piányi 싸다	不贵 bú guì 비싸지 않다	价格很低 jiàgé hěn dī 가격이 싸다
□ 伤心 shāngxīn 슬퍼하다	难过 nánguò 괴롭다, 슬프다	
□ 漂亮 piàoliang 예쁘다	好看 hǎokàn 보기 좋다	美丽 měilì 아름답다
□ 好 hǎo 좋다	不错 búcuò 괜찮다, 좋다	
□ 有空 yǒu kòng 시간이 있다	有时间 yǒu shíjiān 시간이 있다	
□ 妈妈 māma 엄마	母亲 mǔqīn 어머니	
□ 爸爸 bàba 아빠	父亲 fùqīn 아버지	
□ 机场 jīchǎng 공항	飞机 fēijī 비행기 护照 hùzhào 여권 签证 qiānzhèng 비자	起飞 qǐfēi 이륙하다 降落 jiàngluò 착륙하다 登机 dēngjī 탑승하다

| 공략 미리보기 |

합격 공략 07 핵심 키워드가 그대로 언급되는지 들으라!

합격 공략 08 핵심 키워드의 동의어에 주의하라!

합격 공략 09 [220점 이상 고득점] 일부 다른 내용에 주의하라!

합격 공략 07 핵심 키워드가 그대로 언급되는지 들으라!

핵심 키워드를 그대로 들려준다

제시된 문장의 핵심 키워드가 녹음에 그대로 언급되면 일치/불일치를 비교적 간단하게 파악할 수 있다. 녹음에 혼동을 유발하는 내용이 등장할 수도 있지만, 다른 내용이 없다면 일치로 정답을 표시한다.

실전문제 12.mp3

★ 姐姐是数学老师。　　　　　　　　　　(　　)

STEP 1 제시된 문장 분석하기

★ 姐姐是数学老师。 누나는 수학 선생님이다.

문장의 핵심 키워드는 姐姐(누나)와 数学老师(수학 선생님)이므로 누나의 직업이 무엇인지 파악하여 듣는다.

STEP 2 녹음과 대조하여 일치/불일치 판단하기

我姐姐是很有名的数学老师，喜欢交朋友，爱说爱笑，对人也很热情。大家都喜欢她。

우리 누나는 유명한 수학 선생님이다. 친구 사귀는 걸 좋아하고, 말을 잘하고 잘 웃는다. 또 사람들에게 친절하다. 모두들 그녀를 좋아한다.

녹음의 시작 부분에 핵심 키워드가 그대로 언급되어 我姐姐是很有名的数学老师(우리 누나는 유명한 수학 선생님이다)가 들렸다. 이하의 내용은 누나의 성격에 대한 설명이므로 일치 여부에 영향을 주지 않는다. 따라서 정답은 일치이다.

정답 일치(✓)

어휘 姐姐 jiějie 명 누나, 언니　数学 shùxué 명 수학　老师 lǎoshī 명 선생님　有名 yǒumíng 형 유명하다　喜欢 xǐhuan 동 좋아하다　交 jiāo 동 사귀다　朋友 péngyou 명 친구　爱说爱笑 ài shuō ài xiào 말하기 좋아하고 웃기도 잘하다　对人 duìrén 사람을 대하다　热情 rèqíng 형 친절하다

합격 공략 08 핵심 키워드의 동의어에 주의하라!

핵심 키워드를 다른 말로 바꾸어 들려준다

녹음과 문제의 문장이 100% 일치하지 않고, 의미가 비슷한 동의어로 출제되는 경우가 많다. 이런 경우 핵심 키워드의 동의어를 알지 못하면 녹음을 들어도 일치 여부를 판단할 수 없으므로 자주 출제되는 동의어를 암기해 두도록 하자.

실전문제 13.mp3

★ 这里环境不错。　　　　　　　　　　(　　)

STEP 1 제시된 문장 분석하기

★ 这里环境不错。 여기는 환경이 좋다.

문장의 핵심 키워드는 这里环境(이곳의 환경)과 不错(좋다)이다. 환경에 대한 내용에 주의해서 녹음을 듣는다.

STEP 2 녹음과 대조하여 일치/불일치 판단하기

这儿环境很好。附近有地铁站，医院和学校，离公司也很近。我很满意。

이곳의 환경은 아주 좋다. 근처에 지하철역, 병원, 학교가 있고 회사도 아주 가깝다. 나는 매우 만족한다.

문장의 키워드와 녹음이 100% 일치하지는 않지만 비슷한 뜻의 동의어가 사용되었다. 녹음의 这儿环境很好(이곳의 환경은 아주 좋다)에서 문제의 키워드 这里(여기)가 这儿(여기)로, 不错(좋다)는 很好(아주 좋다)로 들렸다. 따라서 정답은 일치이다.

정답 일치(✓)

어휘 环境 huánjìng 명 환경 不错 búcuò 형 좋다 附近 fùjìn 명 근처 地铁站 dìtiězhàn 명 지하철역 医院 yīyuàn 명 병원 和 hé 개 ~와/과 学校 xuéxiào 명 학교 离 lí 개 ~로부터 公司 gōngsī 명 회사 近 jìn 형 가깝다 满意 mǎnyì 형 만족하다

합격 공략 09 [220점 이상 고득점] 일부 다른 내용에 주의하라!

일부는 일치하고 일부는 일치하지 않는 경우

정답이 불일치(✗)인 문제는 100% 불일치하는 내용으로 출제되기보다는 혼동을 유발하는 형식으로 출제된다. 앞부분에 일치하는 내용을 들려준 뒤 뒷부분에 불일치하는 내용을 들려주거나, 주어는 같지만 술어가 다른 내용, 술어는 같지만 주어가 다른 내용으로 출제된다. 이런 문제에 대비하여 문제를 주어와 술어로 나누어 분석하고, 녹음을 끝까지 듣는 것이 중요하다.

실전문제 14.mp3

★ 这台电脑现在10,000元。 (　　)

STEP 1 제시된 문장 분석하기

★ 这台电脑现在10,000元。 이 컴퓨터는 10,000위안이다.

문제에 금액이 제시되었다. 电脑(컴퓨터), 10,000元(10,000위안)을 핵심 키워드로 삼고 현재 컴퓨터 가격이 얼마인지 주의하여 녹음을 듣는다.

STEP 2 녹음과 대조하여 일치/불일치 판단하기

这是今年最新的电脑，质量很好。而且现在搞活动，原价10,000元，现在打七折。很便宜。

이건 올해 최신 컴퓨터예요. 품질이 아주 좋아요. 게다가 지금 행사도 하고 있어요. 원래는 10,000위안인데, 현재 30% 할인 중이라 아주 저렴합니다.

녹음에 핵심 키워드가 모두 언급되었다. 하지만 내용을 자세히 보면 원가가 10,000元(10,000위안)이고, 现在打七折(현재 30% 할인한다)라고 했으므로 현재의 가격이 7,000위안이라는 것을 알 수 있다. 문제에서는 현재의 가격을 10,000위안이라고 했으므로 일치하지 않는 내용이다.

정답 불일치(✗)

어휘 台 tái 양 대(기계를 세는 단위) 电脑 diànnǎo 명 컴퓨터 现在 xiànzài 명 현재 今年 jīnnián 명 올해 最新 zuìxīn 형 최신의 质量 zhìliàng 명 품질 而且 érqiě 접 게다가 搞 gǎo 동 하다 打折 dǎzhé 동 할인하다 活动 huódòng 명 활동, 행사 原价 yuánjià 명 원가 便宜 piányi 형 싸다

실전 테스트 정답 & 해설_해설편 p.010

녹음을 듣고 제시된 문장이 일치하면 ✓, 일치하지 않으면 ✗를 표시하세요. 15.mp3

1. ★ 他打算在图书馆学习。 (　　)

2. ★ 他喜欢边跑步边听音乐。 (　　)

3. ★ 他请小明去他家玩儿。 (　　)

4. ★ 他最爱吃那儿的牛肉。 (　　)

5. ★ 他喜欢打乒乓球。 (　　)

듣기 제 2 부분

02

파악형

전체의 내용을 파악하며 듣기

기본기 다지기 기본 개념 잡기 & 공략 미리보기

듣기 제2부분에서는 문장의 핵심 키워드가 녹음에 전혀 언급되지 않아 전체 내용을 이해해야만 풀 수 있는 문제도 출제된다. 또한 부정부사를 이용한 문제, 내용은 일치하지만 시제를 다르게 하여 오답을 유도하는 문제 등 난이도가 높은 문제에 대비하여 메모하는 습관을 길러야 한다.

| 기본 개념 잡기 | 파악형 문제 유형

1. 키워드가 전혀 언급되지 않는 경우

(녹음) 你回去吧，马上要起飞了，我该去了。 너 돌아 가. 곧 이륙하니 나 가 봐야 해.

(문제) ★ 他们在机场。 그들은 공항에 있다.

녹음에 직접적인 장소 언급이 없지만, 马上要起飞了(곧 이륙하려고 한다)를 듣고 공항에 있음을 알 수 있다. 따라서 문제의 他们在机场(그들은 공항에 있다)은 일치하는 내용이다.

2. 부정부사를 사용하여 혼동을 주는 경우

(녹음) 上下班时，堵车堵得很厉害。 출퇴근 시에는 차가 심하게 막힌다.

(문제) ★ 上下班时 不堵车。 출퇴근 시에는 차가 안 막힌다.

녹음의 上下班时，堵车堵得很厉害(출퇴근 시에는 차가 심각하게 막힌다)에 문장의 핵심 키워드인 上下班(출퇴근)과 堵车(차가 막히다)가 그대로 들렸다. 하지만 문제에서는 不堵车(차가 안막힌다)라고 했으므로 일치하지 않는 내용이다.

| 공략 미리보기 |

합격 공략 10	전체적인 내용을 파악하라!
합격 공략 11	부정하는 표현에 주의하라!
합격 공략 12	[220점 이상 고득점] 시제를 파악하라!

합격 공략 10 전체적인 내용을 파악하라!

핵심 키워드가 전혀 일치하지 않는 경우

제시된 문장의 핵심 키워드가 녹음에 전혀 언급되지 않는 경우 녹음의 전체적인 내용을 파악해야 한다. 핵심 키워드가 녹음에 들리는지도 주의해야 하지만, 이러한 문제에 대비하여 녹음의 전체적인 내용을 이해하는 데에도 힘써야 한다.

실전문제 16.mp3

★ 他推迟了见面的时间。 ( )

STEP 1 제시된 문장 분석하기

★ 他推迟了见面的时间。 그는 만날 시간을 미뤘다.

문장의 핵심 키워드는 推迟(미루다)과 见面的时间(만나는 시간)이다. 이러한 단어가 언급되는지 주의하여 녹음을 듣는다.

STEP 2 녹음과 대조하여 일치/불일치 판단하기

喂，小张，我们说好八点见面的，但是我没想到路上堵车堵得这么厉害。我们九点见面，可以吗？真对不起。

여보세요. 샤오장. 우리 8시에 만나기로 얘기했는데, 길이 이렇게 심하게 막힐 줄은 미처 생각하지 못했어. 우리 9시에 만나도 될까? 정말 미안해.

녹음에 문제의 키워드가 들리지 않았다. 시작 부분에 我们说好八点见面的(우리 8시에 만나기로 얘기했다)이라고 했고 전환을 나타내는 접속사 但是(그러나) 이후에 我们九点见面，可以吗？(우리 9시에 만나도 될까?)라는 내용을 통해 그들은 원래 8시에 만나기로 했지만 시간을 9시로 미루고자 한다는 것을 알 수 있다. 推迟는 '미루다'라는 뜻이므로 일치하는 내용이다.

정답 일치(✓)

어휘 推迟 tuīchí 동 미루다 见面 jiànmiàn 동 만나다 时间 shíjiān 명 시간 喂 wèi 감 여보세요 但是 dànshì 접 그러나 没想到 méixiǎngdào 생각지도 못하다 路上 lùshang 명 길 위 堵车 dǔchē 동 차가 막히다 厉害 lìhai 형 대단하다

합격 공략 11 부정하는 표현에 주의하라!

부정부사 不/没가 사용된 경우

문제의 핵심 키워드가 녹음에 모두 들리지만 부정부사 不/没가 사용되어 오답을 유발하는 경우가 있다. 따라서 문제 문장에 부정하는 표현이 있는지 확인하고, 녹음의 내용이 긍정인지 부정인지, 그리고 부정부사 不/没 등이 들리는지 주의하자.

실전문제 17.mp3

★ 那家店能刷信用卡。 (　　)

STEP 1 제시된 문장 분석하기

★ 那家店能刷信用卡。 그 가게는 신용 카드를 사용할 수 있다.

문장의 핵심 키워드는 刷信用卡(신용 카드를 긁다)이다.

STEP 2 녹음과 대조하여 일치/불일치 판단하기

先生，不好意思。我们店的刷卡机坏了，不能刷信用卡。现在只能用现金。

선생님, 죄송합니다. 저희 가게의 카드 결제기가 망가져서 카드 결제를 하실 수 없습니다. 지금은 현금만 사용 가능합니다.

녹음에 문장의 키워드가 언급되었지만, 카드 결제기가 망가졌다고 하면서 不能刷信用卡(카드 결제를 하실 수 없습니다)라고 했다. 이 내용은 문제와 일치하는 듯 보이지만, 문제에는 부정부사 不가 있으므로 불일치한다.

정답 불일치(✗)

어휘 家 jiā 양 가정 · 가게 · 기업을 세는 단위　店 diàn 명 가게, 점포　刷卡 shuākǎ 동 카드로 결제하다　信用卡 xìnyòngkǎ 명 신용 카드　先生 xiānsheng 명 선생(남자에 대한 존칭)　不好意思 bùhǎoyìsi 미안합니다　刷卡机 shuākǎjī 명 카드 단말기　坏 huài 형 망가지다　现在 xiànzài 명 지금, 현재　只 zhǐ 부 단지　用 yòng 동 사용하다　现金 xiànjīn 명 현금

합격 공략 12 [220점 이상 고득점] 시제를 파악하라!

시제가 다른 경우

문장의 핵심 키워드가 녹음과 일치하지만, 시제가 달라 불일치하는 경우도 있다. 예를 들면 앞으로 해야 하는 일을 녹음에 들려주고 문제에는 이미 한 일로 표현한 경우이다. 따라서 昨天(어제), 今天(오늘)과 같이 시간을 나타내는 단어에 주의해야 한다. 핵심 키워드가 일치해도 시제까지 꼼꼼히 파악하여 오답을 피하도록 하자.

실전문제 18.mp3

★ 他要准备考试。 (　　)

STEP 1 제시된 문장 분석하기

★ 他要准备考试。 그는 시험을 준비하려고 한다.

문장의 핵심 키워드는 要(~하려고 하다), 准备考试(시험을 준비하다)이므로 아직 시험 보기 전임을 알 수 있다.

STEP 2 **녹음과 대조하여 일치/불일치 판단하기**

这次考试比较难。有几个填空题我都答不出来。你呢？你觉得怎么样？

이번 시험 비교적 어려웠어. 몇개의 빈칸 채우기 문제는 나는 다 답하지 못했어. 너는? 네 생각엔 어땠어?

녹음의 시작 부분에 这次考试比较难(이번 시험 비교적 어려웠다)이라고 했고, 이어 시험 본 일에 대해 이야기하므로 화자는 이미 시험을 봤다는 것을 알 수 있다. 정답은 불일치이다.

정답 불일치(✗)

어휘 准备 zhǔnbèi 동 준비하다 考试 kǎoshì 명 시험 比较 bǐjiào 부 비교적 难 nán 형 어렵다 填空 tiánkòng 동 괄호를 채우다 题 tí 명 문제 答不出来 dá bu chūlai 답하지 못하다

실전 테스트 정답 & 해설_해설편 p.011

녹음을 듣고 제시된 문장이 일치하면 ✓, 일치하지 않으면 ✗를 표시하세요. 19.mp3

1. ★ 很多留学生对中国文化感兴趣。 (　　)

2. ★ 他很喜欢上英语课。 (　　)

3. ★ 李先生在找房子。 (　　)

4. ★ 他已经解决了这个问题。 (　　)

5. ★ 他现在很高兴。 (　　)

듣기 제 2 부분

미니모의고사

| 정답 & 해설 | 해설편 p.013

녹음을 듣고 제시된 문장이 일치하면 ✓, 일치하지 않으면 X를 표시하세요. 20.mp3

1. ★ 他心情不好时听听歌。 (   )

2. ★ 他想坐左边。 (   )

3. ★ 他觉得电影很一般。 (   )

4. ★ 那件衣服很便宜。 (   )

5. ★ 有礼貌的人有很多朋友。 (   )

6. ★ 他想买橘子。 (   )

7. ★ 如果想学好一种语言要去补习班。 (   )

8. ★ 大家都喜欢新职员。 (   )

9. ★ 他很喜欢看爱情电影。 (   )

10. ★ 成绩最重要。 (   )

듣기
제3, 4부분

대화를 듣고 질문에 답하기

Warm Up!
유형 분석 & 풀이 전략

1. 장소/사물/관계
장소, 사물, 관계를 나타내는 단어 듣기

2. 상태/상황
사람과 사물의 상태, 상황 파악하기

3. 감정/태도/행동
대화를 통해 감정, 태도, 행동 파악하기

Warm Up!

유형 분석 & 풀이 전략

유형 분석 | 시험에는 이렇게 나온다!

출제 방식

HSK 3급 듣기 제3부분과 제4부분은 짧은 대화를 듣고 마지막에 제시되는 질문에 알맞은 정답을 보기에서 고르는 문제이다. 제3부분은 여자와 남자가 한 번씩 주고 받는 대화로 21번부터 30번까지 총 10문제가 출제된다. 제4부분은 남자와 여자가 두 번씩 주고 받는 대화로 31번부터 40번까지 총 10문제가 출제된다. 녹음은 모두 두 번씩 들려준다.

출제 경향 & 유형별 출제 비율

출제되는 문제는 장소/사물/관계를 묻는 문제(15%), 상황이나 상태를 묻는 문제(60%), 행동 및 감정과 태도를 묻는 문제(25%) 등이 있다. 문제의 난이도는 매해 비슷한 수준으로 출제되며, 녹음에 들리는 보기가 그대로 정답이 되는 경우가 많고, 보기 어휘의 동의어나 반의어를 녹음에 제시한 문제도 종종 출제된다. 따라서 장소, 행동, 상황별 어휘와 동의어와 반의어 등을 미리 학습해 두어야 한다.

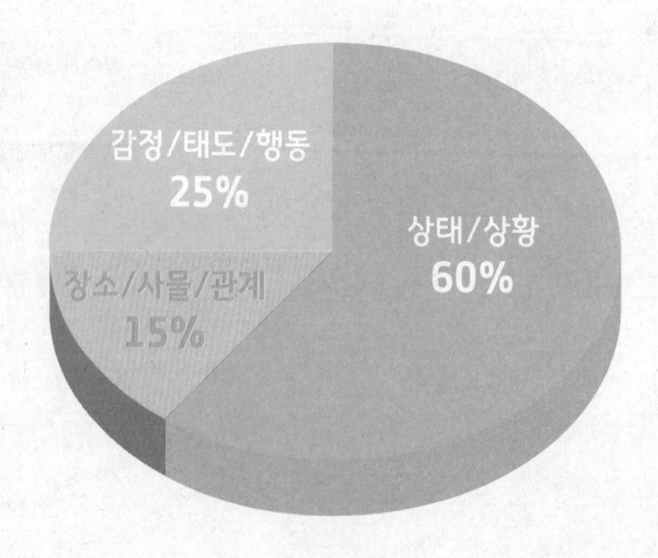

풀이 전략 | 문제 풀이 Step & 풀이 전략 적용해 보기

Step 1

보기 파악하기

보기의 뜻을 파악하고, 공통점을 찾아 녹음의 내용과 질문을 예상한다.

Step 2

들으면서 메모한 뒤 질문에 알맞은 정답 고르기

녹음을 들으면서 관련 정보를 보기에 메모한다. 들린 내용에는 밑줄, 다른 내용에는 취소선으로 표시하고, 남자와 여자, 이미 한 일과 앞으로 할 일 등을 구분하여 듣는다. 마지막에 나오는 질문을 끝까지 듣고 알맞은 정답을 고른다.

풀이 전략 적용해 보기 21.mp3

21. A 骑自行车　　B 弹钢琴　　C 游泳

STEP 1 보기 파악하기

A 骑自行车　B 弹钢琴　C 游泳

A 자전거 타기　B 피아노 치기　C 수영하기

보기가 모두 행동을 나타내는 동사이므로 행동을 묻는 문제임을 알 수 있다.

STEP 2 들으면서 메모한 뒤 질문에 알맞은 정답 고르기

男：你会骑自行车吗？
女：我不会，你教教我吧，我一直想学。

问：女的想学什么？

남: 너 자전거 탈 줄 알아?
여: 나 못 타. 네가 날 가르쳐 줘. 나 계속 배우고 싶었거든.

질문: 여자는 무엇을 배우고 싶은가?

녹음에 骑自行车(자전거를 타다)가 들렸고 자전거를 탈 줄 아느냐는 남자의 질문에 여자는 탈 줄 모른다며 가르쳐 달라고 했다. 여자가 我一直想学(나는 계속 배우고 싶었어)라고 했으므로 여자가 자전거를 배우고 싶어 한다는 것을 알 수 있다. 따라서 정답은 A 骑自行车(자전거 타기)이다.

정답 A 骑自行车

어휘 弹 tán 동 (악기를) 켜다　钢琴 gāngqín 명 피아노　游泳 yóuyǒng 동 수영하다　骑 qí 동 (자전거를) 타다　自行车 zìxíngchē 명 자전거　教 jiāo 동 가르치다　一直 yìzhí 부 계속해서

듣기 제 3, 4 부분

01 장소/사물/관계

장소, 사물, 관계를 나타내는 단어 듣기

기본기 다지기 기본 개념 잡기 & 공략 미리보기

듣기 제3, 4부분에서 장소/사물/관계를 묻는 문제는 단골 출제 유형이며, 난이도가 비교적 쉬운 편이다. 녹음에 보기의 단어를 직접 언급하거나 추측할 수 있는 단어를 제시하여 정답을 유도한다.

| 기본 개념 잡기 1 | 장소 문제 보기의 예

21. A 公园
    B 银行
    C 商店

→ 보기가 모두 장소이므로 장소를 묻는 문제임을 예상한다. 누가 어디에 있는지 또는 어디에 가는지를 파악하고, 남녀 및 시간 정보에 주의해서 듣는다.

| 기본 개념 잡기 2 | 주요 질문 유형

문제의 질문은 주로 哪儿(어디), 什么(무엇), 什么关系/是做什么的(무슨 관계/무엇을 하는 사람) 등의 표현이 사용된다.

- 他们最可能在哪儿？ 그들은 어디에 있을 가능성이 가장 큰가?
- 男的要吃什么？ 남자는 무엇을 먹으려고 하는가?
- 他最可能是做什么的？ 그는 무엇을 하는 사람인가?

| 공략 미리보기 |

합격 공략 13	장소 문제는 去/在/到를 잘 들으라!
합격 공략 14	사물 명사는 들리는 것이 정답이다!
합격 공략 15	[220점 이상 고득점] 관계와 직업을 파악하라!

합격 공략 13 장소 문제는 去/在/到를 잘 들으라!

장소 단어와 함께 쓰는 동사

일반적으로 장소 단어는 去(가다), 在(있다), 到(도착하다) 등의 동사와 함께 쓰이므로 녹음에 이러한 동사 뒤에 나오는 단어를 주의해서 듣는다. 만일 녹음에 보기의 단어가 그대로 들렸고 다른 장소가 나오지 않았으면 그것이 정답일 가능성이 높으므로 그대로 들린 보기를 꼭 체크한다.

去图书馆 도서관에 가다　　在公司 회사에 있다　　到邮局 우체국에 도착하다

〈주요 장소 명사〉

ㅁ 图书馆 túshūguǎn 도서관	ㅁ 学校 xuéxiào 학교
ㅁ 动物园 dòngwùyuán 동물원	ㅁ 公司 gōngsī 회사
ㅁ 商店 shāngdiàn 상점	ㅁ 机场 jīchǎng 공항
ㅁ 火车站 huǒchēzhàn 기차역	ㅁ 地铁站 dìtiězhàn 지하철역
ㅁ 邮局 yóujú 우체국	ㅁ 洗手间 xǐshǒujiān 화장실
ㅁ 饭馆 fànguǎn 식당	ㅁ 餐厅 cāntīng 식당

실전문제 22.mp3

A 图书馆　　B 学校　　C 动物园

STEP 1 보기 파악하기

A 图书馆　　B 学校　　C 动物园

A 도서관　　B 학교　　C 동물원

보기가 모두 장소이므로 장소를 묻는 문제임을 알 수 있다.

STEP 2 들으면서 메모한 뒤 질문에 알맞은 정답 고르기

女：周末我们去图书馆怎么样？

男：好啊！不过我星期六得去公司加班，要不星期天吧。

问：他们星期天最可能去哪儿？

여: 주말에 우리 도서관 가는 거 어때?

남: 좋아! 근데 나 토요일에 회사에 가서 야근해야 해. 아니면 일요일로 하자.

질문: 그들은 일요일에 어디에 갈 가능성이 가장 큰가?

여자의 말 周末我们去图书馆怎么样? (주말에 우리 도서관 가는 거 어때?)에서 동사 去 뒤에 图书馆이 들렸으므로 보기 A에 체크한다. 도서관에 가자는 말에 남자는 好啊! (좋아!)라고 동의했다. 질문에서 그들이 함께 갈 장소를 물었으므로 정답은 A 图书馆(도서관)이다.

정답 A 图书馆

어휘 学校 xuéxiào 명 학교　动物园 dòngwùyuán 명 동물원　图书馆 túshūguǎn 명 도서관　周末 zhōumò 명 주말　星期六 xīngqīliù 명 토요일　公司 gōngsī 명 회사　加班 jiābān 동 야근하다　要不 yàobù 접 그렇지 않으면　星期天 xīngqītiān 명 일요일

합격 공략 14 사물 명사는 들리는 것이 정답이다!

사물 명사의 발음을 미리 떠올린다

보기가 모두 사물 명사인 경우 질문은 주로 吃什么？(무엇을 먹는가?), 买什么？(무엇을 사는가?) 등으로 제시된다. 사물은 다른 어휘로 대체하지 않고 녹음에 그대로 들려주므로 보기 단어의 발음을 미리 떠올린 뒤 녹음을 들어야 한다.

〈주요 사물 명사〉

□ 小说 xiǎoshuō 소설	□ 照片 zhàopiàn 사진
□ 材料 cáiliào 재료	□ 雨伞 yǔsǎn 우산
□ 蛋糕 dàngāo 케이크	□ 行李箱 xínglixiāng 캐리어 가방
□ 护照 hùzhào 여권	□ 裤子 kùzi 바지
□ 裙子 qúnzi 치마	□ 鞋子 xiézi 신발
□ 帽子 màozi 모자	□ 桌子 zhuōzi 책상
□ 电脑 diànnǎo 컴퓨터	□ 电影 diànyǐng 영화

실전문제 23.mp3

A 小说　　B 照片　　C 电影

STEP 1 보기 파악하기

A 小说　　B 照片　　C 电影

A 소설　　B 사진　　C 영화

보기가 모두 사물을 나타내는 명사이므로 녹음에서 그대로 들리는 어휘가 있는지 확인한다.

STEP 2 들으면서 메모한 뒤 질문에 알맞은 정답 고르기

男：照片中间这个人是你吗？
女：不是，这是我姐姐。
男：你们长得真像啊！
女：大家都这么说。

问：他们在看什么？

남: 사진 가운데 이 사람 너야?
여: 아니야. 우리 언니야.
남: 너희 정말 닮았다.
여: 다들 그렇게 말해.

질문: 그들은 무엇을 보고 있는가?

남자의 말 照片中间这个人是你吗? (사진 가운데 이 사람 너야?)에 照片(사진)이 그대로 들렸다. 질문에서 그들이 무엇을 보고 있는지를 물었으므로 정답은 B 照片(사진)이다.

정답 B 照片

어휘 小说 xiǎoshuō 명 소설　电影 diànyǐng 명 영화　照片 zhàopiàn 명 사진　中间 zhōngjiān 명 가운데　长 zhǎng 동 생기다　像 xiàng 동 닮다

합격 공략 15 [220점 이상 고득점] 관계와 직업을 파악하라!

관계와 직업을 나타내는 어휘

관계나 직업을 파악하는 문제는 호칭이나 대화의 내용을 통해 등장인물의 관계와 직업을 파악할 수 있다. 관계와 직업을 나타내는 주요 어휘를 미리 암기해 두자.

〈주요 관계/직업 명사〉

□ 同学 tóngxué 학우, 동창	□ 同事 tóngshì 동료
□ 服务员 fúwùyuán 종업원	□ 经理 jīnglǐ 사장, 매니저
□ 老板 lǎobǎn 사장	□ 客人 kèrén 손님
□ 售货员 shòuhuòyuán 판매원	□ 职员 zhíyuán 직원
□ 医生 yīshēng 의사	□ 护士 hùshi 간호사
□ 学生 xuésheng 학생	□ 老师 lǎoshī 선생님
□ 师生 shīshēng 교사와 학생	□ 夫妻 fūqī 부부
□ 妻子 qīzǐ 아내	□ 丈夫 zhàngfū 남편

실전문제 24.mp3

A 师生　　B 同事　　C 夫妻

STEP 1 보기 파악하기

A 师生　　B 同事　　C 夫妻

A 교사와 학생　　B 동료　　C 부부

보기가 모두 관계를 나타내므로 등장인물의 관계를 파악하며 녹음을 듣는다.

STEP 2 들으면서 메모한 뒤 질문에 알맞은 정답 고르기

女：你今天几点下班？
男：五点吧，怎么了？
女：我今天得加班，你能帮我接孩子吗？
男：好的，你放心吧。

问：他们最可能是什么关系？

여: 몇 시에 퇴근해요?
남: 5시요. 무슨 일이에요?
여: 나 오늘 야근해야 해서, 당신이 나 대신 아이를 데리러 가 줄 수 있어요?
남: 알겠어요. 안심해요.
질문: 그들은 무슨 관계일 가능성이 가장 높은가?

여자가 남자에게 你能帮我接孩子吗? (당신이 나 대신 아이를 데리러 가 줄 수 있어요?)라고 했는데, '아이를 데리러 가는 것'은 주로 부부가 하는 대화이므로 남녀의 관계가 부부임을 알 수 있다. 질문에서 그들의 관계를 물었으므로 정답은 C 夫妻(부부)이다.

정답 C 夫妻

어휘 师生 shīshēng 명 교사와 학생 同事 tóngshì 명 동료 夫妻 fūqī 명 부부 下班 xiàbān 동 퇴근하다 加班 jiābān 동 야근하다 帮 bāng 동 돕다 接 jiē 동 마중하다 孩子 háizi 명 아이 放心 fàngxīn 동 안심하다

실전 테스트 정답 & 해설_해설편 p.016

녹음을 듣고 알맞은 정답을 고르세요. 25.mp3

[제3부분]

1. A 银行
   B 咖啡厅
   C 水果店

2. A 爸爸
   B 妈妈
   C 弟弟

3. A 邮局
   B 公司
   C 中国餐厅

4. A 手机
   B 电脑
   C 水果

[제4부분]

5. A 北京烤鸭
   B 羊肉
   C 蛋炒饭

6. A 饭馆儿
   B 书店
   C 服装店

7. A 图书馆
   B 花店
   C 学校

8. A 没问题
   B 丢了
   C 坏了

듣기 제 3, 4 부분

02

상태/상황

사람과 사물의 상태, 상황 파악하기

기본기 다지기 기본 개념 잡기 & 공략 미리보기

상태와 상황을 묻는 문제는 사람이나 사물이 어떠한지를 주로 묻는다. 출제 비중이 높은 편이며 보기의 어휘가 그대로 들려서 간단히 정답을 고를 수 있는 문제도 있지만, 대화의 내용을 파악해야 풀 수 있는 문제도 출제된다.

| 기본 개념 잡기 1 | 상태/상황 문제 보기의 예

21. A 发烧了
    B 头疼
    C 肚子不舒服

→ 보기가 모두 몸의 상태를 나타내므로 인물의 건강 상태를 묻는 문제임을 예상한다.

| 기본 개념 잡기 2 | 주요 질문 유형

녹음의 질문은 주로 怎么了？(어떻게 된 일인가?), 怎么样？(어떤가?) 등의 형식으로 출제된다.

- 关于女的可以知道什么？ 여자에 대해서 알 수 있는 것은?
- 男的怎么了？ 남자는 왜 그러는가?
- 男的为什么这么晚才回来？ 남자는 왜 이렇게 늦게 돌아왔는가?

| 공략 미리보기 |

합격 공략 16	사람의 상태/상황을 파악하라!
합격 공략 17	사물의 상태를 파악하라!
합격 공략 18	[220점 이상 고득점] 시간 정보를 파악하라!

합격 공략 16 사람의 상태/상황을 파악하라!

사람의 상태/상황을 나타내는 표현

사람의 상태나 상황을 묻는 질문은 주로 女的怎么了？(그녀는 어떻게 된 일인가?), 他为什么不去上班？(그는 왜 출근하지 않는가?), 关于男的可以知道什么？(남자에 관해 알 수 있는 것은?) 등의 형태로 제시된다. 따라서 녹음을 들을 때 한두 개의 단어가 아니라 인물에 관한 전반적인 정보를 파악해야 한다. 보기는 주로 주술구, 술목구 등으로 제시되므로 먼저 보기를 분석한 뒤 녹음을 들으며 대조하도록 한다.

〈사람의 상태/상황을 나타내는 표현〉

ㅁ 生病 shēngbìng 병이 나다	ㅁ 感冒 gǎnmào 감기에 걸리다
ㅁ 发烧 fāshāo 열이 나다	ㅁ 咳嗽 késou 기침하다
ㅁ 肚子疼 dùzi téng 배가 아프다	ㅁ 准备考试 zhǔnbèi kǎoshì 시험을 준비하다
ㅁ 等人 děngrén 사람을 기다리다	ㅁ 买东西 mǎi dōngxī 물건을 사다
ㅁ 问路 wènlù 길을 묻다	ㅁ 上班 shàngbān 출근하다

실전문제 26.mp3

A 在准备考试　　B 在锻炼身体　　C 在找东西

STEP 1 보기 파악하기

A 在准备考试
B 在锻炼身体
C 在找东西

A 시험을 준비하고 있다
B 체력 단련을 하고 있다
C 물건을 찾고 있다

보기를 보아 인물의 상황을 묻는 문제임을 알 수 있다.

STEP 2 들으면서 메모한 뒤 질문에 알맞은 정답 고르기

女：你怎么还不睡觉？
男：我明天有考试，得复习。

问：关于男的可以知道什么？

여: 너 왜 아직도 안 자?
남: 나 내일 시험이야. 복습해야 해.

질문: 남자에 관하여 알 수 있는 것은?

왜 아직도 안 자느냐는 여자의 질문에 남자는 我明天有考试，得复习(나 내일 시험이야. 복습해야 해)라고 했으므로 남자는 내일 시험을 준비하기 위해 공부하고 있음을 알 수 있다. 따라서 남자에 대해 알 수 있는 것은 A 在准备考试(시험을 준비하고 있다)이다.

정답 A 在准备考试

어휘 准备 zhǔnbèi 동 준비하다　锻炼 duànliàn 동 단련하다　身体 shēntǐ 명 신체　找 zhǎo 동 찾다　东西 dōngxi 명 물건　睡觉 shuìjiào 동 자다　考试 kǎoshì 명 시험　复习 fùxí 동 복습하다

합격 공략 17 사물의 상태를 파악하라!

사물의 상태를 나타내는 표현

사물의 상태를 묻는 문제는 주로 关于……可以知道什么？(~에 관하여 알 수 있는 것은?), ……怎么样？(~은 어떠한가?) 등으로 제시된다. 따라서 보기가 사물의 상태에 관한 표현이라면 녹음을 들을 때 사물에 대한 정보에 포커스를 두고 듣자.

〈사물의 상태/상황을 나타내는 표현〉

ㅁ 卖完 mài wán 다 팔리다	ㅁ 坏 huài 고장나다
ㅁ 新鲜 xīnxiān 신선하다	ㅁ 堵车 dǔchē 차가 막히다
ㅁ 便宜 piányi 싸다	ㅁ 打折 dǎzhé 할인하다
ㅁ 丢了 diū le 잃어버리다	ㅁ 贵 guì 비싸다
ㅁ 下雨 xiàyǔ 비가 오다	ㅁ 下雪 xiàxuě 눈이 내리다

실전문제 27.mp3

A 卖完了　　B 还没到季节　　C 不新鲜

STEP 1 보기 파악하기

A 卖完了
B 还没到季节
C 不新鲜

A 다 팔렸다
B 아직 계절이 아니다
C 신선하지 않다

보기는 상태를 나타내는 단어이고, 卖(팔다), 季节(계절), 新鲜(신선하다)을 보아 과일과 관련된 대화임을 예상한다.

STEP 2 들으면서 메모한 뒤 질문에 알맞은 정답 고르기

男：你为什么买了香蕉？不是要买苹果吗？
女：我去得晚，苹果都卖完了，不得不买香蕉了。
男：这样啊。辛苦了。去洗个澡吧，我来做饭。
女：好的。

问：女的为什么没买苹果？

남: 너 왜 바나나를 샀어? 사과 산다고 하지 않았어?
여: 내가 늦게 가서 사과가 다 팔렸어. 어쩔 수 없이 바나나를 샀어.
남: 그랬구나. 고생했어. 가서 씻어. 내가 밥 할게.
여: 그래.

질문: 여자는 왜 사과를 사지 못했는가?

왜 바나나를 사 왔느냐는 남자의 질문에 여자는 苹果都卖完了(사과가 다 팔렸어)라고 했다. 질문에서 여자가 사과를 사지 못한 이유를 물었으므로 정답은 A 卖完了(다 팔렸다)이다.

정답 A 卖完了

어휘 卖完 màiwán 다 팔렸다　季节 jìjié 명 계절　新鲜 xīnxiān 형 신선하다　香蕉 xiāngjiāo 명 바나나　苹果 píngguǒ 명 사과　不得不 bùdébù 부 어쩔 수 없이　辛苦 xīnkǔ 형 수고했다　洗澡 xǐzǎo 동 목욕하다　做饭 zuòfàn 동 밥을 하다

합격 공략 18 [220점 이상 고득점] 시간 정보를 파악하라!

시간을 묻는 문제

시간을 묻는 질문은 주로 他们几点……? (그들은 몇 시에 ~을 하는가?), ……什么时候买的? (~은 언제 산 것인가?) 등으로 제시된다. 난이도가 높을 경우 여러 가지 시간 정보를 한꺼번에 들려주므로 부가 정보를 반드시 메모하면서 들어야 한다. 시간을 나타내는 표현에는 어떤 것들이 있는지 알아보자.

〈시간을 나타내는 표현〉

□ 点 diǎn 시	□ 分 fēn 분
□ 小时 xiǎoshí 시간	□ 半 bàn 반, 30분
□ 年 nián 년	□ 月 yuè 월
□ 日 rì 일	□ 号 hào 일
□ 上个星期 shàng ge xīngqī 지난주	□ 下个星期 xià ge xīngqī 다음 주
□ 前天 qiántiān 그저께	□ 昨天 zuótiān 어제
□ 今天 jīntiān 오늘	□ 明天 míngtiān 내일
□ 后天 hòutiān 모레	□ 前年 qiánnián 재작년
□ 去年 qùnián 작년	□ 今年 jīnnián 올해
□ 明年 míngnián 내년	□ 后年 hòunián 내후년
□ 上个月 shàng ge yuè 지난달	□ 下个月 xià ge yuè 다음 달

실전문제 28.mp3

A 9：00　　B 9：30　　C 10：50

STEP 1 보기 파악하기

A 9：00　　B 9：30　　C 10：50

A 9 : 00　　B 9 : 30　　C 10 : 50

보기를 보아 시간을 묻는 문제임을 알 수 있다.

STEP 2 들으면서 메모한 뒤 질문에 알맞은 정답 고르기

女：我们星期天去爬山，你也来吧。
男：好，你们打算几点出发？
女：九点半，我们在地铁站见吧。
男：好，我知道了。

问：他们最有可能几点见面？

여: 우리 일요일에 등산가는데 너도 와.
남: 좋아. 너희 몇 시에 출발할 계획인데?
여: 9시 반. 우리 지하철역에서 만나자.
남: 좋아. 알겠어.

질문: 그들은 몇 시에 만날 가능성이 가장 큰가?

보기가 모두 시간이므로 녹음에 어떤 시간대가 들리는지 확인한다. 녹음에서 남자가 출발 시간을 물었고 이에 여자가 九点半(9시 30분)이라고 했다. 다른 시간대는 언급되지 않았고, 질문에서 그들이 몇 시에 만나기로 했는지 물었으므로 정답은 B 9 : 30 이다.

정답 B 9 : 30

어휘 星期天 xīngqītiān 명 일요일 爬山 páshān 동 등산하다 打算 dǎsuan 동 ~할 계획이다 出发 chūfā 동 출발하다 地铁站 dìtiězhàn 명 지하철역 知道 zhīdào 동 알다

실전 테스트 정답 & 해설_해설편 p.019

녹음을 듣고 알맞은 정답을 고르세요. 29.mp3

[제3부분]

1. A 在等人
   B 在看电影
   C 身体不舒服

2. A 很贵
   B 卖光了
   C 很漂亮

3. A 很舒服
   B 感冒了
   C 很累

4. A 迟到了
   B 感冒了
   C 辛苦了

[제4부분]

5. A 出国了
   B 身体不舒服
   C 钱包丢了

6. A 很便宜
   B 门票免费
   C 新开不久

7. A 受伤了
   B 黑了
   C 胖了

8. A 不太好
   B 很好
   C 很一般

듣기 제 3, 4 부분

03 감정/태도/행동

대화를 통해 감정, 태도, 행동 파악하기

기본기 다지기 기본 개념 잡기 & 공략 미리보기

인물의 감정과 태도를 묻는 문제는 대부분 녹음에 태도와 감정을 그대로 언급하지 않기 때문에 대화를 통해 유추해야 한다.

| 기본 개념 잡기 1 | 감정/태도 문제 보기의 예

21. A 很抱歉
    B 非常紧张
    C 很满意

→ 보기가 모두 감정을 나타내는 어휘이므로 감정과 태도를 묻는 문제임을 예상한다. 누가 어떤 감정을 느끼는지 파악하며 듣는다.

| 기본 개념 잡기 2 | 주요 질문 유형

녹음의 질문은 주로 什么意思？(무슨 의미인가?), 觉得怎么样？(어떻게 생각하는가?)의 형식으로 제시된다.

- 男的是什么意思？ 남자는 무슨 의미인가?
- 女的觉得怎么样？ 여자는 어떻게 생각하는가?

| 공략 미리보기 |

합격 공략 19	대화의 전체 내용을 파악하라!
합격 공략 20	인물의 감정을 파악하라!
합격 공략 21	[220점 이상 고득점] 인물의 행동을 파악하라!

합격 공략 19 대화의 전체 내용을 파악하라!

인물의 태도를 묻는 문제

태도를 묻는 문제에서는 무엇을 하려고 하는지와 무엇을 좋아하는지 등을 묻는다. 따라서 보기의 단어에 要(~하려고 한다)나 喜欢(~을 좋아하다)이 함께 제시된다. 정답이 녹음에 그대로 언급되지 않는 경우가 많으므로 대화의 전체 내용을 파악하여 정답을 유추해야 한다.

실전문제 30.mp3

A 要了饮料　　B 要坐车　　C 喜欢看书

STEP 1 **보기 파악하기**

A 要了饮料
B 要坐车
C 喜欢看书

A 음료를 원한다
B 차를 타려고 한다
C 책 보는 것을 좋아한다

보기를 보아 무엇을 하려고 하는 인물의 태도를 묻는 문제임을 알 수 있다.

STEP 2 **들으면서 메모한 뒤 질문에 알맞은 정답 고르기**

女：你好，我要一杯美式咖啡和一杯绿茶。
男：您在这儿喝还是带走？
女：带走吧。
男：好的，一共38块。

问：关于女的可以知道什么？

여: 안녕하세요. 저 아메리카노 한 잔이랑 녹차 한 잔 주세요.
남: 드시고 가세요? 아니면 가져가세요?
여: 가져갈게요.
남: 알겠습니다. 모두 38위안입니다.

질문: 여자에 관하여 알 수 있는 것은?

녹음에서 여자가 **我要一杯美式咖啡和一杯绿茶**(저 아메리카노 한 잔이랑 녹차 한 잔 주세요)라고 했으므로 여자가 음료를 주문하는 상황임을 알 수 있다. 질문에서 여자에 대해서 알 수 있는 것을 물었으므로 정답은 B **要了饮料**(음료를 원한다)이다. 보기의 단어가 녹음에 등장하지 않았지만 대화의 전체 내용을 유추하여 정답을 고를 수 있다.

정답 B 要了饮料

어휘 饮料 yǐnliào 명 음료　坐车 zuòchē 동 차를 타다　杯 bēi 양 잔(컵을 세는 단위)　美式咖啡 měishì kāfēi 아메리카노　和 hé 접 ~와/과　绿茶 lǜchá 명 녹차　还是 háishì 접 또는, 아니면　带走 dàizǒu 동 가지고 가다　一共 yígòng 부 모두, 전부　块 kuài 양 중국의 화폐 단위(元에 해당함)

합격 공략 20 인물의 감정을 파악하라!

감정을 나타내는 표현

감정을 묻는 질문은 주로 男的是什么意思？(남자는 무슨 의미인가?), 女的觉得怎么样？(여자는 어떻게 생각하는가?)의 형식으로 제시된다. 대화의 내용을 통해 남자 또는 여자가 어떤 감정인지를 파악해야 하므로 전체 대화 내용을 이해해야 하며, 감정을 나타내는 표현들을 미리 학습해 두는 것이 필요하다.

〈감정을 나타내는 표현〉

□ **孤单** gūdān 외롭다	□ **开心** kāixīn 즐겁다
□ **自信** zìxìn 자신하다	□ **满意** mǎnyì 만족하다
□ **高兴** gāoxìng 즐겁다	□ **伤心** shāngxīn 상심하다
□ **担心** dānxīn 걱정하다	□ **难过** nánguò 괴롭다, 슬프다
□ **着急** zháojí 조급해하다	□ **无聊** wúliáo 무료하다, 심심하다

실전문제 31.mp3

A 很孤单　　B 很开心　　C 很自信

STEP 1 보기 파악하기

A 很孤单　B 很开心　C 很自信

A 외롭다　B 즐겁다　C 자신있다

보기가 감정을 나타내므로 녹음을 들으면서 인물의 감정을 파악하도록 한다.

STEP 2 들으면서 메모한 뒤 질문에 알맞은 정답 고르기

男：别开太快了，小心点儿。
女：你放心，我又不是第一次开车。

问：女的现在怎么样？

남: 너무 빠르게 운전하지 마. 조심해.
여: 안심해. 내가 처음 운전하는 것도 아닌데.

질문: 여자는 지금 어떠한가?

너무 빠르게 운전하지 말라는 남자의 말에 여자는 你放心，我又不是第一次开车(안심해. 내가 처음 운전하는 것도 아닌데)라고 했으므로 운전에 자신감을 갖고 있음을 알 수 있다. 질문에서 여자가 어떠한지 물었으므로 정답은 C 很自信(자신 있다)이다.

정답 C 很自信

어휘 孤单 gūdān 형 외롭다　开心 kāixīn 형 즐겁다　自信 zìxìn 동 자신하다　别 bié 부 ~하지 마라　开 kāi 동 운전하다　快 kuài 형 빠르다　小心 xiǎoxīn 동 조심하다　放心 fàngxīn 동 안심하다　又 yòu 부 또　第一次 dìyīcì 명 처음, 첫 번째　开车 kāichē 동 운전하다

합격 공략 21 [220점 이상 고득점] 인물의 행동을 파악하라!

행동을 나타내는 표현

행동을 묻는 문제는 일반적으로 녹음에 직접 행동이 언급된다. 남자 또는 여자가 무엇을 하는지 묻거나, 또는 무엇을 시키는지를 묻는다. 따라서 인물과 행동 정보를 연결시켜 녹음을 들어야 한다.

〈행동을 나타내는 표현〉

□ 搬 bān 옮기다, 이사하다	□ 帮忙 bāngmáng 돕다
□ 迟到 chídào 지각하다	□ 打扫 dǎsǎo 청소하다
□ 打算 dǎsuàn ~할 계획이다	□ 放 fàng 놓다
□ 感兴趣 gǎn xìngqù 흥미가 있다	□ 关 guān 끄다, 닫다
□ 花 huā 쓰다	□ 还 huán 돌려주다

- 换 huàn 바꾸다
- 教 jiāo 가르치다
- 解决 jiějué 해결하다
- 决定 juédìng 결정하다
- 洗澡 xǐzǎo 목욕하다
- 注意 zhùyì 주의하다
- 讲 jiǎng 이야기하다, 말하다
- 结婚 jiéhūn 결혼하다
- 借 jiè 빌리다
- 忘记 wàngjì 잊다
- 遇到 yùdào 만나다
- 影响 yǐngxiǎng 영향을 주다

실전문제 32.mp3

A 搬盘子　　B 打扫房间　　C 买水果

STEP 1 보기 파악하기

A 搬盘子　　B 打扫房间　　C 买水果

A 접시를 옮기다　B 방을 청소하다　C 과일을 사다

보기를 보아 행동을 묻는 문제임을 알 수 있다. 남녀의 행동을 구분하여 듣는다.

STEP 2 들으면서 메모한 뒤 질문에 알맞은 정답 고르기

女：能不能帮我把这些盘子放到上面去？我搬不动。
男：可以。

问：女的希望男的帮忙做什么？

여: 이 접시들 좀 위로 올려줄 수 있어? 내가 못 옮기겠어.
남: 그래.

질문: 여자는 남자가 무엇을 도와주기를 바라는가?

여자가 남자에게 能不能帮我把这些盘子放到上面去? (이 접시들 좀 위로 올려줄 수 있어?)라고 했으므로 보기 A에 '여자의 부탁'이라고 메모해 둔다. 질문에서 여자가 남자에게 무엇을 도와 달라고 하는지를 물었으므로 정답은 A 搬盘子(접시를 옮기다)이다.

정답 A 搬盘子

어휘 搬 bān 동 옮기다　盘子 pánzi 명 접시　打扫 dǎsǎo 동 청소하다　房间 fángjiān 명 방　买 mǎi 동 사다　水果 shuǐguǒ 명 과일　帮 bāng 동 돕다　把 bǎ 개 ~을/를　放 fàng 동 놓다, 두다

실전 테스트 정답 & 해설_해설편 p.022

녹음을 듣고 알맞은 정답을 고르세요. 33.mp3

[제3부분]

1. A 牙疼
   B 想吃饼干
   C 很累

2. A 喝酒
   B 爬山
   C 运动

3. A 散步
   B 游泳
   C 划船

4. A 想减肥
   B 饭菜不好吃
   C 吃饱了

[제4부분]

5. A 向南走
   B 向北走
   C 向东走

6. A 不太好
   B 很危险
   C 很好

7. A 看电影
   B 去旅行
   C 学弹钢琴

8. A 看电视
   B 准备考试
   C 买鞋子

미니모의고사

| 정답 & 해설 | 해설편 p.025

녹음을 듣고 알맞은 정답을 고르세요. 34.mp3

[제3부분]

1. A 邻居
   B 同事
   C 夫妻

2. A 在减肥
   B 吃饱了
   C 牙疼

3. A 6个月
   B 8个月
   C 10个月

4. A 9:30
   B 8:30
   C 7:30

5. A 中国
   B 美国
   C 日本

6. A 北京烤鸭
   B 面包
   C 冰淇淋

7. A 手机
   B 杂志
   C 报纸

8. A 爬山
   B 做饭
   C 学习汉语

[제4부분]

9. A 图书馆
   B 饭馆
   C 邮局

10. A 黑色
    B 白色
    C 绿色

11. A 本子
    B 手机
    C 茶

12. A 地铁
    B 公共汽车
    C 出租车

13. A 6：30
    B 7：30
    C 8：00

14. A 饿了
    B 累了
    C 生病了

15. A 海鲜汤
    B 羊肉串
    C 炒面

16. A 学习电脑
    B 旅游
    C 学开车

독해
제1부분

阅读

연결되는 문장 고르기

Warm Up!

유형 분석 & 풀이 전략

1. 질의응답형

질문과 대답 연결하기

2. 상황적 의미형

상황적 의미로 연결하기

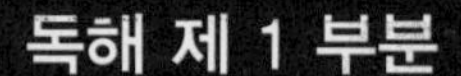

유형 분석 & 풀이 전략

유형 분석 | 시험에는 이렇게 나온다!

출제 방식

HSK 3급 독해 제1부분은 주어진 문장과 문맥상 연결되는 문장을 주어진 보기 A~F 중에서 고르는 유형으로 41번~45번, 46번~50번으로 나누어 총 10문항이 출제된다.

출제 경향 & 유형별 출제 비율

문장은 주로 일상생활에 관한 내용이다. 문장이 연결되는 형식은 두 가지인데, 두 사람이 대화하는 상황에서의 질문과 대답 연결하기(질의응답형), 그리고 연이어 말하는 두 개 문장 연결하기(상황적 의미형)이다. 질의응답형 문제는 출제 비중이 높으며, 난이도가 비교적 쉬운 편이므로 다른 문제들보다 먼저 푸는 것이 유리하다. 질의응답형과 상황적 의미형 문제 모두 동일한 핵심 키워드를 찾는 것이 중요한데 최근 들어 이러한 핵심 키워드 없이 같은 주제만으로 연결되는 문제도 출제되고 있으므로 전체적인 문맥을 파악하는 능력을 갖추어야 한다.

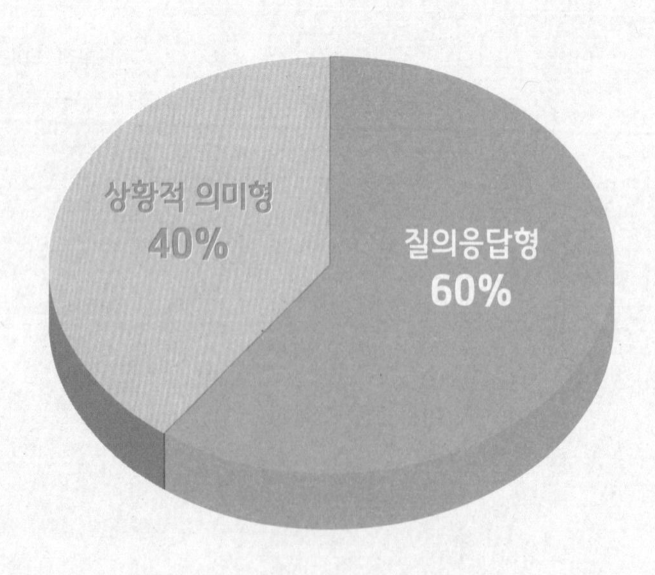

풀이 전략 | 문제 풀이 Step & 풀이 전략 적용해 보기

Step 1

문장 파악하기

문제가 물음표(?)가 있는 질문형 문장인지 대답으로 시작하는 문장인지 확인한다. 또한 핵심 키워드(주요 명사/동사, 단답형 어휘, 대사, 접속사)를 체크한다.

Step 2

연결되는 문장 고르기

질문형 문장은 질문에 해당하는 대답 문장을 연결시키고 단답형 문장은 그에 맞는 질문형 문장을 연결시킨다. 그 밖의 문장은 핵심 키워드가 일치하거나, 문맥상 관련있는 문장을 정답으로 고른다.

풀이 전략 적용해 보기

[보기] A 可以，先生，一共是478元5角。
B 不是，我一直在家里玩电子游戏呢。
C 小静，帮我开一下窗户好吗？谢谢。
D 这件衬衫你花了多少钱？
E 当然。我们先坐地铁，然后换出租车。
F 听说你要去中国留学，你什么时候去啊？

41. 这个多少钱？你们这儿能刷信用卡吗？ (　　)

STEP 1 문장 파악하기

这个多少钱？你们这儿能刷信用卡吗？ 이거 얼마예요? 여기 신용 카드 되나요?

문장이 질문이므로 무엇을 묻는지 확인한다. 多少钱? (얼마예요?), 能刷卡吗? (카드 긁을 수 있어요?)라고 하여 가격과 카드 사용 가능 여부를 묻고 있다.

STEP 2 연결되는 문장 고르기

A 可以，先生，一共是478元5角。
B 不是，我一直在家里玩电子游戏呢。
C 小静，帮我开一下窗户好吗？谢谢。
D 这件衬衫你花了多少钱？
E 当然。我们先坐地铁，然后换出租车。
F 听说你要去中国留学，你什么时候去啊？

A 가능해요. 선생님. 전부 478위안 5자오입니다.
B 아니야. 나는 계속 집에서 컴퓨터 게임을 하고 있었어.
C 샤오찡. 창문 좀 열어 줄래? 고마워.
D 이 셔츠 얼마 줬어?
E 당연하지. 우리 먼저 지하철 타고 나서 택시로 갈아탈 거야.
F 너 중국에 유학 간다고 들었는데 언제 가?

보기 C, D, F는 질문하는 문장이므로 제외시키고, A, B, E가 단답형 대답이므로 내용을 살펴본다. B의 不是(아니야)는 판단을 나타내므로 能……? (~할 수 있어요?)의 대답이 아니다. E는 교통수단을 말하는데 문제의 문장은 카드 사용을 말하므로 주제가 달라 연결되지 않는다. A에 가격이 제시되어 있고 가능 여부를 나타내는 可以(가능하다)가 있으므로 연결되는 문장은 A이다.

정답 A 可以先生，一共是478元5角。

어휘 刷 shuā 통 긁다 信用卡 xìnyòngkǎ 명 신용 카드 一共 yígòng 부 모두, 전부 元 yuán 양 위안(중국 화폐 단위) 角 jiǎo 양 자오(중국 화폐 단위, 1元의 10분의 1) 一直 yìzhí 부 계속해서 玩 wán 통 놀다 电子游戏 diànzǐ yóuxì 명 컴퓨터 게임 帮 bāng 통 돕다 窗户 chuānghu 명 창문 衬衫 chènshān 명 셔츠 花钱 huāqián 통 돈을 쓰다 换 huàn 통 교환하다, 바꾸다 出租车 chūzūchē 명 택시 听说 tīngshuō 통 듣는 바로는 留学 liúxué 통 유학하다

독해 제 1 부분

01

질의응답형

질문과 대답 연결하기

기본기 다지기 기본 개념 잡기 & 공략 미리보기

문제가 질문이라면 가장 먼저 질문의 요지를 파악해야 한다. 질문의 종류에 따라 단답형으로 간단히 대답할 수도 있고 구체적인 이유나 방법으로 대답할 수도 있다. 보기 문장을 모두 다 해석하기보다는 질문의 요지를 먼저 파악하여 전략적으로 대답 문장을 고르도록 한다.

| 기본 개념 잡기 | 질의응답형 문제 유형

1. 질문형인 경우

물음표(?)로 끝나는 문장으로 의문대사 또는 의문을 나타내는 어기조사가 있다. 핵심 키워드와 함께 대답을 예상할 수 있다.

(문제 A) 小王，你在吃什么？ 샤오왕, 너 지금 뭐 먹고 있니?
→ 의문대사: 什么, 핵심 키워드: 吃
'무엇을 먹다'라는 행동이 제시된 문장을 찾는다.

(문제 B) 这次旅行，你也去吗？ 이번 여행 너도 갈 거야?
→ 어기조사: 吗, 핵심 키워드: 去
여행을 가는지에 대해 去 또는 不去라고 대답하는 문장을 찾는다.

2. 단답형 대답인 경우

단답형 대답은 '예/아니오', '좋다/싫다' 등이 있다. 단답형 대답과 핵심 키워드를 보고 질문을 예측할 수 있다.

(문제) 好的，我也有点儿渴。 좋아. 나도 조금 목말라.
→ 대답: 好的, 핵심 키워드: 渴
목이 마르다고 했으므로 음료를 마실 것인지 질문하는 문장을 찾는다.

| 공략 미리보기 |

합격 공략 22 질문의 요지를 파악하여 대답 문장을 찾으라!

합격 공략 23 단답형 대답과 핵심 키워드를 보고 질문을 찾으라!

합격 공략 24 [220점 이상 고득점] 호응 관계 표현을 기억하라!

합격 공략 22 질문의 요지를 파악하여 대답 문장을 찾으라!

문장이 질문으로 끝난 경우

문장에 물음표(?)가 있으면 그 문장은 의문문이다. 의문문은 의문대사를 사용하거나 의문을 나타내는 어기조사 吗？(~해요?), 吧？(~지요?)를 사용하여 나타낸다. 질문에는 그에 맞는 대답이 이어지므로 문제의 문장이 의문문이면 먼저 무엇을 묻는지 질문의 요지를 파악한 뒤, 보기에서 알맞은 대답 문장을 찾도록 한다. 의문문은 아래 두 가지 형식으로 만들 수 있다

1. 의문대사: 为什么(왜), 什么(무엇), 谁(누가), 哪儿(어디), 什么时候(언제), 怎么(어떻게), 怎么了(어떻게 되었는가), 几(몇), 多少(얼마)

(문제) 喂，你在做什么？ 여보세요. 너 지금 뭐 하고 있어?

(보기) 我在家看电视呢。 나 집에서 텔레비전 보고 있어.

질문에서 做什么？(무엇을 하는가?)라고 물었으므로 구체적인 행동으로 대답한 문장이 연결된다.

2. 의문을 나타내는 어기조사: 吗? (~해요?), 吧? (~지요?)

(문제) 这场足球比赛，你参加吗？ 이번 축구 경기에 너 참가하니?

(보기) 不能参加了，我的腿还没好呢。 참가할 수 없어. 다리가 아직 안 나았어.

질문에서 参加吗？(참가하니?)라고 물었으므로 参加/不参加(참가한다/참가하지 않는다)라고 대답한 문장이 연결된다.

실전문제

[보기] A 这件衬衫你花了多少钱？

B 好的，我洗完碗就去。

C 当然，我们先坐地铁，然后换公共汽车。

你知道怎么去那里吗？ (　　)

STEP 1 문제 파악하기

你知道怎么去那里吗？ 너 그곳에 어떻게 가는지 알고 있니?

문장은 의문문이며 질문의 요지를 파악하기 위해 핵심 키워드를 찾는다. 질문은 知道……吗? (~을 알아요?)이고, 핵심 키워드는 怎么去(어떻게 가다)이므로 이동 방법에 대해 물어보는 내용이다.

STEP 2 연결되는 문장 고르기

A 这件衬衫你花了多少钱？
B 好的，我洗完碗就去。
C 当然，我们先坐地铁，然后换公共汽车。

A 이 셔츠 너 얼마 줬어?
B 좋아. 설거지 다 하고 바로 갈게.
C 당연하지. 우리 먼저 지하철을 타고 그 다음에 버스로 갈아탈 거야.

먼저 A는 질문이므로 적합하지 않고, B와 C가 대답으로 시작한다. B의 好的(좋아요)는 제안에 대한 대답이므로 어울리지 않는다. 보기 C의 当然(당연하지)이 知道……吗? (~을 알아?)에 대한 대답으로 자연스럽고, 또 이동 방법을 알려주는 내용이므로 정답은 C이다.

정답 C 当然，我们先坐地铁，然后换公共汽车。

어휘 怎么 zěnme 대 어떻게, 어째서　衬衫 chènshān 명 와이셔츠　花 huā 동 소비하다　洗碗 xǐwǎn 동 설거지하다　当然 dāngrán 동 당연하다　先 xiān 부 먼저, 우선　地铁 dìtiě 명 지하철　然后 ránhòu 접 그리고 나서　换 huàn 동 바꾸다, 교환하다　公共汽车 gōnggòng qìchē 명 버스

합격 공략 23 단답형 대답과 핵심 키워드를 보고 질문을 찾으라!

단답형 대답으로 시작하는 경우

단답형 대답을 보고 질문을 예상한다. 예를 들어 문장이 没有(아니요)로 시작한다면 你去过中国吗？(중국에 가 본 적이 있어요?)와 같은 과거의 일을 묻는 질문을 예상할 수 있다. 다양한 의문문에 따른 대답 유형을 미리 파악하고 있으면 어렵지 않게 정답을 고를 수 있다.

단답형 대답	질문 유형
是 예 当然 물론이에요 对 맞아요 不 아니요	일반적인 질문 형식 A：她是你的妹妹吗？ 그녀가 네 여동생이야? B：是。/不是。 응. / 아니야. A：你参加比赛吗？ 너 시합에 참가해? B：当然参加。/不参加。 당연히 참가하지. / 참가하지 않아.
好的 좋아요 不要 아니에요(거절) 不用 필요없어요	의지/바램을 묻는 질문 A：你要喝饮料吗？ 너 음료수 마실래? B：要咖啡。/不用。 커피 마실래. / 괜찮아.
可以 괜찮아요(허가) 行 괜찮아요 没问题 문제없어요	가능/허가를 묻는 질문 A：你能帮我看我的行李吗？ 내 짐 좀 봐 줄 수 있어? B：可以。 그래.

	완료, 경험 등의 사실을 묻는 질문
동+了 ~했어요 동+过 ~한 적 있어요 没有 아니요(~한 적 없어요)	A：他学过汉语吗？ 그는 중국어를 배운 적 있어요? B：学过。 배운 적 있어요. A：你吃饭了吗？ 밥 먹었어? B：吃了。/还没。 먹었어. /아직 안 먹었어.

실전문제

[보기] A 你爸爸为什么不同意你出国留学？
B 小王，中间这个人是你妻子吗？
C 我还有些事情，就先走了，明天见。

对啊，这是我在她唱歌的时候照的。 （ ）

STEP 1 문제 파악하기

对啊，这是我在她唱歌的时候照的。 맞아. 이건 내가 그녀가 노래할 때 찍은 사진이야.

문장은 단답형 대답으로 시작하고, 핵심 키워드는 对啊(맞아), 她(그녀)이다. 따라서 확인하는 질문과 她가 언급된 문장을 보기에서 고른다.

STEP 2 연결되는 문장 고르기

A 你爸爸为什么不同意你出国留学？
B 小王，中间这个人是你妻子吗？
C 我还有些事情，就先走了，明天见。

A 너희 아버지께서 왜 너 해외로 유학 가는 거 동의 안 하셔?
B 샤오왕, 중간의 이 사람이 네 아내야?
C 일이 있어서 먼저 갈게. 내일 보자.

먼저 보기 C는 질문이 아니므로 제외시킨다. 질문인 A와 B를 살펴보면 A는 为什么(왜)를 사용하여 이유를 묻고 있으므로 연결되지 않는다. B는 이 사람이 아내가 맞는지 확인하는 질문으로, 대사 她가 妻子(아내)를 가리킨다. 따라서 정답은 B이다.

정답 B 小王，中间这个人是你妻子吗？

어휘 唱歌 chànggē 동 노래를 하다　照 zhào 동 (사진, 영화를) 찍다　同意 tóngyì 동 동의하다　为什么 wèishénme 대 왜, 어째서　中间 zhōngjiān 명 중간　妻子 qīzi 명 아내, 부인　事情 shìqing 명 일, 사정　先 xiān 부 먼저, 우선

합격 공략 24 [220점 이상 고득점] 호응 관계 표현을 기억하라!

호응 관계 표현으로 연결하기

질의응답 형식이 아니라, 습관적으로 함께 쓰이는 호응 관계 표현이 제시되는 경우가 있다. 예를 들면 인사할 때 老师好(선생님, 안녕하세요)라고 하면, 你好(안녕하세요)라고 대답하고, 사과할 때 对不起(미안합니다)라고 하면 没关系(괜찮습니다)라고 대답한다. 이렇게 습관적으로 함께 사용하는 표현들을 파악해 두면 보다 빠르게 정답을 고를 수 있다.

말하는 사람 A	말하는 사람 B
谢谢。 고마워요.	不客气。 천만에요.
你好。 안녕하세요.	你好。 안녕하세요.
你好吗？ 잘 지내세요?	很好。/还好。/马马虎虎。 아주 좋아요./그냥 괜찮아요./그저 그래요.
对不起。 미안해요.	没关系。/没事。 괜찮아요./괜찮아요.
别……。/不要……。/请……。 ~하지 마세요./~하지 마세요./~해 주세요.	好的。/没问题。 좋아요./문제 없어요.
再见。 안녕히 가세요.	明天见。/慢走。/路上小心。 내일 봐요./조심히 가세요./가시는 길 조심하세요.
真漂亮。 정말 아름다우세요.	哪里哪里。 아니에요.

실전문제

[보기] A 王先生，这双鞋又好看又舒服，谢谢你。
B 外面风刮得越来越大，别感冒了。
C 还不到5点，天怎么这么黑呢。

不客气，只要你满意就行了。 (　　)

STEP 1 문제 파악하기

不客气，只要你满意就行了。 천만에요. 당신이 좋아하기만 하면 돼요.
문장 서두의 不客气(천만에요)는 질문에 대한 대답이 아니라 감사 표현에 대한 대답이다.

STEP 2 연결되는 문장 고르기

A 王先生，这双鞋又好看又舒服，谢谢你。
B 外面风刮得越来越大，别感冒了。
C 还不到5点，天怎么这么黑呢。

A 왕 선생님, 이 신발 예쁘고 편하네요. 고마워요.
B 밖에 바람이 점점 많이 불어요. 감기 걸리지 마세요.
C 아직 5시도 안 되었는데, 날이 왜 이렇게 어둡지.

문제의 不客气(천만에요)는 감사에 대한 대답으로 쓰이는데, 보기 A에 **谢谢**(고마워요)가 있으므로 A가 정답이다.

정답 A 王先生，这双鞋又好看又舒服，谢谢你。

어휘 不客气 búkèqi 천만에요 只要 zhǐyào 접 ~하기만 하면 满意 mǎnyì 형 만족하다 双 shuāng 양 쌍, 켤레(쌍을 이루는 것을 세는 단위) 鞋 xié 명 신발 好看 hǎokàn 형 아름답다 舒服 shūfu 형 편안하다 外面 wàimiàn 명 밖, 바깥 刮风 guāfēng 동 바람이 불다 越来越 yuèláiyuè 부 더욱더, 점점 别 bié 부 ~하지 마라 天 tiān 명 하늘 怎么 zěnme 대 어떻게, 어째서 这么 zhème 대 이렇게 黑 hēi 형 검다, 어둡다

실전 테스트 정답 & 해설_해설편 p.031

문제와 의미가 연결되는 보기를 고르세요.

[보기]

A 我有点儿口渴，冰箱里有没有什么饮料？

B 可能是感冒了，我打算下午去医院看看。

C 不，我最喜欢秋天，是因为天气不冷也不热。

D 有，从这儿往东走大概500米，就在右边。

E 这个太阳镜你花了多少钱？

1. 有可乐、果汁、啤酒什么的，你自己去拿吧。 ( )

2. 请问，这儿附近有银行吗？ ( )

3. 这是妹妹送给我的，我也不太清楚。 ( )

4. 春天是我最喜欢的季节，你跟我一样吗？ ( )

5. 听说你有点儿发烧，怎么了？ ( )

02 상황적 의미형

상황적 의미로 연결하기

기본기 다지기 기본 개념 잡기 & 공략 미리보기

질문과 대답이 아닌 평서문 2개를 연결하는 문제는 두 사람이 대화하거나 한 사람이 두 문장을 말하는 상황이다. 따라서 문장의 의미를 파악하여 서로 연결되는 포인트를 찾는 것이 중요하다. 최근 들어 이러한 유형의 출제 비중이 점점 높아지고 있다.

| 기본 개념 잡기 | 상황적 의미형 문제 유형

1. 일치하거나 유사한 핵심 키워드로 연결 단서 찾기

두 개의 문장에 동일한 단어가 있거나, 같은 의미 범주인 단어, 또는 대사가 있을 경우 문장 연결 관계를 파악할 수 있다.

	같은 단어	같은 의미 범주	대사
(문제)	喝咖啡 커피를 마시다	兴趣爱好 취미	她 그녀
(보기)	喝咖啡 커피를 마시다	打篮球、游泳 농구를 하다, 수영하다	我妹妹 내 여동생

2. 시간 순서와 호칭으로 연결 단서 찾기

시간 순서를 나타내는 어휘와 호칭을 보고 문장의 연결 관계를 파악할 수 있다.

	시간 순서	호칭
(문제)	现在 / 长大以后 현재 / 자란 이후에	大夫 의사 선생님
(보기)	小的时候 어렸을 때	吃点儿药就好了 약을 먹고 좋아졌다

3. 접속사의 호응 관계로 연결 단서 찾기

두 개의 문장이 나타내는 연결 관계로 문장을 연결할 수도 있다. 원인과 결과 등 논리적인 의미를 파악하여 문장을 연결한다.

(문제) 我昨天晚上12点才下班，只睡了3个小时。 나는 어제 밤 12시에 퇴근해서 3시간밖에 못 잤다. (원인)

(보기) 所以今天又迟到了。 그래서 오늘 또 지각했다. (결과)

| 공략 미리보기 |

합격 공략 25 핵심 키워드와 관련된 단어를 찾으라!

핵심 키워드로 연결하기

문제가 질문이나 대답이 아닌 경우, 문장의 핵심 키워드를 찾아, 이와 관련된 어휘가 있는 보기 문장을 찾아야 한다. 예를 들어 앞문장에 累(피곤하다)가 있으면 뒷문장에 想休息一下(쉬고 싶다)가 제시되어, 앞뒤 문장은 서로 의미가 연결된다. 따라서 먼저 문제의 핵심 키워드를 파악한 뒤 보기에 이와 관련된 어휘가 있는지 찾는다.

(문제) 我最喜欢这个季节。 나는 이 계절을 가장 좋아해.

(보기) 秋天到了，树叶有的变成了红色，有的变成了黄色，真漂亮啊！
가을이다. 나뭇잎이 어떤 건 빨간색, 어떤 건 노란색으로 변했어. 정말 예쁘다!

문제의 핵심 키워드는 季节(계절)인데 보기에 계절의 한 종류인 秋天(가을)이 사용되었으므로 두 문장의 의미가 연결됨을 알 수 있다.

〈핵심 키워드와 관련 어휘 및 표현〉

핵심 키워드	관련 어휘 및 표현
机场 공항	飞机 비행기 起飞 이륙하다 护照 여권 行李箱 캐리어 가방 旅行 여행하다
家人 가족	爷爷 할아버지 奶奶 할머니 爸爸 아버지 妈妈 어머니 哥哥 오빠/형 弟弟 남동생 姐姐 언니/누나 妹妹 여동생 叔叔 삼촌 儿子 아들 女儿 딸 孩子 어린아이
季节 계절	春天 봄 夏天 여름 秋天 가을 冬天 겨울
学校 학교	老师 선생님 校长 교장 同学 학우 学习 공부하다 数学 수학 体育 체육 成绩 성적 考试 시험을 보다 上课 수업하다
水果 과일	香蕉 바나나 西瓜 수박 葡萄 포도 苹果 사과
运动 운동	游泳 수영하다 篮球 농구하다 足球 축구하다 跑步 뛰다 散步 산책하다 骑自行车 자전거를 타다
爱好 취미	唱歌 노래하다 听音乐 음악을 듣다 画画儿 그림을 그리다 运动 운동하다 旅行 여행하다 爬山 등산하다
衣服 옷	裤子 바지 裙子 치마 衬衫 셔츠 件 ~벌(옷) 条 ~벌(치마, 바지)
天气 날씨	下雨 비가 오다 下雪 눈이 오다 刮风 바람이 불다 晴天 맑은 날 阴天 흐린 날 蓝天 푸른 하늘 白云 흰 구름 冷 춥다 热 덥다

生日 생일	礼物 선물 蛋糕 케이크
商店 상점	衣服 옷 眼镜 안경 钱包 지갑 手表 손목 시계 鞋子 신발
教室 교실	黑板 칠판 桌子 책상 椅子 의자 电脑 컴퓨터 铅笔 연필
节目 프로그램	比赛 시합 表演 공연 参加 참가하다 开始 시작하다 结束 끝나다
颜色 색깔	黑色 검은색 白色 흰색 红色 빨간색 蓝色 파란색 黄色 노란색 绿色 녹색
口渴 목이 마르다	水 물 咖啡 커피 茶 차 牛奶 우유 啤酒 맥주 可乐 콜라 果汁 주스
饿/饱 배고프다/배부르다	吃饭 밥을 먹다 饭馆 호텔 餐厅 식당 蛋糕 케이크 面包 빵 饺子 만두 米饭 밥
累/困 피곤하다/졸립다	休息 쉬다 睡觉 잠을 자다 喝咖啡 커피를 마시다

실전문제

[보기] A 我记得他小的时候又小又矮。
B 明天是8月8号，是黄小丽同学的生日。
C 早点儿睡吧，现在都12点了。

那我们给他买个生日蛋糕吧。 (　　)

STEP 1 문제 파악하기

那我们给他买个生日蛋糕吧。 그럼 우리 그에게 생일 케이크를 사 주자.
문장은 生日蛋糕(생일 케이크)가 핵심 키워드이므로 이와 관련된 내용을 찾는다.

STEP 2 연결되는 문장 고르기

A 我记得他小的时候又小又矮。
B 明天是8月8号，是黄小丽同学的生日。
C 早点儿睡吧，现在都12点了。

A 나는 그가 어렸을 때 키가 작고 왜소한 걸로 기억해.
B 내일은 8월 8일인데 황샤오리의 생일이야.
C 일찍 자렴. 지금 벌써 12시야.

보기 A는 他(그)에 관한 내용이므로 주제가 다르다. C는 早点儿睡吧(일찍 자렴)가 제시되어 문제의 핵심 키워드와 관계가 없다. 보기 B에 날짜가 언급되었고, 黄小丽同学的生日(황샤오리의 생일)이라고 했으므로 생일이라는 주제가 같다. 따라서 정답은 B이다.

정답 B 明天是8月8号，是黄小丽同学的生日。

어휘 生日 shēngrì 명 생일 蛋糕 dàngāo 명 케이크 记得 jìde 동 기억하고 있다 同学 tóngxué 명 학우 睡 shuì 동 자다 现在 xiànzài 명 지금, 현재

합격 공략 26 시간 순서와 호칭을 힌트로 삼으라!

시간 순서와 호칭으로 연결하기

시간을 나타내는 어휘나 호칭/직업을 나타내는 어휘도 문장을 연결하는 힌트가 될 수 있다. 예를 들어 앞문장에 以前(예전)이 사용되었다면 뒷문장에 现在(지금) 또는 最近(최근)과 같은 어휘가 등장한다. 또 앞문장에 服务员(종업원)이 있으면, 보기 문장 중 来一碗面条(국수 한 그릇 주세요)와 연결된다는 것을 알 수 있다. 이렇게 시간을 나타내는 어휘와 호칭를 보고 문장을 연결하는 단서를 파악해 보자.

실전문제

[보기] A 都小了，所以我要给他买几件新的。
B 小的时候，我住在黄河边的附近。
C 春、夏、秋、冬，你最喜欢哪个季节？

后来因为我爸换了工作，所以就搬到这里生活了。 (　　)

STEP 1 문제 파악하기

后来因为我爸换了工作，所以就搬到这里生活了。 그리고 나서 아버지께서 이직하시면서 여기에 이사 와서 생활했어.

문장의 시작 부분에 시간을 나타내는 后来(그리고 나서)가 있으므로 앞에는 이보다 앞선 시간을 나타내는 단어가 등장할 가능성이 높다.

STEP 2 연결되는 문장 고르기

A 都小了，所以我要给他买几件新的。
B 小的时候，我住在黄河边的附近。
C 春、夏、秋、冬，你最喜欢哪个季节？

A 벌써 작아. 그래서 그에게 새 옷 몇벌 사 주려고 해.
B 어렸을 때, 나는 황하강 근처에 살았어.
C 봄, 여름, 가을, 겨울 중 너는 어떤 계절을 좋아하니?

보기 B에 小的时候(어렸을 때)가 있으므로 문제와 시간 순서가 연결됨을 알 수 있다. 또한 문제의 搬到这里生活(여기에 이사 와서 생활하다)와 보기 B의 住在(~에 살다) 역시 의미가 연결되므로 정답은 B이다.

정답 B 小的时候，我住在黄河边的附近。

어휘 后来 hòulái 명 그 후에　因为 yīnwèi 접 왜냐하면 ~때문에　换 huàn 동 바꾸다, 교환하다　所以 suǒyǐ 접 그래서　搬 bān 동 이사하다　生活 shēnghuó 동 생활하다　件 jiàn 양 건, 벌(일, 옷을 세는 단위)　新 xīn 형 새롭다　住在 zhùzài 동 ~에서 살다　黄河 Huánghé 지명 황하강　附近 fùjìn 명 근처, 부근　春 chūn 명 봄　夏 xià 명 여름　秋 qiū 명 가을　冬 dōng 명 겨울　季节 jìjié 명 계절

합격 공략 27 [220점 이상 고득점] 문장의 연결 고리를 파악하라!

문장의 논리 관계로 연결하기

문장의 연결 관계를 파악하는 데 접속사가 결정적인 역할을 할 때가 있다. 대개 문장은 일정한 논리 관계에 따라 연결되는데, 예를 들어 원인을 나타내는 문장 뒤에는 결과가 이어지고, 선후 관계를 나타내는 문장은 시간 순서나 동작의 순서에 따라 연결된다. 이러한 연결 관계는 접속사를 통해 나타내므로 시험에 자주 출제되는 주요 접속사의 호응 관계를 학습하도록 한다. 또한 접속사가 생략된 경우에도 문장의 의미 관계를 파악할 수 있어야 한다.

〈문장의 연결 관계를 나타내는 주요 접속사〉

접속사의 호응 관계	예문
선후 관계 先A，然后B 우선 A하고, 그 다음에 B하다	(문제) 这个周末我们先去爬长城怎么样？我怕下午人太多。 → 먼저 할 일 이번 주말 우리 먼저 만리장성에 가는 게 어때? 오후에 사람 많을까 봐. (보기) 好的，那么先去长城，然后去天安门吧。 → 나중에 할 일 좋아. 우리 우선 만리장성에 가고 그 다음에 천안문에 가자.
인과 관계 因为A，所以B 왜냐하면 A하기 때문에, 그래서 B하다	(문제) 很多人都愿意住在这里。 → 결과 많은 사람들이 여기에서 살기를 바란다. (보기) 主要是因为这里的生活环境很好，空气也很好。 → 원인 주된 원인은 이곳의 생활 환경이 좋고, 공기가 좋기 때문이다.
점층 관계 不但A，而且B A할 뿐만 아니라, 게다가 B하다	(문제) 新开的那家饭馆服务很好。 → 장점A 새로 개업한 저 음식점 서비스가 아주 좋아. (보기) 对，而且价格也很便宜。 → 장점B 맞아. 게다가 가격도 아주 저렴해.

실전문제

[보기] A 别忘了出门时带伞。
B 今天把你累坏了，先休息一会儿。
C 大城市里的工作机会一般会比小城市更多。

所以不少年轻人都选择离开家去那儿找工作。 (　　)

STEP 1 문제 파악하기

所以不少年轻人都选择离开家去那儿找工作。 그래서 많은 젊은이들이 집을 떠나 그곳으로 일자리를 구하러 가는 것을 선택한다.

문장이 접속사 所以(그래서)로 시작한다. 所以는 결과에 사용하므로 원인을 나타내는 문장이 앞에 와야 한다. 핵심 키워드는 去那儿找工作(그곳에 가서 일을 찾다)이다.

STEP 2 연결되는 문장 고르기

A 别忘了出门时带伞。
B 今天把你累坏了，先休息一会儿。
C 大城市里的工作机会一般会比小城市更多。

A 나갈 때 우산 챙기는 거 잊지 마.
B 오늘 너 매우 피곤했으니까 우선 잠시 쉬어.
C 대도시에는 일반적으로 일할 기회가 소도시보다 더 많다.

접속사 所以와 호응하는 접속사가 A, B, C에 모두 없다. 따라서 각각의 의미를 살펴본다. 보기 C에서 大城市里的工作机会(대도시의 일할 기회)와 更多(더 많다)가 있어 젊은이들이 집을 떠나는 원인을 설명하므로 의미가 연결된다. 따라서 정답은 C이다.

정답 C 大城市里的工作机会一般会比小城市更多。

어휘 所以 suǒyǐ 접 그래서 年轻人 niánqīngrén 명 젊은이 选择 xuǎnzé 동 고르다, 선택하다 离开 líkāi 동 떠나다 找 zhǎo 동 찾다 别 bié 부 ~하지 마라 忘 wàng 동 잊다 出门 chūmén 동 외출하다 带 dài 동 가지다 伞 sǎn 명 우산 坏了 huài le 매우 (정도가 심함을 나타내는 보어) 先 xiān 부 우선, 먼저 休息 xiūxi 동 휴식하다 一会儿 yíhuìr 잠깐 동안, 짧은 시간 工作 gōngzuò 동 일하다 机会 jīhuì 명 기회 一般 yìbān 부 일반적으로 比 bǐ 개 ~보다 城市 chéngshì 명 도시

실전 테스트 정답 & 해설_해설편 p.032

문제와 의미가 연결되는 보기를 고르세요.

[보기]

A 它的嘴长得又长又奇怪。

B 我们都应该自己想办法解决。

C 我刚到北京的时候，她帮了我很多忙。

D 听说他学习特别努力，这次考试他得了第一名。

E 关叔叔的兴趣爱好和我爸爸一样。

1. 我认为小刘是个很热情的人。 (　　)

2. 没想到他的成绩提高了很多。 (　　)

3. 除了喜欢游泳以外，他们都还爱跳舞。 (　　)

4. 遇到问题时，不要总是等着别人来帮忙。 (　　)

5. 我从来没见过这种鸟。 (　　)

독해 제1부분

미니모의고사

| 정답 & 해설 | 해설편 p.034

문제와 의미가 연결되는 보기를 고르세요.

1-5

[보기]

A 不用担心，只要能说出你的意见就可以了。

B 我们终于爬上来了，原来爬山是件很不容易的事。

C 当然可以，就在电脑那儿，你自己去拿吧。

D 我很难过，因为我妈打算把我的小猫送给别人。

E 不客气，这是他自己经过半年的努力得到的。

1. 小夏的历史成绩比以前提高了很多，谢谢老师。 (　　)

2. 你能借我用一下儿你的词典吗？ (　　)

3. 你的眼睛怎么了？红红的，是不是哭过了？ (　　)

4. 比赛时遇到不会的问题，怎么办？我有点儿担心。 (　　)

5. 是啊，太不容易了，不过山上的风景真美啊。 (　　)

6-10

[보기]

A 不客气，遇到不懂的问题的话，就可以来找我。

B 当然有，冰箱里有蛋糕和水果，你自己去拿吧。

C 你的脸色怎么这么不好，你哪儿不舒服？

D 你妻子也跟你一样喜欢爬山吗？

E 因为有些问题不能一个人解决，需要同学们的帮助。

6. 不，她很喜欢游泳，每天早上都去游泳馆游泳。 (   )

7. 在学校生活中，你应该注意跟同学的关系。 (   )

8. 妈，我有点儿饿，家里有什么好吃的吗？ (   )

9. 谢谢你，你一讲我就明白了。 (   )

10. 没事，我只是头有点儿疼，休息会儿就好了。 (   )

독해
제2부분

阅读

빈칸에 알맞은 단어 넣기

유형 분석 & 풀이 전략

유형 분석 | 시험에는 이렇게 나온다!

출제 방식

HSK 3급 독해 제2부분은 문장의 빈칸에 들어갈 알맞은 단어를 보기에서 고르는 문제이다. 51번부터 60번까지 총 10문항이 출제되며, 51번에서 55번까지는 한 문장으로 출제되고, 56번에서 60번까지는 대화문으로 출제된다. 보기의 정답은 중복되지 않는다.

출제 경향 & 유형별 출제 비율

빈칸 채우기 문제에서 가장 출제 비중이 높은 단어는 동사이고, 그 다음으로 명사와 형용사, 그 밖에 부사, 양사, 접속사, 개사 등이 출제된다. 단어의 품사와 뜻을 파악하여 빈칸 앞뒤의 내용과 어울리는 단어를 넣는 문제이므로, 단어의 품사와 어법적 특징을 알고 있는 것이 매우 중요하다. 난이도가 높은 편은 아니지만 정답이 중복되지 않기 때문에, 한 개의 정답을 잘못 고르면 다른 문제의 정답도 놓칠 수 있다. 따라서 만일 정답이 헷갈린다면 확실히 아는 문제를 먼저 풀고 나머지 문제를 푸는 것이 좋다.

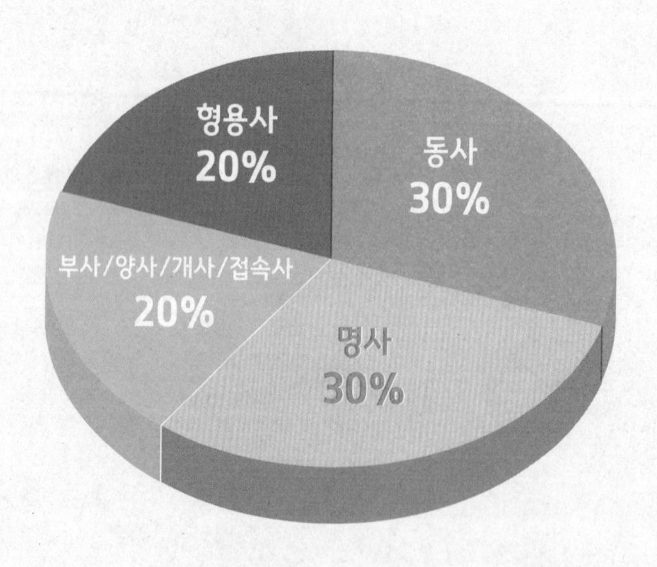

풀이 전략 | 문제 풀이 Step & 풀이 전략 적용해 보기

Step 1

보기 파악하기

보기로 제시된 5개의 단어를 살펴 각각의 품사와 뜻을 파악한다.

Step 2

빈칸의 위치를 파악한 뒤 정답 고르기

문장의 구조를 분석하여 빈칸에 어떤 문장 성분이 들어가야 하는지 파악한다. 해당 문장 성분에 들어갈 수 있는 품사를 예상하여 보기 중 의미가 가장 어울리는 것을 고른다.

풀이 전략 적용해 보기

[보기] A 年轻 B 先 C 节日 D 虽然 E 声音 F 洗澡

51. 这张照片是我十年前照的，那时我很（ ）。

STEP 1 보기 파악하기

A 年轻 B 先 C 节日
D 虽然 E 声音 F 洗澡

A 형 젊다 B 부 먼저 C 명 명절
D 접 비록 ~이지만 E 명 목소리 F 동 목욕하다

문제를 읽기 전, 제시된 보기의 품사와 뜻을 파악해 둔다.

STEP 2 빈칸의 위치를 파악한 뒤 정답 고르기

这张照片是我十年前照的，	那时	我	很	（ ）。
	부사어	주어	부사어(정도부사)	형용사술어

문장의 구조를 살펴보면, 빈칸 앞에 정도부사 很(아주)이 있으므로 빈칸은 형용사술어 자리임을 알 수 있다. 보기 중 형용사는 年轻(젊다)이며, 문장이 '이 사진은 내가 10년 전에 찍은 것인데 그때 나는 아주 ~했다'를 나타내므로 A 年轻(젊다)이 들어가야 한다.

정답 A 年轻

문장 这张照片是我十年前照的，那时我很年轻。 이 사진은 10년 전에 찍은 거야. 그때 나는 아주 젊었었지.

어휘 张 zhāng 양 장(종이를 세는 단위) 照片 zhàopiàn 명 사진 照 zhào 동 찍다, 촬영하다 那时 nàshí 명 그때 年轻 niánqīng 형 젊다 先 xiān 부 먼저 节日 jiérì 명 명절, 기념일 虽然 suīrán 접 비록 ~이지만 声音 shēngyīn 명 소리, 목소리 洗澡 xǐzǎo 동 목욕하다

독해 제 2 부분

01

동사

동사의 특징 이해하기

기본기 다지기 기본 개념 잡기 & 공략 미리보기

독해 제2부분에서 가장 출제 비중이 높은 품사는 동사이다. 동사는 문장에서 보통 술어로 사용된다. 동사가 문장에서 그 밖에 어떤 역할을 하는지와 다른 문장 성분과는 어떤 위치 관계를 갖는지 알아 보자.

| 기본 개념 잡기 | 동사의 특징

1. 동사는 사람이나 사물의 움직임 또는 작용을 나타내는 말로 문장의 주체가 되는 말의 서술적 기능을 하는 품사이다.

2. 동사는 문장에서 술어로 쓰이고 목적어를 가진다.

他们 要 **离开** 北京。 그들은 베이징을 떠나려고 한다.
주어 부사어 동사술어 목적어

3. 동사술어 뒤에 동태조사 了(완료)/着(지속)/过(경험)가 붙을 수 있다.

동사술어 + 了 我 买了 一台冰箱。 나는 냉장고 한 대를 샀다.

동사술어 + 着 他 带着 护照。 그는 여권을 가지고 다닌다.

동사술어 + 过 我 看过 京剧。 나는 경극을 본 적이 있다.

4. 동사는 술어 외에도 다양한 문장성분으로 활용된다.

1) 동사는 주어가 될 수 있다.

多听、多说、多写 就能 学 好 汉语。 많이 듣고 말하고 쓰면 중국어를 잘 배울 수 있다.
주어 부사어 술어 보어 목적어

2) 동사는 목적어가 될 수 있다.

我 决定 表演。 나는 공연하기로 결정했다.
주어 술어 목적어

3) 동사는 관형어가 될 수 있다.

他做的 中国菜 很 好吃。 그가 만든 중국 음식은 맛있다.
관형어 주어 부사어 술어

4) 동사는 부사어가 될 수 있다.

咱们 努力 锻炼 身体 吧。 우리 열심히 신체를 단련합시다.
주어 부사어 술어 목적어 吧

5) 동사는 보어가 될 수 있다.

他 能 听 懂 汉语。 그는 중국어를 알아들을 수 있다.
주어 부사어 술어 보어 목적어

| 공략 미리보기 |

합격 공략 28	빈칸 뒤에 동태조사/보어가 있으면 동사를 넣으라!
합격 공략 29	빈칸 앞에 부사/조동사가 있으면 동사를 넣으라!
합격 공략 30	[220점 이상 고득점] 빈칸 앞에 구조조사 地가 있으면 동사를 넣으라!

합격 공략 28 빈칸 뒤에 동태조사/보어가 있으면 동사를 넣으라!

(빈칸) + 동태조사/보어

빈칸에 알맞은 단어를 넣기 위해서는 빈칸의 앞뒤를 먼저 살펴본다. 만일 뒤에 동태조사 了/着/过나 보어가 있으면 빈칸은 동사술어의 자리이다. 동태조사나 보어는 동사술어 뒤에 위치한다. 또 동사술어는 목적어를 가지므로 빈칸 뒤에 명사(목적어)가 있으면 의미가 어울리는 동사를 넣는다.

1. (동사) + 동태조사 了/着/过

他的 汉语水平 (**提高**) 了。 그의 중국어 실력은 향상되었다.
관형어 주어 동사술어 동태조사

了는 동사술어 뒤에 붙어 완료를 나타낸다.

2. (동사) + 보어

我 给你 (**介绍**) 一下。 내가 너에게 소개해 줄게.
주어 부사어 동사술어 동량보어

一下는 동사술어 뒤에 붙어 '한번 시험 삼아 해 보다'라는 뜻을 나타낸다.

3. (동사) + 목적어

我们 (**参加**) 足球比赛。 우리는 축구 경기에 참가한다.
주어 동사술어 목적어

比赛는 '경기, 시합'이란 뜻의 명사로 参加와 자주 함께 쓰인다.

실전문제

[보기] A 机场 B 应该 C 选择 D 新鲜 E 一定 F 位

如果是你，会（　　　）什么样的房子？

STEP 1 보기 파악하기

A 机场 B 应该 C 选择
D 新鲜 E 一定 F 位

A 명 공항 B 조동 마땅히 ~해야 한다 C 동 선택하다
D 형 신선하다 E 부 반드시 F 양 분

문장을 읽기 전, 제시된 단어의 품사와 뜻을 파악해 둔다.

STEP 2 **빈칸의 위치를 파악한 뒤 정답 고르기**

如果是你， 会(부사어) ( )(술어) 什么样的(관형어) 房子(목적어)?

빈칸 앞에 조동사 会(~일 것이다)가 있고 뒤에 목적어 房子(집)가 있으므로 빈칸은 동사술어 자리임을 알 수 있다. 보기 중 동사는 选择(선택하다)이고, 문장이 '만일 너라면 너는 어떤 집을 ~할 거야?'라는 뜻이므로 C 选择(선택하다)가 들어가야 한다.

정답 C 选择

문장 如果是你，会选择什么样的房子? 만약에 너라면 어떤 집을 고를 거니?

어휘 如果 rúguǒ 접 만약에 选择 xuǎnzé 동 고르다, 선택하다 房子 fángzi 명 집 机场 jīchǎng 명 공항 应该 yīnggāi 조동 마땅히 ~해야 한다 新鲜 xīnxiān 형 신선하다 一定 yídìng 부 반드시, 틀림없이 位 wèi 양 분(공경의 뜻을 내포함)

합격 공략 29 빈칸 앞에 부사/조동사가 있으면 동사를 넣으라!

부사/조동사 + (빈칸)

만일 빈칸 앞에 부사나 조동사가 있고 뒤에 명사가 있으면, 빈칸은 동사술어의 자리이다. 부사와 조동사는 문장에서 부사어로 쓰이는데 부사어는 술어 앞에 위치한다. 따라서 빈칸 앞에 부사 또는 조동사가 있으면 보기에서 의미가 어울리는 동사를 찾아 넣도록 한다.

1. 부사 + (동사)

他(주어) 还没(부사어) (**解决**)(동사술어) 问题(목적어)。 그는 아직 문제를 해결하지 않았다.

부사 还와 没는 함께 결합하여 还没의 형태로 술어 앞에서 부사어로 쓰인다.

2. 조동사 + (동사)

现在(주어) 可能会(부사어) (**堵车**)(동사술어) 的(的)。 지금 아마 차가 막힐 것이다.

조동사 会는 주로 '会……的'의 형식으로 쓰여 '~일 것이다'라는 추측을 나타낸다.

실전문제

[보기] A 瓶 B 终于 C 皮鞋 D 解决 E 声音 F 简单

这个问题已经（ ）了，你不用担心。

STEP 1 **보기 파악하기**

A 瓶 B 终于 C 皮鞋
D 解决 E 声音 F 简单

A 양 병	B 부 마침내	C 명 가죽 구두
D 동 해결하다	E 명 목소리	F 형 간단하다

제시된 단어의 품사와 뜻을 먼저 파악한다.

STEP 2 빈칸의 위치를 파악한 뒤 정답 고르기

这个问题 已经 (　　) 了， 你不用担心。
주어 부사어 술어 동태조사

빈칸 앞에 부사 已经(벌써)가 있고, 뒤에 완료를 나타내는 동태조사 了가 있으므로 빈칸은 동사술어 자리이다. 주어 问题(문제)와 의미가 어울리는 동사 D 解决(해결하다)를 넣는다.

정답 D 解决

문장 这个问题已经解决了，你不用担心。 이 문제는 벌써 다 해결되었어. 너 걱정할 필요 없어.

어휘 瓶 píng 양 병(병을 세는 단위) 终于 zhōngyú 부 마침내 皮鞋 píxié 명 가죽 구두 解决 jiějué 동 해결하다 声音 shēngyīn 명 소리, 목소리 简单 jiǎndān 형 간단하다 问题 wèntí 명 문제 已经 yǐjīng 부 이미, 벌써 不用 búyòng 동 ~할 필요없다 担心 dānxīn 동 걱정하다

합격 공략 30 [220점 이상 고득점] 빈칸 앞에 구조조사 地가 있으면 동사를 넣으라!

구조조사 地 + (빈칸)

그 밖에 빈칸이 동사 자리임을 알 수 있는 단서는 구조조사 地가 빈칸 앞에 있는 경우이다. 구조조사 地는 형용사와 함께 결합하여 부사어로 쓰인다. 따라서 빈칸 앞에 地가 있으면 문맥상 의미가 알맞은 동사를 넣도록 한다.

- 형용사 + 구조조사 地 + (동사)

我 来 简单地 (介绍) 一下。 제가 간단히 소개하겠습니다.
주어 来 부사어 동사술어 동량보어

실전문제

[보기] A 更 B 菜单 C 习惯 D 鱼 E 声音 F 方便

刚学习用筷子时我觉得很难，后来慢慢地就 (　　) 了。

STEP 1 보기 파악하기

A 更	B 菜单	C 习惯
D 鱼	E 声音	F 方便

A 부 더욱	B 명 메뉴판	C 동 습관이 되다
D 명 물고기	E 명 목소리	F 형 편리하다

제시된 단어의 품사와 뜻을 먼저 파악한다.

STEP 2 빈칸의 위치를 파악한 뒤 정답 고르기

刚学习用筷子时我觉得很难， 后来 慢慢地 就 (　　) 了。
주어 구조조사 地 부사어 동사술어 了

빈칸 앞에 구조조사 地가 있으므로 빈칸은 동사술어 자리임을 알 수 있다. 보기 중에서 동사는 习惯(습관이 되다)이며, 문장이 '나중에 천천히 ~하게 됐다'를 나타내므로 C 习惯(습관이 되다)이 들어가는 것이 적합하다.

정답 C 习惯

문장 刚学习用筷子时我觉得很难，后来慢慢地就习惯了。 젓가락 사용하는 것을 막 배웠을 때는 어렵게 느꼈었는데, 나중에 천천히 습관이 되었다.

어휘 更 gèng 부 더욱 习惯 xíguàn 동 습관이 되다 鱼 yú 명 물고기 声音 shēngyīn 명 소리, 목소리 方便 fāngbiàn 형 편리하다 刚 gāng 부 방금, 막 筷子 kuàizi 명 젓가락 觉得 juéde 동 ~라고 느끼다 难 nán 형 어렵다 后来 hòulái 명 그 후

〈빈출 동사와 함께 쓰이는 단어〉

동사	함께 쓰이는 단어
提高 tígāo 향상시키다	提高成绩 tígāo chéngjì 성적을 향상시키다 提高水平 tígāo shuǐpíng 수준을 높이다
相信 xiāngxìn 믿다	相信别人 xiāngxìn biérén 다른 사람을 믿다 相信自己 xiāngxìn zìjǐ 자기 자신을 믿다
检查 jiǎnchá 검사하다	检查身体 jiǎnchá shēntǐ 건강 검진을 하다 检查作业 jiǎnchá zuòyè 숙제 검사를 하다
结束 jiéshù 끝나다	电影结束 diànyǐng jiéshù 영화가 끝나다 表演结束 biǎoyǎn jiéshù 공연이 끝나다
骑 qí 타다	骑自行车 qí zìxíngchē 자전거를 타다 骑马 qí mǎ 말을 타다
照顾 zhàogù 돌보다, 보살피다	照顾父母 zhàogù fùmǔ 부모를 보살피다 照顾动物 zhàogù dòngwù 동물을 돌보다
关 guān 닫다, 끄다	关门 guān mén 문을 닫다 关空调 guān kōngtiáo 에어컨을 끄다
打扫 dǎsǎo 청소하다	打扫房间 dǎsǎo fángjiān 방을 청소하다 打扫厨房 dǎsǎo chúfáng 주방을 청소하다
遇到 yùdào 만나다, 마주치다	遇到问题 yùdào wèntí 문제를 만나다 遇到邻居 yùdào línjū 이웃을 우연히 마주치다
参加 cānjiā 참가하다	参加比赛 cānjiā bǐsài 경기에 참가하다 参加会议 cānjiā huìyì 회의에 참석하다

실전 테스트 정답 & 해설_해설편 p.037

아래 보기에서 빈칸에 알맞은 단어를 찾아 넣으세요.

[보기] A 检查 B 教 C 结束 D 打扫 E 声音 F 祝
例如：她说话的（ E ）多好听啊！

1. 那个节目马上就要（　　　）了，等一会儿。

2. （　　　）你生日快乐！ 这些菜都是为你准备的。

3. 爸妈，你们应该每年去（　　　）一次身体。

4. A：你妹妹就要毕业了吧，她有什么安排？
   B：大学毕业后，她打算在学校（　　　）孩子们画画儿。

5. A：哥，你帮我把厨房和洗手间都（　　　）一下。
   B：好的，我看完报纸就去。

독해 제 2 부분

02

형용사

형용사의 특징 이해하기

기본기 다지기 **기본 개념 잡기 & 공략 미리보기**

빈칸 채우기에서 출제 비중이 높은 품사 중 하나는 형용사이다. 형용사가 문장에서 어떤 문장 성분으로 쓰이는지 파악하고 다른 문장 성분과 함께 어떻게 배치되는지 알아 보자.

| 기본 개념 잡기 | 형용사의 특징

1. 형용사는 '사과는 빨갛다', '그는 멋지다'와 같이 사람이나 사물의 성질과 상태를 나타내는 품사로 성질, 모양, 색깔, 크기, 개수 등을 자세하게 설명하는 단어이다.

2. 형용사는 문장에서 술어로 쓰이고, 목적어를 가지지 않는다.

肚子 很 疼。 배가 아주 아프다.
주어 부사어 형용사술어

好音乐 (×) → 喜欢音乐 (O) 음악을 좋아하다
형용사+목적어 동사+목적어

3. 형용사는 일반적으로 정도부사를 함께 사용한다.

정도부사 + 형용사

这条 河 非常 干净。 이 강은 매우 깨끗하다.
관형어 주어 정도부사 형용사

4. 형용사는 술어 외에도 다양한 문장 성분으로 활용된다.

1) 형용사는 주어가 될 수 있다.

快乐 是 一件很简单的 事。 즐거움은 간단한 일이다.
주어 술어 관형어 목적어

2) 형용사는 목적어가 될 수 있다.

他 追求 完美。 그는 완벽을 추구한다.
주어 술어 목적어

3) 형용사는 관형어가 될 수 있다.

我 买了 一件 漂亮的 衣服。 나는 예쁜 옷을 샀다.
주어 술어 관형어1 관형어2 목적어

4) 형용사는 부사어가 될 수 있다.

你 应该多 喝 水。 너는 물을 많이 마셔야 한다.
주어 부사어 술어 목적어

5) 동사는 보어가 될 수 있다.

我 写 错了 几个 字。 나는 몇몇 글자를 잘못 썼다.
주어 술어 보어 관형어 목적어

| 공략 미리보기 |

합격 공략 31	빈칸 앞에 정도부사가 있으면 형용사를 넣으라!
합격 공략 32	빈칸 뒤에 구조조사 的와 명사가 있으면 형용사를 넣으라!
합격 공략 33	[220점 이상 고득점] 형용사는 결과보어로도 쓰인다!

합격 공략 31 빈칸 앞에 정도부사가 있으면 형용사를 넣으라!

정도부사 + (빈칸)

형용사는 상태나 성질을 묘사하기 때문에 대부분 정도부사와 함께 쓴다. 따라서 빈칸 앞에 很(아주), 比较(비교적)와 같은 정도부사가 있으면 빈칸에 형용사를 넣는다. 동사 중에서 喜欢(좋아하다), 爱(사랑하다)와 같이 심리활동을 나타내는 동사도 정도부사와 함께 쓰이므로, 빈칸 뒤에 목적어가 있으면 심리활동을 나타내는 동사를 넣고, 목적어가 없이 정도부사만 있으면 의미가 알맞은 형용사를 넣는다.

1. 정도부사/这么/那么 + (형용사)

他的个子(주어) 更(부사어) (**矮**)(형용사술어)。 그의 키가 더 작다.

更은 '더욱, 훨씬'이란 뜻을 나타내는 정도부사이다. 비교를 나타낼 때 사용한다.

这个(관형어) 菜(주어) 有点儿(부사어) (**辣**)(형용사술어)。 이 음식은 좀 맵다.

有点儿은 '조금, 약간'이란 뜻으로 쓰이는 정도부사이다. 불만족을 나타낼 때 사용한다.

汉语(주어) 那么(부사어) (**难**)(형용사술어) 吗(吗)? 중국어가 그렇게 어려워?

那么는 '그렇게, 저렇게'란 뜻으로 정도/상태/방법 등을 나타내는 대사이며 형용사 앞에 쓴다.

2. 정도부사/这么/那么 + (심리동사)

爷爷(주어) 很(부사어) (**喜欢**)(심리동사) 散步(목적어)。 할아버지는 산책하는 것을 좋아하신다.

〈3급에 자주 출제되는 정도부사〉

□ 很 hěn 아주	□ 非常 fēicháng 매우
□ 太……了 tài……le 너무 ~하다	□ 比较 bǐjiào 비교적
□ 更 gèng 더욱	□ 有点儿 yǒu diǎnr 조금, 약간
□ 多么 duōme 얼마나	□ 越来越 yuèláiyuè 갈수록 점점

실전문제

[보기] A 辆　B 甜　C 开始　D 一定　E 声音　F 裤子

今天的蛋糕有点儿（　　　），是不是糖放多了？

STEP 1 보기 파악하기

A 辆　B 甜　C 开始
D 一定　E 声音　F 裤子

A 양 대	B 형 달다	C 동 시작하다
D 부 반드시	E 명 목소리	F 명 바지

제시된 단어의 품사와 뜻을 먼저 파악한다.

STEP 2 빈칸의 위치를 파악한 뒤 정답 고르기

今天的(관형어) 蛋糕(주어) 有点儿(정도부사) （　　　）(형용사술어)，是不是糖放多了？

빈칸 앞에 정도부사 有点儿(약간, 조금)이 있으므로 빈칸은 형용사술어 자리이다. 보기에서 형용사는 甜(달다)이고 주어 蛋糕(케이크)와 의미가 어울리므로 B 甜(달다)을 넣는다.

정답 B 甜

문장 今天的蛋糕有点儿甜，是不是糖放多了？ 오늘의 케이크가 조금 달다. 설탕이 많이 들어간 거 아니니?

어휘 辆 liàng 양 대(차량 세는 단위)　甜 tián 형 달다　开始 kāishǐ 동 시작하다　一定 yídìng 부 반드시　声音 shēngyīn 명 소리, 목소리　裤子 kùzi 명 바지　蛋糕 dàngāo 명 케이크　有点儿 yǒudiǎnr 부 조금, 약간　糖 táng 명 설탕, 사탕

합격 공략 32 빈칸 뒤에 구조조사 的와 명사가 있으면 형용사를 넣으라!

(빈칸) + 구조조사 的 + 명사

형용사는 문장에서 명사를 수식하는 관형어로도 쓰인다. 형용사가 관형어로 쓰일 때는 보통 구조조사 的를 함께 사용하므로 만일 빈칸 뒤에 구조조사 的와 명사가 있으면 빈칸에 의미가 어울리는 형용사를 넣도록 한다.

- **(형용사) + 구조조사 的 + 명사**

他(주어) 是(술어) 一个很(관형어1) （**聪明**）(관형어2) 的人(구조조사 的+명사)。 그는 똑똑한 사람이다.

빈칸 앞에 정도부사가 있고 뒤에 '的+명사'가 있으므로 人과 의미가 어울리는 형용사 聪明이 들어가야 한다.

我(주어) 想(부사어) 买(술어) 一些(관형어1) （**新鲜**）(관형어2) 的水果(구조조사 的+명사)。 나는 신선한 과일을 사고 싶다.

빈칸 뒤에 '的+명사'가 있으므로 水果와 의미가 어울리는 형용사 新鲜이 적합하다.

실전문제

[보기] A 其实　B 短　C 季节　D 年轻　E 新闻　F 检查

前边808室今天搬进来了一对（　　）的夫妻。

STEP 1 보기 파악하기

A 其实	B 短	C 季节
D 年轻	E 新闻	F 检查

A 부 사실은	B 형 짧다	C 명 계절
D 형 젊다	E 명 뉴스	F 동 검사하다

제시된 단어의 품사와 뜻을 먼저 파악한다.

STEP 2 빈칸의 위치를 파악한 뒤 정답 고르기

前边808室	今天	搬进来了	一对	（　）	的夫妻。
주어	부사어	술어	관형어1	관형어2	的+명사

빈칸 앞에 수량사 一对(한 쌍의)가 있고 뒤에는 구조조사 的가 있으므로 빈칸은 관형어 자리이다. 명사 夫妻(부부)를 꾸며 줄 수 있는 단어를 찾아보면, 형용사 短(짧다)과 年轻(젊다) 중에서 D 年轻(젊다)이 적합함을 알 수 있다.

정답 D 年轻

문장 前边808室今天搬进来了一对年轻的夫妻。 앞쪽 808호에 오늘 젊은 부부 한 쌍이 이사 왔다.

어휘 搬 bān 동 옮기다, 이사하다　对 duì 양 짝, 쌍　夫妻 fūqī 명 부부　其实 qíshí 부 사실은　短 duǎn 형 짧다　季节 jìjié 명 계절　新闻 xīnwén 명 뉴스　检查 jiǎnchá 동 검사하다

합격 공략 33 [220점 이상 고득점] 형용사는 결과보어로도 쓰인다!

동사 + (빈칸)

앞서 공부했듯이 형용사를 넣는 문제는 대부분 빈칸 앞에 정도부사가 있거나 빈칸 뒤에 명사가 있는 관형어 용법으로 출제된다. 그러나 이 외에도 형용사는 결과보어로도 사용되기 때문에 고득점을 목표로 하는 학습자들은 형용사의 결과보어 용법도 학습해 두는 것이 좋다. 결과보어는 동사술어 뒤에서 결과의 뜻을 보충해 주며 주로 형용사나 동사가 될 수 있다.

동작(보다) + 결과(늦다) : 看**晚**了 늦게 봤다
동작(보다) + 결과(틀리다) : 看**错**了 잘못 봤다
동작(보다) + 결과(정확하다) : 看**清楚**了 정확하게 봤다

• 동사 + (형용사)

我	已经	准备	（好）	了。	나 벌써 준비 다 했어.
주어	부사어	동사술어	결과보어	了	

你	今天怎么	打扫	（干净）	了？	너 오늘 어째서 청소를 깨끗이 한 거니?
주어	부사어	동사술어	결과보어	了	

不好意思，	我	又	来	（晚）	了。	미안해. 내가 또 늦게 왔네.
	주어	부사어	동사술어	결과보어	了	

실전문제

[보기] A 关心　B 椅　C 满意　D 一共　E 声音　F 饱

我已经吃（　　）了，不能再吃了。

STEP 1 보기 파악하기

A 关心　B 椅子　C 满意
D 一共　E 声音　F 饱

A 동 관심을 갖다　B 명 의자　C 형 만족하다
D 부 전부　E 명 목소리　F 형 배부르다

제시된 단어의 품사와 뜻을 먼저 파악한다.

STEP 2 빈칸의 위치를 파악한 뒤 정답 고르기

我	已经	吃	（　　）	了，	不能再吃了。
주어	부사어	동사술어	결과보어	了	

빈칸 앞에 동사가 있으므로 빈칸은 목적어 또는 보어 자리이다. 보기 중에서 술어 吃(먹다)의 목적어로 적합한 단어가 없으므로 보어를 찾는다. 형용사 饱(배부르다)가 술어 吃의 결과보어가 되어 吃饱(배부르게 먹다)라고 쓰이므로 F 饱(배부르다)를 넣는다.

정답 F 饱

문장 我已经吃饱了，不能再吃了。 나 이미 배불리 먹었어. 더는 못 먹겠어.

어휘 关心 guānxīn 동 관심을 갖다　椅子 yǐzi 명 의자　满意 mǎnyì 형 만족하다　一共 yígòng 부 전부　声音 shēngyīn 명 소리, 목소리　饱 bǎo 형 배부르다　已经 yǐjīng 부 이미, 벌써

〈빈출 형용사와 함께 쓰이는 단어〉

형용사	예
疼 téng 아프다	肚子很疼 dùzi hěn téng 배가 매우 아프다 腿非常疼 tuǐ fēicháng téng 다리가 매우 아프다
简单 jiǎndān 간단하다	问题很简单 wèntí hěn jiǎndān 문제가 매우 간단하다 事情比较简单 shìqing bǐjiào jiǎndān 일이 비교적 간단하다
重要 zhòngyào 중요하다	健康更重要 jiànkāng gèng zhòngyào 건강이 더욱 중요하다 兴趣最重要 xìngqù zuì zhòngyào 흥미가 가장 중요하다
甜 tián 달다	蛋糕有点儿甜 dàngāo yǒu diǎnr tián 케이크가 조금 달다 糖太甜 táng tài tián 사탕이 너무 달다
新鲜 xīnxiān 신선하다	空气很新鲜 kōngqì hěn xīnxiān 공기가 매우 신선하다 水果特别新鲜 shuǐguǒ tèbié xīnxiān 과일이 유달리 신선하다
安静 ānjìng 조용하다	环境比较安静 huánjìng bǐjiào ānjìng 환경이 비교적 조용하다 图书馆非常安静 túshūguǎn fēicháng ānjìng 도서관은 매우 조용하다

舒服 shūfu 편안하다	皮鞋有点儿不舒服 píxié yǒu diǎnr bù shūfu 가죽 구두가 조금 불편하다 耳朵很舒服 ěrduo hěn shūfu 귀가 편하다
干净 gānjìng 깨끗하다	房间不太干净 fángjiān bú tài gānjìng 방이 별로 깨끗하지 않다 盘子很干净 pánzi hěn gānjìng 쟁반이 매우 깨끗하다
便宜 piányi 저렴하다, 싸다	火车票太便宜了 huǒchēpiào tài piányi le 기차표가 너무 저렴하다 裤子不便宜 kùzi bù piányi 바지가 싸지 않다
方便 fāngbiàn 편리하다	信用卡更方便 xìnyòngkǎ gèng fāngbiàn 신용 카드가 훨씬 편리하다 生活很方便 shēnghuó hěn fāngbiàn 생활이 매우 편리하다

실전 테스트 정답 & 해설_해설편 p.038

아래 보기에서 빈칸에 알맞은 단어를 찾아 넣으세요.

[보기] A 渴　B 合适　C 新鲜　D 新　E 声音　F 舒服

例如：她说话的（ E ）多好听啊！

1. 这些葡萄看起来很（　　　），多少钱一斤？

2. 这双皮鞋好看是好看，就是穿着很不（　　　）。

3. 这个洗衣机经常出问题，咱们买个（　　　）的，怎么样？

4. A：你看我穿哪件更好看？红的还是蓝的？
   B：你穿红的更（　　　）。

5. A：我现在很（　　　），冰箱里有没有什么喝的？
   B：有，你要喝水还是喝饮料？

독해 제 2 부분

03

명사

명사의 특징 이해하기

기본기 다지기 기본 개념 잡기 & 공략 미리보기

명사는 주어와 목적어로 쓰이는 가장 대표적인 문장 성분으로 그 용법이 간단해 보이지만, 다른 문장 성분과 함께 다양한 구조를 이루기 때문에 쉽게 간과할 수 없는 단어이다. 명사가 문장에서 어떤 역할을 담당하는지, 그리고 다른 문장 성분과 어떤 관계로 쓰이는지 알아보자.

| 기본 개념 잡기 | 명사의 특징

1. 명사는 사람이나 사물의 이름을 나타내는 품사이다.

2. 명사는 문장에서 보통 주어와 목적어로 쓰인다.

명사 + 부사어 + 술어　表演(주어) 快要(부사어) 开始(술어) 了(了)。 공연이 곧 시작된다.

술어 + 관형어 + 명사　冰箱里(주어) 有(술어) 几瓶(관형어) 饮料(목적어)。 냉장고 안에 음료수 몇 병이 있다.

3. 명사는 관형어의 수식을 받는다.

구조조사 的 + 명사　北方的(관형어) 冬天(주어) 很(부사어) 冷(형용사)。 북방의 겨울은 춥다.

수사 + 양사 + 명사　我(주어) 喝了(술어) 一瓶(관형어) 可乐(목적어)。 나는 콜라 한 병을 마셨다.

4. 명사는 주어와 목적어 외에도 다양한 문장 성분으로 활용된다.

1) 명사는 개사의 목적어가 될 수 있다.

健康(주어) 比工作(개사구(개사+명사)) 更(부사어) 重要(형용사)。 건강은 일보다 더욱 중요하다.

2) 명사는 관형어가 될 수 있다.

这(주어) 是(술어) 学校的(관형어) 规定(목적어)。 이것은 학교 규정이다.

| 공략 미리보기 |

합격 공략 34 빈칸 앞에 구조조사 的 또는 개사가 있으면 명사를 넣으라!

합격 공략 35 빈칸이 주어나 목적어 자리이면 명사를 넣으라!

합격 공략 36 [220점 이상 고득점] 빈칸 앞에 수량사가 있으면 명사를 넣으라!

합격 공략 34 빈칸 앞에 구조조사 的 또는 개사가 있으면 명사를 넣으라!

구조조사 的/개사 + (빈칸)

관형어는 명사를 수식하는 성분으로, 대표적인 형식으로 '명사/대사/형용사구/동사구/개사구 + 구조조사 的'가 있다. 따라서 빈칸 앞에 구조조사 的가 있으면 빈칸에는 관형어가 수식하는 명사를 넣어야 한다. 또, 명사는 개사와 함께 결합하여 개사구를 이룬다. 따라서 빈칸 앞에 개사가 있으면 빈칸은 개사의 목적어 자리이므로 의미가 알맞은 명사를 넣도록 한다.

1. 명사/대사/형용사구/동사구/개사구 + 구조조사 的 + (명사)

他的 (声音) 多 好听 啊！ 그의 목소리가 얼마나 듣기 좋은가!
관형어 / 주어 / 부사어 / 형용사술어 / 啊

的는 명사/대사/형용사구/동사구/개사구와 결합하여 명사를 꾸며주는 관형어로 쓰인다.

2. 개사 + (명사)

经常运动 对 (身体) 很 好。 자주 운동을 하면 몸에 좋아요.
주어 / 개사구 / 부사어 / 부사어 / 형용사술어

对는 '~에 대해'라는 뜻을 나타내는 개사로 뒤에 명사/대사와 함께 쓰여 개사구를 이루며, 언급하는 대상을 나타낸다.

帽子 被 (风) 刮 走 了。 모자가 바람에 날아갔다.
주어 / 개사구 / 부사어 / 동사술어 결과보어 / 了

被는 '~에 의해 ~하게 되다'라는 뜻을 나타내는 개사로 뒤에 행위를 일으키는 주체가 온다. 피동문을 만들 때 사용한다.

실전문제

[보기] A 终于 B 考试 C 同事 D 疼 E 声音 F 小心

我来介绍一下，这位是新来的（　　　）。

STEP 1 보기 파악하기

A 终于 B 考试 C 同事
D 疼 E 声音 F 小心

A 부 마침내 B 동 시험을 치다 C 명 동료
D 형 아프다 E 명 목소리 F 동 조심하다

제시된 단어의 품사와 뜻을 먼저 파악한다.

STEP 2 빈칸의 위치를 파악한 뒤 정답 고르기

我来介绍一下， 这位 是 新来的 （　　　）。
주어 / 술어 / 관형어 / 명사

빈칸 앞에 구조조사 的가 있으므로 빈칸은 관형어가 꾸며주는 명사 자리이다. 술어인 是(~이다)는 'A是B(A는 B이다)'의 형식을 이룬다. 문장이 '이분은 새로 오신 ~입니다'를 나타내므로 알맞은 정답은 C 同事(동료)이다.

정답 C 同事

문장 我来介绍一下，这位是新来的同事。 제가 소개하겠습니다. 이분은 새로 온 동료입니다.

어휘 介绍 jièshào 동 소개하다 位 wèi 양 분(공경의 의미를 내포) 新 xīn 형 새롭다 终于 zhōngyú 부 마침내 考试 kǎoshì 동 시험을 치다 同事 tóngshì 명 동료 疼 téng 형 아프다 声音 shēngyīn 명 소리, 목소리 小心 xiǎoxīn 동 조심하다

합격 공략 35 빈칸이 주어나 목적어 자리이면 명사를 넣으라!

주어와 목적어에는 명사 넣기

문장의 주어와 목적어는 주로 명사가 담당하기 때문에, 빈칸이 주어 또는 목적어 자리라면 문장의 술어와 어울리는 명사를 넣는다. 다만 술어 앞에 부사어가 있거나 목적어 앞에 관형어가 있는 경우가 있으므로, 이러한 수식 성분들을 잠시 제외시킨 뒤, 문장의 술어와 의미가 어울리는 명사를 주어와 목적어 자리에 넣는다.

1. (명사) + 부사어 + 술어

(**糖**) 放 多 了。 설탕이 많이 들어갔다.
주어 술어 결과보어 了

빈칸 뒤에 동사가 있고 주어가 없으므로 빈칸은 주어 자리이다.

(**会议**) 已经 开始 了。 회의가 이미 시작되었다.
주어 부사어 술어 了

빈칸 뒤에 '부사+동사'가 있고 주어가 없으므로 빈칸은 주어 자리이다.

2. 술어 + 관형어 + (명사)

你 今天怎么 穿 (**皮鞋**) 了？ 너는 오늘 어째서 구두를 신었니?
주어 부사어 술어 목적어 了

빈칸 앞에 동사가 있고 목적어가 없으므로 빈칸은 목적어 자리이다.

我这儿 没有 世界 (**地图**)。 나한테 세계지도가 없어.
주어 술어 관형어 목적어

빈칸 앞에 동사 没有와 명사 世界가 있는데 '술어+목적어' 관계가 아니므로 빈칸이 목적어가 되어야 한다. 世界地图(세계지도)와 같이 '관형어(명사)+명사' 구조의 단어에 주의한다.

실전문제

[보기] A 安静 B 巧克力 C 见面 D 张 E 声音 F 城市

很多人都喜欢吃（ ），特别是女孩子。

STEP 1 보기 파악하기

A 安静 B 巧克力 C 见面
D 张 E 声音 F 城市

A 형 조용하다	B 명 초콜릿	C 동 만나다
D 양 장	E 명 목소리	F 명 도시

제시된 단어의 품사와 뜻을 먼저 파악한다.

STEP 2 빈칸의 위치를 파악한 뒤 정답 고르기

很多 人 都 喜欢 吃 ( )，特别是女孩子。
관형어 주어 부사어 술어 목적어(술어+목적어)

빈칸 앞에 동사 吃(먹다)가 있으므로 빈칸은 목적어 자리이다. 보기 중 명사는 巧克力(초콜릿)와 城市(도시)인데, 이 중 吃과 의미가 어울리는 것은 B 巧克力이다.

정답 B 巧克力

문장 很多人都喜欢吃巧克力，特别是女孩子。 많은 사람들이 초콜릿 먹는 것을 좋아한다. 특히 여자들이 좋아한다.

어휘 安静 ānjìng 형 조용하다 巧克力 qiǎokèlì 명 초콜릿 见面 jiànmiàn 동 만나다 张 zhāng 양 장(종이를 세는 단위) 声音 shēngyīn 명 소리, 목소리 城市 chéngshì 명 도시 喜欢 xǐhuan 동 좋아하다 特别 tèbié 부 유달리, 특히 女孩子 nǚháizi 명 여자아이

합격 공략 36 [220점 이상 고득점] 빈칸 앞에 수량사가 있으면 명사를 넣으라!

수사 + 양사 + (빈칸)

앞부분에서 구조조사 的가 관형어를 만들기 때문에 빈칸 앞에 的가 있으면 명사를 넣어야 한다고 배웠다. 그런데 관형어는 구조조사 的가 있는 관형어뿐만 아니라 수량사 관형어도 있다. 수량사 관형어는 '수사+양사'의 형식이므로, 빈칸 앞에 '수사+양사'가 있으면 양사와 어울리는 명사를 넣는다. 우리말은 '커피 한 잔'과 같이 '명사+수사+양사'의 어순이지만, 중국어는 '一杯咖啡'와 같이 '수사+양사+명사'의 어순임을 기억하자.

• 수사/지시대사 + 양사 + (**명사**)

我 买 了 一双 (**皮鞋**)。 나는 가죽 구두 한 켤레를 샀다.
주어 동사술어 동태조사 수사+양사 목적어

双은 '쌍, 켤레'라는 뜻을 나타내는 양사로 신발이나 양말 등 짝이 있는 물건을 셀 때 사용한다.

这两件 (**衬衫**) 真 漂亮 啊。 이 두 벌의 셔츠 정말 예쁘다.
지시대사+수사+양사 주어 부사어 형용사술어 啊

件은 '건, 벌'이라는 뜻으로 일이나 옷 등을 셀 때 사용한다.

这辆 (**自行车**) 多少钱? 이 자전거 얼마예요?
지시대사+양사 주어 명사술어

辆은 '대'라는 뜻으로 차량을 셀 때 사용한다. '대사+양사'는 대부분 수사 一(하나)가 생략된 채 쓰인다.

실전문제

[보기] A 锻炼 B 房子 C 碗 D 街道 E 声音 F 旧

这条 ( ) 在北京很有名，你也去看看。

STEP 1 보기 파악하기

A 锻炼 B 房子 C 碗
D 街道 E 声音 F 旧

A 동 단련하다 B 명 집 C 양 그릇
D 명 길 E 명 목소리 F 형 낡다

제시된 단어의 품사와 뜻을 먼저 파악한다.

STEP 2 빈칸의 위치를 파악한 뒤 정답 고르기

这 条 (　　) 在北京 很 有名, 你也去看看。
대사 양사 주어 부사어 부사어 형용사술어

빈칸 앞에 양사 条가 있으므로 빈칸은 명사 자리이다. 条는 가늘고 긴 것의 유형/무형의 것을 세는 양사로 바지(裤子), 강(河), 길(路) 등에 쓰인다. 따라서 정답은 D 街道(길)이다.

정답 D 街道

문장 这条街道在北京很有名，你也去看看。 이 길은 베이징에서 매우 유명해 너도 가 봐.

어휘 锻炼 duànliàn 통 단련하다 房子 fángzi 명 집 碗 wǎn 양 그릇(공기, 사발을 세는 단위) 街道 jiēdào 명 거리, 길 声音 shēngyīn 명 소리, 목소리 旧 jiù 형 낡다 条 tiáo 양 가늘고 긴 것을 세는 단위 有名 yǒumíng 형 유명하다

〈빈출 명사와 함께 쓰이는 단어〉

办法 bànfǎ 방법	找办法 zhǎo bànfǎ 방법을 찾다 想办法 xiǎng bànfǎ 방법을 생각하다
自己 zìjǐ 자기자신	我自己 wǒ zìjǐ 나 자신 相信自己 xiāngxìn zìjǐ 자기자신을 믿다
问题 wèntí 문제	解决问题 jiějué wèntí 문제를 해결하다 出现问题 chūxiàn wèntí 문제가 나타나다
空调 kōngtiáo 에어컨	空调坏了 kōngtiáo huài le 에어컨이 고장났다 开空调 kāi kōngtiáo 에어컨을 켜다
感冒 gǎnmào 감기	注意感冒 zhùyì gǎnmào 감기에 주의하다 小心感冒 xiǎoxīn gǎnmào 감기 조심하다
飞机 fēijī 비행기	飞机起飞 fēijī qǐfēi 비행기가 이륙하다 飞机方便 fēijī fāngbiàn 비행기가 편리하다
洗手间 xǐshǒujiān 화장실	打扫洗手间 dǎsǎo xǐshǒujiān 화장실을 청소하다 去洗手间 qù xǐshǒujiān 화장실을 가다
礼物 lǐwù 선물	生日礼物 shēngrì lǐwù 생일 선물 买礼物 mǎi lǐwù 선물을 사다
成绩 chéngjì 성적	成绩提高 chéngjì tígāo 성적이 향상되다 成绩不错 chéngjì búcuò 성적이 좋다
筷子 kuàizi 젓가락	一双筷子 yì shuāng kuàizi 젓가락 한 벌 洗筷子 xǐ kuàizi 젓가락을 씻다

실전 테스트 정답 & 해설_해설편 p.039

아래 보기에서 빈칸에 알맞은 단어를 찾아 넣으세요.

[보기] A 身体　B 雨伞　C 历史　D 报纸　E 声音　F 足球

例如：她说话的（ E ）多好听啊！

1. 他的汉语水平提高了很多，是因为每天都看中文（　　　）。

2. 那个城市已经有几千年的（　　　）了。

3. 等（　　　）出了问题，才明白健康有多么重要。

4. A：明天我们要去踢（　　　），你也去吗？
   B：不，我打算去北京西站买火车票。

5. A：外面突然雨下得越来越大了，你带（　　　）了吗？
   B：带了，你放心吧。

독해 제 2 부분

04

부사/양사/개사/접속사

부사, 양사, 개사, 접속사의 특징 이해하기

기본기 다지기 기본 개념 잡기 & 공략 미리보기

부사/양사/개사/접속사 넣기 문제는 동사나 형용사에 비해 상대적으로 출제 비중은 낮지만 난이도가 높은 문제로 최근 들어 매회 빠짐없이 출제되고 있다. 이들은 특히 문장에서 어떤 문법적 역할을 하는지가 중요하므로 각 단어의 용법을 꼼꼼히 파악하도록 한다.

| 기본 개념 잡기 | 부사, 양사, 개사, 접속사의 특징

1. 부사

1) **부사는 동사나 형용사를 꾸며주는 말로 동작과 상태의 범위, 시간, 정도, 상태, 긍정과 부정 등을 나타낸다.**

2) **부사는 부사어로서 술어(동사/형용사)의 앞에 위치한다.**

주어 + **부사** + 술어

我	**已经**	到	了。	나는 이미 도착했다.
주어	부사	술어	了	

3) 종류

- 정도부사 很 아주 非常 매우
- 부정부사 不 안/못 没 안/못(완료의 부정)
- 시간부사 已经 이미 正在 ~하고 있다
- 어기부사 其实 사실은 大概 대략
- 빈도부사 又 또 再 다시 经常 자주
- 범위부사 都 모두 只 단지
- 비교부사 更 더욱

2. 양사

1) **양사는 사물이나 동작의 수를 나타내는 단위로, 명사를 세는 것을 명량사, 동작의 횟수를 세는 것을 동량사라고 부른다.**

2) **양사(명량사)는 명사 앞에 위치하고 관형어로 쓰인다. 동량사는 술어 뒤, 보어 자리에 쓰인다.**

수사 + **양사(명량사)** + 명사

一	**本**	小说	책 한 권
수사	양사	명사	

술어 + 수사 + **동량사** + 목적어

我	吃过	一	**次**	火锅。	나는 훠궈를 한 번 먹어 본 적 있다.
주어	술어	수사	동사	목적어	

3) 종류

- **명량사** 个(一个面包 빵 한 개) 张(一张桌子 책상 한 개) 条(一条路 길 하나)
  位(一位客人 손님 한 분) 本(一本书 책 한 권) 件(一件衣服 옷 한 벌)
- **동량사** 次(吃过一次 한 번 가 보다) 一下(试一下 시험 삼아 해 보다) 遍(再说一遍 다시 한번 말하다)

3. 개사

1) 개사는 명사/대사와 함께 결합하여 개사구로 쓰인다. 개사구는 동작과 상태와 관련된 시간, 방향, 장소, 방식, 범위, 대상 등을 나타낸다.

2) 개사구는 부사어로서 술어 앞에 위치한다.

주어 + 개사구 + 술어 　 我们公司(주어) 离地铁站(개사구) 很(부사어) 近(술어)。 우리 회사는 지하철역에서 아주 가깝다.

3) 종류

- 장소와 함께 쓰이는 개사 在 ~에서 到 ~까지 离 ~으로부터
- 방향과 함께 쓰이는 개사 向 ~을 향해 往 ~을 향해
- 대상과 함께 쓰이는 개사 对 ~에 대해 关于 ~에 관하여 给 ~에게
- 근거와 함께 쓰이는 개사 按照 ~에 따라서 根据 ~에 근거하여

4. 접속사

1) 접속사는 문장과 문장, 또는 단어와 단어를 이어주는 역할을 한다.

2) 접속사는 문장의 맨 앞에 위치하여 단독으로 쓰이기도 하고, 두 개의 접속사가 절과 절 앞에 쓰여 호응 관계를 이루기도 한다.

접속사 + 문장, 접속사 + 문장 　 因为(접속사) 身体不舒服(문장)，所以(접속사) 不能去上班(문장)。 몸이 안 좋아서 출근할 수 없다.

3) 종류

- 인과 관계 因为A，所以B 　A하기 때문에 그래서 B하다
- 점층 관계 不但A，而且B 　A일 뿐만 아니라 게다가 B하다
- 선택 관계 A或者B 　A 또는 B
- 조건 관계 无论A，还是B 　A를 막론하고 그래도 B하다
  只有A，才B 　A해야만 비로소 B하다
  只要A，就B 　A하면 B하다
- 가정 관계 如果A，就B 　만일 A한다면 B하다
- 전환 관계 虽然A，但是B 　비록 A일지라도 그러나 B하다

| 공략 미리보기 |

합격 공략 37	빈칸 뒤에 술어가 있으면 부사를 넣으라!
합격 공략 38	빈칸 앞에 수사/지시대사가, 뒤에 명사가 있으면 양사를 넣으라!
합격 공략 39	[220점 이상 고득점] 절의 시작 부분에는 접속사를 넣으라!

합격 공략 37 빈칸 뒤에 술어가 있으면 부사를 넣으라!

주어 + (빈칸) + 술어

부사는 문장에서 부사어로서 술어를 꾸며주는 역할을 한다. 부사어는 술어 앞에 위치하므로 만일 빈칸 앞에 주어가 있고, 뒤에 술어가 있으면 빈칸에 의미가 알맞은 부사를 넣는다. 단, 부사의 종류가 매우 다양하므로 3급 독해 제2부분에서 자주 출제되는 부사를 정리하여 미리 학습해 두는 것이 좋다.

1. (정도부사) + 형용사술어 : 형용사는 보통 정도부사와 함께 쓰인다.

天气 (**越来越**) 热 了！ 날씨가 점점 더워진다!
주어 정도부사 형용사술어 어기조사

越来越는 '점점 갈수록'이라는 정도의 의미를 나타내는 부사로 형용사 앞에 사용한다.

2. (어기/시간/빈도/범위/상태/부정 부사) + 조동사 + 동사술어 : 부사는 보통 조동사 앞에 사용한다.

他 (**正在**) 开会。 그는 회의 중입니다.
주어 부사 동사술어

正在는 '~하는 중이다'라는 뜻의 부사로 동작의 진행을 나타낸다.

现在 (**可能**) 会 堵 车。 지금 아마 차가 막힐 거야.
주어 부사 조동사 동사술어 목적어

可能은 '아마도'라는 뜻의 부사로 조동사 会와 함께 可能会의 순서로 쓰인다.

실전문제

[보기] A 放 B 新鲜 C 终于 D 比较 E 声音 F 盘子

这个问题（ ）解决了，大家都辛苦了。

STEP 1 보기 파악하기

A 放 B 新鲜 C 终于
D 比较 E 声音 F 盘子

A 동 넣다, 놓다 B 형 신선하다 C 부 마침내
D 부 비교적 E 명 목소리 F 명 쟁반

제시된 단어의 품사와 뜻을 먼저 파악한다.

STEP 2 빈칸의 위치를 파악한 뒤 정답 고르기

这个 问题 （ ） 解决了， 大家都辛苦了。
관형어 주어 부사어 술어

빈칸 앞에 주어가, 뒤에는 동사술어 解决(해결하다)가 있으므로 빈칸은 부사어 자리이다. 보기 중 부사어가 될 수 있는 것은 比较(비교적)와 终于(마침내)인데 比较는 형용사를 꾸며주므로 동사 解决와 어울리는 것은 C 终于(마침내)이다.

정답 C 终于

문장 这个问题终于解决了，大家都辛苦了。 이 문제가 마침내 해결되었어요. 모두들 너무 수고하셨어요.

어휘 放 fàng 동 넣다, 놓다 新鲜 xīnxiān 형 신선하다 终于 zhōngyú 부 마침내 比较 bǐjiào 부 비교적 声音 shēngyīn 명 소리, 목소리 盘子 pánzi 명 쟁반 解决 jiějué 동 해결하다 辛苦 xīnkǔ 형 고생스럽다

합격 공략 38 빈칸 앞에 수사/지시대사가, 뒤에 명사가 있으면 양사를 넣으라!

수사/지시대사 + (빈칸) + 명사

양사는 수를 세는 단위로서 수사와 함께 명사를 꾸며주는 관형어로 쓰인다. 빈칸 앞에 수사나 지시대사가 있고 뒤에 명사가 있으면 빈칸은 양사 자리이므로 명사와 어울리는 양사를 넣도록 한다. 어떤 명사인지에 따라 쓰이는 양사가 다르기 때문에 함께 쓰이는 '양사+명사'를 암기해 두는 것이 좋다. 3급 필수어휘 중 양사의 개수는 적지만, 출제 빈도가 높은 편이다.

1. 수사 + (양사) + 명사 : **양사는 수사와 명사 사이에 위치한다.**

   你帮我拿 一(수사) **(双)**(양사) 筷子(명사) 吧。 나를 도와서 젓가락 한 벌만 가져다 줘.

   双은 '짝, 쌍, 켤레'라는 뜻의 양사로 신발이나 양말 등을 세는 단위이다.

2. 지시대사 + (一) + (양사) + 명사 : **지시대사 뒤의 수사 一(하나)는 대개 생략되고, 一가 아닌 경우에는 생략하지 않는다.**

   这(대사) **(件)**(양사) 衬衫(명사) 太贵了。 이 셔츠 너무 비싸요.

   件은 '건, 벌'이란 뜻의 양사로 일이나 옷 등을 세는 단위이다.

3. 동사 + (一) + (양사) + 명사 : **동사 뒤의 수사 '一'는 생략할 수 있다. 동사와 명사 사이에 빈칸이 있으면 양사를 넣도록 한다.**

   咱们 看(동사) **(场)**(양사) 电影(명사) 吧。 우리 영화 보자.

   场은 '회, 번'이란 뜻의 양사로 문예, 오락, 체육 활동 등을 세는 단위이다.

실전문제

[보기] A 难过 B 如果 C 历史 D 裤子 E 声音 F 站

我在网上买了两条（　　　），才三百块钱，很便宜。

STEP 1 **보기 파악하기**

A 难过　　B 如果　　C 历史
D 裤子　　E 声音　　F 站

A 형 슬프다	B 접 만약에	C 명 역사
D 명 바지	E 명 목소리	F 동 서다

제시된 단어의 품사와 뜻을 파악한다.

STEP 2 **빈칸의 위치를 파악한 뒤 정답 고르기**

我(주어) 在网上(부사어) 买了(술어) 两条(관형어) (　　)(명사)，才三百块钱，很便宜。

빈칸 앞에 '수사+양사' 구조인 관형어 两条(두 벌의)가 있으므로 빈칸은 명사 자리이다. 양사 条(벌)는 가늘고 긴 것을 세는 단위로서 바지와 치마를 셀 때 사용한다. 따라서 보기 중 알맞은 정답은 D 裤子(바지)이다.

정답　D 裤子

문장　我在网上买了两条裤子，才三百块钱，很便宜。 인터넷에서 바지 두 벌 샀는데, 3백 위안밖에 안 해. 너무 저렴해.

어휘　网 wǎng 명 인터넷　条 tiáo 양 가늘고 긴 것을 세는 단위　才 cái 부 겨우, 그제서야　便宜 piányi 형 저렴하다, 싸다　难过 nánguò 형 슬프다　如果 rúguǒ 접 만약에　历史 lìshǐ 명 역사　裤子 kùzi 명 바지　声音 shēngyīn 명 소리, 목소리　站 zhàn 동 일어서다, 서다

합격 공략 39 [220점 이상 고득점] 절의 시작 부분에는 접속사를 넣으라!

앞절, (빈칸) + 뒷절

독해 제2부분에서는 동사, 형용사, 명사, 부사, 양사 등을 넣는 문제가 주로 출제되고 그 밖에 접속사를 넣는 문제는 간간히 출제된다. 고득점을 얻기 위해서는 접속사 문제에서도 점수를 얻어야 한다. 접속사는 명사와 명사, 또는 절과 절을 연결시키는데, 시험에서는 주로 두 개의 절을 연결하는 접속사가 출제된다. 만일 빈칸 앞에 절이 있고 뒤에 '주어+술어'가 있으면 빈칸에 앞절과 뒷절을 논리적으로 연결해 주는 접속사를 넣도록 한다. 3급에 자주 출제되는 필수 접속사를 꼭 학습해 두도록 한다. (p122 참고)

- 앞절, (**접속사**) + 뒷절

你先洗手(앞절)，(**然后**)(접속사) 来吃点儿水果(뒷절)。 우선 손 씻고, 그 다음에 와서 과일 먹으렴.

然后는 '그리고 나서'라는 뜻을 나타내는 접속사로 뒷절 맨 앞에 쓰여 동작의 선후 관계를 나타낸다.

昨天他生病了(앞절)，(**所以**)(접속사) 今天没来上课(뒷절)。 어제 그는 병이 나서 오늘 수업에 오지 않았다.

所以는 '그래서'라는 뜻을 나타내는 접속사로 뒷절 맨 앞에 쓰여 결과를 나타낸다.

실전문제

[보기]　A 但是　B 桌子　C 低　D 总是　E 声音　F 种

虽然这儿的冬天不太冷，(　　　) 我们能看到下雪。

STEP 1 보기 파악하기

A 但是　　B 桌子　　C 低
D 总是　　E 声音　　F 种

A 접 그러나	B 명 책상	C 형 낮다
D 부 항상	E 명 목소리	F 양 종류를 세는 단위

제시된 단어의 품사와 뜻을 먼저 파악한다.

STEP 2 빈칸의 위치를 파악한 뒤 정답 고르기

虽然这儿的冬天不太冷，(앞절)　（　　）(접속사)　我们能看到下雪。(뒷절)

빈칸은 뒷절의 맨 앞에 위치하고 있으므로 접속사를 넣어야 한다. 앞절에 접속사 虽然(비록 ~할지라도)이 있으므로 이와 함께 전환 관계를 나타내는 접속사 A 但是(그러나)가 들어가야 한다.

정답 A 但是

문장 虽然这儿的冬天不太冷，但是我们能看到下雪。 비록 이곳의 겨울은 그다지 춥지 않지만 우리는 눈 내리는 것을 볼 수 있다.

어휘 但是 dànshì 접 그러나　桌子 zhuōzi 명 탁자　低 dī 형 낮다　总是 zǒngshì 부 늘, 항상　声音 shēngyīn 명 소리, 목소리　种 zhǒng 양 종류를 세는 단위　虽然 suīrán 접 비록 ~이지만　冬天 dōngtiān 명 겨울　冷 lěng 형 춥다　下雪 xiàxuě 동 눈이 내리다

〈빈출 부사〉

부사	예
经常 jīngcháng 자주	经常锻炼 jīngcháng duànliàn 자주 단련하다 经常迟到 jīngcháng chídào 자주 지각하다
终于 zhōngyú 드디어, 마침내	终于完成了 zhōngyú wánchéng le 마침내 완성했다 终于解决了 zhōngyú jiějué le 드디어 해결했다
一定 yídìng 반드시, 틀림없이	一定会高兴 yídìng huì gāoxìng 틀림없이 기뻐할 것이다 一定要注意 yídìng yào zhùyì 반드시 주의해야 한다
一共 yígòng 전부, 모두	一共花了5,000元 yígòng huā le wǔqiān yuán 전부 5,000 위안을 썼다 一共有10个 yígòng yǒu shí ge 모두 10개가 있다
总是 zǒngshì 늘, 항상	总是着急 zǒngshì zháojí 늘 조급해하다 总是热情 zǒngshì rèqíng 항상 열정적이다
刚 gāng 방금, 막	刚搬家 gāng bānjiā 막 이사했다 刚发电子邮件 gāng fā diànzǐyóujiàn 방금 이메일을 보냈다
比较 bǐjiào 비교적	比较容易 bǐjiào róngyì 비교적 쉽다 比较低 bǐjiào dī 비교적 낮다
敢 gǎn 감히	不敢告诉 bù gǎn gàosu 감히 못 알리다 敢下水 gǎn xiàshuǐ 과감히 물에 들어가다
马上 mǎshàng 곧, 즉시	马上开始了 mǎshàng kāishǐ le 곧 시작한다 马上就要结束了 mǎshàng jiùyào jiéshù le 곧 끝날 것이다
突然 tūrán 갑자기	突然坏了 tūrán huài le 갑자기 고장났다 突然想不起来 tūrán xiǎng bu qǐlái 갑자기 생각이 안 난다

〈빈출 양사〉

双 shuāng 쌍, 켤레 (쌍을 이룬 것을 세는 단위)	一双筷子 yì shuāng kuàizi 젓가락 한 벌 一双皮鞋 yì shuāng píxié 가죽 구두 한 켤레
种 zhǒng 종, 종류 (종류를 세는 단위)	一种动物 yì zhǒng dòngwù 동물의 한 종류 一种办法 yì zhǒng bànfǎ 방법의 한 종류
件 jiàn 건, 벌 (일이나 옷을 세는 단위)	一件事情 yí jiàn shìqing 일 한 건 一件衬衫 yí jiàn chènshān 셔츠 한 벌
条 tiáo 벌, 개 (가늘고 긴 것을 세는 단위)	一条裤子 yì tiáo kùzi 바지 한 벌 一条街道 yì tiáo jiēdào 길 하나
张 zhāng 장 (넓은 표면을 가진 사물을 세는 단위)	一张桌子 yì zhāng zhuōzi 책상 하나 一张照片 yì zhāng zhàopiàn 사진 한 장
把 bǎ 개, 자루 (자루가 있거나 한 주먹으로 쥘 만한 분량을 세는 단위)	一把雨伞 yì bǎ yǔsǎn 우산 하나 一把椅子 yì bǎ yǐzi 의자 하나
块 kuài 조각, 덩어리 (덩어리/조각 모양의 물건을 세는 단위)	一块手表 yí kuài shǒubiǎo 시계 한 개 一块蛋糕 yí kuài dàngāo 케이크 한 조각
辆 liàng 차량을 세는 단위	一辆自行车 yí liàng zìxíngchē 자전거 한 대 一辆出租车 yí liàng chūzūchē 택시 한 대
米 mǐ 미터(m)	跑100米 pǎo yì bǎi mǐ 100미터를 뛰다 走1,000米 zǒu yì qiān mǐ 1,000미터를 걷다
斤 jīn 근(약 500g)	买一斤 mǎi yì jīn 한 근을 사다 多少钱一斤? duōshaoqián yì jīn? 한 근에 얼마예요?

〈빈출 접속사〉

점층 관계	不但A，而且B búdàn A, érqiě B A할 뿐만 아니라, 게다가 B하다	我不但会说英语，而且还会说汉语。 나는 영어할 줄 알아. 게다가 중국어도 할 줄 알아.
전환 관계	虽然A，但是B suīrán A, dànshì B 비록 A이지만, 그러나 B이다	我虽然学了一年汉语，但是说得不太流利。 나는 중국어를 일 년 배웠는데, 잘하진 못해.
가정 관계	要是A，就B yàoshì A, jiù B 如果A，那么B rúguǒ A, nàme B A的话，就B A de huà, jiù B 만일 A한다면 B할 것이다	要是明天休息，我就想看电影。 만약에 내일 쉰다면, 나는 영화를 보고 싶어. 如果今天没有时间，那么明天见吧。 만일 오늘 시간이 없으면 그러면 내일 만나자. 肚子疼的话，就吃这个药吧。 배가 아프면 이 약을 먹어.

병렬 관계	**又A又B** yòu A yòu B A하기도 하고 B하기도 하다	这个菜又咸又辣，真不好吃。 이 음식은 짜고 매워. 정말 맛없어.
조건 관계	**只要A，就B** zhǐyào A, jiù B A하기만 하면, (수월하게) B하다	只要多听、多说、多写就能学好汉语。 많이 듣고, 말하고, 쓰면 중국어를 마스터할 수 있다.
인과 관계	**因为A，所以B** yīnwèi A, suǒyǐ B A하기 때문에, 그래서 B하다	因为我喜欢中国电影，所以学习汉语。 나는 중국 영화를 좋아하기 때문에 중국어를 공부한다.

실전 테스트 정답 & 해설_해설편 p.040

아래 보기에서 빈칸에 알맞은 단어를 찾아 넣으세요.

[보기] A 突然　B 张　C 马上　D 瓶　E 声音　F 有点儿

例如：她说话的（ E ）多好听啊！

1. 表演（　　　）就要开始了，你怎么还不来？

2. 天（　　　）阴，看起来要下雨了，你出去时带把伞吧。

3. 这（　　　）照片是什么时候照的？那个时候特别可爱。

4. A：马叔叔请我们周日到他家做客，送什么好呢？
   B：买（　　　）葡萄酒或者做个蛋糕带去就行。

5. A：今天你怎么走楼梯了？
   B：因为电梯（　　　）坏了，我只能走上来了。

독해 제2부분

미니모의고사

| 정답 & 해설 | 해설편 p.041

아래 보기에서 빈칸에 알맞은 단어를 찾아 넣으세요.

1–5

[보기] A 简单　B 饮料　C 而且　D 迟到　E 声音　F 种

例如：她说话的（ E ）多好听啊！

1. 这（　　　）西瓜真甜啊！快过来尝一尝。

2. 这家宾馆的房间又干净又好，（　　　）离机场也非常近。

3. 其实游泳非常（　　　），只要多练习就会了。

4. A：你今天上班怎么（　　　）了？现在都九点半了。
   B：不好意思，我早上起晚了。

5. A：哥，周末去公园玩儿我们要带点儿吃的。
   B：知道了，我下班经过超市的时候，去买些面包和（　　　）吧。

6–10

[보기] A 然后	B 有名	C 电梯	D 辆	E 声音	F 站

例如：她说话的（ E ）多好听啊！

6. 那条街道在北京很（　　　），你一定要去看看。

7. 你先听听别人说什么，（　　　）再决定也不晚。

8. 我在（　　　）里，听不清楚，一会儿再打吧。

9. A：每天在地铁上的人非常多，总是没有地方坐。
   B：对啊，我一路上都（　　　）着去，特别累。

10. A：这（　　　）旅游公交车有上下两层，咱们坐上边吧。
    B：好啊，坐在上面那层能看得更远，更清楚。

독해
제3부분

阅读

단문을 읽고 질문에 답하기

Warm Up!
유형 분석 & 풀이 전략

1. 세부 내용
질문의 핵심 키워드로 정답 고르기

2. 중심 내용/옳은 내용
전체를 파악하여 정답 고르기

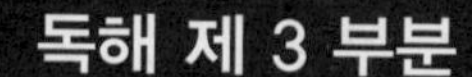

유형 분석 & 풀이 전략

유형 분석 | 시험에는 이렇게 나온다!

출제 방식

HSK 3급 독해 제3부분은 단문을 읽고 질문에 알맞은 답을 3개의 보기에서 고르는 유형으로 61번부터 70번까지 총 10문항이 출제된다.

출제 경향 & 유형별 출제 비율

독해 제3부분은 크게 세부 내용을 묻는 문제, 중심 내용을 묻는 문제, 옳은 내용을 묻는 문제가 출제되는데, 그중 세부 내용을 묻는 문제의 비중이 가장 크다. 지문은 주로 일상생활, 중국 문화 및 중국 음식, 명소 소개, 인생의 교훈에 관한 내용이며, 이 중에서 일상생활에 관한 글이 가장 많은 비중을 차지한다. 글의 종류는 특정 대상을 설명하는 설명문, 특정 주제에 관한 견해를 제시하는 논설문으로 출제된다. 지문을 읽을 때는 반복되는 단어와 표현을 중점적으로 살펴보는 것이 좋고, 질문과 보기를 먼저 파악한 뒤 지문을 읽어야 한다.

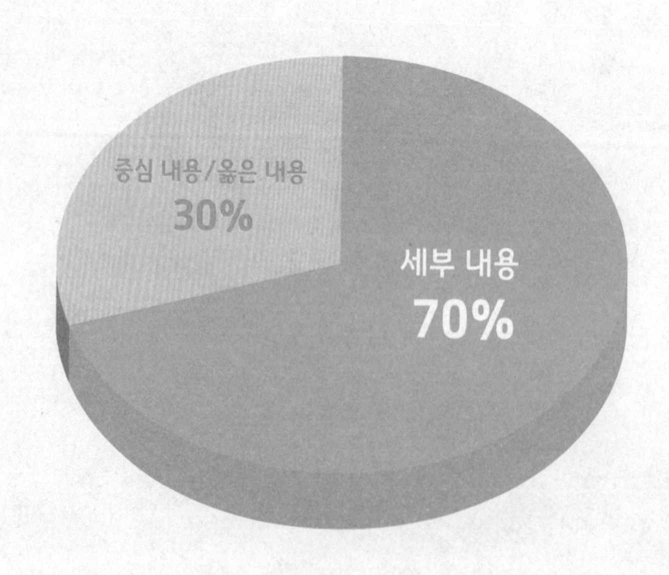

풀이 전략 | 문제 풀이 Step & 풀이 전략 적용해 보기

Step 1

질문의 핵심 키워드 파악하기

질문을 먼저 읽고 무엇을 묻는 질문인지 핵심 키워드를 파악한다.

Step 2

지문에서 핵심 키워드를 찾아 정답 고르기

질문의 핵심 키워드를 지문에서 찾고 그 부분을 중점적으로 읽는다. 핵심 키워드에 관한 내용이 그대로 일치하거나 유사한 내용의 보기를 정답으로 고른다.

풀이 전략 적용해 보기

61. 如果你想去北京旅游，那么你最好找一家在地铁站附近的宾馆住，因为北京地铁非常方便，坐地铁可以去很多地方。

★ 根据这段话，北京的地铁：

A 很干净　　B 很方便　　C 很安静

STEP 1 질문의 핵심 키워드 파악하기

★ 根据这段话，北京的地铁：이 글을 근거로, 베이징의 지하철은 어떠한가?

질문은 세부 사항을 묻는 유형으로, 핵심 키워드는 北京(베이징)과 地铁(지하철)이다.

STEP 2 지문에서 핵심 키워드를 찾아 정답 고르기

如果你想去北京旅游，那么你最好找一家在地铁站附近的宾馆住，因为北京地铁非常方便，坐地铁可以去很多地方。

A 很干净　　B 很方便　　C 很安静

만약에 당신이 베이징에 여행가고 싶다면, 그럼 지하철역 근처의 호텔에서 묵으시는 게 좋아요. 왜냐하면 베이징의 지하철은 매우 편리해서 많은 곳을 지하철로 갈 수 있어요.

A 아주 깨끗하다　　B 아주 편리하다　　C 아주 조용하다

핵심 키워드가 언급된 부분을 살펴보면 北京地铁非常方便(베이징 지하철은 매우 편리하다)이라고 했으므로, 정답은 B 很方便(아주 편리하다)이다.

정답 B 很方便

어휘 如果 rúguǒ 접 만약에　旅游 lǚyóu 동 여행하다　最好 zuìhǎo 부 제일 좋기는　地铁站 dìtiězhàn 명 지하철역　附近 fùjìn 명 근처, 부근　宾馆 bīnguǎn 명 호텔　住 zhù 동 거주하다, 숙박하다　因为 yīnwèi 접 ~때문에　方便 fāngbiàn 형 편리하다　地方 dìfang 명 곳, 군데

독해 제 3 부분

01

세부 내용

질문의 핵심 키워드로 정답 고르기

기본기 다지기 기본 개념 잡기 & 공략 미리보기

세부 내용을 묻는 문제는 출제 비중이 가장 높은 유형으로, 전략적으로 접근하면 정답을 간단히 고를 수 있어 점수 획득에 유리하다. 지문 전체를 다 읽기보다는 질문의 핵심 키워드를 파악한 뒤 지문에서 언급된 부분을 찾아 정답을 찾도록 한다.

| 기본 개념 잡기 | 주요 질문 유형

세부 내용을 묻는 문제는 질문에 구체적인 상황이 핵심 키워드로 제시된다. 핵심 키워드를 파악하는 것이 관건이므로 어떤 유형의 질문이 출제되는지 알아보자.

1. 구체적인 상황을 제시한 질문

- 他昨天晚上： 그는 어제 저녁에?
- 有了电脑以后： 컴퓨터가 생긴 이후에?
- 他最近忙是因为： 그가 요즘 바쁜 것은 무엇 때문인가?
- 他希望用这些钱： 그는 이 돈을 사용하여 무엇을 하길 바라는가?

2. 의문대사를 이용한 질문

- 说话人最可能是做什么的？ 말하는 사람은 무엇을 하는 사람인가?
- 学生为什么喜欢马校长？ 학생들은 왜 마 교장 선생님을 좋아하는가?
- 小王是在哪儿工作的？ 샤오왕은 어디에서 일하는가?
- 那儿的冬天怎么样？ 그곳의 겨울은 어떠한가?

| 공략 미리보기 |

합격 공략 40	질문의 핵심 키워드를 지문에서 찾으라!
합격 공략 41	의문대사와 함께 쓰인 단어가 핵심 키워드이다!
합격 공략 42	[220점 이상 고득점] 1:1로 대조하여 오답부터 소거하라!

합격 공략 40 질문의 핵심 키워드를 지문에서 찾으라!

질문의 핵심 키워드는 지문에 그대로 등장한다

세부 사항을 묻는 문제는 질문만 잘 파악해도 정답을 간단하게 찾을 수 있다. 보통 질문에 핵심 키워드가 제시되므로 지문에서 그 단어가 언급된 부분을 찾아 지문과 일치하거나 유사한 내용의 보기를 정답으로 고른다.

〈핵심 키워드 파악하는 방법〉

질문에서 핵심 키워드를 파악할 때는 질문에 전제된 내용(시간/장소/대상)을 핵심 키워드로 삼는다.

- 昨天孩子们： 어제 아이들은 어땠는가?
  핵심 키워드가 昨天이므로 지문에서 昨天이 있는 부분을 위주로 읽는다.
- 遇到问题时，他： 문제를 겪게 되었을 때, 그는 어떻게 하는가?
  핵심 키워드가 遇到问题이므로 지문에서 遇到问题가 있는 부분을 위주로 읽는다.
- 那个地方，现在： 그곳은 지금 어떠한가?
  핵심 키워드가 现在이므로 지문에서 现在가 있는 부분을 위주로 읽는다.
- 对南方人来说，吃面条： 남방 사람들에게 국수를 먹는 것은 어떤 의미인가?
  핵심 키워드가 南方人이므로 지문에서 南方人이 있는 부분을 위주로 읽는다.

실전문제

过去，这个火车站的左边都是一些矮房子，没想到现在变成了一个大花园，两边都有很多种鲜花，红红的、黄黄的，美极了。

★ 以前，火车站的左边的是：

A 河边　　B 花园　　C 矮房子

STEP 1 질문의 핵심 키워드 파악하기

★ 以前，火车站的左边的是： 예전에 기차역의 왼쪽은 무엇이었는가?

질문은 세부 사항을 묻는 유형으로, 핵심 키워드는 以前(예전)과 左边(왼쪽)이다.

STEP 2 지문에서 핵심 키워드 찾아 정답 고르기

过去，这个火车站的左边都是一些矮房子，没想到现在变成了一个大花园，两边都有很多种鲜花，红红的、黄黄的，美极了。

A 河边　　B 花园　　C 矮房子

과거에 이 기차역의 왼쪽은 다 단층집들이었다. 뜻밖에 지금은 큰 화원으로 변했고, 양쪽에는 많은 종류의 생화들이 있다. 빨갛고, 노랗고, 아주 예쁘다.

A 강가　　B 화원　　C 단층집

질문의 키워드를 지문에서 찾는다. 키워드가 첫 문장에 그대로 제시되어 过去，这个火车站的左边都是一些矮房子(과거에 이 기차역의 왼쪽에는 다 단층집들이었다)라고 했으므로 예전에 기차역 왼쪽에 있었던 것은 C 矮房子(단층집)이다. 以前(예전)과 过去(과거)는 유사한 표현이다.

정답 C 矮房子

어휘 以前 yǐqián 명 과거　火车站 huǒchēzhàn 명 기차역　左边 zuǒbiān 명 왼쪽　过去 guòqù 명 과거　一些 yìxiē 양 약간, 조금　矮 ǎi 형 낮다　房子 fángzi 명 집　变成 biànchéng 동 변하여 ~이 되다　花园 huāyuán 명 화원　两边 liǎngbiān 명 양쪽, 양면　鲜花 xiānhuā 명 생화　美 měi 형 아름답다

합격 공략 41 의문대사와 함께 쓰인 단어가 핵심 키워드이다!

의문대사 + 핵심 키워드

질문에 사용되는 의문대사에는 什么时候(언제), 哪儿(어디), 什么(무엇), 为什么(왜) 등이 있는데, 이때 의문대사와 가까이 있는 단어들이 핵심 키워드가 된다. 핵심 키워드가 언급된 부분을 찾아 의문대사가 묻는 내용, 즉 시간, 장소, 대상, 이유, 방법 등을 파악하면 알맞은 정답을 고를 수 있다.

〈핵심 키워드 파악하는 방법〉

의문대사를 이용한 질문에서는 의문대사와 함께 쓰인 단어가 핵심 키워드이다.

- 他认为**怎样**才能提高成绩？ 그는 어떻게 해야 성적을 올릴 수 있다고 여기는가?
  지문에서 提高成绩가 언급된 부분에서 방법을 찾는다.
- 说话人**为什么**又回家了？ 말하는 사람은 왜 또 집으로 돌아갔는가?
  지문에서 又回家了가 언급된 부분에서 이유를 찾는다.
- 周末天气**怎么样**？ 주말 날씨는 어떠한가?
  지문에서 周末天气가 언급된 부분에서 상태를 찾는다.

실전문제

每当我和女儿在一起的时候，她都要给我讲一天中发生的趣事。看来她眼里的世界每天都是快乐的。

★ 女儿眼中的世界是什么样的？

A 快乐的　　B 简单的　　C 安静的

STEP 1 질문의 핵심 키워드 파악하기

★ 女儿眼中的世界是什么样的？ 딸의 눈에 세상은 어떤 모습인가?

질문에 의문대사 什么样(어떠한)이 있으므로 지문에서 女儿眼中的世界(딸의 눈 속의 세상)에 대한 내용을 찾는다.

STEP 2 지문에서 키워드 찾아 정답 고르기

每当我和女儿在一起的时候，她都要给我讲一天中发生的趣事。看来她眼里的世界每天都是快乐的。

A 快乐的　　B 简单的　　C 安静的

매번 딸과 함께 있을 때, 그녀는 나에게 그날 있었던 재미난 일을 얘기한다. 보아하니 그녀의 눈 속에서 세상은 매일 즐거운 날이다.

A 즐겁다　　B 간단하다　　C 조용하다

질문의 키워드를 지문에서 찾아보면 마지막 문장에 在她的眼里(그녀의 눈 속에)라고 언급되었다. 이어서 看来她眼里的世界每天都是快乐的(보아하니 그녀의 눈 속에서 세상은 매일 즐거운 날이다)라고 했으므로 그대로 언급된 보기 A 快乐的(즐겁다)가 정답이다.

정답 A 快乐的

어휘 世界 shìjiè 명 세계 当……的时候 dāng……deshíhou ~할 때 讲 jiǎng 동 말하다 发生 fāshēng 동 발생하다 趣事 qùshì 명 재미난 일 眼里 yǎnlǐ 눈 속 快乐 kuàilè 형 즐겁다 简单 jiǎndān 형 간단하다 安静 ānjìng 형 조용하다

합격 공략 42 [220점 이상 고득점] 1 : 1로 대조하여 오답부터 소거하라!

정답을 찾기 어려운 경우

세부 내용을 묻는 문제는 대부분 질문의 핵심 키워드를 지문에서 찾으면 쉽게 정답을 찾을 수 있었다. 그런데 종종 정답이 보기와 그대로 일치하지 않거나 유사한 단어로 제시되지 않는 경우가 있는데, 이때는 정답과 관련없는 오답부터 소거하면 간단하게 정답을 도출할 수 있다.

실전문제

夏天到了，7月的天气说变就变，有的时候上午天气还好好儿的，下午就突然下起很大的雨来了，所以每当我们出门时，总会带一把伞。

★ 他们那儿的7月，可能会：

A 总是刮风　　B 经常下雨　　C 很少下雪

STEP 1 질문의 핵심 키워드 파악하기

★ 他们那儿的7月，可能会： 그들이 있는 곳의 7월은 어떠한가?

세부 내용을 묻는 문제이며 핵심 키워드는 他们那儿的7月(그들이 있는 곳의 7월)이다.

STEP 2 지문에서 키워드 찾아 정답 고르기

夏天到了，7月的天气说变就变，有的时候上午天气还好好儿的，下午就突然下起很大的雨来了，所以每当我们出门时，总会带一把伞。

A 总是刮风
B 经常下雨
C 很少下雪

여름이 왔다. 7월의 날씨는 많이 바뀐다. 어떤 때는 오전에 날씨가 좋았다가, 오후에 갑자기 비가 많이 내린다. 그래서 우리는 매번 외출할 때, 항상 우산을 챙긴다.

A 바람이 항상 분다
B 자주 비가 온다
C 눈이 잘 안 내린다

질문의 핵심 키워드가 지문에 등장했지만 지문과 그대로 일치하는 보기가 없으므로 오답부터 소거해 본다. 보기 A의 风(바람)에 대한 언급은 없으므로 소거시키고, C의 雪(눈)에 관한 내용 역시 언급되지 않았다. B의 雨(비)는 지문에서 所以每当我们出门时，总会带一把伞(그래서 우리는 매번 외출할 때, 항상 우산을 챙긴다)이라고 했으므로 비가 자주 내린다는 것을 알 수 있다. 따라서 그들이 있는 곳의 여름에 관한 내용으로 알맞은 것은 B 经常下雨(자주 비가 온다)이다.

정답 B 经常下雨

어휘 夏天 xiàtiān 명 여름 天气 tiānqì 명 날씨 变 biàn 동 변화하다 时候 shíhou 명 시간, 때 突然 tūrán 부 갑자기 所以 suǒyǐ 접 그래서 出门 chūmén 동 외출하다 带 dài 동 가지다 把 bǎ 양 개(우산을 세는 단위) 伞 sǎn 명 우산 总是 zǒngshì 부 늘, 항상 刮风 guāfēng 동 바람이 불다 经常 jīngcháng 부 자주 下雨 xiàyǔ 동 비가 오다 下雪 xiàxuě 동 눈이 내리다

실전 테스트 정답 & 해설_해설편 p.044

다음 지문을 읽고 질문에 알맞은 답을 고르세요.

1. 你把这个箱子搬到这边吧，放在中间的话，大家走路会不太方便的。

   ★ 他们要把箱子：

   A 放在花园里　　B 换成新的　　C 放到一边

2. 我们周日要去北京旅行，听说北京比我们这儿冷得多，可能会下雪，所以我们应该多穿点儿衣服，别感冒了。

   ★ 北京那儿现在：

   A 是冬季　　B 不会有雪　　C 热多了

3. 我来上海学习都快一年了，刚到这儿的时候我什么都不懂，后来我慢慢感到，对留学生来说，上海是个很好的地方，不但能学习汉语，而且工作的机会也很多。

   ★ 对留学生来说，上海：

   A 经常堵车　　B 有很多机会　　C 漂亮极了

4. 智能手机除了能打电话以外，还给人们的生活带来了很大的方便，可是长时间用手机会影响视力。

   ★ 长时间对着智能手机，可能会：

   A 学到很多　　B 工作方便　　C 影响身体

5. 我们应该根据自己的兴趣爱好来选择工作，这样做才能更容易得到好成绩，工作再辛苦也不会觉得很累。

   ★ 根据兴趣爱好来选择工作，会：

   A 更容易做出成绩　　B 更容易提高能力　　C 更认真做事

독해 제 3 부분

02

중심 내용/옳은 내용

전체를 파악하여 정답 고르기

기본기 다지기 기본 개념 잡기 & 공략 미리보기

중심 내용을 묻는 문제와 옳은 내용을 묻는 문제는 특정 핵심 키워드가 질문에 제시되지 않는 경우가 많다. 지문을 처음부터 끝까지 읽어야 올바른 정답을 고를 수 있으므로 전략적으로 지문을 읽는 것이 필요하다.

| 기본 개념 잡기 | 주요 질문 유형

중심 내용을 묻는 문제는 글에서 말하고자 하는 교훈, 또는 주제를 찾는 유형이다. 중심 내용은 논설문인 경우 당위를 나타내는 어휘가 있는 곳에, 설명문에서는 도입 부분에 제시된다. 옳은 내용을 묻는 문제는 전체 지문을 읽되 보기와 하나씩 대조하여 정답을 찾는 것이 유리하다.

1. 중심 내용을 묻는 질문

- 这段话主要讲什么？ 이 글은 주로 무엇을 말하고 있는가?
- 说话人是什么意思？ 말하는 사람은 어떤 의미인가?
- 这段话主要告诉我们： 이 글이 우리에게 주로 알려 주고자 하는 것은?
- 根据这段话，我们应该： 이 글을 근거로 우리는 마땅히 무엇을 해야 하는가?

2. 옳은 내용을 묻는 질문

- 关于他妹妹，可以知道什么？ 그의 여동생에 관하여 알 수 있는 것은?
- 那条街道： 그 길에 대한 설명으로 알맞은 것은?
- 根据这段话，很多种鸟： 이 글을 근거로 많은 종류의 새는?
- 关于爸爸，下面哪个是对的？ 아빠에 관해 다음 중 옳은 내용은?

| 공략 미리보기 |

합격 공략 43	논설문의 주제는 要와 应该를 찾으라!
합격 공략 44	주제에 관한 옳은 내용을 묻는 문제는 보기와 대조하라!
합격 공략 45	[220점 이상 고득점] 속담/관용어의 부연 설명에 정답이 있다!

합격 공략 43 논설문의 주제는 要와 应该를 찾으라!

주장할 때 사용하는 要와 应该

자신의 견해와 주장을 전달하는 논설문은 일반적으로 예시를 들어 먼저 말하고자 하는 화제를 소개하고 끝부분에 자신의 견해를 정리하여 마무리하는 경우가 많다. 그러나 간혹 도입 부분에 전달하고자 하는 중심 내용을 먼저 언급하고 그에 대한 부연 설명을 뒤에 덧붙이기도 한다. 따라서 도입 부분과 끝부분을 주의 깊게 살펴봐야 한다. 만일 글이 무엇을 말하고 있는지 묻는다면 당위를 나타내는 조동사 要(~해야 한다), 应该(마땅히 ~해야 한다), 또는 重要(중요하다), 关键(핵심이다) 등의 단어가 있는지 살펴보도록 한다.

실전문제

年轻的时候，几乎没有人懂得时间有多么重要，到老的时候才明白时间不等我们，再也没有办法回到过去了，所以我们应该想做什么就去做什么。

★ 这段话主要想告诉我们：

A 要学会选择

B 时间很重要

C 敢说真话

STEP 1 질문의 핵심 키워드 파악하기

★ 这段话主要想告诉我们： 이 글은 우리에게 무엇을 알려 주고자 하는가?

질문에서 이 글이 알려 주고자 하는 것을 물었으므로 글의 교훈을 파악한다.

STEP 2 지문에서 키워드 찾아 정답 고르기

年轻的时候，几乎没有人懂得时间有多么重要，到老的时候才明白时间不等我们，再也没有办法回到过去了，所以我们应该想做什么就去做什么。

A 要学会选择

B 时间很重要

C 敢说真话

젊었을 때, 시간이 얼마나 중요한지를 아는 이는 거의 없다. 나이가 들어서야 시간은 우리를 기다려주지 않으며, 다시는 과거로 돌아갈 방법이 없다는 것을 알게 된다. 그러므로 우리는 무언가를 하고 싶다면 바로 해야 한다.

A 선택할 줄 알아야 한다

B 시간은 중요하다

C 용감하게 진실을 말해야 한다

지문의 시작 부분에서 年轻的时候，几乎没有人懂得时间有多么重要(젊었을 때, 시간이 얼마나 중요한지를 아는 이는 거의 없다)라고 했고 끝부분에서도 所以我们应该想做什么就去做什么(그러므로 우리는 무언가를 하고 싶다면 바로 해야 한다)라고 했으므로 시간의 중요성에 대해 말하고 있음을 알 수 있다. 따라서 이 글의 교훈으로 알맞은 것은 B 时间很重要(시간은 중요하다)이다.

정답 B 时间很重要

어휘 告诉 gàosu 동 알리다　年轻 niánqīng 형 젊다　几乎 jīhū 부 거의　懂得 dǒngde 동 알다　时间 shíjiān 명 시간　重要 zhòngyào 형 중요하다　老 lǎo 형 늙다　明白 míngbai 형 분명하다　办法 bànfǎ 명 방법　过去 guòqù 명 과거　所以 suǒyǐ 접 그래서　应该 yīnggāi 조동 마땅히 ~해야 한다　学会 xuéhuì 동 습득하다, 배워서 할 수 있게 되다　选择 xuǎnzé 동 선택하다　敢 gǎn 부 대담하게, 감히　真话 zhēnhuà 명 진실, 참말

합격 공략 44 주제에 관한 옳은 내용을 묻는 문제는 보기와 대조하라!

지문과 보기를 하나씩 대조하기

옳은 내용을 묻는 문제는 보통 根据这段话，可以知道什么？(이 글에 근거하여 알 수 있는 것은?) 또는 那条街道：(그 길에 대한 설명으로 옳은 것은?) 등으로 제시되기 때문에 전체 지문을 모두 읽어야 정답을 고를 수 있다. 따라서 지문을 읽기 전에 질문과 보기를 파악한 뒤, 지문을 읽으면서 보기와 대조하여 일치하는 것을 정답으로 고르도록 한다.

실전문제

最后那张画已经有几千年的历史了，而且画家很有名，听说现在卖的话，最少能卖五万元呢。

★ 那张画：

A 很好看　　B 非常有名　　C 历史久远

STEP 1 질문의 핵심 키워드 파악하기

★ 那张画：　그 그림은?

질문에서 那张画(그 그림)에 관한 옳은 내용을 묻고 있다. 옳은 내용을 묻는 문제는 보기의 단어가 지문에 등장하는지 대조한다.

STEP 2 지문에서 키워드 찾아 정답 고르기

最后那张画已经有几千年的历史了，而且画家很有名，听说现在卖的话，最少能卖五万元呢。

A 很好看　B 非常有名　C 历史久远

마지막 저 그림은 이미 몇천 년의 역사를 가지고 있고 화가가 아주 유명해. 들어 보니까 지금 저 그림 팔면 적어도 5만 위안은 줘야 한대.

A 예쁘다　B 매우 유명하다　C 역사가 길다

그 그림에 관해서 지문에 有几千年的历史了(몇천 년의 역사를 가지고 있어)라고 설명했으므로 C 历史久远(역사가 길다)이 정답이다.

정답 C 历史久远

어휘 张 zhāng 양 장(종이를 세는 단위)　画 huà 명 그림　最后 zuìhòu 명 마지막, 최후　已经 yǐjīng 부 이미, 벌써　历史 lìshǐ 명 역사　而且 érqiě 접 게다가　画家 huàjiā 명 화가　有名 yǒumíng 형 유명하다　听说 tīngshuō 동 듣자 하니　最少 zuìshǎo 부 적어도, 최소한　卖 mài 동 팔다　好看 hǎokàn 형 예쁘다　有名 yǒumíng 형 유명하다　久远 jiǔyuǎn 형 멀고 오래다

합격 공략 45 [220점 이상 고득점] 속담/관용어의 부연 설명에 정답이 있다!

속담이나 관용어가 등장하는 경우

독해 제3부분에서는 중국인들이 자주 사용하는 속담이나 관용어를 도입 부분에 제시한 뒤 글쓴이가 전달하고자 하는 의도를 묻는 문제도 출제된다. 이때 속담과 관용어를 몰라도 당황할 필요가 없다. 속담과 관용어의 뒷부분에 이어지는 부연 설명에 정답이 그대로 등장하기 때문이다. 시험에 자주 출제되었던 속담과 관용어는 다음과 같다.

〈자주 출제되는 속담과 관용어〉

- **太阳从西边出来了。** 해가 서쪽에서 뜬다.
- **面包会有的，牛奶也会有的。** 우유 생길 것이고 빵도 생길 것이다. 모든 일이 다 잘될 것이다.
- **不怕慢，只怕站。** 느린 것이 두려운 게 아니라 멈추는 것이 두렵다.
- **慢走。** 살펴 가세요. (손님을 배웅할 때 하는 말)
- **饭要一口一口地吃，路要一步一步地走。** 밥은 한 입씩 먹고, 길은 한 걸음씩 가야 한다. 일은 조급하게 하지 말아야 한다.
- **二手** 여러 사람의 손이나 장소를 거친 중고
- **左耳朵进，右耳朵出。** 한쪽 귀로 듣고 한쪽 귀로 흘리다. 남의 말을 귀 기울이지 않다.
- **有借有还，再借不难。** 빌린 것을 잘 갚아야, 다시 빌리기가 어렵지 않다.
- **笑一笑，十年少。** 한 번 웃으면 십 년이 젊어진다. 웃으면 젊어진다.

실전문제

中国人常说“日久见人心”。意思是指时间长了就可以看出这个人是什么样的人。所以如果要了解一个人，可能需要很长时间。

★ 为了了解一个人，我们应该：

A 少生气　　B 别害怕选择　　C 经过长时间

STEP 1 질문의 핵심 키워드 파악하기

★ 为了了解一个人，我们应该： 한 사람을 알기 위해서 우리는 어떻게 해야 하는가?

질문에서 한 사람을 알기 위해 어떻게 해야 하는지를 묻고 있다.

STEP 2 지문에서 키워드 찾아 정답 고르기

中国人常说“日久见人心”。意思是指时间长了就可以看出这个人是什么样的人。所以如果要了解一个人，可能需要很长时间。

중국인들은 자주 '日久见人心'이라고 말한다. 시간이 오래 지나면 이 사람이 어떤 사람인지 알 수 있다는 뜻이다. 그러므로 만일 한 사람을 잘 알려면 오랜 시간이 필요하다.

A 少生气
B 别害怕选择
C 经过长时间

A 화를 덜 낸다
B 선택하는 것을 두려워하지 마라
C 오랜 시간이 지난다

지문에서 속담 日久见人心(사람은 지내 봐야 안다)이 사용되었지만 그 뜻을 몰라도 그 이하의 부연 설명을 살펴본다. 时间长了就可以看出这个人是什么样的人(시간이 오래 지나면 이 사람이 어떤 사람인지 알 수 있다)이라고 하여 뜻을 설명하고 있다. 따라서 정답은 C 经过长时间(오랜 시간이 지난다)이다.

정답 C 经过长时间

어휘 日久见人心 rén jiǔ jiàn rénxīn 사람은 지내 봐야 안다 意思 yìsi 명 의미 指 zhǐ 동 가리키다 看出 kànchū 동 알아차리다, 분별하다 什么样 shénmeyàng 대 어떠한 了解 liǎojiě 동 알다, 이해하다 需要 xūyào 동 필요로 하다

실전 테스트 정답 & 해설_해설편 p.046

다음 지문을 읽고 질문에 알맞은 답을 고르세요.

1. 我们公司附近新开了一家羊肉店，他们家不但羊肉做得非常好，而且不太贵，所以每天店里总是有很多客人。

★ 那家羊肉店：

A 羊肉好吃极了　　B 有点儿贵　　C 服务很一般

2. 对我来说，这台照相机是很重要的。它是我15岁生日时奶奶送给我的，已经用了好几年了，虽然现在颜色也变了，看起来有些旧，但是还是不想换新的。

★ 那台照相机：

A 很好看　　B 常出问题　　C 是生日礼物

3. 这个地方的绿茶特别有名，每年9月份都有一次绿茶文化节，那个时候不但能尝到各种绿茶，还能吃到很多好吃的菜，所以很多人都来参加文化节。

★ 关于那个地方，可以知道：

A 天气很好　　B 绿茶很有名　　C 葡萄酒好喝

4. 小刘，你的腿比以前好多了，但是还要吃点儿药，我再给你开一些药，回家后应该好好休息、多喝水。

★ 关于小刘， 可以知道：

A 腿好多了　　B 不用吃药　　C 再来检查

5. 最近有个介绍中国人姓的节目很受欢迎。在节目中，不但会介绍中国人的名字，还会讲一些有关姓的故事。

★ 那个节目介绍：

A 中国人的生活　　B 中国人的习惯　　C 中国人的姓

독해 제3부분

미니모의고사

| 정답 & 해설 | 해설편 p.048

다음 지문을 읽고 질문에 알맞은 답을 고르세요.

1. 经过这件事情以后，我才明白了：机会不是在那儿总等着我们，而是总跟着准备好的人，所以我们应该平时努力去做，当机会到来时，我们才不会错过它。

★ 怎样才不会错过机会？

A 多关心别人　　B 要努力去做　　C 要帮助别人

2. 请大家注意一下，上课前我们做个游戏，就是用黑板上的这些词讲一个小故事，大家注意，最少要讲1分钟，那现在开始吧！

★ 说话人是最可能做什么的？

A 教师　　B 医生　　C 司机

3. 中国有句老话“吃饭七分饱”。这句话里的“七分”是百分之七十的意思，也就是说吃饭不要太多，也不要太少，不饱也不饿。这样对身体很好。

★ “吃饭七分饱”是为了什么？

A 更满意　　B 更快完成　　C 更健康

4. 周日我要搬家了，那个房子不但离公司很近，而且又安静又干净，附近还有地铁站、商店等，很方便。

★ 他觉得这个房子怎么样？

A 环境很好　　B 房子小　　C 比较贵

5. 我们已经等了一个多小时，那条街上都没有看到公共汽车开过去，后来只能坐出租车了。

★ 他们是怎么去的？

A 骑车去的　　B 打车去的　　C 租车去的

6. 汉语里有句话：饭要一口一口地吃，路要一步一步地走。它的意思是说做事和吃饭一样，都不能太着急，要慢慢来，这样才会有好的结果。

★ 根据这段话，主要想告诉我们：

A 经常复习　　B 要相信自己　　C 做事别着急

7. 最近很多女孩子都以瘦为美，为了让自己变得更瘦，有时候什么都不吃，如果长时间这样做对身体很不好。其实，健康比美更重要。

★ 这段话主要告诉我们：

A 健康才是最重要的　　B 自己解决问题　　C 别为小事很担心

8. 很多人都说现在很难找到好工作，那么怎样才能找到让自己满意的工作呢？我认为一定要根据自己的兴趣爱好去找，这才是最重要的。

★ 他认为，好工作应该：

A 是经常加班的　　B 是自己喜欢的　　C 是多给钱的

9. 明白做什么比怎么做重要得多，所以在解决问题前，我们应该先去找到问题、了解问题，然后主动去想办法解决问题。

★ 这段话主要讲什么？

A 要先发现问题　　B 要锻炼身体　　C 别影响工作

10. 我爷爷虽然已经80岁了，但是看起来挺年轻的，很多人都问他怎么做到的。他告诉我们，要想年轻，就要少生气，经常生气会使人变老。

★ 他爷爷认为，想年轻：

A 要多吃水果　　B 要少生气　　C 要多锻炼身体

쓰기 제1부분

书写

어순 배열하기

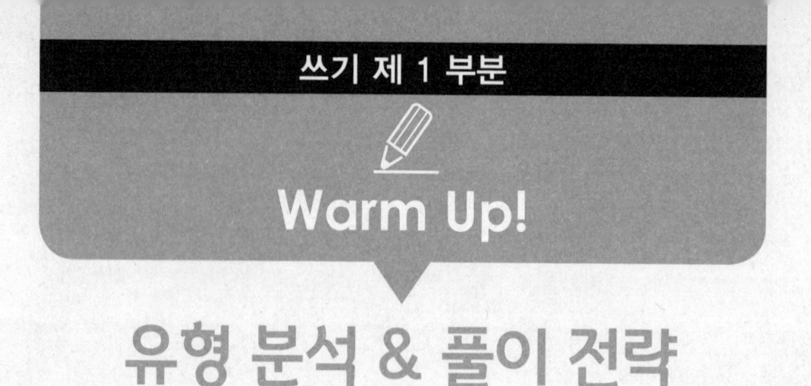

유형 분석 & 풀이 전략

유형 분석 | 시험에는 이렇게 나온다!

출제 방식

HSK 3급 쓰기 제1부분은 제시된 단어와 구를 어순에 맞게 배열하는 문제로, 71번부터 75번까지 총 5문항이 출제된다.

출제 경향 & 유형별 출제 비율

어순 배열하기는 기본 문장의 어순을 충실하게 이해하고 있는지를 평가하는 문제 유형이다. 동사가 술어인 '주어-술어-목적어', 그리고 형용사가 술어인 '주어-정도부사-형용사'의 어순을 완성하는 문제는 매회 출제된다. 또한 다양한 개사구의 어순을 배열하는 문제와 특수 문형인 把자문과 被자문의 어순을 완성하는 문제도 매회 출제되고 있다. 제시되는 단어는 모두 HSK 3급 필수어휘 내에서 출제되므로 3급 어휘를 반드시 숙지해야 하고, 기본 문형과 특수 문형의 어순을 암기하되 특별히 특수 문형의 어순에 주의해야 한다.

풀이 전략 | 문제 풀이 Step & 풀이 전략 적용해 보기

Step 1

술어 배치
제시된 단어나 구 중에서 술어(동사/형용사)를 찾아 배치한다. 특수 문형을 만드는 단어, 즉 请/把/被/比 등이 있으면 특수 문형의 어순을 떠올린다.

Step 2

주어/목적어 배치
일반적으로 행동의 주체가 되는 단어를 주어에, 행동의 대상이 되는 단어를 목적어에 배치한다. 만일 술어가 형용사이거나 목적어를 갖지 않는 동사라면 주어만 배치한다.

Step 3

남은 어휘 배치
수식 성분인 관형어(구조조사 的, 수량사)는 명사 앞에, 부사어(부사, 조동사, 개사구)는 술어 앞에, 보어는 술어 뒤에 배치하여 문장을 완성한다.

풀이 전략 적용해 보기

71. 自己的　　他已经　　房间　　打扫了

→ ____________________

STEP 1 술어 배치
동태조사 了가 붙어 있는 打扫了를 보고 동사 打扫(청소하다)가 술어임을 알 수 있다.

STEP 2 주어/목적어 배치
동사술어는 목적어를 가질 수 있으므로 打扫의 목적어로 房间(방)을 배치하고, 청소를 하는 주체는 사람이므로 他(그)를 주어에 배치한다.

STEP 3 남은 어휘 배치
부사는 대개 술어 앞, 주어 뒤에 놓인다. 부사 已经(이미)이 이미 주어 뒤에 붙어 있으므로 그대로 두고, 구조조사 的가 결합된 自己的(자신의)를 명사 房间 앞에 배치하여 문장을 완성한다.

주어	부사어	술어	관형어	목적어
他 인칭대사 (그는)	已经 부사 (이미)	打扫了 동사+了 (청소했다)	自己的 대사+的 (자신의)	房间。 명사 (방을)

정답 他已经打扫了自己的房间。 그는 이미 자신의 방을 청소했다.

어휘 已经 yǐjing 부 이미, 벌써 打扫 dǎsǎo 동 청소하다 自己 zìjǐ 대 자기, 자신 房间 fángjiān 명 방

쓰기 제 1 부분

01

기본 어순

주어, 술어, 목적어 배치하기

기본기 다지기 기본 개념 잡기 & 공략 미리보기

쓰기 제1부분에서는 중국어의 기본 어순을 잘 이해하고 있는지를 묻는 문제의 비중이 가장 높다. 기본 어순에 대한 이해가 있어야 이를 바탕으로 다른 특수 문형의 어순도 이해할 수 있으므로 기본 문장의 어순을 꼼꼼하게 학습하도록 하자.

| 기본 개념 잡기 | 중국어의 기본 어순

1. 중국어의 어순은 '주어+술어+목적어'이다.

중국어의 어순	주어 我	술어 喝	목적어 咖啡。
한국어의 어순	주어 저는	목적어 커피를	술어 마셔요.

2. 중국어는 어순으로 주어, 술어, 목적어를 구분한다.

우리말은 주어 뒤에 '~이/가'를, 목적어 뒤에 '~을/를'을, 술어 뒤에 '~아요/어요'를 붙이지만, 중국어는 이런 조사나 어미를 붙이지 않는다. 중국어의 술어는 동작/상태를 설명하는 말로 동사나 형용사가 될 수 있고, 주어는 행동의 주체 또는 묘사의 대상이 되는 말로 술어 앞에 있는 명사가 주어가 된다. 목적어는 행동의 대상이 되는 말로 술어 뒤에 위치한다.

중국어	주어 老师 명사	술어 教 동사	목적어 汉语。 명사
한국어	주어 선생님 + -께서 명사 + 조사(주격)	목적어 중국어 + -를 명사 + 조사(목적격)	술어 가르치 + -세요. 동사 + 어미(선어말+종결)

| 공략 미리보기 |

합격 공략 46 동사술어를 찾아라!

동사술어의 특징

어순 배열하기에서는 술어를 제일 먼저 찾아야 한다. 문장에서 술어가 될 수 있는 대표적인 단어는 동사이므로, 제시된 단어 중 동사가 있으면 가장 먼저 술어에 배치한다. 동사가 술어로 쓰였을 때 갖는 대표적인 3가지 특징을 꼭 기억하자.

1. 동사술어 + 목적어 : 동사는 목적어를 가진다.

他 喝 牛奶。 그는 우유를 마신다.
주어 동사술어 목적어

2. 동사술어 + 동태조사(了/着/过) : 동사 뒤에 동태조사가 붙어 있으면 그것이 바로 술어이다. 단, 어기조사 了와 동태조사 了를 혼동하지 않도록 하자.

他 喝了 一盒 牛奶。 그는 우유 하나를 마셨다.
주어 동사술어+了 관형어 목적어

3. 조동사/부사 + 동사술어 : 부사어인 조동사나 부사는 보통 술어 앞에 위치한다.

他 想 喝 牛奶。 그는 우유를 마시고 싶어 한다.
주어 조동사 동사술어 목적어

中国的 他 不太了解 茶文化

→ ____________________

STEP 1 술어 배치

제시어 중 '부정부사+부사+동사'인 不太了解(그다지 알지 못하다)에서 동사 了解(알다)를 술어 자리에 배치한다.

STEP 2 주어/목적어 배치

술어 了解의 주체는 사람이어야 하므로 他(그)를 주어 자리에 배치하고, 了解의 대상으로 의미가 알맞은 茶文化(차 문화)를 목적어 자리에 배치한다.

STEP 3 남은 어휘 배치

구조조사 的가 있는 中国的(중국의)는 관형어이므로 뒤에 명사가 와야 한다. 따라서 의미가 어울리는 茶文化 앞에 배치하여 문장을 완성한다.

주어	부사어	술어	관형어	목적어
他 인칭대사 (그는)	**不+太** 부정부사+정도부사 (그다지 ~하지 않다)	**了解** 동사 (알다)	**中国+的** 명사+的 (중국의)	**茶文化。** 명사+명사 (차 문화)

정답 他不太了解中国的茶文化。 그는 중국의 차 문화를 잘 알지 못한다.

어휘 了解 liǎojiě 동 알다, 이해하다 文化 wénhuà 동 문화

합격 공략 47 동사가 없으면 형용사를 술어에 배치하라!

형용사술어의 특징

술어가 될 수 있는 대표적인 단어는 동사와 형용사이다. 만일 제시어에 동사가 없다면 형용사가 술어인 문장임을 예상해야 한다. 형용사술어는 다음과 같은 2가지 특징이 있다.

1. 주어 + 형용사술어 + ~~목적어~~ : 형용사술어는 목적어를 가지지 않으므로 주어만 배치한다.

这个	**菜**	非常	好吃。	이 음식은 매우 맛있다.
관형어	주어	부사어	형용사술어	

2. 정도부사 + 형용사술어 : 형용사는 대부분 정도의 뜻을 나타내는 부사를 앞에 동반한다.

这道	数学题	**很**	难。	이 수학 문제는 매우 어렵다.
관형어	주어	부사어	형용사술어	

※ 정도부사 : 很 아주 非常 매우 真 정말 特别 특히 有点儿 약간
比较 비교적 更 더욱 太 너무 最 가장 极 극히

실전문제

有点儿 这双 皮鞋 贵

→ ______________________

STEP 1 술어 배치

제시된 단어 중 술어가 될 수 있는 동사가 없고, 有点儿(조금)이 있으므로 형용사가 술어인 문장임을 예상한다. 형용사 贵(비싸다)를 술어에 배치한다.

STEP 2 주어/목적어 배치

형용사술어는 목적어를 가지지 않으므로 주어를 찾는다. 贵가 설명하는 대상이 될 수 있는 명사 皮鞋(가죽 구두)를 주어에 배치한다.

STEP 3 남은 어휘 배치

정도부사 有点儿은 형용사 앞에 위치하므로 贵 앞에 배치하고, '지시대사+양사'인 这双(이 한 쌍의)은 관형어이므로 주어 皮鞋 앞에 배치하여 문장을 완성한다. 양사 双은 신발, 양말 등 짝이 있는 물건을 세는 단위이다. 관형어의 어순 '지시대사+(수사)+양사+명사'도 꼭 기억해 두자.

관형어	주어	부사어	술어
这+双 지시대사+양사 (이 한 쌍의)	皮鞋 명사 (가죽 구두는)	有点儿 정도부사 (조금)	贵。 형용사 (비싸다)

정답 这双皮鞋有点儿贵。 이 가죽 구두는 조금 비싸다.

어휘 双 shuāng 양 쌍, 켤레(쌍을 이룬 것을 세는 단위) 皮鞋 píxié 명 가죽 구두

합격 공략 48 [220점 이상 고득점] 极了/死了가 있으면 형용사를 술어에 배치하라!

형용사의 정도를 나타내는 또 하나의 방법

형용사는 일반적으로 정도를 나타내는 단어를 함께 사용하는데, 정도부사 외에도 정도보어를 사용할 수 있다. 정도부사는 문장에서 부사어로 쓰여 술어 앞에 위치하는 반면, 정도보어는 술어 뒤에 위치한다. 구조조사 得를 사용한 정도보어는 제 04강 '보어' 챕터에서 다루므로 이곳에서는 구조조사 得가 없는 정도보어를 살펴보도록 하자.

1. **정도부사 + 형용사술어 : 정도부사는 형용사의 왼쪽에 위치한다.**

   정도부사 : 很 아주 非常 매우 挺 아주 太 너무 比较 비교적 更 더욱 有点儿 조금

   非常漂亮 매우 예쁘다 有点儿困 조금 졸리다 很累 아주 피곤하다

2. **형용사술어 + 정도보어 : 정도보어는 형용사의 오른쪽에 위치한다.**

   정도보어 : ~极了 매우 ~死了 ~해 죽겠다 ~坏了 너무 ~하다

   漂亮极了 매우 예쁘다 困死了 졸려 죽겠다 累坏了 너무 피곤하다

那个 好吃 蛋糕 极了

→ ______________________

STEP 1 술어 배치

제시된 단어 중 술어가 될 수 있는 동사가 없고, 형용사와 정도를 나타내는 极了(매우 ~하다)가 있으므로 형용사 好吃(맛있다)를 술어에 배치한다.

STEP 2 주어/목적어 배치

형용사술어는 목적어를 가지지 않으므로 나머지 어휘를 정리하여 주어에 배치한다. 好吃의 대상이 될 수 있는 명사 蛋糕(케이크)를 주어에 배치한다.

STEP 3 남은 어휘 배치

정도를 나타내는 보어 极了(매우)는 형용사술어 뒤에 와야 하므로 好吃 뒤에 배치하고, '지시대사+양사'인 那个(그)는 관형어이므로 蛋糕 앞에 배치하여 문장을 완성한다.

관형어	주어	술어	보어
那+个 지시대사+양사 (그)	蛋糕 명사 (케이크는)	好吃 형용사 (맛있다)	极了。 부사 (매우)

정답 那个蛋糕好吃极了。 그 케이크는 매우 맛있다.

어휘 好吃 hǎochī 형 맛있다 蛋糕 dàngāo 명 케이크

실전 테스트 정답 & 해설_해설편 p.053

다음 제시된 어휘로 문장을 완성하세요.

1. 开始 下个 了 马上就要 节目

→ ______________________________

2. 已经 那位 100岁 校长 了

→ ______________________________

3. 3,000元 这台 花了 照相机

→ ______________________________

4. 最 西瓜 这个 甜 季节的

→ ______________________________

5. 雨伞 又小 又轻 他的

→ ______________________________

쓰기 제 1 부분

02 是자문/有자문

판단, 소유, 존재를 나타내는 문장 완성하기

기본기 다지기 기본 개념 잡기 & 공략 미리보기

정의와 판단을 나타내는 是자문과 소유와 존재를 나타내는 有자문의 어순을 정확히 배열하기 위해서는 주어와 목적어의 의미 관계를 파악하는 것이 매우 중요하다.

| 기본 개념 잡기 | 是자문과 有자문의 특징

1. 是자문

1) 是는 우리말에서 '~이다'에 해당하며, 정의나 판단을 나타낸다. 'A是B'의 형식으로 쓰이며, A와 B는 동일한 개념이어야 한다. 부정형은 不是(~이 아니다)이다.

주어 + 是/不是 + 목적어

他(A) 是(=) 一名医生(B)。 그는 의사이다. (그 = 의사)

这(A) 不是(≠) 好办法(B)。 이것은 좋은 방법이 아니다. (이것 ≠ 좋은 방법)

2) 是 뒤에 동태조사 了(완료)/着(진행)/过(경험)를 사용하지 않는다.

他 是 了 一名医生。(×)

他 以前 是 一名医生。(O) 그는 예전에 의사였다.

2. 有자문

1) 有는 우리말에서 '있다/가지다'에 해당하며, 소유 또는 존재의 뜻을 나타낸다. 'A有B'의 형식으로 쓰이며 부정형은 没有(없다)이다.

주어 + 有/没有 + 목적어

我(주어) 有(有) 一辆自行车(목적어)。 나는 자전거가 한 대가 있다.

他(주어) 没有(没有) 钱(목적어)。 그는 돈이 없다.

2) 有자문은 주어가 사람/동물일 경우 소유의 뜻을 나타내고, 주어가 장소일 경우 존재의 뜻을 나타낸다.

我(소유자) 有(有) 一本词典(소유물)。 나는 사전 한 권이 있다.

我家前边(장소) 有(有) 公园(존재물)。 우리 집 앞에는 공원이 있어요.

| 공략 미리보기 |

합격 공략 49	是자문은 주어와 목적어의 상하위 관계를 파악하라!
합격 공략 50	有자문은 주어가 사람인지 장소인지를 파악하라!
합격 공략 51	[220점 이상 고득점] 방위명사로 장소를 나타낸다!

합격 공략 49 是자문은 주어와 목적어의 상하위 관계를 파악하라!

是자문에서는 주어가 하위개념이어야 한다

是자문은 'A是B'의 형식으로 쓰여 'A는 B이다'라는 뜻을 나타내고 무엇을 정의하거나 판단할 때 사용한다. 是자문에서 주어와 목적어는 비슷한 개념이며, 주어가 목적어보다 하위개념이어야 한다. 주어와 목적어의 위치가 뒤바뀌어서는 안된다.

1. A(하위개념) + 是 + B(상위개념) : A는 B이다

小狗	是	动物。	강아지는 동물이다.
주어(하위개념)	술어	목적어(상위개념)	

예문의 주어 小狗(강아지)는 动物(동물)의 하위개념이다.

2. A + 是 + 관형어 + B : A는 ~하는 B이다

妹妹	是	一个+很喜欢游泳的	人。	여동생은 수영을 아주 좋아하는 사람이다.
주어	술어	관형어(수를 제한 + 묘사)	목적어	

명사를 수식하는 것을 관형어라고 한다. 관형어는 수를 제한하는 것과 묘사의 뜻을 나타내는 것이 있는데, 이 둘을 함께 사용하려면 '수를 제한하는 관형어 + 설명/묘사하는 관형어'의 순서로 배치해야 한다.

是一种　　小猫　　动物　　特别爱干净的

→ ______________________

STEP 1 술어 배치

제시어에 是가 있고 다른 동사가 없으므로 是를 술어에 배치한다.

STEP 2 주어/목적어 배치

술어 是의 주어와 목적어를 배치해야 하는데 명사 小猫(고양이)와 动物(동물) 중에서 小猫가 더 하위개념이므로 주어에 배치하고 动物를 목적어에 배치한다.

STEP 3 남은 어휘 배치

구조조사 的가 있는 特别爱干净的(깨끗한 것을 특히 좋아하는)는 관형어이므로 명사 앞에 배치해야 하는데, '깨끗한 것을 좋아하는 고양이는 동물이다'보다 '고양이는 깨끗한 것을 좋아하는 동물이다'가 의미가 더 자연스러우므로 목적어 动物 앞에 배치한다. 수를 제한하는 관형어인 '수사+양사' 구조의 一种(한 종류의)은 이미 술어 뒤에 결합되어 있으므로 小猫是一种特别爱干净的动物로 문장을 완성한다.

주어	술어	관형어		목적어
		수를 제한하는 관형어	묘사하는 관형어	
小猫 명사 (고양이는)	是 동사 (이다)	一+种 수사+양사 (한 종류의)	特别+爱+干净+的 정도부사+동사+형용사+的 (깨끗한 것을 특히 좋아하는)	动物。 명사 (동물)

정답 小猫是一种特别爱干净的动物。 고양이는 깨끗한 것을 특히 좋아하는 동물이다.

어휘 小猫 xiǎomāo 명 고양이 种 zhǒng 양 종류를 세는 단위 特别 tèbié 부 특히, 유달리 干净 gānjìng 형 깨끗하다 动物 dòngwù 명 동물

합격 공략 50 有자문은 주어가 사람인지 장소인지를 파악하라!

소유 또는 존재를 나타내는 有자문

동사 有(있다)는 'A有B'의 형식으로 쓰이며, 주어가 사람일 때는 'A는 B를 가지고 있다'라는 뜻을 나타내고, 주어가 장소일 때는 'A에 B가 있다'라는 뜻을 나타낸다. 따라서 有자문은 주어가 사람인지 장소인지를 정확하게 판단해야 한다. 아래의 예문을 통해 의미 관계를 알아보자.

1. A(소유자) + 有 + B(소유물) : A는 B를 가지고 있다

我 有 一本词典。 나는 사전이 한 권 있다.
주어(소유자) 술어 목적어(소유물)

소유를 나타내는 有자문에서는 대부분 사람 관련 단어가 주어가 된다.

2. A(장소) + 有 + B(존재물) : A에 B가 있다

我家前边 有 地铁站。 우리 집 앞쪽에 지하철역이 있다.
주어(장소) 술어 목적어(존재물)

존재를 나타내는 有자문에서 주어는 대부분 장소 관련 단어이거나 사물 뒤에 방위명사를 붙여 장소화시킨 단어라는 것을 명심하자.

有 街道两边 都 苹果树

→ ______________________

STEP 1 술어 배치

제시어에 有가 있고 다른 동사가 없으므로 有를 술어에 배치한다.

STEP 2 주어/목적어 배치

술어 有의 주어와 목적어를 배치해야 하는데 有자문은 소유 또는 존재를 나타내므로 두 명사의 의미 관계를 살펴본다. 명사 街道两边(길 양쪽)과 苹果树(사과나무)는 '사과나무에 거리가 있다'보다는 '거리에 사과나무가 있다'가 더 자연스러우므로 街道两边을 주어에, 苹果树를 목적어에 배치한다.

STEP 3 남은 어휘 배치

부사 都(모두)는 부사어이므로 술어 有 앞에 배치하여 문장을 완성한다.

주어	부사어	술어	관형어	목적어
街道+两边 명사+명사 (길 양쪽에는)	都 부사 (모두)	有 동사 (있다)	苹果 상태/성질 명사 (사과)	树。 명사 (나무가)

정답 街道两边都有苹果树。 길 양쪽에는 모두 사과나무가 있다.

어휘 街道 jiēdào 명 거리, 길 苹果 píngguǒ 명 사과 树 shù 명 나무

합격 공략 51 [220점 이상 고득점] 방위명사로 장소를 나타낸다!

사물/추상명사 + 上/下/里/外

有자문이 존재를 나타낼 때는 장소가 주어가 된다. 이때 장소명사에 방위명사(上/下/里/外)를 붙여서 구체적인 방향의 의미를 나타내거나(家里 집 안 / 飞机上 비행기 위), 사물/추상명사에 방위명사(上/下/里/外)를 붙여서 장소의 뜻을 나타내기도 한다(桌子上 책상 위 / 冰箱里 냉장고 안). 따라서 제시어에 동사 有가 있고, 사물/추상명사 뒤에 방위명사가 결합되어 있으면 존재를 나타내는 有자문을 완성할 수 있다. 아래 예문을 통해 알아보자.

书 有 关于历史的 内容。(×)

书上 有 关于历史的 内容。(O) 책에 역사에 관한 내용이 있다.
사물명사+방위명사

실전문제

上 还有 鸟 世界 很多种

→ ______________________

STEP 1 **술어 배치**

제시어에 有가 있고 다른 동사가 없으므로 有를 술어에 배치한다.

STEP 2 **주어/목적어 배치**

술어 有의 주어와 목적어를 배치해야 하는데 제시어에 사람 관련 단어가 없으므로 존재를 나타내는 有자문임을 예상한다. 제시어에 世界(세상)와 방위명사 上(위)이 있으므로 世界上으로 결합시켜 주어에 배치한다. 또한 목적어에 존재물인 鸟(새)를 배치한다.

STEP 3 **남은 어휘 배치**

수량을 나타내는 관형어 很多种(아주 많은 종류의)은 鸟 앞에 배치하고 부사 还(더)는 이미 술어 앞에 결합되어 있으므로 世界上还有很多种鸟로 문장을 완성한다.

주어	부사어	술어	관형어	목적어
世界+上 명사+방위명사 (세상에는)	还 부사 (더)	有 동사 (있다)	很+多+种 정도부사+형용사+양사 (많은 종류의)	鸟。 명사 (새가)

※ 3급에 자주 출제되는 동물 관련 단어를 기억해 두자.

- 动物 dòngwù 동물
- 鸟 niǎo 새
- 猫 māo 고양이
- 狗 gǒu 강아지
- 熊猫 xióngmāo 판다
- 牛 niú 소
- 羊 yáng 양
- 鸡 jī 닭

정답 世界上还有很多种鸟。 세상에는 더 많은 종류의 새가 있다.

어휘 世界 shìjiè 명 세계 鸟 niǎo 명 새 种 zhǒng 양 종, 가지(종류를 세는 단위)

실전 테스트 정답 & 해설_해설편 p.055

다음 제시된 어휘로 문장을 완성하세요.

1. 在中国　动物　很受欢迎的　熊猫是

→ ______________________________

2. 那个词　什么意思　黑板上的　是

→ ______________________________

3. 火车站　北京西站　是中国　最大的

→ ______________________________

4. 旁边有　图书馆　小河　一条

→ ______________________________

5. 习惯　他有　听音乐的　睡觉前

→ ______________________________

쓰기 제 1 부분

03

부사어

술어를 꾸며주는 단어 배치하기

기본기 다지기 기본 개념 잡기 & 공략 미리보기

부사어란 술어 또는 문장 앞에 위치하여 시간, 장소 등의 뜻을 나타내는 문장 성분으로 부사, 조동사, 개사구 등이 부사어가 된다. 부사어의 종류와 특징에 대해 알아보자.

| 기본 개념 잡기 | 부사어의 특징

1. 부사

1) 부사는 술어(동사/형용사) 앞에 위치하여 술어를 꾸며주고 시간, 부정, 정도, 범위, 빈도, 어기의 뜻을 나타낸다.

주어 + 부사 + 술어 + 목적어

她	常常	打	电话。	그녀는 자주 전화를 한다.
주어	부사	술어	목적어	

2) 부사의 종류

시간부사	已经 이미　才 겨우　先 먼저　马上 곧　正在 ~하는 중이다
부정부사	不 ~하지 않다　没 ~하지 않았다　别 ~하지 마라　不用 ~할 필요 없다
정도부사	很 아주　太 너무　最 가장　非常 매우　真 정말　十分 대단히
범위부사	都 모두　全 전부　一起 함께　只 단지
빈도부사	又 또　再 다시　也 역시　还 아직
어기부사	几乎 거의

2. 조동사

1) 조동사(=능원동사)는 술어(동사/형용사) 앞에 위치하여 동작의 가능, 당위, 능력, 소망, 허가 등의 뜻을 나타낸다.

주어 + 조동사 + 술어 + 목적어

我	可以	参加	考试。	나는 시험에 참가할 수 있다.
주어	조동사	술어	목적어	

2) 조동사의 종류

가능/능력을 나타내는 조동사	会 ~할 수 있다　可以 ~할 수 있다(허가)　能 ~할 수 있다(능력)
당위를 나타내는 조동사	应该 마땅히 ~해야 한다　得 ~해야 한다
소망을 나타내는 조동사	要 ~하려고 한다　想 ~하고 싶다

3. 개사

1) 개사는 명사와 함께 결합하여 개사구를 이루는 단어로 술어 앞에 쓰이며, 구체적인 시간, 장소, 방식, 대상을 나타낸다.

주어 + 개사구(개사 + 명사) + 술어 + 목적어

我们	在这儿	等	他	吧。	우리 여기서 그를 기다리자.
주어	개사구	술어	목적어	吧	

2) 개사의 종류

장소와 함께 쓰는 개사	在 ~에서　离 ~으로부터　从 ~부터　到 ~까지
대상과 함께 쓰는 개사	对 ~에게　给 ~에게　跟/和 ~와/과
시간과 함께 쓰는 개사	从 ~부터　到 ~까지

| 공략 미리보기 |

합격 공략 52	개사구는 술어 앞에 배치하라!
합격 공략 53	부사어 간의 어순에 주의하라!
합격 공략 54	[220점 이상 고득점] 일부 부사어의 예외적인 어순에 주의하라!

합격 공략 52 개사구는 술어 앞에 배치하라!

개사구는 술어 앞에 온다

在(~에서), 从(~부터), 到(~까지), 跟/和(~와/과)와 같은 개사는 개사구(개사+명사)를 이루고, 이 개사구는 부사어이기 때문에 술어 앞에 위치한다. 따라서 제시어에 개사가 있으면 의미가 어울리는 명사와 결합시켜 술어 앞에 배치하도록 한다. 또한 在(~에서/있다), 到(~까지/도착하다)와 같이 동사의 용법을 함께 가지고 있는 단어는 동사로 쓰였는지 개사로 쓰였는지를 판단해야 한다. 만일 제시어에 다른 동사가 있으면 在와 到는 개사로 쓰였을 가능성이 높다.

- **주어 + 개사구(개사 + 명사) + 술어**

我哥哥	在公司	工作。	우리 형은 회사에서 일한다.
주어	개사구	술어	

개사 在(~부터)는 장소를 나타내는 명사 公司(회사)와 함께 개사구 在公司(회사에서)를 이루며 술어 앞에 위치한다.

我　　常常在　　休息　　车里

→ ______________________________

STEP 1 술어 배치

제시어 중 술어가 될 수 있는 동사 休息(쉬다)를 술어 자리에 배치한다.

STEP 2 주어/목적어 배치

술어 休息는 목적어를 가지지 않는 동사이므로 행위의 주체로서 대사 我(나)를 주어 자리에 배치한다.

STEP 3 남은 어휘 배치

남은 어휘 常常在는 '부사+개사'로 결합되어 있다. 개사는 명사와 함께 개사구를 이루므로 장소를 나타내는 车里(차 안)를 在 뒤에 배치한다. '부사+개사구'인 常常在车里를 술어 休息 앞에 배치하여 문장을 완성한다.

주어	부사어	술어
我 인칭대사 (나는)	**常常+在车里** 부사+개사구 (자주 차 안에서)	**休息。** 동사 (쉰다)

정답 我常常在车里休息。 나는 자주 차 안에서 쉰다.

어휘 常常 chángcháng 부 늘, 항상 在 zài 개 ~에서 车 chē 명 차 里 lǐ 명 속, 안 休息 xiūxi 동 휴식하다

합격 공략 53 부사어 간의 어순에 주의하라!

부사어 간의 어순

제시어에 부사어가 2개 이상 있으면 '부사+조동사+개사구'의 순서로 배치해야 한다. 또한 부사는 '일반부사(어기+시간+빈도+범위+정도)+부정부사'의 순서로 배치한다.

• **주어 + 부사(일반부사 + 부정부사) + 조동사 + 개사구 + 술어 + 목적어**

我(주어) 也(부사) 想(조동사) 跟你(개사구) 逛(술어) 街(목적어)。 나도 너와 쇼핑하고 싶어.

제시어에 부사, 조동사, 개사구가 있으므로 '부사+조동사+개사구'의 어순으로 배치한다.

千万(일반부사) 不(부정부사) 要(조동사) 在考试中(개사구) 说(술어) 话(목적어)。 시험 중에는 절대 이야기하지 마세요.

제시어에 일반부사, 부정부사, 조동사, 개사구가 있으므로 '일반부사+부정부사+조동사+개사구'의 순서로 배치한다.

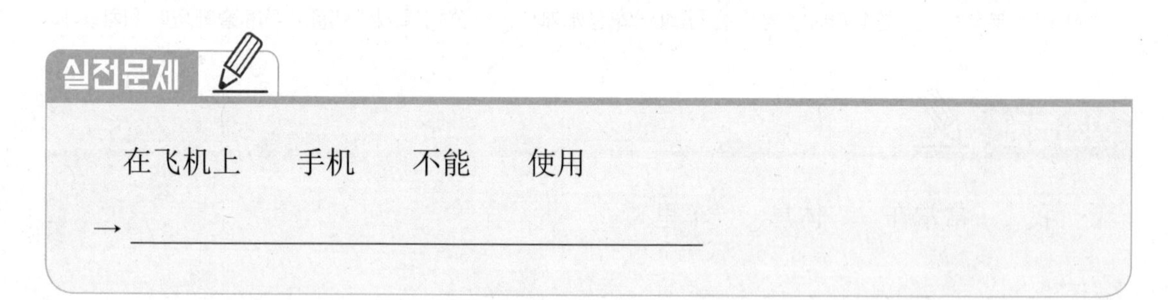

在飞机上 手机 不能 使用

→ ______________________

STEP 1 술어 배치

제시어 중 술어가 될 수 있는 동사 使用(사용하다)을 술어 자리에 배치한다.

STEP 2 주어/목적어 배치

제시어 중 명사는 手机(핸드폰)이며 의미상 술어 使用의 목적어가 된다. 보통 행위의 대상을 목적어에 두지만 경우에 따라서 말하는 화제로서 주어에 두기도 한다. 이 문장에서는 주어가 필요하므로 手机를 주어에 배치한다.

STEP 3 남은 어휘 배치

'부정부사+조동사'인 不能(~할 수 없다)과 개사구인 在飞机上(비행기에서)은 부사어의 어순에 따라 不能在飞机上으로 결합시킨 뒤 술어 앞에 배치하여 문장을 완성한다.

주어	부사어	술어
手机 명사 (핸드폰은)	不+能+在飞机上 부정부사+조동사+개사구 (비행기에서 ~을 할 수 없다)	使用。 동사 (사용하다)

정답 手机不能在飞机上使用。 핸드폰은 비행기에서 사용할 수 없다.

어휘 手机 shǒujī 명 핸드폰 不 bù 부 아니다 能 néng 조동 ~할 수 있다 在 zài 개 ~에서 飞机 fēijī 명 비행기 使用 shǐyòng 동 사용하다

합격 공략 54 [220점 이상 고득점] 일부 부사어의 예외적인 어순에 주의하라!

일부 부사어의 예외적인 어순

부사어는 기본적으로 '부사+조동사+개사구'의 어순을 갖지만 간혹 해석이나 상황상 기본 어순에 맞지 않는 구조를 보이기도 한다. 자주 출제되는 부사어의 예외 법칙을 살펴 보도록 하자.

• **부사어의 예외적인 어순 : 주어 + 개사구 + 부사 + 술어 + 목적어**

我(주어) 跟朋友(개사구) 一起(부사) 聊天儿(술어)。 나는 친구와 함께 이야기를 나눈다.

부사 一起(함께)는 예외적으로 개사구 뒤, 술어 앞에 쓰인다.

我(주어) 对汉语(개사구) 很(부사) 感(술어) 兴趣(목적어)。 나는 중국어에 대해 아주 흥미가 있다.

부사 很(아주)은 수식하는 술어 바로 앞에 쓴다.

跟他　吃饭　我今天　一起　要

→ ______________________

STEP 1 술어 배치

제시어 중 '동사+명사'인 吃饭(밥을 먹다)을 '술어+목적어'로 배치한다.

STEP 2 주어/목적어 배치

제시어 중 今天(오늘) 앞에 결합되어 있는 대사 我(나)를 주어 자리에 배치한다. 饭(밥)은 이미 술어 뒤에 결합되어 있다.

STEP 3 남은 어휘 배치

남은 어휘 중 부사 一起(함께)와 개사구 跟他(그와 함께)를 배치해야 하는데 부사 一起는 부사어의 예외적인 어순에 따라 개사구 앞이 아닌 술어 앞에 위치하므로 跟他一起로 결합시킨다. 조동사 要(~해야 한다)는 부사어의 어순에 따라 개사구 앞에 배치하여 我今天要跟他一起吃饭으로 문장을 완성한다.

주어	부사어	술어	목적어
我 인칭대사 (나는)	**今天+要+跟他+一起** 시간명사+조동사+개사구+부사 (오늘 그와 함께 ~하려고 한다)	**吃** 동사 (먹다)	**饭。** 명사 (밥을)

정답 我今天要跟他一起吃饭。 나는 오늘 그와 함께 밥을 먹으려고 한다.

어휘 今天 jīntiān 명 오늘 要 yào 조동 ~하려고 하다 跟 gēn 개 ~와/과 一起 yìqǐ 부 같이, 함께 吃饭 chīfàn 동 밥을 먹다

실전 테스트 정답 & 해설_해설편 p.057

다음 제시된 어휘로 문장을 완성하세요.

1. 很　　那家超市　　近　　离我家

→ ________________________________

2. 抽烟　　不　　身体　　好　　对

→ ________________________________

3. 她　　汉语　　很　　感兴趣　　对

→ ________________________________

4. 了　　这次比赛　　结束　　已经

→ ________________________________

5. 服务员　　客人　　热情　　很　　对　　那家商店的

→ ________________________________

쓰기 제1부분

쓰기 제 1 부분

04 보어

정도, 결과를 나타내는 단어 배치하기

기본기 다지기 기본 개념 잡기 & 공략 미리보기

보어란 술어 뒤에서 술어의 의미를 보충해 주는 문장 성분으로 형용사, 동사, 수량사 등이 보어가 될 수 있다. 보어는 나타내는 의미에 따라 정도보어, 결과보어, 가능보어, 방향보어, 동량보어, 시량보어로 구분된다. 이 중에서 정도보어의 출제 비중이 가장 높다.

| 기본 개념 잡기 | 보어의 특징

1. 정도보어

1) 정도보어는 술어(동사/형용사) 뒤에서 '~하는 것(정도)이 ~하다'라는 뜻으로, 동작의 정도나 상태의 뜻을 보충해 준다.

주어 + 술어 + 得 + 정도보어

她	吃	得	很快。	그녀는 아주 빨리 먹는다.
주어	술어	得	정도보어	

2) 정도보어의 특징

- 정도보어에는 주로 형용사구가 사용된다.
- 정도보어는 크게 '술어 + 구조조사 得 + 형용사구'와 '술어 + 得很/极了/死了' 두 가지 형식으로 나눌 수 있다.
- 정도보어 문장에서 목적어는 술어 앞에 오며, '주어 + (동사) + 목적어 + 술어 + 정도보어'의 어순으로 사용한다.

2. 결과보어

1) 결과보어는 술어(동사) 뒤에서 동작의 결과가 어떻게 되었는지를 보충 설명하기 위해 사용한다.

주어 + 술어 + 결과보어 + 목적어

我	听	懂了	老师的话。	나는 선생님의 말씀을 듣고 이해했다.
주어	술어	결과보어+了	목적어	

2) 결과보어의 특징

- 결과보어에는 주로 동사나 형용사가 사용된다.
- 결과보어 뒤에는 일반적으로 동작의 완료를 나타내는 동태조사 了를 함께 사용한다.

3. 방향보어

1) 방향보어는 술어(동사) 뒤에서 동작의 방향을 보충 설명하기 위해 사용한다.

주어 + 술어 + 방향보어

他	从楼梯上	走	下来。	그는 계단에서 걸어 내려왔다.
주어	부사어	술어	방향보어	

2) 방향보어의 종류

단순방향보어	来 ~해 오다 去 ~해 가다 上 위를 향하는 동작 下 아래를 향하는 동작 进 ~해 들다 出 ~해 나가다 回 돌아오다 过 지나가다 起 시작하다
복합방향보어	上来 올라오다 下来 내려오다 进来 들어오다 出来 나오다 回来 돌아오다 回去 돌아가다 上去 올라가다 下去 내려가다 进去 들어가다 出去 나가다 过来 건너오다 过去 건너가다 起来 일어나다

3) 방향보어의 특징

- 일반목적어는 방향보어1과 방향보어2 사이 또는 문장 맨 끝에 배치할 수 있지만 장소목적어는 방향보어1과 방향보어2 사이에 배치해야 한다.

老师(주어) 走(술어) 进(방향보어1) 办公室(목적어) 去(방향보어2)。 선생님께서 사무실에 걸어 들어가셨다.

- 방향보어의 파생 용법: 방향과 관계없는 추상적인 의미를 나타낸다.

想起来 생각이 떠오르다 坚持下去 계속해 나가다 暗下来 어두워졌다

4. 가능보어

가능보어는 술어 뒤에 결과보어나 방향보어를 得/不와 연결하여 동작의 가능/불가능을 나타낸다.

주어 + 술어 + 得/不 + 결과/방향보어 + 목적어

我(주어) 都(부사어) 听(술어) 得(得/不) 懂(결과보어)。 나는 다 알아들을 수 있다.

他们(주어) 回(술어) 不(得/不) 来(방향보어)。 그들은 돌아올 수 없다.

5. 수량보어

수량보어는 시량보어와 동량보어로 나뉜다. 시량보어는 술어(동사) 뒤에 시간의 양을 붙여서 동작이 지속된 시간을 나타내고, 동량보어는 술어(동사) 뒤에 동작의 양을 붙여서 동작이 반복된 횟수를 나타낸다.

주어 + 술어 + 了 + 시량/동량보어

我(주어) 等(술어) 了(了) 一个小时(시량보어)。 나는 한 시간을 기다렸다.

他(주어) 看(술어) 过(过) 两次(동량보어)。 그는 두 번 봤다.

| 공략 미리보기 |

합격 공략 55	정도보어의 어순을 기억하라!
합격 공략 56	결과보어의 어순을 기억하라!
합격 공략 57	[220점 이상 고득점] 목적어가 있는 정도보어 문장의 어순에 주의하라!

합격 공략 55 정도보어의 어순을 기억하라!

정도보어의 어순

제시어에 구조조사 得와 형용사가 있거나, '极了/死了/得很'과 형용사가 있으면 정도보어가 있는 문장을 완성한다. 시험에서는 구조조사 得와 형용사가 있는 형식이 자주 출제되므로 정도보어의 어순 '주어+술어+得+정도보어'에 주의하여 배치한다. 또한 형용사는 일반적으로 정도부사와 함께 쓰인다는 것을 꼭 기억하자.

• 주어 + 부사어 + 술어 + 得 + 정도보어

我	昨天	吃	得	太多	了。 나는 어제 너무 많이 먹었다.
주어	부사어	술어	得	정도보어(정도부사+형용사)	

실전문제

很　好　卖得　最近　这个手机

→ ______________________

STEP 1 술어 배치

제시어에 구조조사 得와 형용사 好(좋다)가 있으므로 정도보어가 있는 문장임을 알 수 있다. 구조조사 得가 결합되어 있는 동사 卖(팔다)를 술어에 배치한다.

STEP 2 주어/목적어 배치

'지시대사+양사+명사' 구조인 这个手机(이 핸드폰)는 행위의 주체는 아니지만, 행위의 대상은 화제로서 주어에 위치할 수 있으므로, 这个手机를 주어에 배치한다.

STEP 3 남은 어휘 배치

정도부사 很(아주)은 형용사와 결합하므로 好 앞에 배치하고, 很好를 정도보어의 자리에 배치한다. 부사 最近(요즘)은 부사어이므로 술어 앞에 배치하여 문장을 완성한다.

관형어	주어	부사어	술어	정도보어
这个 지시대사+양사 (이)	手机 명사 (핸드폰은)	最近 명사 (요즘)	卖 동사 (팔다)	得+很+好。 得+정도부사+형용사 (아주 잘)

정답 这个手机最近卖得很好。 이 핸드폰은 요즘 아주 잘 팔린다.

어휘 手机 shǒujī 명 핸드폰　最近 zuìjìn 명 최근, 요즘　卖 mài 동 팔다

합격 공략 56 결과보어의 어순을 기억하라!

결과보어의 어순

결과보어는 동작의 결과를 나타내는 말로, 동사와 형용사가 결과보어로 쓰인다. 만일 제시어에 술어가 될 수 있는 동사가 있고, 결과보어로 자주 쓰이는 동사와 형용사가 있으면 결과보어 문장임을 예상해야 한다. 결과보어 문장에서 목적어는 보어 뒤에 위치하고, 부사어는 술어 앞에 위치한다.

1. 주어 + 술어 + 결과보어

叶子	变	红	了。
주어	술어	결과보어	了

잎이 붉게 변했다.

2. 주어 + 술어 + 결과보어 + 목적어

她	看	到	了	我。
주어	술어	결과보어	了	목적어

그녀는 나를 봤다.

3. 주어 + 부사어 + 술어 + 결과보어

我	还没	吃	完。
주어	부사어	술어	결과보어

나는 아직 다 안 먹었다.

〈 결과보어로 자주 쓰이는 동사/형용사 〉

동사	□ 到 dào 목적에 도달했거나 결과가 있음을 나타냄 예 听到 들었다 □ 懂 dǒng 알다, 이해하다 예 看懂 봐서 이해하다 □ 给 gěi 주다 예 还给 ~에게 돌려주다 □ 完 wán 다하다, 없어지다 예 用完 다 쓰다 □ 在 zài ~에, ~에서 예 放在 ~에 놓다 □ 见 jiàn (시각 · 청각을 나타내는) 동사 뒤에 쓰여 느낀 감각을 나타냄 예 看见 보이다
형용사	□ 好 hǎo 완성되었거나 잘 마무리되었음을 나타냄 예 准备好 잘 준비되다 □ 干净 gānjìng 깨끗하다 예 打扫干净 깨끗하게 청소하다 □ 清楚 qīngchu 분명하다 예 听清楚 분명하게 듣다

실전문제

完　　没　　这件衣服　　还　　洗

→ ____________________

STEP 1 술어 배치

제시어에 동사 洗(씻다, 빨다)와 결과보어로 쓰이는 동사 完(다하다)이 있으므로 결과보어가 있는 문장을 완성한다. 洗를 술어에, 完을 결과보어에 배치한다.

STEP 2 주어/목적어 배치

제시어 중 명사는 这件衣服(이 옷) 하나이므로, 这件衣服를 주어에 배치한다.

STEP 3 남은 어휘 배치

남은 어휘 부정부사 没(~하지 않았다)와 부사 还(아직)는 부사어의 어순 '일반부사+부정부사'에 따라 还没로 결합시켜 술어 앞에 배치하여 문장을 완성한다.

관형어	주어	부사어	술어	결과보어
这件 지시대사+양사 (이)	衣服 명사 (옷은)	还+没 부사+부정부사 (아직 ~하지 않았다)	洗 동사 (빨다)	完。 동사 (다하다)

정답 这件衣服还没洗完。 이 옷은 아직 다 빨지 않았다.

어휘 件 jiàn 양 벌 衣服 yīfu 명 옷 还 hái 부 아직, 여전히 没 méi 부 ~하지 않았다 洗 xǐ 동 씻다, 빨다 完 wán 동 다하다, 끝나다

합격 공략 57 [220점 이상 고득점] 목적어가 있는 정도보어 문장의 어순에 주의하라!

정도보어 문장에서 목적어는 술어 앞에 위치한다

정도보어가 있는 문장에서 목적어는 술어 앞에 위치한다. 만일 제시어에 구조조사 得와 형용사가 있고, 주어와 목적어가 있으면 목적어는 술어 뒤가 아니라 술어 앞에 배치하자. 또한 목적어 앞에 술어(동사)를 한 번 더 쓸 수도 있다.

1. 주어 + 목적어 + 술어 + 得 + 정도보어

她	英语	说	得	非常流利。
주어	목적어	술어	得	정도보어

그녀는 영어를 매우 유창하게 한다.

2. 주어 + (동사) + 목적어 + 술어 + 得 + 정도보어

他	(踢)	足球	踢	得	真棒。
주어	(동사)	목적어	술어	得	정도보어

그는 축구를 정말 잘한다.

很快　他　字　写　得

→ ______________________________

STEP 1 **술어 배치**

제시어에 구조조사 得와 형용사 快(빠르다)가 있으므로 정도보어가 있는 문장임을 알 수 있다. 문장의 술어로 동사 写(쓰다)를 술어에 배치한다.

STEP 2 **주어/목적어 배치**

술어 写의 행위의 주체로 他(그)를 배치하고, 명사 字(글씨)는 행위의 대상인 목적어이지만 정도보어 문장에서 목적어는 술어 앞에 위치하므로 字를 写 앞에 배치한다.

STEP 3 **남은 어휘 배치**

'정도부사+형용사' 구조인 很快(아주 빠르다)는 행위의 정도를 나타내므로 술어 뒤 정도보어에 배치하여 문장을 완성한다.

주어	목적어	술어	정도보어
他 인칭대사 (그는)	字 명사 (글씨를)	写 동사 (쓴다)	得+很+快。 得+정도부사+형용사 (아주 빨리)

정답 他字写得很快。 그는 글씨를 아주 빨리 쓴다.

어휘 字 zì 명 글자, 문자　写 xiě 동 쓰다　很 hěn 부 아주　快 kuài 형 빠르다

실전 테스트 정답 & 해설_해설편 p.059

다음 제시된 어휘로 문장을 완성하세요.

1. 那件衬衫　洗　还没　干净

→ ______________________________

2. 打得　不错　他　篮球

→ ______________________________

3. 长得　他的　漂亮　女儿　非常

→ ______________________________

4. 看　那本　我　完了　书

→ ______________________________

5. 他　起得　很早　每天　都

→ ______________________________

쓰기 제 1 부분

05 把자문/被자문

목적어를 강조하는 문장 및 피동문 완성하기

기본기 다지기 기본 개념 잡기 & 공략 미리보기

把자문과 被자문은 매회 시험에 빠지지 않고 출제되는 특수 문형으로 기본 문형과 다른 독특한 어순을 가지고 있다. 구체적으로 어떠한 어순을 가지고 있는지 알아보자.

| 기본 개념 잡기 | 把자문과 被자문의 특징

1. 把자문

1) 把자문은 '무엇을 어떤 결과로 처치하다'라는 뜻을 나타낸다. 기본 문장은 목적어가 술어 뒤에 위치하지만, 把자문은 개사 把(~을/를)를 사용하여 목적어를 술어 앞에 둔다.

주어(행위의 주체) + 把목적어(행위의 대상) + 술어 + 기타성분

她	把那本书	拿	走	了。	그녀는 그 책을 가져갔다.
주어	把+목적어	술어	결과보어	동태조사	

2) 把자문의 특징

- 술어를 단독으로 사용하지 않고 기타성분(동태조사, 보어 등)을 함께 사용한다. 단, 가능보어는 사용할 수 없다.
- 把 뒤의 명사는 반드시 구체적인 대상이어야 한다. (추상적인 대상 ×)
- 부사와 조동사는 把 앞에 온다.
- 把자문의 술어로 심리/판단/상태/지각을 나타내는 동사(喜欢/是/游泳/知道)를 사용할 수 없다.

2. 被자문

1) 被자문은 '무엇에 의해 어떤 행위를 당하다/무엇에 의해 무엇을 하게 되다'라는 피동의 뜻을 나타낸다. 일반적인 문장에서는 행위의 주체가 주어가 되지만, 被자문에서는 '행위를 당하는 대상'이 주어에, '행위를 가하는 주체'는 개사 被 뒤에 온다.

주어(행위의 대상) + 被행위의 주체 + 술어 + 기타성분

我	被老师	批评	了	一顿。	나는 선생님께 꾸지람을 들었다.
주어	被+행위의 주체	술어	동태조사	수량보어	

2) 被자문의 특징

- 被자문은 술어 뒤에 기타성분(동태조사, 보어 등)을 함께 사용한다.
- 被자문의 주어는 화자와 청자가 모두 알고 있는 명확한 대상이어야 한다.
- 부사와 조동사는 被 앞에 온다.
- 被 대신 让과 叫를 사용할 수도 있다.
- 被 뒤의 행위의 주체는 이미 알고 있는 대상이라면 생략할 수 있다.

| 공략 미리보기 |

합격 공략 58 把자문의 어순에 주의하라!

목적어가 술어 앞에 오는 把자문

제시어에 개사 把가 있으면 把자문임을 예상하고 把자문의 어순에 따라 문장을 완성해야 한다. 기본 문장은 '술어+목적어'의 어순이지만, 把자문에서 목적어는 '把+목적어'의 형식으로 술어 앞에 위치한다. 그리고 부사어는 把 앞에 온다는 것을 꼭 기억하자.

- **주어(행위의 주체) + 부사어(부사/부정부사/조동사) + 把목적어(행위의 대상) + 술어 + 기타성분**

妈妈	已经	把**盘子**	**洗**干净了。	엄마는 이미 접시를 깨끗이 씻으셨다.
주어	부사	把+목적어	술어+기타성분	

你	别	把**手机**	**放**在桌子上。	핸드폰을 책상 위에 올려 놓지 마라.
주어	부정부사	把+목적어	술어+기타성분	

我们	要	把**汉语**	**学**好。	우리는 중국어를 잘 배워야 한다.
주어	조동사	把+목적어	술어+기타성분	

실전문제

我们　　已经　　那部电影　　把　　看完了

→ ______________________________

STEP 1 술어 배치

제시어에 개사 把가 있으므로 把자문임을 예상한다. '동사+보어+了'로 이루어진 **看完了**(다 봤다)를 술어 자리에 배치한다.

STEP 2 주어/목적어 배치

술어 **看**(보다)의 행위의 주체로 적합한 **我们**(우리)을 주어에 배치하고, 행위의 대상이 되는 **那部电影**(그 영화)을 把 뒤에 목적어로 배치한다.

STEP 3 남은 어휘 배치

부사 **已经**(이미)은 부사어이므로 개사 把 앞에 배치하여 문장을 완성한다.

주어	부사어		술어	보어
	부사	把+목적어		기타성분
我们 인칭대사 (우리는)	**已经** (이미)	**把+那+部+电影** 把+지시대사+양사+명사 (그 영화를)	**看** 동사 (보다)	**完+了。** 동사+了 (완료하다)

정답 我们已经把那部电影看完了。 우리는 이미 그 영화를 다 봤다.

어휘 把 bǎ 개 ~을/를 已经 yǐjing 부 이미, 벌써 部 bù 양 편(서적, 영화를 세는 단위) 电影 diànyǐng 명 영화 看 kàn 동 보다 完 wán 동 마치다, 끝나다

합격 공략 59 被자문은 행위의 주체와 행위의 대상을 구분하라!

행위의 대상이 주어가 되는 被자문

제시어에 개사 被가 있으면 被자문임을 예상한다. 被자문은 행위의 주체와 대상을 구분하는 것이 매우 중요하다. 일반적으로 행위의 주체가 주어로 쓰이지만, 被자문은 피동의 뜻을 나타내기 때문에 被 뒤에 행위의 주체가 오고, 행위의 대상이 주어가 된다. 그리고 역시 부사어는 被 앞에 위치한다.

- **주어(행위의 대상) + 부사어 + 被행위의 주체 + 술어 + 기타성분**

我的手机	被小偷	偷走了。	내 핸드폰을 도둑이 훔쳐 가 버렸다.
주어	被+행위의 주체	술어+기타성분	

这个菜	已经	被小狗	吃了。	이 요리는 이미 강아지가 먹어 버렸다.
주어	부사어	被+행위의 주체	술어+기타성분	

실전문제

他　批评过　被老师　两次

→ ______________________

STEP 1 술어 배치

제시어 중 개사 被가 있으므로 被자문임을 알 수 있다. 동태조사 过(~한 적이 있다)가 결합되어 있는 동사 批评(꾸짖다)을 술어 자리에 배치한다.

STEP 2 주어/목적어 배치

被자문은 행위의 대상이 주어가 되므로 他(그)를 주어에 배치한다.

STEP 3 남은 어휘 배치

남은 어휘인 동량사 两次(두 번)는 보어로 쓰이므로 술어 批评过 뒤에 배치하여 문장을 완성한다.

주어 행위의 대상	부사어 被+행위의 주체	술어	보어 기타성분
他 인칭대사 (그는)	**被+老师** 被+명사 (선생님께)	**批评+过** 동사+过 (꾸지람을 받은 적이 있다)	**两+次。** 수사+양사 (두 번)

정답 他被老师批评过两次。 그는 선생님께 꾸지람을 두 번 받은 적이 있다.

어휘 批评 pīpíng 동 꾸짖다, 주의를 주다 次 cì 양 차례, 번 被 bèi 개 ~에게 ~을 당하다

합격 공략 60 [220점 이상 고득점] 把자문은 종종 청유문의 형식으로 사용한다!

请 + 把자문

把자문은 부탁 또는 청유를 나타내는 请(~해 주세요)과 종종 함께 사용하는데 이때 请은 문장의 가장 앞에 배치하고, 주어는 생략한다.

- **请 + (행위의 주체) + 把목적어(행위의 대상) + 술어 + 기타성분**

请	(你)	把音乐	关掉。	음악을 꺼 주세요.
请	(행위의 주체)	把+행위의 대상	술어+기타성분	

실전문제

请　　房间里　　把　　我的行李　　搬到

→ ____________________

STEP 1 술어 배치

제시어 중 请(~해 주세요)과 개사 把(~을/를)가 있으므로 청유문이면서 把자문임을 예상한다. 동사 请을 문장의 맨 앞에 배치하고, 술어가 될 수 있는 동사 搬(옮기다)을 술어에 배치한다.

STEP 2 주어/목적어 배치

술어 搬의 행위의 대상이 되는 我的行李(내 짐)를 把의 의미상의 목적어로 배치한다.

STEP 3 남은 어휘 배치

술어 搬 뒤에 개사 到(~에)가 결합되어 있으므로 장소를 나타내는 房间里(방 안)를 결과보어로 배치하여 문장을 완성한다.

请	부사어 把+행위의 대상	술어	결과보어
请 请 (~해 주세요)	把+我+的+行李 把+인칭대사+的+명사 (제 짐을)	搬 동사 (옮기다)	到+房间+里。 동사+명사+방위명사 (방 안까지)

정답 请把我的行李搬到房间里。 제 짐을 방에 옮겨 주세요.

어휘 请 qǐng 동 ~해 주세요 把 bǎ 개 ~을/를 行李 xíngli 명 짐 搬 bān 동 옮기다 到 dào 개 ~로, ~까지 房间 fángjiān 명 방

실전 테스트 정답 & 해설_해설편 p.061

다음 제시된 어휘로 문장을 완성하세요.

1. 喝完了 我的咖啡 他 已经 把

→ ______________________________

2. 你的名字 把 写在这儿 请 吧

→ ______________________________

3. 妈妈的 儿子 被 眼镜 摔破了

→ ______________________________

4. 大风 被 衣服 刮走了 他的

→ ______________________________

5. 我的 被 洗了 鞋子 妈妈

→ ______________________________

쓰기 제 1 부분

06 연동문/겸어문

동사가 2개 이상인 문장 완성하기

기본기 다지기 기본 개념 잡기 & 공략 미리보기

연동문과 겸어문은 한 문장에 동사가 두 개 이상 등장하는 공통점이 있지만 문장의 형식과 의미 구조는 확실히 다르다. 연동문과 겸어문의 어순을 파악하고 자주 사용하는 동사들을 익혀 두자.

| 기본 개념 잡기 | 연동문과 겸어문의 특징

1. 연동문

1) 연동문은 문장에 주어는 1개이고 동사술어가 2개 이상 출현하는 문장이다. 2개의 동사는 서로 목적 또는 방식을 나타내고, 동작의 발생 순서대로 나열한다.

주어 + 술어1 + 목적어1 + 술어2 + 목적어2

他	去	上海	学习	汉语。
주어	술어1	목적어1	술어2	목적어2

그는 중국어를 배우러 상하이에 간다.

2) 연동문의 특징

- 연동문은 술어1과 술어2의 의미에 따라 '목적을 나타내는 연동문'과 '방식을 나타내는 연동문'으로 나뉜다.
- 연동문에서 부사어는 보통 술어1 앞에 위치하고 동태조사 了(완료)/过(경험)는 술어2 뒤에 위치한다.

2. 겸어문

1) 겸어문은 하나의 문장 성분이 2개의 역할을 해서 붙여진 이름인데, 목적어1이 주어2의 역할을 겸한다.

주어1 + 술어1(让/使) + 목1/주2 + 술어2 + 목적어2

这件事	使	人	很	感动。
주어	술어1	목1/주2	부사어	술어2

이 일은 사람들을 매우 감동시켰다.

2) 겸어문의 특징

- 겸어문의 술어1에 쓰이는 동사는 사역 동사(让/使), 요청 동사(请/要求) 등이 있다. 이것을 겸어동사라고 부른다.
- 겸어문에서 부사어는 보통 술어1 앞에 위치하고 동태조사 了(완료)/过(경험)는 술어2 뒤에 위치한다.

| 공략 미리보기 |

합격 공략 61	연동문에서는 목적을 뒤에, 방식을 앞에 배치하라!
합격 공략 62	겸어문은 겸어동사를 술어1에 배치하라!
합격 공략 63	[220점 이상 고득점] 동태조사와 동량사는 마지막 술어 뒤에 위치한다!

합격 공략 61 연동문에서는 목적을 뒤에, 방식을 앞에 배치하라!

연동문의 종류와 특징

연동문은 한 문장에 동사술어가 2개 이상 출현하는 문장이다. 따라서 어떤 동사를 앞에 놓고 어떤 동사를 뒤에 놓는지 구분하는 것이 중요하다. 일반적으로 연동문은 목적과 방식을 나타내는데, 목적을 나타내는 연동문에서는 '목적'인 동사가 뒤에, 그 밖의 동사가 앞에 위치하고, 방식을 나타내는 연동문에서는 '방식'인 동사가 앞에, 그 밖의 동사가 뒤에 위치한다.

1. 목적을 나타내는 연동문 : 주어 + 술어1 + 목적어1 + 술어2(목적) + 목적어2

他	去	北京	学习	汉语。
주어	술어1	목적어1	술어2(목적)	목적어2

그는 중국어를 배우기 위해 베이징에 간다.

연동문에서는 목적을 나타내는 동사는 술어2에 사용한다. 去(가다)의 목적이 学习(공부하다)이다.

2. 방식을 나타내는 연동문 : 주어 + 술어1(방식) + 목적어1 + 술어2 + 목적어2

他	骑	自行车	回	家。
주어	술어1(방식)	목적어1	술어2	목적어2

그는 자전거를 타고 집에 간다.

연동문에서는 방식을 나타내는 동사를 술어1에 사용한다. 回(돌아가다)의 방식이 骑(타다)이다.

3. 부사어(조동사, 부사)는 보통 술어1 앞에, 동태조사(了/过)는 술어2 뒤에 사용한다.

他	已经	打	车	去了。
주어	부사어	술어1	목적어1	술어2

그는 이미 택시를 타고 갔다.

我们	去	那儿	照了	很多照片。
주어	술어1	목적어1	술어2+동태조사	목적어2

우리는 거기에 가서 많은 사진을 찍었다.

실전문제

不敢　　冷水　　我　　洗澡　　用

→ ________________________________

STEP 1 술어 배치

제시어 중 동사가 2개 있고 연동문에서 방식을 나타낼 때 술어1에 자주 쓰이는 동사 用(사용하다)이 있으므로 연동문임을 예상한다. 동사 用을 술어1에 배치하고 동사 洗澡(목욕하다)를 술어2에 배치한다.

STEP 2 주어/목적어 배치

문장의 주어로 用과 洗澡의 행위의 주체가 되는 我(나)를 배치한다. 술어1 用의 목적어로 의미상 알맞은 冷水(찬물)를 배치하여 我用冷水洗澡를 완성한다.

STEP 3 남은 어휘 배치

'부사+조동사'인 不敢(감히 ~하지 못하다)은 부사어이므로 술어1인 用 앞에 배치하여 문장을 완성한다. 동사 用은 연동문에서 술어1에 위치하여 '주어+用+목적어1+술어2+목적어2'의 형식으로 쓰이며 '~을 사용하여 ~을 하다'라는 뜻을 나타낸다.

주어	부사어	술어1	목적어	술어2
我 인칭대사 (나는)	**不+敢** 부정부사+조동사 (감히 ~하지 못하다)	**用** 동사 (사용하다)	**冷水** 명사 (찬물)	**洗澡。** 동사 (목욕하다)

정답 我不敢用冷水洗澡。 나는 찬물로 목욕을 못한다.

어휘 不敢 bùgǎn 감히 ~하지 못하다, ~할 용기가 없다 冷水 lěngshuǐ 명 찬물, 냉수 洗澡 xǐzǎo 동 목욕하다

합격 공략 62 겸어문은 겸어동사를 술어1에 배치하라!

겸어동사 让/使/请

겸어문 역시 한 문장에 동사술어가 2개 출현한다. 연동문과의 차이점은 연동문이 '주어+술어1+(목적어1)+술어2+(목적어2)'의 구조인 반면, 겸어문은 목적어1이 술어2의 주어 역할까지 맡는다는 것이다. 겸어문에 자주 쓰이는 동사(让/使/请)를 암기하여, 문제의 제시어에 이 동사가 있으면 겸어문을 완성하도록 하자.

1. 사역을 나타내는 겸어문 : 주어1 + 让/使 + 목1/주2 + 술어2 + 목적어2

这件事 让 **他** 很**难过**。 이 일은 그를 슬프게 했다.
주어 술어1 목1/주2 부사어+술어2

经常生气 容易 使 **人** **变老**。 자주 화내는 것은 사람을 쉽게 늙게 만든다.
주어 부사어 술어1 목1/주2 술어2+보어

사역을 나타내는 동사 让/使을 술어1에 사용하여 '~으로 하여금 ~하게 하다'라는 뜻을 나타낸다.

2. 요청/소망을 나타내는 겸어문 : 주어1 + 请/要求 + 목1/주2 + 술어2 + 목적어2

我 要 请 **他** **帮** 个忙。 나는 그에게 도움을 청하려고 한다.
주어 부사어 술어1 목1/주2 술어2 목적어2

刘经理 要求 **他** **参加** 会议。 리우 사장은 그에게 회의에 참석하라고 요구했다.
주어 술어1 목1/주2 술어2 목적어2

요청/소망을 나타내는 동사 请/要求를 술어1에 사용하며 '~에게 ~을 청하다/요구하다'라는 뜻을 나타낸다.

3. 부사어(조동사, 부사)는 보통 술어1 앞에, 동태조사(了/过)는 술어2 뒤에 사용한다.

我 想 **让** 妹妹 **打扫** 自己的房间。 나는 여동생에게 방을 청소하라고 하고 싶다.
주어 부사어 술어1 목1/주2 술어2 목적어2

不好意思，**让** 你 久 **等**了。 미안합니다. 오래 기다리게 했어요.
술어1 목1/주2 부사어 술어2+동태조사

4. 그 밖의 겸어문 : 대화문에 쓰인 겸어문은 주어1을 생략해서 동사가 가장 앞에 놓인다.

술어1(欢迎/祝/谢谢) + 목1/주2(술어의 대상) + 술어2(술어의 내용)

欢迎 你 参加 HSK考试。 HSK 시험에 참여해 주신 것을 환영합니다.
술어1 목1/주2 술어2 목적어2

祝 你 生日快乐。 생일 축하해요.
술어1 목1/주2 술어2

谢谢 您 帮助 我。 나를 도와줘서 고마워요.
술어1 목1/주2 술어2 목적어2

健康　　身体　　更　　使人　　经常锻炼

→ ______________________________

STEP 1 술어 배치

제시어에 동사 使(시키다)가 있으므로 겸어문임을 예상한다. 使를 술어1에 배치하고 형용사 健康(건강하다)을 술어2에 배치한다.

STEP 2 주어/목적어 배치

문장은 '~이 ~을 건강하게 한다'라는 뜻이므로 经常锻炼(자주 단련하다)과 身体(신체)를 결합시켜 술어1 使의 주어에 배치한다. 술어1의 목적어는 人(사람)으로 이미 결합되어 있다.

STEP 3 남은 어휘 배치

남은 어휘인 부사 更(더욱)을 배치해야 하는데, 겸어문에서 부사는 술어1과 술어2 앞에 모두 배치할 수 있으므로 의미가 더 가까운 健康(건강하다) 앞에 更을 배치하여 문장을 완성한다.

부사어	주어1	술어1	목적어1/주어2	부사어	술어2
经常 부사 (자주)	锻炼+身体 술목구 (신체를 단련하다)	使 동사 (~로 하여금 ~하게 하다)	人 명사 (사람)	更 정도부사 (더욱)	健康。 형용사 (건강하다)

정답 经常锻炼身体使人更健康。 자주 신체를 단련하는 것은 사람을 더욱 건강하게 한다.

어휘 健康 jiànkāng 형 건강하다　身体 shēntǐ 명 신체, 건강　经常 jīngcháng 부 자주　锻炼 duànliàn 동 단련하다

합격 공략 63 [220점 이상 고득점] 동태조사와 동량사는 마지막 술어 뒤에 위치한다!

마지막 술어+동태조사/동량사/동사중첩

동작의 완료/경험을 나타내는 동태조사, 동작의 횟수를 나타내는 동량사/동사중첩은 보통 연동문/겸어문의 마지막 술어에 사용한다. 그러므로 어느 동사를 앞에, 어느 동사를 뒤에 놓을지 헷갈린다면 제시어 중 동태조사(了/过), 동량사(一下)가 함께 결합되어 있거나 동사중첩 형식인 동사를 마지막 술어에 배치하자.

你	帮	我	开	一下	门。	문 좀 열어 줘요.
주어	술어1	목적어1	술어2	동량사	목적어	

我	去	中国	旅行	过。	나는 중국에 여행 간 적이 있다.
주어	술어1	목적어1	술어2	동태조사	

帮我　　你能　　空调吗　　开一下

→ ______________________

STEP 1 **술어 배치**

제시어에 동사가 2개이므로 연동문임을 예상한다. 동사 帮(돕다)은 '~을 도와 ~을 하다'라는 문장에서 술어1에 쓰이므로 帮을 술어1에 배치하고 开(켜다)를 술어2에 배치한다.

STEP 2 **주어/목적어 배치**

帮의 목적어는 이미 我(나)가 결합되어 있으므로 开의 목적어를 찾는다. 开一下 뒤에 空调(에어컨)를 목적어로 배치한다. 你能에서 你(너)가 조동사 앞에 있으므로 주어임을 알 수 있다.

STEP 3 **남은 어휘 배치**

연동문에서 동량사는 마지막 술어 뒤에 위치하므로 你能帮我开一下空调吗로 문장을 완성한다.

주어	부사어	술어1	목적어1	술어2	동량사	목적어
你 대사 (너는)	**能** 조동사 (~할 수 있다)	**帮** 동사 (돕다)	**我** 대사 (나를)	**开** 동사 (켜다)	**一下** 동량사 (좀 ~하다)	**空调吗**? 명사+**吗** (에어컨을)

정답 你能帮我开一下空调吗？에어컨 좀 켜 줄 수 있어?

어휘 能 néng 조동 ~할 수 있다　帮 bāng 동 돕다　开 kāi 동 열다, 켜다　一下 yīxià 양 시험 삼아 해 보다(동사 뒤에 보어로 쓰임)
空调 kōngtiáo 명 에어컨

실전 테스트 정답 & 해설_해설편 p.063

다음 제시된 어휘로 문장을 완성하세요.

1. 水果　去　买点儿　我打算　超市

→ ____________________

2. 请用　词　写　黑板上的　一个句子

→ ____________________

3. 同意　我相信　他会　这个办法

→ ____________________

4. 生日　祝　快乐　你

→ ____________________

5. 抽烟　妈妈　我　不让

→ ____________________

쓰기 제1부분

07

비교문

비교를 나타내는 문장 완성하기

기본기 다지기 기본 개념 잡기 & 공략 미리보기

비교문은 두 대상을 비교하여 비교한 차이를 나타내는 문장으로 일반적인 문장의 어순과 다른 구조를 가진다. 대표적으로 개사 比(~보다)를 이용한 비교문이 있으며 그 밖에도 다양한 비교문이 있다.

| 기본 개념 잡기 | 비교문의 종류와 특징

1. 비교문의 종류

1) 比자 비교문 : 비교한 차이를 나타낸다.

A + 比 + B + (更/还) + 술어 A가 B보다 더 ~하다

我	比你	还	高。	나는 너보다 더 크다.
주어	比+비교대상	부사어	술어	

2) 有자 비교문 : 有는 '~한 정도에 달하다'라는 뜻을 나 타낸다.

A + 有 + B + (这么/那么) + 술어 A가 B만큼 ~하다

我	有你	这么	高。	나는 너만큼 이렇게 키가 크다.
주어	有+비교대상	부사어	술어	

A + 没有 + B + (这么/那么) + 술어 A가 B만큼 ~하지 않다

我	没有你	那么	忙。	나는 너만큼 그렇게 바쁘지 않다.
주어	没有+비교대상	부사어	술어	

3) 그 밖의 비교문

A + 不如 + B + 술어 A가 B보다 ~하지 않다

我	不如你	高。	나는 너보다 키가 크지 않다.
주어	不如+비교대상	술어	

A + 跟/和 + B + (不)一样 + 술어 A가 B와 같이 ~하다

你	跟爸爸	一样	瘦。	너는 아빠처럼 말랐다.
주어	跟+비교대상	一样	술어	

2. 비교문의 특징

1) 정도부사 很(아주), 非常(매우), 太(너무) 등을 사용하지 않는다.

2) 부사와 조동사는 개사 比(~보다) 앞에 사용한다.

今天会比昨天更热。 오늘이 어제보다 더 더울 거 같다.

3) 비교한 구체적인 차이는 술어 뒤에 보어를 사용하여 나타낸다.

我比你大三岁。 나는 너보다 세 살 많다.

| 공략 미리보기 |

합격 공략 64	비교문에서는 술어 앞에 更/还를 사용하라!
합격 공략 65	'跟/和……(不)一样' 구문에 주의하라!
합격 공략 66	[220점 이상 고득점] 구체적인 차이는 술어 뒤에 표기하라!

합격 공략 64 비교문에서는 술어 앞에 更/还를 사용하라!

更/还+형용사술어

제시어에 개사 比가 있으면 비교문임을 예상하고 비교문의 어순에 따라 문장을 완성한다. 일반적으로 형용사 앞에는 정도를 나타내는 부사를 함께 쓰는데, 비교문에서는 更(더욱)과 还(더)를 사용한다.

- **주어 + 比비교대상 + (更/还) + 형용사술어**

这部电影	比那部	更	有意思。	이 영화는 그 영화보다 더 재미있다.
주어	比+비교대상	정도부사	형용사술어	
这个月	比上个月	还	冷。	이번 달은 지난달보다 더 춥다.
주어	比+비교대상	정도부사	형용사술어	

실전문제 

便宜　　这件衣服　　更　　比那件

→ ____________________

STEP 1 술어 배치

제시어에 비교문을 만드는 개사 比(~보다)가 있으므로 비교문임을 예상한다. 술어가 될 수 있는 형용사 便宜(저렴하다)를 술어에 배치한다.

STEP 2 주어/목적어 배치

문장의 주어로 '대사+양사+명사' 구조인 这件衣服(이 옷)를 배치한다.

STEP 3 남은 어휘 배치

비교문의 어순은 '주어+比+비교대상+更/还+술어'인데, 比와 那件(그 옷)은 이미 결합되어 있으므로 比那件(그 옷보다)을 주어 뒤에 배치하고, 정도를 나타내는 부사 更(더욱)은 술어 便宜 앞에 배치하여 문장을 완성한다.

관형어	주어	부사어		술어
		比+비교대상	부사어	
这+件 지시대사+양사 (이)	衣服 명사 (옷은)	比+那+件 比+지시대사+양사 (그 옷보다)	更 정도부사 (더)	便宜。 형용사 (저렴하다)

정답 这件衣服比那件更便宜。 이 옷은 그 옷보다 더 저렴하다.

어휘 件 jiàn 양 옷을 세는 단위 衣服 yīfu 명 옷, 의복 比 bǐ 개 ~보다 更 gèng 부 더욱 便宜 piányi 형 싸다, 저렴하다

합격 공략 65 '跟/和……一样' 구문에 주의하라!

跟/和……一样

제시어에 개사 跟/和(~와/과)와 형용사 一样(같다)이 있으면 비교문임을 예상한다. 이것은 비교한 차이가 아니라, '같다' 또는 '다르다'를 나타내는 비교문이다. 만일 제시어에 다른 형용사나 동사가 없으면 一样을 술어에 배치하고, 다른 동사나 형용사가 있으면 '跟/和……一样'을 부사어에, 그 동사나 형용사를 술어에 배치한다.

1. 주어 + 跟/和비교대상 + (不)一样

你买的(주어) 和我买的(和+비교대상) 完全(부사어) 一样。(술어) 네가 산 것과 내가 산 것이 완전히 똑같다.

2. 주어 + 跟/和비교대상 + (不)一样 + 술어

汉语(주어) 跟英语一样(跟+비교대상+一样) 难。(술어) 중국어는 영어처럼 어렵다.

容易　这道题　一样　和那道题

→ ______________________

STEP 1 술어 배치

제시어에 개사 和(~와/과)와 형용사 一样(같다)이 있으므로 비교문의 고정격식 '跟/和……一样' 문장임을 예상한다. 비교문의 술어로 형용사 容易(쉽다)를 술어에 배치한다.

STEP 2 주어/목적어 배치

문장의 주어로 명사 这道题(이 문제)를 배치한다.

STEP 3 남은 어휘 배치

비교문 '跟/和……一样'의 어순에 따라 개사 和와 결합되어 있는 和那道题(저 문제와)를 一样과 연결하여 부사어에 배치하여 문장을 완성한다.

주어	부사어 和+비교대상+一样	술어
这+道+题 지시대사+양사+명사 (이 문제는)	和+那+道+题+一样 和+지시대사+양사+명사+형용사 (저 문제와 같이)	容易。 형용사 (쉽다)

정답 这道题和那道题一样容易。 이 문제는 저 문제와 같이 쉽다.

어휘 道 dào 양 문제를 세는 단위 题 tí 명 시험 문제 一样 yíyàng 형 같다, 동일하다 容易 róngyì 형 쉽다

합격 공략 66 [220점 이상 고득점] 구체적인 차이는 술어 뒤에 표기하라!

술어 + 得多/一点儿/一些

비교문에서 두 대상을 비교한 구체적인 차이는 술어 뒤에 표기한다. 일반적으로 정도보어(得多)나 수량보어(一点儿/一些) 등을 사용한다.

- **주어 + 比비교대상 + 술어 + 得多/一点儿/一些**

他(주어) 比我(比+비교대상) 买(술어) 得多(정도보어)。 그는 나보다 훨씬 많이 산다.

朋友(주어) 比我(比+비교대상) 高(술어) 一点儿(수량보어)。 친구는 나보다 조금 크다.

爸爸(주어) 比妈妈(比+비교대상) 大(술어) 两岁(수량보어)。 아빠는 엄마보다 두 살이 많다.

실전문제

两度　　今天　　比昨天　　高

→ ______________________________

STEP 1 술어 배치

제시어 중 술어가 될 수 있는 형용사 高(높다)를 술어 자리에 배치한다. 개사 比(~보다)가 있으므로 비교문임을 예상한다.

STEP 2 주어/목적어 배치

제시어 중 명사 今天(오늘)을 주어에 배치한다.

STEP 3 **남은 어휘 배치**

'比+비교대상'인 개사구 比昨天(어제보다)은 부사어이므로 비교문의 어순에 따라 술어 앞에 배치한다. '수사+양사'인 两度(2도)는 구체적인 비교의 결과로서 술어 뒤에 수량보어로 배치하여 문장을 완성한다.

주어	부사어 比+비교대상	술어	수량보어
今天 명사 (오늘은)	比+昨天 比+명사 (어제보다)	高 형용사 (높다)	两+度。 수사+양사 (2도)

정답 今天比昨天高两度。 오늘은 어제보다 2도가 높다.

어휘 今天 jīntiān 명 오늘 比 bǐ 개 ~보다 昨天 zuótiān 명 어제 高 gāo 형 높다 度 dù 양 도(온도나 밀도 등을 세는 단위)

실전 테스트 정답 & 해설_해설편 p.065

다음 제시된 어휘로 문장을 완성하세요.

1. 聪明　我　那么　没有你

→ ______________________________

2. 一样　你的手机　跟我的

→ ______________________________

3. 比那辆　这辆车　干净　还

→ ______________________________

4. 得多　水果　那家商店的　新鲜　比这儿

→ ______________________________

5. 这个问题　那个　比　得多　简单

→ ______________________________

미니모의고사

| 정답 & 해설 | 해설편 p.068

다음 제시된 어휘로 문장을 완성하세요.

1. 很简单的　不是　件　事情　结婚

→ ____________________

2. 非常　声音　好听　刘阿姨的

→ ____________________

3. 再检查　让我　马经理　一遍

→ ____________________

4. 医生　希望他　爸爸　当　一名

→ ____________________

5. 有卖　地方吗　蛋糕的　这儿附近

→ ____________________

6. 真棒　他女儿　游泳　游得

→ ______________________________

7. 刮开了　大风　被　窗户

→ ______________________________

8. 你　不　出发　为什么　马上

→ ______________________________

9. 姐姐　忘　把　在洗手间了　钱包

→ ______________________________

10. 比　我的　多了　他的任务　简单

→ ______________________________

쓰기
제2부분

书写

빈칸에 알맞은 한자 쓰기

Warm Up!

유형 분석 & 풀이 전략

1. 2음절 단어

알맞은 글자를 넣어 단어 완성하기

2. 1음절 단어

앞뒤 어떤 단어와 호응하는지 파악하기

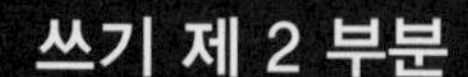

Warm Up!

유형 분석 & 풀이 전략

유형 분석 | 시험에는 이렇게 나온다!

출제 방식

HSK 3급 쓰기 제2부분은 제시된 문장의 빈칸에 알맞은 글자 하나를 써 넣는 문제이다. 빈칸 위에는 해당 글자의 발음이 제시되어 있으며 76번부터 80번까지 총 5문항이 출제된다.

출제 경향 & 유형별 출제 비율

쓰기 제2부분에서는 명사의 한 글자를 쓰는 문제가 가장 많이 출제되며, 그 다음으로 동사, 형용사, 개사, 양사 등이 출제된다. 중국어의 단어는 대부분 2음절 또는 1음절로 구성되기 때문에 문제는 2음절 단어의 나머지 한 글자를 써 넣거나 1음절 단어를 써 넣는 유형으로 출제된다. 한자는 모양이 비슷한 것들이 많고, 점 하나와 획 하나에 뜻이 달라지기 때문에 한자를 정확히 쓸 줄 알아야 한다.

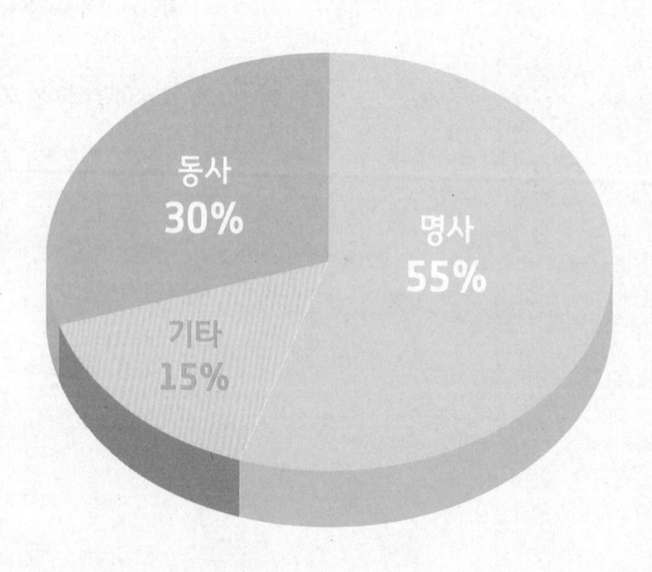

풀이 전략 | 문제 풀이 Step & 풀이 전략 적용해 보기

Step 1

빈칸의 앞뒤 파악하기

제시된 문장의 구조(주어–술어–목적어)를 파악한 뒤, 빈칸이 앞뒤의 어느 글자와 한 단어를 이루는지, 또는 앞뒤의 어느 단어와 호응하는지 확인한다.

Step 2

알맞은 한자 쓰기

앞뒤 글자와 어울리면서 빈칸 상단에 제시된 발음에 해당하는 한자를 정확히 쓴다.

풀이 전략 적용해 보기

76. 我学习时，有(tīng)音乐的习惯，你有没有这样的习惯？

STEP 1 빈칸의 앞뒤 파악하기

我学习时，有(　　)音乐的习惯，你有没有这样的习惯？

나는 공부할 때, 음악을 (　　) 습관이 있다. 너는 이런 습관이 있니?

빈칸의 문장이 '음악을 ~하는 습관이 있다'라는 뜻이므로 빈칸 뒤의 音乐(음악)와 어울리는 글자가 들어가야 한다.

STEP 2 알맞은 한자 쓰기

音乐와 어울리면서 발음 tīng에 해당하는 한자는 听(듣다)이므로 听을 정확히 써 넣는다.

정답 听

어휘 学习 xuéxí 동 공부하다　听 tīng 동 듣다　音乐 yīnyuè 명 음악　习惯 xíguàn 명 습관

쓰기 제 2 부분

01

2음절 단어

알맞은 글자를 넣어 단어 완성하기

기본기 다지기 기본 개념 잡기 & 공략 미리보기

2음절 단어의 한 글자를 넣는 문제에서는 빈칸이 앞뒤의 어느 글자와 한 단어를 이루는지 먼저 파악해야 한다. 3급 필수어휘 중 2음절 또는 3음절로 구성된 명사, 동사, 형용사 등을 정확히 쓰는 연습을 하자.

| 기본 개념 잡기 | 같은 한자로 시작하는 단어와 모양이 비슷한 단어

2음절 단어에는 같은 한자로 시작하는 단어와 모양이 비슷한 한자가 많기 때문에 어떤 한자를 써야 할지 헷갈리는 경우가 많다. 따라서 단어를 외울 때 한 컷의 그림처럼 외우기보다는 글자마다 가지고 있는 뜻을 이해하면서 외워야 한다. 아래의 표를 보고 같은 한자로 시작하는 단어와 모양이 비슷한 단어를 구분하여 학습해 보자.

1. 같은 한자로 시작하는 단어

节 Jié	节日 jiérì 명 명절	节目 jiémù 명 프로그램
医 yī	医生 yīshēng 명 의사	医院 yīyuàn 명 병원
办 bàn	办法 bànfǎ 명 방법	办公室 bàngōngshì 명 사무실
学 xué	学生 xuésheng 명 학생	学习 xuéxí 동 공부하다
	学校 xuéxiào 명 학교	
同 tóng	同事 tóngshì 명 동료	同意 tóngyì 동 동의하다
公 gōng	公斤 gōngjīn 양 킬로그램	公园 gōngyuán 명 공원
	公司 gōngsī 명 회사	公共汽车 gōnggòngqìchē 명 버스
电 diàn	电话 diànhuà 명 전화	电脑 diànnǎo 명 컴퓨터
	电视 diànshì 명 텔레비전	电梯 diàntī 명 엘리베이터
	电影 diànyǐng 명 영화	电子邮件 diànzǐ yóujiàn 명 이메일
打 dǎ	打电话 dǎdiànhuà 동 전화를 걸다	打扫 dǎsǎo 동 청소하다
	打算 dǎsuàn 동 ~할 계획이다	
地 dì	地方 dìfang 명 장소	地铁 dìtiě 명 지하철
	地图 dìtú 명 지도	
照 zhào	照顾 zhàogù 동 돌보다	照片 zhàopiàn 명 사진
	照相机 zhàoxiàngjī 명 카메라	
自 zì	自己 zìjǐ 대 자신	自行车 zìxíngchē 명 자전거

经 jīng	经常 jīngcháng 부 자주	经过 jīngguò 개 ~을 거쳐
	经理 jīnglǐ 명 사장	
结 jié	结婚 jiéhūn 동 결혼하다	结束 jiéshù 동 끝나다
洗 xǐ	洗手间 xǐshǒujiān 명 화장실	洗澡 xǐzǎo 동 샤워하다
下 xià	下午 xiàwǔ 명 오전	下雨 xiàyǔ 동 비가 오다
明 míng	明天 míngtiān 명 내일	明白 míngbai 동 이해하다
中 zhōng	中国 Zhōngguó 명 중국	中间 zhōngjiān 명 가운데
	中文 Zhōngwén 명 중국어	中午 zhōngwǔ 명 정오
生 shēng	生病 shēngbìng 동 병이 나다	生日 shēngrì 명 생일
手 shǒu	手表 shǒubiǎo 명 손목시계	手机 shǒujī 명 휴대폰
关 guān	关系 guānxi 명 관계	关心 guānxīn 명 관심
新 xīn	新闻 xīnwén 명 뉴스	新鲜 xīnxiān 형 신선하다
相 xiāng	相同 xiāngtóng 형 서로 같다	相信 xiāngxìn 동 믿다
以 yǐ	以前 yǐqián 명 이전	以后 yǐhòu 명 이후
	以为 yǐwéi 동 ~라고 생각하다	
面 miàn	面条 miàntiáo 명 국수	面包 miànbāo 명 빵
比 bǐ	比较 bǐjiào 부 비교적	比赛 bǐsài 명 시합

2. 모양이 비슷한 한자

1. 大 dà, 太 tài	
大 dà 형 크다	这件衣服很**大**。 이 옷은 매우 크다.
太 tài 부 너무	今天天气**太**热了。 오늘 날씨는 매우 덥다.
2. 头 tóu, 买 mǎi, 卖 mài	
头发 tóufa 명 머리카락	我的**头发**太长了。 내 머리카락은 너무 길다.
买 mǎi 동 사다	我平时在超市**买**东西。 나는 평소에 슈퍼마켓에서 물건을 산다.
卖 mài 동 팔다	他在**卖**东西。 그는 지금 물건을 팔고 있다.
3. 已 yǐ, 己 jǐ	
已经 yǐjīng 부 이미	我来北京**已经**三年了。 나는 베이징에 온 지 이미 3년이 되었다.
自己 zìjǐ 대 자신, 스스로	**自己**要照顾自己。 자신이 스스로를 돌봐야 한다.
4. 午 wǔ, 牛 niú	
上午 shàngwǔ 명 오전	我**上午**去公园散步。나는 오전에 공원에 가서 산책을 한다.
牛肉 niúròu 명 소고기	这块**牛肉**多少钱? 이 소고기 얼마예요?

5. 自 zì, 目 mù	
自然 zìrán 형 자연스럽다	他不**自然**地笑了一笑。 그는 어색하게 웃었다.
节目 jiémù 명 프로그램	我在晚会上表演了**节目**。 나는 파티에서 공연을 했다.
6. 四 sì, 西 xī	
四 sì 수 사, 4	苹果**四**块钱一斤。 사과는 한 근에 4위안입니다.
东西 dōngxi 명 물건	这个**东西**很重。 이 물건은 매우 무겁다.
7. 昨 zuó, 作 zuò	
昨天 zuótiān 명 어제	我**昨天**参加篮球比赛。 나는 어제 농구 시합에 참가했다.
作业 zuòyè 명 숙제	老师让我写**作业**。 선생님은 나에게 숙제를 하라고 했다.
8. 该 gāi, 刻 kè	
应该 yīnggāi 조동 ~해야만 한다	我**应该**要去学校上课。 나는 마땅히 수업하러 학교에 가야 한다.
刻 kè 양 15분	现在三点一**刻**。 지금은 3시 15분이다.
9. 请 qǐng, 清 qīng	
请 qǐng 동 ~해 주세요	**请**您喝茶。 차 드세요.
清楚 qīngchu 형 분명하다	我看不**清楚**。 나 잘 안 보여.
10. 千 qiān, 干 gàn, 十 shí, 什 shén	
千 qiān 수 천, 1,000	这台电脑八**千**九百块。 이 컴퓨터는 8,900위안이다.
干净 gānjìng 형 깨끗하다	房间很**干净**。 방이 매우 깨끗하다.
十 shí 수 열, 10	我去过北京**十**次。 나는 베이징에 10번 가 봤다.
什么 shénme 대 무엇	这是**什么**东西？ 이건 뭐예요?
11. 日 rì, 白 bái, 百 bǎi	
生日 shēngrì 명 생일	你**生日**几月几号？ 네 생일은 몇 월 며칠이야?
白色 báisè 명 흰색	我喜欢**白色**。 나는 흰색을 좋아해.
百 bǎi 수 백, 100	这张桌子三**百**块。 이 책상은 300위안입니다.
12. 因 yīn, 园 yuán, 图 tú, 国 guó, 回 huí	
因为 yīnwèi 접 왜냐하면	**因为**身体不舒服，所以我去医院看病。 나는 몸이 안 좋아서 병원에 가서 진찰을 받았다.
公园 gōngyuán 명 공원	我每天晚上去**公园**散步。 나는 매일 저녁 공원에 가서 산책을 한다.
图书馆 túshūguǎn 명 도서관	我喜欢在**图书馆**看书。 나는 도서관에서 책 보는 것을 좋아한다.
韩国 Hánguó 명 한국	我是**韩国**人。 나는 한국인이다.
回国 huíguó 동 귀국하다	我下个月就**回国**了。 나는 다음 달에 귀국하려고 한다.

13. 元 yuán, 远 yuǎn, 院 yuàn, 完 wán, 玩 wán

元 yuán 양 위안(화폐 단위)	这支铅笔三**元**。 이 연필은 3위안입니다.
远 yuǎn 형 멀다	我家离公司很**远**。 우리 집은 회사에서 멀다.
电影院 diànyǐngyuàn 명 영화관	我打算下班后去**电影院**看电影。 나는 퇴근 후에 영화관에 가서 영화를 볼 계획이다.
完成 wánchéng 동 완성하다	我必须要**完成**任务。 나는 반드시 임무를 완수해야 한다.
玩儿 wánr 동 놀다	这里很好**玩儿**。 여기는 아주 재미있다.

14. 船 chuán, 般 bān

船 chuán 명 배, 선박	我坐**船**去中国。 나는 배를 타고 중국에 간다.
一般 yìbān 형 일반적이다	我**一般**在家吃饭。 나는 보통 집에서 밥을 먹는다.

15. 半 bàn, 米 mǐ, 胖 pàng

半 bàn 수 반, 30분	我们**半**个小时后见面吧。 우리 30분 뒤에 만나자.
米 mǐ 양 미터	他个子一**米**八二。 그의 키는 182cm이다.
胖 pàng 형 뚱뚱하다, 살찌다	我最近太**胖**了。 나는 최근에 살이 너무 쪘다.

16. 票 piào, 漂 piào, 要 yào

票 piào 명 표, 티켓	他们在排队买**票**。 그들은 줄을 서서 표를 사고 있다.
漂亮 piàoliang 형 예쁘다	你很**漂亮**。 너는 너무 예뻐.
要 yào 동 필요하다 조동 ~하려고 하다	我**要**去图书馆准备考试。 나는 도서관에 가서 시험 준비를 하려고 한다.

17. 块 kuài, 快 kuài, 筷 kuài

块 kuài 양 위안(화폐 단위)	这件衣服三十**块**。 이 옷은 30위안이다.
快 kuài 형 빠르다	他跑得很**快**。 그는 달리기가 매우 빠르다.
筷子 kuàizi 명 젓가락	他会使用**筷子**吃饭。 그는 젓가락을 사용해서 밥을 먹을 수 있다.

18. 担 dān, 但 dàn

担心 dānxīn 동 걱정하다	妈妈**担心**孩子。 엄마는 아이를 걱정한다.
但是 dànshì 접 그러나	虽然外边下雨，**但是**我要去健身房锻炼身体。 비록 밖에 비가 오지만, 그러나 나는 헬스장에 가서 운동을 해야 한다.

19. 门 mén, 们 men, 问 wèn, 间 jiān, 简 jiǎn

出门 chūmén 동 외출하다	**出门**时要关上门。 외출할 때 문을 닫아야 한다.
我们 wǒmen 대 우리	**我们**一起去游泳吧。 우리 같이 수영하러 가자.
问题 wèntí 명 문제	这个**问题**很难。 이 문제는 너무 어렵다.
洗手间 xǐshǒujiān 명 화장실	**洗手间**在哪儿？ 화장실이 어디예요?
简单 jiǎndān 형 간단하다	这个问题很**简单**。 이 문제는 매우 간단하다.

쓰기 제2부분

| 공략 미리보기 |

합격 공략 67	앞뒤의 글자를 보고 단어를 완성하라!
합격 공략 68	[220점 이상 고득점] 비슷한 모양의 한자에 주의하라!

합격 공략 67 앞뒤의 글자를 보고 단어를 완성하라!

앞뒤의 글자가 핵심 힌트이다

빈칸의 앞뒤 글자를 살폈을 때 글자 하나가 부족하다면 알맞은 글자를 넣어야 한다. 앞뒤 글자와 한 단어를 이루면서 상단에 제시된 병음에 해당하는 글자를 써 넣는다.

1. 2음절 이상 단어의 앞 글자 쓰기

bàn
老师在(　　)公室准备上课。 선생님께서 사무실에서 수업을 준비하고 계신다.

빈칸 뒤에 公室가 있는데 이것은 단어가 아니다. 따라서 병음에 해당하는 办을 넣어서 办公室(사무실)을 완성해야 한다.

2. 2음절 이상 단어의 뒷 글자 쓰기

shì
最近孩子们看电(　　)的时间太长了。 최근 아이들이 TV를 보는 시간이 너무 길다.

빈칸 앞에 电이 있는데 电은 혼자 단어로 쓰이지 않는다. 병음에 해당하는 视를 넣어서 电视(TV)을 완성한다.

실전문제

gōng
明天(　　　)司要举行一个活动。

STEP 1 빈칸의 앞뒤 파악하기

明天(　　)司要举行一个活动。

내일 (　　)에서 행사를 하려고 한다.

전체 문장의 술어는 举行(거행하다)이고 빈칸 앞에는 부사어 明天(내일)이 있다. 빈칸은 司(sī)로 끝나는 2음절 명사 주어를 이루는 글자가 들어가야 한다.

STEP 2 알맞은 한자 쓰기

司(sī)로 끝나고 발음 gōng에 해당하는 글자는 公이다. 公司는 '회사'란 뜻이다.

정답 公

어휘 明天 míngtiān 명 내일　公司 gōngsī 명 회사　举行 jǔxíng 동 거행하다　活动 huódòng 명 행사, 활동

합격 공략 68 [220점 이상 고득점] 비슷한 모양의 한자에 주의하라!

비슷한 모양의 한자

한자에는 비슷한 모양의 것들이 많다. 작은 점 하나만으로도 뜻이 바뀌기 때문에 특히 쓸 때 주의해야 한다. 예를 들어 大는 '크다'라는 뜻인데, 여기에 점이 하나 있는 太는 '너무'라는 뜻을 가진다. 따라서 평소 단어를 외울 때 혼동하기 쉬운 비슷한 모양의 한자를 구분하여 외우도록 하자.

- 大 dà 형 크다 → 房间很大。 방이 아주 크다.
- 太 tài 부 너무 → 今天太热了。 오늘 너무 덥다.

실전문제

下一个节(　mù　)就是我们儿子的，你准备一下拍照。

STEP 1 빈칸의 앞뒤 파악하기

下一个节(　　)就是我们儿子的，你准备一下拍照。

다음 (　　)은 우리 아들 거예요. 사진 찍을 준비하세요.

전체 문장의 술어는 是(~이다)이다. 빈칸은 관형어 下一个(다음)의 수식을 받고 节(jié)로 시작하는 2음절 명사임을 알 수 있다.

STEP 2 알맞은 한자 쓰기

节(jié)로 시작하고 발음 mù에 해당하는 글자는 目이다. 节目는 '프로그램'이란 뜻이다. 비슷하게 생긴 단어 节日(명절)과 혼동하지 않도록 주의한다.

정답 目

어휘 下一个 xià yí ge 다음번　节目 jiémù 명 프로그램　儿子 érzi 명 아들　准备 zhǔnbèi 동 준비하다　拍照 pāizhào 동 사진을 찍다

쓰기 제2부분

실전 테스트 정답 & 해설_해설편 p.072

다음 빈칸에 알맞은 한자를 쓰세요.

1. 别担心，我家离火(chē)站很近，来得及。

2. 我最近开始学习(zhōng)文，很有意思。

3. 你对中国的茶(wén)化感兴趣吗？

4. 大家好，我姓王，叫王明，今(nián)20岁，认识大家我很高兴。

5. 我觉得找工作时，最重要的是知道(zì)己对什么感兴趣。

쓰기 제 2 부분

02

1음절 단어

앞뒤 어떤 단어와 호응하는지 파악하기

기본기 다지기 기본 개념 잡기 & 공략 미리보기

빈칸 앞뒤가 모두 독립된 단어라면 빈칸은 한 글자(1음절)로 이루어진 단어의 자리이다. 이 경우 문장의 구조와 뜻을 파악하여 빈칸에 들어갈 알맞은 단어를 넣어야 한다. 1음절 한자는 발음이 비슷할 때 혼동하기 쉬우므로 이번 챕터에서는 발음이 비슷한 1음절 한자를 집중적으로 살펴보자.

| 기본 개념 잡기 | 발음이 비슷한 한자와 발음이 여러 개인 한자

중국어에는 발음이 비슷한 한자가 많고, 한 글자에 발음이 여러 개인 한자도 있다. 따라서 빈칸 위의 발음만 보고 정답을 써서는 안되고 반드시 빈칸 앞뒤 단어와의 의미 관계를 파악해야 한다. 발음이 여러 개인 한자는 헷갈리기 쉬우므로 아래의 표를 참고하여 미리 학습해 두자.

1. 발음이 비슷한 한자

1. jìn 近, 进	
近 jìn 형 가깝다	从这儿到学校很**近**。 여기에서 학교까지 매우 가깝다.
进 jìn 동 들어오다, 들어가다	外边很冷，快**进**来。 밖에 너무 추워. 빨리 들어와.
2. zuò 做, 作, 坐	
做 zuò 동 하다	明天你打算**做**什么？ 내일 너 뭐 할 거야?
作业 zuòyè 명 숙제	**作业**写完了吗？ 숙제 다 했니?
坐 zuò 동 앉다	请**坐**。 앉으세요.
3. wán 完, 玩	
完 wán 동 끝나다	日记写**完**了。 일기를 다 썼다.
玩儿 wánr 동 놀다	今天**玩儿**得很高兴。 오늘 재밌게 놀았다.
4. yuán 元, 园	
元 yuán 양 위안(화폐 단위)	这把雨伞十**元**。 이 우산은 10위안이다.
公园 gōngyuán 명 공원	他们在**公园**打球。 그들은 공원에서 공놀이를 한다.
5. gōng 公, 工	
公共汽车 gōnggòngqìchē 명 버스	我每天坐**公共汽车**上班。 나는 매일 버스를 타고 출근한다.
工作 gōngzuò 명 일	我**工作**很忙。 일이 너무 바쁘다.
6. kuài 块, 快	
块 kuài 양 (구어) 위안(화폐 단위)	这本杂志四十五**块**。 이 잡지는 45위안입니다.
快 kuài 형 빠르다	你**快**点儿起床。 너 빨리 일어나.

7. bān 班, 搬	
班 bān 명 반	我们**班**同学都来了吗？ 우리 반 학생들은 다 왔니?
搬 bān 동 옮기다	你能帮我**搬**这张桌子吗？ 이 책상 좀 옮겨줄 수 있니?
8. dōng 东, 冬	
东西 dōngxi 명 물건	这个**东西**很轻。 이 물건은 매우 가볍다.
冬天 dōngtiān 명 겨울	我喜欢**冬天**。 나는 겨울을 좋아한다.
9. xiàng 向, 像	
向 xiàng 개 ~을 향해	**向**东走。 동쪽을 향해 가라.
像 xiàng 동 닮다	他**像**他爸爸。 그는 그의 아빠를 닮았다.
10. míng 明, 名	
明白 míngbai 동 이해하다	你**明白**了吗？ 이해했어?
名字 míngzi 명 이름	你叫什么**名字**？ 너 이름이 뭐야?
11. jiǎo 角, 脚	
角 jiǎo 양 중국의 화폐 단위(元의 1/10)	一元五**角** 1.5위안
脚 jiǎo 명 발	今天走路太多了，**脚**很疼。 오늘 너무 많이 걸어서 발이 아파.
12. jiào 叫, 教	
叫 jiào 동 ~라고 부르다	我**叫**你几次，你没听见吗？ 내가 몇 번이나 불렀는데, 안 들렸어?
教授 jiàoshòu 명 교수	今天才收到张**教授**的恢复。 오늘에서야 장 교수님의 회신을 받았다.
13. wèi 为, 位	
为 wèi 개 ~을 위하여, ~때문에	我**为**他高兴。 나는 그 때문에 기쁘다.
位 wèi 양 분	您几**位**？ 몇 분이세요?

2. 발음이 여러 개인 한자

1. 长 cháng, zhǎng	
长 cháng 형 길다	这条裙子有点儿**长**。 이 치마는 조금 길다.
长 zhǎng 동 자라다, 생기다	孩子**长**得真快。 아이는 정말 빨리 자란다.
2. 便 biàn, pián	
方便 fāngbiàn 형 편리하다	网上购物很**方便**。 인터넷 쇼핑은 매우 편리하다.
便宜 piányi 형 싸다, 저렴하다	这件衣服现在打八折，很**便宜**。 이 옷은 지금 20% 할인해서 매우 저렴하다.
3. 大 dà, dài	
大 dà 형 크다, (나이가) 많다	哥哥比我**大**。 형은 나보다 나이가 많다.
大夫 dàifu 명 의사	他是儿童医院的**大夫**。 그는 아동 병원 의사이다.

4. 还 hái, huán	
还 hái 부 아직	作业**还**没做完。 숙제를 아직 다 못했다.
还 huán 동 돌려주다	我明天把你的笔记**还**给你。 내가 내일 네 필기노트 돌려줄게.
5. 乐 lè, yuè	
快乐 kuàilè 형 즐겁다	祝你新年**快乐**。 새해 복 많이 받으세요.
音乐 yīnyuè 명 음악	我一边听**音乐**，一边看书。 난 음악을 들으면서 책을 보고 있다.
6. 觉 jué, jiào	
觉得 juéde 동 ~라고 생각하다	我**觉得**这本小说很有意思。 나는 이 소설이 재밌다고 생각한다.
睡觉 shuìjiào 동 잠을 자다	你快去**睡觉**吧。 너 빨리 가서 자.
7. 教 jiāo, jiào	
教 jiāo 동 가르치다	老师**教**我们汉语。 선생님께서는 우리에게 중국어를 가르쳐 주신다.
教室 jiàoshì 명 교실	**教室**里很安静。 교실은 매우 조용하다.
8. 过 guo, guò	
过 guo 조 ~한 적 있다	我吃**过**北京烤鸭。 나는 베이징 카오야를 먹어본 적 있다.
过 guò 동 보내다, 지나다	你打算怎么**过**生日？ 너는 어떻게 생일을 보낼 계획이니?
9. 好 hǎo, hào	
好 hǎo 형 좋다	今天天气很**好**。 오늘 날씨 매우 좋다.
爱好 àihào 명 취미	你的**爱好**是什么？ 네 취미는 무엇이니?
10. 发 fā, fà	
发 fā 동 보내다, 발급하다	我刚才**发**给你电子邮件了。 내가 방금 너에게 메일 보냈어.
头发 tóufa 명 머리카락	你的**头发**太长了，该理发了。 너 머리카락이 너무 길다. 좀 잘라야겠다.
11. 的 de, dī, dì	
的 de 조 ~의/~한	这是我**的**书。 이것은 나의 책이다.
打的 dǎdī 동 택시를 타다	要迟到了，我们**打的**去公司吧。 지각할 것 같아. 우리 택시 타고 회사 가자.
目的 mùdì 명 목적	他的**目的**很明确。 그의 목표는 매우 명확하다.
12. 地 de, dì	
地 de 조 ~하게	他认真**地**写汉字。 그는 한자를 열심히 쓴다.
地图 dìtú 명 지도	他们在看**地图**。 그들은 지도를 보고 있다.
13. 得 de, děi, dé	
得 de 조 술어와 보어 사이에 쓰여 결과, 정도, 가능을 나타냄	她汉语说**得**很流利。 그녀는 중국어를 유창하게 한다.
得 děi 조동 ~해야 한다	你**得**去学校学习。 너는 학교에 가서 공부해야 한다.
取得 qǔdé 동 취득하다	我**取得**了好成绩。 나는 좋은 성적을 얻었다.

| 공략 미리보기 |

합격 공략 69	앞뒤의 단어를 보고 알맞은 단어를 넣어라!
합격 공략 70	[220점 이상 고득점] 비슷한 발음을 가진 한자에 주의하라!

합격 공략 69 앞뒤의 단어를 보고 알맞은 단어를 넣어라!

1음절 단어 넣기

빈칸 앞뒤에 독립된 단어들이 있으면 빈칸은 1음절 단어의 자리이다. 빈칸에 알맞은 단어를 넣기 위해서는 먼저 문장 구조, 즉 어떤 성분(주어, 술어, 목적어, 관형어, 부사어)의 자리인지 파악해야 한다. 그리고 나서 상단의 발음에 해당하면서 앞뒤 단어와 의미가 연결되는 단어를 넣도록 한다.

mǎi
你回来的时候帮我(　　　)点儿水果，好不好？

STEP 1 빈칸의 앞뒤 파악하기

你回来的时候帮我(　　　)点儿水果，好不好？ 너 돌아올 때 과일 좀 (　　　) 줄 수 있어?

빈칸 앞에 帮我(나를 도와서)가 있고 뒤에 '(수사)+양사+명사'인 点儿水果(약간의 과일)가 있다. 따라서 빈칸은 2음절 이상인 단어의 한 글자가 아니라, 1음절 단어로서 水果를 목적어로 두는 술어가 들어가야 한다.

STEP 2 알맞은 한자 쓰기

동사이면서 발음 mǎi에 해당하는 글자는 买이다. 모양이 비슷한 한자 卖(팔다)와 혼동하지 않도록 주의한다.

정답 买

어휘 回来 huílái 동 돌아오다　的时候 de shíhou ~할 때, ~일 때　帮 bāng 동 돕다　买 mǎi 동 사다　一点儿 yìdiǎnr 양 조금　水果 shuǐguǒ 명 과일

합격 공략 70 [220점 이상 고득점] 비슷한 발음을 가진 한자에 주의하라!

발음이 비슷한 한자

중국어에는 모양은 다르지만 같은 발음을 가진 한자가 많다. 예를 들어 进(들어오다)과 近(가깝다)은 모두 발음이 jìn으로 같지만 모양은 다르다. 때문에 상단의 발음만 보고 한자를 혼동해서 쓰는 일이 없도록 모양을 구분해서 외워 두자.

jí	极 漂亮极了。 아주 예쁘다 级 他是几年级？ 그는 몇 학년이야?	wǎn	晚 咱们晚上去看电影吧。 우리 저녁에 영화를 보러 가자. 碗 他吃了两碗米饭。 그는 밥 두 공기를 먹었다.

jìn

从这儿到地铁站很(　　　)，走路五分钟就到了。

STEP 1 빈칸의 앞뒤 파악하기

从这儿到地铁站很(　　　)，走路五分钟就到了。

여기에서 지하철역까지는 아주 (　　　). 걸어서 5분이면 도착한다.

빈칸의 문장은 '여기에서 지하철역까지 아주 ~하다'라는 뜻이고, 빈칸 앞에 정도부사 很(아주)이 있으므로 빈칸은 형용사 술어 자리임을 알 수 있다.

STEP 2 알맞은 한자 쓰기

형용사이면서 발음 jìn에 해당하는 글자는 近이다. 발음이 같은 进(들다)과 혼동하지 않도록 주의한다.

정답 近

어휘 从A到B cóng A dào B A에서 B까지　地铁站 dìtiězhàn 명 지하철역　走路 zǒulù 동 걷다　分钟 fēnzhōng 명 분　就 jiù 부 곧, 바로

실전 테스트 정답 & 해설_해설편 p.073

다음 빈칸에 알맞은 한자를 쓰세요.

1. 这个电梯不到 8 层，(nín)可以坐左边的那个电梯。

2. 你看，那(zhī)大熊猫在吃东西，真可爱。

3. 妈，冰箱(li)有没有吃的？我有点儿饿了。

4. 我现在去书店买几本小说(hé)杂志，一起去吗？

5. 春天(lái)了，公园的花都开了，很漂亮。

미니모의고사

| 정답 & 해설 | 해설편 p.074

다음 빈칸에 알맞은 한자를 쓰세요.

1. 如果有什么需要帮忙的，你可以发(diàn)子邮件跟我联系。

2. 我喜欢夏天，因为这个季(jié)的西瓜最好吃了。

3. 我先对大家的(dào)来表示欢迎，希望你们在这儿度过愉快的一天。

4. 你饿了吧？等一下，饭一(huì)儿就好。

5. (tài)阳出来了，我们去公园散步吧。

6. 听说你(bān)家了，新房子怎么样？

7. 我(gǎn)冒了，嗓子有点儿不舒服。

8. 你暑假(dǎ)算去哪儿玩儿？

9. 我觉得这次考试很(nán)，你觉得怎么样？

10. 我喜欢这家咖啡厅，环境又(gān)净又舒服。

HSK 3급

고수들의 합격전략

4주 단기완성

실전모의고사

실전모의고사 1
실전모의고사 2

新汉语水平考试
HSK(三级)

注 意

一、HSK(三级)分三部分：

1. 听力(40题，约35分钟)
2. 阅读(30题，30分钟)
3. 书写(10题，15分钟)

二、 听力结束后，有5分钟填写答题卡。

三、 全部考试约90分钟(含考生填写个人信息时间5分钟)。

一、听力

第一部分

第 1-5 题

A

B

C

D

E

F

例如：男：喂，请问张经理在吗？

女：他正在开会，您半个小时以后再打，好吗？ D

1.

2.

3.

4.

5.

第 6-10 题

A

B

C

D

E

6. □

7. □

8. □

9. □

10. □

第二部分

第 11-20 题

例如：为了让自己更健康，他每天都花一个小时去锻炼身体。

★ 他希望自己很健康。 （ ✓ ）

今天我想早点儿回家。看了看手表，才5点。过了一会儿再看表，还是5点，我这才发现我的手表不走了。

★ 那块儿手表不是他的。 （ ✗ ）

11. ★ 他还没参加考试。 （ ）

12. ★ 妹妹已经搬家了。 （ ）

13. ★ 那件衬衫太大了。 （ ）

14. ★ 小关在电梯里。 （ ）

15. ★ 现在是秋天。 （ ）

16. ★ 快乐并不是很难的。 （ ）

17. ★ 他们正在打篮球。 （ ）

18. ★ 夏天西瓜不贵。 （ ）

19. ★ 手机给我们的生活带来了很多方便。 （ ）

20. ★ 现在他不想睡觉。 （ ）

第三部分

第 21-30 题

例如：男：小王，帮我开一下门，好吗？谢谢！
女：没问题。您去超市了？买了这么多东西。
问：男的想让小王做什么？
A 开门　　B 拿东西　　C 去超市买东西

21. A 小狗　　B 小猫　　C 小鸟

22. A 邻居　　B 师生　　C 同事

23. A 很重　　B 很舒服　　C 太贵了

24. A 体育　　B 历史　　C 数学

25. A 司机　　B 医生　　C 服务员

26. A 在减肥　　B 刷牙了　　C 吃饱了

27. A 电影院　　B 宾馆　　C 大使馆

28. A 爬山　　B 画画　　C 跳舞

29. A 在买东西　　B 在做蛋糕　　C 在踢足球

30. A 很便宜　　B 很新鲜　　C 很好吃

第四部分

第 31-40 题

例如：女：晚饭做好了，准备吃饭了
　　　男：等一会儿，比赛还有三分钟就结束了。
　　　女：快点儿吧，一起吃，菜冷了就不好吃了。
　　　男：你先吃，我马上就看完了。
　　　问：男的在做什么？
　　　A 洗澡　　B 吃饭　　C 看电视

31. A 变瘦了　B 长胖了　C 个子矮

32. A 太重了　B 很有用　C 太旧了

33. A 太忙了　B 天气不好　C 生病了

34. A 没带眼镜　B 没拿铅笔　C 忘带了钱包

35. A 字典　B 照相机　C 手表

36. A 起晚了　B 堵车了　C 错过车了

37. A 注意健康　B 打扫厨房　C 照顾父母

38. A 文化　B 体育　C 汉语

39. A 坐火车　B 坐飞机　C 坐船

40. A 中国天气　B 东方文化　C 西方历史

二、阅 读
第一部分

第 41-45 题

A 你刚才把它放在行李箱里了。

B 昨天晚上的比赛你看了吗？

C 妈妈，上海在我们的东边还是西边？

D 有位客人把手表忘在那里了。

E 当然，我们先坐公共汽车，然后换地铁。

F 你的脸怎么这么红啊，喝酒了吗？

例如：你知道怎么去哪儿吗？ （ E ）

41. 前半场开始不到15分钟，差点儿就进球了。 （ ）

42. 小刘，你到808号去看看。 （ ）

43. 哥，你看见我的护照了吗？ （ ）

44. 你来看一下这张中国地图，就在这儿。 （ ）

45. 不，我今天有点儿发烧，身体不舒服。 （ ）

第 46-50 题

A 小关，你今天怎么又迟到了？

B 你出门的时候记得带伞，伞就在桌上。

C 你的自行车怎么突然坏了？

D 很多学生都喜欢去图书馆看书。

E 我就买了一条裙子，她穿这条一定很漂亮。

46. 这主要是因为那儿的学习环境又好又安静。 (   )

47. 不好意思，让你久等了，路上堵车了。 (   )

48. 天有点儿阴，恐怕会下雨。 (   )

49. 我的车用了很久了，最近经常出问题，我想换一辆新的。 (   )

50. 明天是你妻子的生日，你买了什么礼物？ (   )

第二部分

第 51-55 题

A 公园　B 碗　C 迟到　D 一直　E 声音　F 甜

例如：她说话的（ E ）多好听啊！

51. 你们吃饱了吗？要不要再来一（　　）面条？

52. 明天的会议非常重要，别（　　）了。

53. 奶奶每天早上都去（　　）锻炼身体，所以很健康。

54. 这杯葡萄汁真（　　）啊！你们来尝尝。

55. 从今天上午开始，外面（　　）在下雨，有点儿冷。

第 56-60 题

A 一共　B 提高　C 如果　D 爱好　E 明白　F 特别

例如：A：你有什么（　D　）？
　　　B：我喜欢体育。

56. A：你家离学校近吗？
　　B：（　　　）骑自行车的话，10分钟就到了。

57. A：明天（　　　）有四个人去机场。
　　B：那么我们需要一辆车就行了。

58. A：你的汉语水平（　　　）了很多，有什么好办法吗？
　　B：我平时常跟中国朋友聊天儿。

59. A：你看，这孩子长得挺像她妈妈的。
　　B：对啊，（　　　）是眼睛，又大又漂亮。

60. A：我还以为你听（　　　）了呢。
　　B：对不起，这道数学题我还是不太清楚，你再给我讲一遍，好不好？

第三部分

第 61-70 题

例如：您是来参加今天会议的吗？您来早了一点儿，现在才八点半。您先进来坐吧。

★ 会议最可能几点开始？

A 8点　　B 8点半　　C 9点

61. 我们学校前面有家面包店，那儿卖的蛋糕非常好吃，我们去那儿一边吃蛋糕一边喝茶吧。

★ 那家面包店的蛋糕：

A 很一般　　B 有点儿贵　　C 好吃极了

62. 这件衬衫是我前几天在网上买的。虽然颜色和在网上看到的有些不同，可是没想到穿着很舒服，朋友们都说很漂亮，我很满意。

★ 说话人是什么意思？

A 不太合适　　B 比较满意　　C 穿着不舒服

63. 中国有句话叫“当耳边风”，意思是不管别人对你说什么，你总是听不进。左耳朵进，右耳朵出，不放在心上。

★“当耳边风”表示：

A 害怕变化　　B 比较满意　　C 没放心上

64. 每个人都会有自己的兴趣爱好，有的人爱旅行，有的人爱做菜。我的爱好就是运动，只要有时间，我就到外面打篮球、跑步、踢足球等，做运动能让人变得更健康。

★ 做运动让他：

A 变得健康　　B 学到很多　　C 想去旅行

65. 很多人认为做决定前一定要好好想想。其实有时候机会不会一直等着你，所以不要想太长时间，你想做什么就去做。

★ 说话人认为：

A 相信别人　　B 想好了就去做　　C 照顾自己

66. 在中国，离开饭店的时候，服务员可能会对你说“请慢走”。其实他们的意思不是真的让你慢点儿走，而是让你路上小心点儿。

★ 服务员说“请慢走”，最可能是什么意思？

A 欢迎您再来　　B 让你路上小心　　C 让你走得慢

67. 有些事情只能自己去决定和选择，所以我们应该学会自己想办法解决问题，不能总是等着别人来帮忙。

★ 根据这段话，我们要：

A 关心别人　　B 和朋友聊天　　C 自己解决问题

68. 我有个3岁的儿子，他从小就喜欢听音乐。他哭的时候，只要给他听音乐或唱歌，他马上就不哭了，好像什么也没发生过。

★ 她儿子：

A 爱听音乐　　B 喜欢游泳　　C 经常画画儿

69. 我今年29岁，还没结婚，也没有女朋友。所以我父母总是为我结婚的事很着急，但是对我来说，现在工作比结婚更重要，我不想太早结婚。

★ 根据这段话，可以知道他：

A 想早结婚　　B 快结婚了　　C 对结婚不感兴趣

70. 上个星期我跟家人一起去广州玩了几天。那里和北方很不一样，特别是天气，虽然现在是冬天，但是不像北方那么冷，而且能看到很多鲜花。

★ 根据这段话，可以知道他：

A 去过广州　　B 是南方人　　C 不喜欢冷

三、书 写
第一部分

第 71-75 题

例如：小船　　上　　一　　河　　条　　有

河上有一条小船。

71. 关校长　　很不　　对你的回答　　满意

72. 喝完了　　那盒　　牛奶被　　我

73. 他的　　提高得　　比较快　　成绩

74. 还没　　学会用　　筷子　　弟弟

75. 小猫　　那只　　啊　　可爱　　真

第二部分

第 76-80 题

例如：没（ guān 关 ）系，别难过，高兴点儿。

76. 睡觉前刷牙（ shì ）一种很好的习惯。

77. 秋天（ yǐ ）经到了，街道两边的树叶都变成了金黄色的，特别漂亮。

78. 我觉得健康比工作（ gèng ）重要。

79. 我妹妹昨天在网上买了条裙子，（ cái ）五百多块钱，非常便宜。

80. 这个季节的葡萄又新鲜又（ hǎo ）吃。

新汉语水平考试
HSK(三级)

注　意

一、HSK(三级)分三部分：

1. 听力(40题，约35分钟)
2. 阅读(30题，30分钟)
3. 书写(10题，15分钟)

二、 听力结束后，有5分钟填写答题卡。

三、 全部考试约90分钟(含考生填写个人信息时间5分钟)。

一、听 力

第一部分

第 1-5 题

A

B

C

D

E

F

例如：男：喂，请问张经理在吗？

女：他正在开会，您半个小时以后再打，好吗？ D

1.

2.

3.

4.

5.

第 6-10 题

A

B

C

D

E

6. □

7. □

8. □

9. □

10. □

第二部分

第 11-20 题

例如：为了让自己更健康，他每天都花一个小时去锻炼身体。

★ 他希望自己很健康。 (✓)

今天我想早点儿回家。看了看手表，才5点。过了一会儿再看表，还是5点，我这才发现我的手表不走了。

★ 那块儿手表不是他的。 (✗)

11. ★ 他喜欢看书。 (   )

12. ★ 他明白了那个句子。 (   )

13. ★ 聪明的人认为机会经常有。 (   )

14. ★ 他要的衣服卖完了。 (   )

15. ★ 他终于找到那本书了。 (   )

16. ★ 那儿冬天很冷。 (   )

17. ★ 那件衣服很便宜。 (   )

18. ★ 他想换衣服。 (   )

19. ★ 他要出国旅游了。 (   )

20. ★ 那条鱼很新鲜。 (   )

第三部分

第 21-30 题

例如：男：小王，帮我开一下门，好吗？谢谢！
　　　女：没问题。您去超市了？买了这么多东西。
　　　问：男的想让小王做什么？
　　　A 开门　　B 拿东西　　C 去超市买东西

21. A 新职员　B 王阿姨　C 马医生

22. A 学校　B 滑雪场　C 邮局

23. A 停电了　B 电梯人太多了　C 想锻炼身体

24. A 看不清字　B 在运动　C 想吃饭

25. A 公司　B 运动场　C 机场

26. A 明年　B 今年　C 去年

27. A 很热　B 下雨　C 非常冷

28. A 看书　B 喝茶　C 运动

29. A 酒店　B 商店　C 游泳馆

30. A 他想休息　B 他要去医院　C 他要准备考试

第四部分

第 31-40 题

例如：女：晚饭做好了，准备吃饭了。
　　　男：等一会儿，比赛还有三分钟就结束了。
　　　女：快点儿吧，一起吃，菜冷了就不好吃了。
　　　男：你先吃，我马上就看完了。
　　　问：男的在做什么？

A 洗澡　　B 吃饭　　C 看电视

31. A 医院　　B 图书馆　　C 车站

32. A 在喝茶　　B 不认识路　　C 要买衣服

33. A 做菜　　B 打扫房间　　C 看电视

34. A 爬山　　B 旅游　　C 逛街

35. A 10:30　　B 11:30　　C 12:30

36. A 很热　　B 阴天　　C 晴天

37. A 不去上班　　B 感冒了　　C 在睡觉

38. A 生病了　　B 很麻烦　　C 要写作业

39. A 累了　　B 手机不见了　　C 高兴了

40. A 卖完了　　B 不新鲜　　C 太贵了

二、阅 读

第一部分

第 41-45 题

A 办公室里怎么这么热?

B 请问，国家图书馆怎么走?

C 我打算带儿子去动物园，他非常喜欢动物。

D 你先坐下来休息一下吧。

E 当然，我们先坐公共汽车，然后换地铁。

F 我记得他小时候很矮，没想到现在这么高了。

例如：你知道怎么去哪儿吗? (E)

41. 周末你打算做什么? (　　)

42. 做了两个小时的运动，真累啊! (　　)

43. 空调坏了，我们开窗户吧。 (　　)

44. 我儿子今年才17岁，就长到一米八了。 (　　)

45. 一直往前走，就能看到。 (　　)

第 46-50 题

A 妈妈，我想看一会儿电视。

B 我怕你迟到，你还是早点儿出发吧。

C 我戴这顶帽子怎么样？

D 我每天都很忙。

E 这种花我还是第一次见。

46. 很好看，颜色很适合你，你在哪儿买的？ （ ）

47. 它的叶子长得真奇怪。 （ ）

48. 除了工作，我还要做家务，照顾孩子。 （ ）

49. 好吧，不过看完了就要睡觉啊。 （ ）

50. 喂，现在路上堵车堵得很厉害。 （ ）

第二部分

第 51-55 题

A 生日　B 双　C 关　D 一定　E 声音　F 安静

例如：她说话的(　E　)多好听啊！

51. 这家咖啡厅又（　　　）又舒服。

52. 这（　　　）鞋很好看，我可以试试吗？

53. 祝你（　　　）快乐，这是我送你的礼物，希望你喜欢。

54. 外边在刮风，（　　　）上窗户，好吗？

55. 我们明天早上八点出发，你（　　　）要按时到机场。

第 56-60 题

A 参加　B 清楚　C 洗手间　D 爱好　E 突然　F 糖

例如：A：你有什么（　D　）？
　　　B：我喜欢体育。

56. A：请问，（　　　）在哪儿？
　　B：先往前走，到电梯前边往右拐，就能看到。

57. A：您好，您需要什么饮料？
　　B：我要一杯咖啡，不加（　　　），谢谢。

58. A：怎么（　　　）下雨了，你带雨伞了吗？
　　B：我有两把，先借你用一下吧。

59. A：你怎么了？
　　B：我看不（　　　）黑板上的字，我们坐前边吧。

60. A：你怎么还不睡觉？
　　B：我明天（　　　）足球比赛，很紧张。

第三部分

第 61-70 题

例如：您是来参加今天会议的吗？您来早了一点儿，现在才八点半。您先进来坐吧。

★ 会议最可能几点开始？

A 8点　　B 8点半　　C 9点

61. 今天早上下大雪了，我在车站等了 30 分钟，可是公共汽车还不来，我很担心迟到，就打车来公司了。

★ 他今天早上：

A 起得很晚　　B 肚子疼　　C 坐出租车上班

62. 如果想学好一种外语，就要了解那个国家的历史和文化，最好到那个国家走一走，看一看，这样才能学好外语。

★ 根据这段话，要学好一种外语：

A 去补习班　　B 了解历史文化　　C 多背单词

63. 中国有句话叫“不怕慢，只怕站”。意思是说无论学习还是工作不怕做得有多慢，只要坚持下去，就一定会成功。

★ 这段话主要想告诉我们：

A 要学会放弃　　B 要一直努力　　C 要变化

64. 房子又大又干净，有山有树，周围环境也不错。我很满意，但是还是要和妻子商量，以后再和你联系。

★ 说话人在做什么？

A 找房子　　B 买水果　　C 问路

65. 我爸爸今年 70 多岁了，但是看起来很年轻。他告诉我，要想年轻，要注意三点：第一要多做运动，第二要保持乐观的态度，第三不要发脾气。

★ 他爸爸认为，想年轻就应该：

A 要保养皮肤　　B 常常去医院　　C 多锻炼身体

66. 我很喜欢旅行，一有时间就去，这么多年来，我几乎到过世界各国，所以我最近写了一本关于旅行方面的书。

★ 关于他：

A 喜欢旅游　　B 喜欢吃水果　　C 是老师

67. 这只小狗是我朋友的，他要去出差，让我帮他照顾几天。小狗很听话，也很可爱。我家的孩子也非常喜欢它。

★ 关于那只狗，可以知道什么？

A 生病了　　B 很可爱　　C 很麻烦

68. 同学们，我们现在要回宾馆了，今天玩儿得怎么样？高兴吗？回宾馆以后好好儿休息，明天早上八点在宾馆门口集合。

★ 根据这段话，可以知道什么？

A 要准时吃药　　B 在打扫房间　　C 明天八点集合

69. 有些女孩儿认为越瘦越漂亮，为了能变瘦，不吃饭，通过节食来减肥，但是这样做对身体不太好。其实健康才是最重要的，想要减肥应该多做运动。

★ 这段话告诉我们什么？

A 要学习外语　　B 健康最重要　　C 要读书

70. 办公室的传真机突然不能用了，好像坏了，等会儿叫小张过来看一下。这分资料先用电子邮件发一下吧。

★ 传真机：

A 很贵　　B 没电　　C 坏了

三、书 写

第一部分

第 71-75 题

例如：小船　上　一　河　条　有

河上有一条小船。

71. 很　满意　老师对　我的回答

72. 火车　出发　马上　了　就要

73. 她的　又大又圆　眼睛

74. 把　打扫　房子　干净了　我

75. 很　说得　汉语　他　流利

第二部分

第 76-80 题

例如：没（ guān 关 ）系，别难过，高兴点儿。

76. 我在学习时有（ tīng ）音乐的习惯，你有没有这种习惯呢？

77. （ xué ）校附近有一家中国餐厅，听说那里的菜很好吃。

78. 雨下得这么大，不（ zhī ）道能不能准时到机场。

79. 我儿子今年8岁，他又聪（ míng ）又可爱。

80. 我（ dǎ ）算大学毕业后出国留学。

〈답안지 작성법〉

新汉语水平考试
HSK（三级）答题卡

请填写考生信息

请按照考试证件上的姓名填写：수험표 상의 영문성명을 기입하세요.

姓名	Kim Gildong

如果有中文姓名，请填写：수험표 상의 중문(한자)성명을 기입하세요.

中文姓名	金 吉 东

수험표 상의 수험 번호를 아라비아 숫자로 쓴 후 마킹하세요.

考生序号		
	1	[0] ■ [2] [3] [4] [5] [6] [7] [8] [9]
	2	[0] [1] ■ [3] [4] [5] [6] [7] [8] [9]
	3	[0] [1] [2] ■ [4] [5] [6] [7] [8] [9]
	4	[0] [1] [2] [3] ■ [5] [6] [7] [8] [9]
	5	[0] [1] [2] [3] [4] ■ [6] [7] [8] [9]

请填写考生信息

고사장 번호를 아라비아 숫자로 쓴 후 마킹하세요.

考点序号		
	1	[0] ■ [2] [3] [4] [5] [6] [7] [8] [9]
	2	[0] [1] ■ [3] [4] [5] [6] [7] [8] [9]
	3	[0] [1] [2] ■ [4] [5] [6] [7] [8] [9]
	4	[0] [1] [2] [3] ■ [5] [6] [7] [8] [9]
	5	[0] [1] [2] [3] [4] ■ [6] [7] [8] [9]
	6	[0] [1] [2] [3] [4] [5] ■ [7] [8] [9]
	7	[0] [1] [2] [3] [4] [5] [6] ■ [8] [9]

국적 번호를 아라비아 숫자로 쓴 후 마킹하세요.

国籍		
	1	[0] [1] [2] [3] [4] ■ [6] [7] [8] [9]
	2	[0] [1] ■ [3] [4] [5] [6] [7] [8] [9]
	3	[0] [1] [2] ■ [4] [5] [6] [7] [8] [9]

만 나이를 쓴 후 마킹하세요.

年龄		
	1	[0] [1] ■ [3] [4] [5] [6] [7] [8] [9]
	2	[0] [1] [2] [3] [4] ■ [6] [7] [8] [9]

성별에 마킹하세요.

性别	男 ■	女 [2]

注意	请用2B铅笔这样写：■ 2B 연필로 정답을 마킹하세요.

一、听力

1. [A] [B] [C] [D] [F]
2. [A] [B] [C] [D] [F]
3. [A] [B] [C] [D] [F]
4. [A] [B] [C] [D] [F]
5. [A] [B] [C] [D] [F]

6. [A] [B] [C] [D] [F]
7. [A] [B] [C] [D] [F]
8. [A] [B] [C] [D] [F]
9. [A] [B] [C] [D] [F]
10. [A] [B] [C] [D] [F]

문항 배열 방향에 주의하세요.

11. [✓] [✗]
12. [✓] [✗]
13. [✓] [✗]
14. [✓] [✗]
15. [✓] [✗]

16. [✓] [✗]
17. [✓] [✗]
18. [✓] [✗]
19. [✓] [✗]
20. [✓] [✗]

21. [A] [B] [C]
22. [A] [B] [C]
23. [A] [B] [C]
24. [A] [B] [C]
25. [A] [B] [C]

26. [A] [B] [C]
27. [A] [B] [C]
28. [A] [B] [C]
29. [A] [B] [C]
30. [A] [B] [C]

31. [A] [B] [C]
32. [A] [B] [C]
33. [A] [B] [C]
34. [A] [B] [C]
35. [A] [B] [C]

36. [A] [B] [C]
37. [A] [B] [C]
38. [A] [B] [C]
39. [A] [B] [C]
40. [A] [B] [C]

二、阅读

41. [A] [B] [C] [D] [F]
42. [A] [B] [C] [D] [F]
43. [A] [B] [C] [D] [F]
44. [A] [B] [C] [D] [F]
45. [A] [B] [C] [D] [F]

46. [A] [B] [C] [D] [F]
47. [A] [B] [C] [D] [F]
48. [A] [B] [C] [D] [F]
49. [A] [B] [C] [D] [F]
50. [A] [B] [C] [D] [F]

51. [A] [B] [C] [D] [F]
52. [A] [B] [C] [D] [F]
53. [A] [B] [C] [D] [F]
54. [A] [B] [C] [D] [F]
55. [A] [B] [C] [D] [F]

56. [A] [B] [C] [D] [F]
57. [A] [B] [C] [D] [F]
58. [A] [B] [C] [D] [F]
59. [A] [B] [C] [D] [F]
60. [A] [B] [C] [D] [F]

61. [A] [B] [C]
62. [A] [B] [C]
63. [A] [B] [C]
64. [A] [B] [C]
65. [A] [B] [C]

66. [A] [B] [C]
67. [A] [B] [C]
68. [A] [B] [C]
69. [A] [B] [C]
70. [A] [B] [C]

三、书写

71. ______________________________
72. ______________________________
73. ______________________________
74. ______________________________
75. ______________________________

76. ☐　77. ☐　78. ☐　79. ☐　80. ☐

실전모의고사 제1회 답안지

新汉语水平考试
HSK（三级）答题卡

请填写考生信息

请按照考试证件上的姓名填写：

姓名	

如果有中文姓名，请填写：

中文姓名	

考生序号		
	1	[0] [1] [2] [3] [4] [5] [6] [7] [8] [9]
	2	[0] [1] [2] [3] [4] [5] [6] [7] [8] [9]
	3	[0] [1] [2] [3] [4] [5] [6] [7] [8] [9]
	4	[0] [1] [2] [3] [4] [5] [6] [7] [8] [9]
	5	[0] [1] [2] [3] [4] [5] [6] [7] [8] [9]

请填写考生信息

考点序号		
	1	[0] [1] [2] [3] [4] [5] [6] [7] [8] [9]
	2	[0] [1] [2] [3] [4] [5] [6] [7] [8] [9]
	3	[0] [1] [2] [3] [4] [5] [6] [7] [8] [9]
	4	[0] [1] [2] [3] [4] [5] [6] [7] [8] [9]
	5	[0] [1] [2] [3] [4] [5] [6] [7] [8] [9]
	6	[0] [1] [2] [3] [4] [5] [6] [7] [8] [9]
	7	[0] [1] [2] [3] [4] [5] [6] [7] [8] [9]

国籍		
	1	[0] [1] [2] [3] [4] [5] [6] [7] [8] [9]
	2	[0] [1] [2] [3] [4] [5] [6] [7] [8] [9]
	3	[0] [1] [2] [3] [4] [5] [6] [7] [8] [9]

年龄		
	1	[0] [1] [2] [3] [4] [5] [6] [7] [8] [9]
	2	[0] [1] [2] [3] [4] [5] [6] [7] [8] [9]

性别	男 [1]	女 [2]

注意	请用2B铅笔这样写：▬

一、听力

1. [A] [B] [C] [D] [F]
2. [A] [B] [C] [D] [F]
3. [A] [B] [C] [D] [F]
4. [A] [B] [C] [D] [F]
5. [A] [B] [C] [D] [F]
6. [A] [B] [C] [D] [F]
7. [A] [B] [C] [D] [F]
8. [A] [B] [C] [D] [F]
9. [A] [B] [C] [D] [F]
10. [A] [B] [C] [D] [F]

11. [✓] [✗]
12. [✓] [✗]
13. [✓] [✗]
14. [✓] [✗]
15. [✓] [✗]
16. [✓] [✗]
17. [✓] [✗]
18. [✓] [✗]
19. [✓] [✗]
20. [✓] [✗]
21. [A] [B] [C]
22. [A] [B] [C]
23. [A] [B] [C]
24. [A] [B] [C]
25. [A] [B] [C]

26. [A] [B] [C]
27. [A] [B] [C]
28. [A] [B] [C]
29. [A] [B] [C]
30. [A] [B] [C]
31. [A] [B] [C]
32. [A] [B] [C]
33. [A] [B] [C]
34. [A] [B] [C]
35. [A] [B] [C]
36. [A] [B] [C]
37. [A] [B] [C]
38. [A] [B] [C]
39. [A] [B] [C]
40. [A] [B] [C]

二、阅读

41. [A] [B] [C] [D] [F]
42. [A] [B] [C] [D] [F]
43. [A] [B] [C] [D] [F]
44. [A] [B] [C] [D] [F]
45. [A] [B] [C] [D] [F]
46. [A] [B] [C] [D] [F]
47. [A] [B] [C] [D] [F]
48. [A] [B] [C] [D] [F]
49. [A] [B] [C] [D] [F]
50. [A] [B] [C] [D] [F]

51. [A] [B] [C] [D] [F]
52. [A] [B] [C] [D] [F]
53. [A] [B] [C] [D] [F]
54. [A] [B] [C] [D] [F]
55. [A] [B] [C] [D] [F]
56. [A] [B] [C] [D] [F]
57. [A] [B] [C] [D] [F]
58. [A] [B] [C] [D] [F]
59. [A] [B] [C] [D] [F]
60. [A] [B] [C] [D] [F]

61. [A] [B] [C]
62. [A] [B] [C]
63. [A] [B] [C]
64. [A] [B] [C]
65. [A] [B] [C]
66. [A] [B] [C]
67. [A] [B] [C]
68. [A] [B] [C]
69. [A] [B] [C]
70. [A] [B] [C]

三、书写

71. ______________________________
72. ______________________________
73. ______________________________
74. ______________________________
75. ______________________________

76. ☐
77. ☐
78. ☐
79. ☐
80. ☐

실전모의고사 제2회 답안지

新汉语水平考试
HSK（三级）答题卡

请填写考生信息

请按照考试证件上的姓名填写：

姓名	

如果有中文姓名，请填写：

中文姓名	

考生序号		
	1	[0] [1] [2] [3] [4] [5] [6] [7] [8] [9]
	2	[0] [1] [2] [3] [4] [5] [6] [7] [8] [9]
	3	[0] [1] [2] [3] [4] [5] [6] [7] [8] [9]
	4	[0] [1] [2] [3] [4] [5] [6] [7] [8] [9]
	5	[0] [1] [2] [3] [4] [5] [6] [7] [8] [9]

请填写考生信息

考点序号		
	1	[0] [1] [2] [3] [4] [5] [6] [7] [8] [9]
	2	[0] [1] [2] [3] [4] [5] [6] [7] [8] [9]
	3	[0] [1] [2] [3] [4] [5] [6] [7] [8] [9]
	4	[0] [1] [2] [3] [4] [5] [6] [7] [8] [9]
	5	[0] [1] [2] [3] [4] [5] [6] [7] [8] [9]
	6	[0] [1] [2] [3] [4] [5] [6] [7] [8] [9]
	7	[0] [1] [2] [3] [4] [5] [6] [7] [8] [9]

国籍		
	1	[0] [1] [2] [3] [4] [5] [6] [7] [8] [9]
	2	[0] [1] [2] [3] [4] [5] [6] [7] [8] [9]
	3	[0] [1] [2] [3] [4] [5] [6] [7] [8] [9]

年龄		
	1	[0] [1] [2] [3] [4] [5] [6] [7] [8] [9]
	2	[0] [1] [2] [3] [4] [5] [6] [7] [8] [9]

性别	男 [1]	女 [2]

注意	请用2B铅笔这样写：▬

一、听力

1. [A] [B] [C] [D] [F]	6. [A] [B] [C] [D] [F]	
2. [A] [B] [C] [D] [F]	7. [A] [B] [C] [D] [F]	
3. [A] [B] [C] [D] [F]	8. [A] [B] [C] [D] [F]	
4. [A] [B] [C] [D] [F]	9. [A] [B] [C] [D] [F]	
5. [A] [B] [C] [D] [F]	10. [A] [B] [C] [D] [F]	
11. [✓] [✗]	16. [✓] [✗]	21. [A] [B] [C]
12. [✓] [✗]	17. [✓] [✗]	22. [A] [B] [C]
13. [✓] [✗]	18. [✓] [✗]	23. [A] [B] [C]
14. [✓] [✗]	19. [✓] [✗]	24. [A] [B] [C]
15. [✓] [✗]	20. [✓] [✗]	25. [A] [B] [C]
26. [A] [B] [C]	31. [A] [B] [C]	36. [A] [B] [C]
27. [A] [B] [C]	32. [A] [B] [C]	37. [A] [B] [C]
28. [A] [B] [C]	33. [A] [B] [C]	38. [A] [B] [C]
29. [A] [B] [C]	34. [A] [B] [C]	39. [A] [B] [C]
30. [A] [B] [C]	35. [A] [B] [C]	40. [A] [B] [C]

二、阅读

41. [A] [B] [C] [D] [F]	46. [A] [B] [C] [D] [F]
42. [A] [B] [C] [D] [F]	47. [A] [B] [C] [D] [F]
43. [A] [B] [C] [D] [F]	48. [A] [B] [C] [D] [F]
44. [A] [B] [C] [D] [F]	49. [A] [B] [C] [D] [F]
45. [A] [B] [C] [D] [F]	50. [A] [B] [C] [D] [F]
51. [A] [B] [C] [D] [F]	56. [A] [B] [C] [D] [F]
52. [A] [B] [C] [D] [F]	57. [A] [B] [C] [D] [F]
53. [A] [B] [C] [D] [F]	58. [A] [B] [C] [D] [F]
54. [A] [B] [C] [D] [F]	59. [A] [B] [C] [D] [F]
55. [A] [B] [C] [D] [F]	60. [A] [B] [C] [D] [F]
61. [A] [B] [C]	66. [A] [B] [C]
62. [A] [B] [C]	67. [A] [B] [C]
63. [A] [B] [C]	68. [A] [B] [C]
64. [A] [B] [C]	69. [A] [B] [C]
65. [A] [B] [C]	70. [A] [B] [C]

三、书写

71. ______________________________

72. ______________________________

73. ______________________________

74. ______________________________

75. ______________________________

76. ☐ 77. ☐ 78. ☐ 79. ☐ 80. ☐

Book Master :

도서구입 및 내용문의 **1600-3600**

책 출간 이후에도 끝까지 최선을 다하는 시대고시기획!
도서 출간 이후에 발견되는 오류와 바뀌는 시험정보, 기출문제, 도서 업데이트 자료 등을 홈페이지 자료실 및 시대북 통합서비스 앱을 통해 알려 드리고 있습니다. 또한, 도서가 파본인 경우에는 구입하신 곳에서 교환해드립니다. **www.sidaegosi.com**

편집진행 이지현 · 신기원 · 박은경 | 표지디자인 이미애 | 본문디자인 양혜련 · 안아현

PROFILE

이지현

- [현] YBM어학원 강남센터 HSK 4~5급 대표강사
- [전] 신구대학교 국제어학원 HSK강의
- [전] 시사중국어학원 강남캠퍼스 대표강사
- [전] CJ 제일제당, 프레시웨이, (주)아워홈 등 기업체 출강
- [전] 2019 Global K-Wedding Fair 중국어MC
- [전] 2019 광주비엔날레 중국VIP 의전통역
- 한국외국어대학교 교육대학원 중국어교육 석사 재학
- 단국대학교 중국어학과 졸업
- 주요 저서 「SISATIP Step Ⅲ (1권, 2권)」 (시사중국어사)
- 주요 동영상 강의 「SISATIP Step Ⅲ (1권, 2권)」 외 다수

김보름

- [현] YBM어학원 강남센터 부원장
- [전] 문정아중국어연구소 부장
- [전] 윈글리쉬어학원/와삭주니어 팀장
- 요녕대학교 중국어학과 학사
- 주요 저서 「basis 중국어 1, 2」(동양북스)

김혜연

- [현] YBM어학원 강남센터 basis 중국어 대표강사
- [전] 종로 시사중국어학원 HSK3급, 중국어 어법 강사
- [전] 수원 에이블어학원 중국어 대표강사
- 한양대학교 중국학과 졸업
- 북경외국어대학교 어학연수
- 주요 저서 「신HSK PT 3급」(시사중국어사)

이선민

- [현] 교육업체 LSM 대표
- [현] 기업체 사내교육, 인텐시브 과정 전문 강의
- [전] YBM어학원 강남센터 HSK 대표강사
- [전] 경인여자대학교 중국어강사
- [전] 삼성전자, 현대자동차, SK, LG, 아시아나 등 기업체 사내교육
- [전] 동계아시안게임 통번역
- 중국 길림대학교 법학과 졸업
- 주요 저서 「정반합 신HSK 4급」 (동양북스)
- 주요 동영상 강의 「정반합 신HSK 4급」, 「HSK 이거 하나면 끝! 4급, 5급」, 「집중중국어 1권, 2권」 외 다수

陈英 감수

- [현] 배화여자대학 비즈니스중국어과 외국인전임교수
- [전] 杭州방송국 기자, <共和国之晨>프로그램 진행자
- [전] 浙江旅游学院 겸임교수
- 中国传媒大学 아나운서진행학과 졸업
- 浙江大学 중문과 졸업
- 山东大学 중문과 석사 졸업
- 北京师范大学哲学社会科学学院 철학과 박사 졸업

MP3 다운로드 안내

※ 별도의 MP3 다운로드 없이 오른쪽 QR코드를 통해 유튜브에서 실시간 MP3를 들으실 수 있습니다.

❶ www.edusd.co.kr에 접속

❷ 홈페이지 상단에 있는 항목 중 "MP3" 클릭

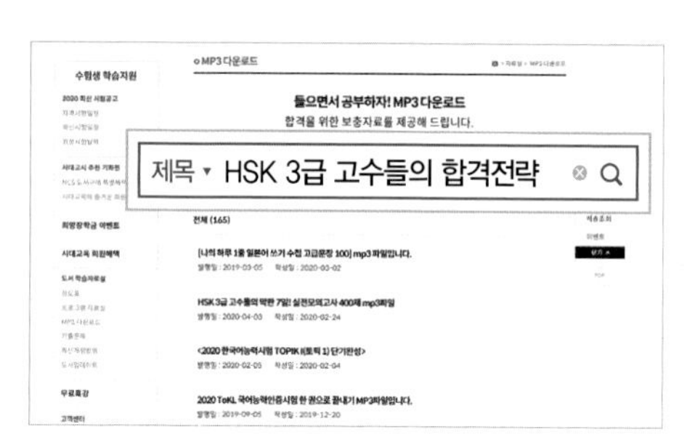

❸ 클릭 후 들어간 페이지에서 "HSK 3급 고수들의 합격전략"을 검색한 뒤 파일 다운로드

정답 & 해설

- 듣기 제1부분
  제2부분
  제3, 4부분
- 독해 제1부분
  제2부분
  제3부분
- 쓰기 제1부분
  제2부분
- 실전모의고사1
- 실전모의고사2

듣기

제 1 부분 일치·불일치 판단하기

1. 명사 키워드 실전 테스트

정답 1. D 2. A 3. E 4. B 5. C

1

사진은 옷가게에서 바지를 보고 있는 여성의 모습이다. 녹음을 듣기 전, 핵심 키워드로 裤子(바지), 买(사다) 등을 떠올리고 녹음에 이 단어가 언급되는지 듣는다.

女：儿子的生日快到了。你觉得这条**裤子**怎么样？ 男：好看，他一定会喜欢的。我们**买**这条吧。	여: 아들 생일이 곧 다가오는데 당신 생각에 이 **바지** 어때요? 남: 예쁘네요. 그가 반드시 좋아할 거예요. 우리 이걸로 **삽시다**.

해설 여자의 말 你觉得这条裤子怎么样？(당신 생각에 이 바지 어때요?)에 裤子(바지)가 들렸고 대화는 생일 선물로 바지를 고르고 있는 내용이다. 따라서 바지를 들고 있는 여자의 사진인 D가 정답이다.

Tip▶ 条는 가늘고 긴 물체를 세는 양사로 주로 裤子(바지), 鱼(생선), 路(도로) 등에 쓰인다.

어휘 儿子 érzi 명 아들 生日 shēngri 명 생일 快……了 kuài……le 곧 ~하다 到 dào 동 도착하다 觉得 juéde 동 ~라고 생각하다 条 tiáo 양 가늘고 긴 것을 세는 단위 裤子 kùzi 명 바지 怎么样 zěnmeyàng 대 어떠하다 好看 hǎokàn 형 예쁘다 一定 yídìng 부 반드시 会……的 huì……de ~할 것이다 喜欢 xǐhuan 동 좋아하다 买 mǎi 동 사다

2

사진은 비를 맞아 옷이 흠뻑 젖은 남자의 모습이다. 녹음을 듣기 전, 핵심 키워드로 下雨(비가 오다), 衣服(옷), 湿(젖다) 등을 연상하고 녹음을 듣는다.

男：外边**下大雨**，风很大，伞都要被刮走了。 女：你**衣服**都**湿**了，快脱下来，别感冒了。	남: 밖에 **비가** 많이 **오고**, 바람도 많이 불어서 우산도 바람에 날아가 버렸어. 여: **옷이** 다 **젖었네**. 빨리 벗어. 감기 걸리지 않게.

해설 남자의 말 外边下大雨(밖에 비가 많이 온다)와 여자의 말 你衣服都湿了(옷이 다 젖었네)를 통해 남자가 비를 맞아 젖은 상태임을 알 수 있다. 따라서 비를 맞고 있는 남자의 모습인 A가 정답이다.

어휘 外边 wàibian 명 밖, 바깥쪽 下大雨 xià dàyǔ 큰 비가 내리다 风 fēng 명 바람 伞 sǎn 명 우산 被 bèi 개 ~에 의하여(피동을 나타냄) 刮走 guāzǒu 날아가다 衣服 yīfu 명 옷 湿 shī 형 축축하다 快 kuài 형 빠르다 脱 tuō 동 벗다 别 bié 부 ~ 하지 마라 感冒 gǎnmào 동 감기에 걸리다

3

사진은 모자를 쓴 남자의 모습이다. 사진을 통해 帽子(모자), 戴(쓰다) 등을 핵심 키워드로 떠올리고 녹음에 이 단어들이 언급되는지 주의해서 듣는다.

女：没见你**戴**过这顶**帽子**啊！新买的吗？
男：对啊！上个星期在百货商店买的，怎么样？好看吗？

여: 이 **모자 쓴 거** 못 본 거 같은데! 새로 샀어?
남: 맞아. 지난주에 백화점에서 산 거야. 어때? 예뻐?

해설 여자가 没见你戴过这顶帽子啊(이 모자 쓴 거 못 본 거 같은데)라고 한 말에 사진 E의 핵심 키워드 帽子(모자), 戴(쓰다)가 언급되었다. 따라서 녹음의 내용과 일치하는 사진은 E이다.

Tip▶ 戴는 '쓰다, 착용하다'라는 뜻으로 帽子(모자), 眼镜(안경)에 사용한다. 衣服(옷)는 穿(입다)을 사용한다.

어휘 戴 dài 동 (장신구를) 쓰다, 착용하다 顶 dǐng 양 모자를 세는 단위 帽子 màozi 명 모자 新 xīn 형 새롭다, 새것이다 买 mǎi 동 사다 对 duì 형 맞다 上个星期 shàng ge xīngqī 지난주 在 zài 개 ~에, ~에서 百货商店 bǎihuò shāngdiàn 명 백화점 怎么样 zěnmeyàng 대 어떠하다 好看 hǎokàn 형 예쁘다

4

사진 속 장소는 과일 가게이고 남자가 사과를 들고 있으므로 사과를 사는 상황임을 알 수 있다. 핵심 키워드로 苹果(사과), 买(사다), 多少钱?(얼마예요?) 등을 떠올려 둔다.

男：**苹果多少钱**一斤？
女：四块，很新鲜，你要多少？

남: **사과** 한 근에 **얼마예요**?
여: 4위안이요. 아주 신선해요. 얼마나 드릴까요?

해설 남자가 苹果多少钱一斤?(사과 한 근에 얼마예요?)이라고 했으므로 사과를 사는 대화임을 알 수 있다. 보기 중 사과를 고르고 있는 남자의 모습인 B가 정답이다.

어휘 苹果 píngguǒ 명 사과 多少 duōshao 대 얼마, 몇 斤 jīn 양 근(무게의 단위) 块 kuài 양 중국 화폐 단위(元에 해당함) 新鲜 xīnxiān 형 신선하다

5

사진은 비행기에서 남자가 휴대폰을 사용하고 있는 모습이다. 핵심 키워드로 飞机(비행기), 手机(휴대폰), 关(끄다) 등을 떠올려 둔다.

女：对不起，先生。我们的**飞机**马上就要起飞了。请您**关**上**手机**。
男：好的。

여: 죄송합니다. 선생님. 저희 **비행기**가 곧 이륙하려고 합니다. **휴대폰을 꺼** 주세요.
남: 알겠습니다.

해설 여자의 말 我们的飞机马上就要起飞了(저희 비행기가 곧 이륙하려고 합니다)를 통해 장소가 비행기 안임을 알 수 있고, 이어 请您关上手机(휴대폰을 꺼 주세요)라고 했으므로 남자가 휴대폰을 사용하고 있음을 알 수 있다. 따라서 비행기에서 휴대폰을 사용하고 있는 남자의 모습인 C가 정답이다.

어휘 对不起 duìbuqǐ 미안하다 先生 xiānsheng 명 선생님, ~씨(성인 남성에 대한 존칭) 飞机 fēijī 명 비행기 马上 mǎshàng 부 곧, 바로 就要……了 jiùyào……le 곧 ~하려고 하다 起飞 qǐfēi 동 이륙하다 请 qǐng 동 ~해 주세요 关 guān 동 닫다, 끄다 手机 shǒujī 명 휴대폰

2. 동사/형용사 키워드 실전 테스트

정답 1. D 2. C 3. E 4. A 5. B

1

사진은 여자가 코를 풀고 있는 모습으로 감기에 걸렸음을 알 수 있다. 따라서 사진의 핵심 키워드로 感冒(감기에 걸리다), 身体不舒服(몸이 안 좋다) 등을 떠올리고 녹음을 듣는다.

女：我**感冒**了。 男：最近天气很冷，你多穿点儿衣服。	여: 나 **감기 걸렸어.** 남: 요즘 날씨가 추워. 옷 많이 입어.

해설 여자가 我感冒了(나 감기 걸렸어)라고 했고 남자가 여자를 걱정해 주고 있다. 따라서 코를 풀고 있는 여자의 모습인 D가 알맞은 정답이다.

어휘 感冒 gǎnmào 동 감기에 걸리다 最近 zuìjìn 명 최근 天气 tiānqì 명 날씨 冷 lěng 형 춥다 穿 chuān 동 입다, 신다 衣服 yīfu 명 옷

2

사진은 여자가 울고 있는 모습이므로 哭(울다)를 핵심 키워드로 연상하고 녹음을 듣는다.

男：你**哭**了？ 女：这部电影很感动，你看过吗？	남: 너 **울어?** 여: 이 영화 너무 감동적이야. 너 본 적 있어?

해설 남자가 你哭了？(너 울어?)라고 했으므로 여자가 울고 있는 상황임을 알 수 있다. 따라서 울고 있는 여자의 모습인 C가 정답이다.

어휘 哭 kū 동 울다 部 bù 양 편(영화를 세는 양사) 电影 diànyǐng 명 영화 感动 gǎndòng 동 감격하다, 감동하다 看 kàn 동 보다

3

사진은 여자와 남자가 함께 공부하는 모습이므로 学习(공부하다), 问题(문제), 明白(이해하다) 등을 핵심 키워드로 연상하고 녹음을 듣는다.

女：这部分的内容我不太**明白**，你能帮我看看吗？ 男：没问题，哪部分？	여: 이 부분의 내용이 나는 잘 **이해**가 안 되는데, 좀 봐 줄 수 있어? 남: 물론이야. 어떤 부분?

해설 여자가 这部分的内容我不太明白(이 부분의 내용이 나는 잘 이해가 안 돼)라고 했으므로 여자가 남자에게 모르는 문제를 물어보는 상황임을 알 수 있다. 따라서 함께 책을 보며 무언가를 가르쳐 주는 모습인 E가 정답이다.

어휘 部分 bùfen 명 부분 内容 nèiróng 명 내용 明白 míngbai 동 이해하다, 알다 帮 bāng 동 돕다 没问题 méi wèntí 동 문제없다

4

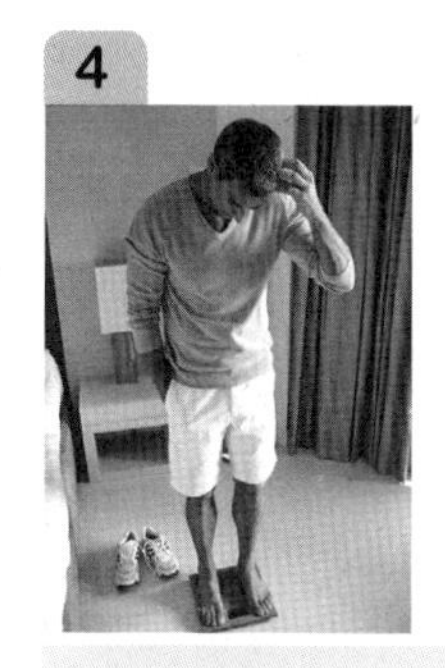

사진은 남자가 체중계에 올라 몸무게를 재는 모습이다. 따라서 핵심 키워드로 公斤(킬로그램), 减肥(다이어트를 하다), 胖了(살찌다), 瘦了(살이 빠지다) 등을 연상할 수 있다.

男：我又**胖**了，现在八十九**公斤**了，我今天开始**减肥**。 女：看起来很健康，不用减肥啊！	남: 나 또 **살쪘어**. 지금 89**kg**이야. 나 오늘부터 **다이어트할 거야**. 여: 건강해 보여. 다이어트 안 해도 돼.

해설 남자가 我又胖了，现在八十九公斤了，我今天开始减肥(나 또 살쪘어. 지금 89kg이야. 나 오늘부터 다이어트할 거야)라고 했으므로 남자는 살이 쪄서 다이어트를 하고 싶어 함을 알 수 있다. 따라서 체중을 재고 있는 모습인 A가 정답이다.

어휘 又 yòu 부 또 胖 pàng 형 뚱뚱하다, 살찌다 现在 xiànzài 명 지금 公斤 gōngjīn 양 킬로그램(kg) 开始 kāishǐ 동 시작하다 减肥 jiǎnféi 동 다이어트하다 看起来 kànqǐlái 보아하니 健康 jiànkāng 형 건강하다 不用 búyòng 동 ~할 필요 없다

5

사진은 여자가 청소하고 있는 모습이므로 打扫(청소하다), 干净(깨끗하다) 등을 핵심 키워드로 연상하고 녹음을 듣는다.

女：我**打扫**了一整天，累死了。 男：辛苦了，快来吃水果吧。	여: 나 하루종일 **청소했더니** 너무 힘들다. 남: 수고했어. 빨리 와서 과일 좀 먹어.

해설 여자의 말 我一整天打扫了(나 하루종일 청소했어)를 통해 여자가 청소했다는 것을 알 수 있다. 따라서 청소하는 여자의 모습인 B가 일치하는 사진이다.

어휘 打扫 dǎsǎo 동 청소하다 一整天 yìzhěngtiān 명 온종일 累死 lèisǐ 동 몹시 피곤하다 辛苦 xīnkǔ 형 고생하다 快来 kuàilái 어서 와 水果 shuǐguǒ 명 과일

듣기 제1부분 미니모의고사

정답	1. A	2. D	3. B	4. E	5. C	6. B	7. D	8. E	9. A	10. C

1

사진은 남자와 여자가 등산하고 있는 모습이다. 따라서 爬山 (등산하다), 累 (힘들다) 등을 핵심 키워드로 삼고 녹음을 듣는다.

女：慢点儿，我实在太**累**了，**爬**不动了。
男：那边有椅子，我们坐会儿吧。

여: 천천히요. 저 진짜 너무 **힘들어서** 못 **올라가겠어요**.
남: 저쪽에 의자가 있어요. 우리 좀 앉죠.

해설 여자의 말 我实在太累了，爬不动了(저 진짜 너무 힘들어서 못 올라가겠어요)에서 爬는 爬山(등산하다)이라는 뜻이므로 현재 등산하고 있음을 알 수 있다. 따라서 남녀가 등산하는 모습인 A가 정답이다.

Tip▶ 가능보어는 동사와 결과보어 사이에 不/得를 사용하여 동작의 가능 또는 불가능을 나타낸다.
가능보어의 어순 : [동사 + 不/得 + 결과보어]
예 听**不**懂 알아들을 수 없다 看**不**见 안 보이다

어휘 慢 màn 형 느리다, 천천히 实在 shízài 부 정말로, 진짜로 太……了 tài……le 너무 ~하다 累 lèi 형 피곤하다, 힘들다 爬不动 pá bu dòng 못 오르다 椅子 yǐzi 명 의자 坐 zuò 동 앉다 一会儿 yíhuìr 잠시, 잠깐 동안

2

사진은 여자와 남자가 옷가게에서 셔츠를 고르는 모습이다. 따라서 핵심 키워드로 衬衫 (셔츠), 喜欢 (좋아하다), 好看 (예쁘다) 등을 떠올리고 녹음을 듣는다.

男：这两件**衬衫**我都很**喜欢**，你看选哪件好呢？
女：白色的吧，我觉得这件白色更好看。

남: 이 두 **셔츠** 난 다 **좋은데**, 네가 보기엔 어떤 걸 선택하는 게 좋을 거 같아?
여: 흰색. 내 생각에 이 흰색이 더 예뻐.

해설 남자가 这两个衬衫我都很喜欢(이 두 셔츠 난 다 좋은데)이라고 했으므로 셔츠를 고르고 있는 상황임을 알 수 있다. 핵심 키워드가 그대로 들린 D가 정답이다.

어휘 衬衫 chènshān 명 셔츠, 블라우스 喜欢 xǐhuan 동 좋아하다 选 xuǎn 동 고르다, 선택하다 白色 báisè 명 흰색 觉得 juéde 동 ~라고 생각하다 好看 hǎokàn 형 예쁘다

3

사진 속 여자가 지도를 들고 있으므로 길을 찾고 있는 상황임을 알 수 있다. 따라서 怎么走?(어떻게 가요?), 请问(말씀 좀 묻겠습니다) 등을 키워드로 삼고 녹음을 듣는다.

女：**请问**，国家图书馆**怎么走**? 男：一直往前走，到红绿灯往左拐，就能看到。	여: **말씀 좀 묻겠습니다.** 국립 도서관에 **어떻게 가나요?** 남: 계속 앞으로 가다가 신호등에서 좌회전하면 바로 보일 거예요.

해설 여자의 말 请问，国家图书馆怎么走?(말씀 좀 묻겠습니다. 국립 도서관에 어떻게 가나요?)라는 문장을 통해 여자가 길을 묻고 있음을 알 수 있다. 따라서 지도를 들고 있는 사람의 모습인 B가 정답이다.

어휘 请问 qǐngwèn 말씀 좀 묻겠습니다 国家 guójiā 명 국가 图书馆 túshūguǎn 명 도서관 走 zǒu 동 가다 一直 yìzhí 부 줄곧, 계속해서 往 wǎng 개 ~를 향하여 前 qián 명 앞 到 dào 동 도착하다 红绿灯 hónglǜdēng 명 신호등 左拐 zuǒguǎi 좌회전 看到 kàndào 동 보다

4

사진은 여자와 남자가 커피숍에서 커피를 마시고 있는 모습이다. 따라서 咖啡厅(커피숍), 咖啡(커피), 喝(마시다) 등을 떠올리고 녹음을 듣는다.

男：太热了，我们去**喝咖啡**吧。 女：好啊，附近有一家**咖啡厅**，我们一起去那儿吧。	남: 너무 덥다. 우리 **커피 마시러** 가자. 여: 좋아. 근처에 **커피숍**이 하나 있어. 우리 같이 거기 가자.

해설 남자의 말에 喝咖啡(커피를 마시다)가 들렸고, 여자가 이어 附近有一家咖啡厅(근처에 커피숍이 하나 있어)이라고 했으므로 카페에서 커피를 마시고 있는 모습인 E가 정답이다.

어휘 太……了 tài……le 너무 ~하다 热 rè 형 덥다 喝 hē 동 마시다 咖啡 kāfēi 명 커피 附近 fùjìn 명 부근, 근처 家 jiā 양 가정, 가게 등을 세는 단위 咖啡厅 kāfēitīng 명 커피숍 一起 yìqǐ 부 같이

5

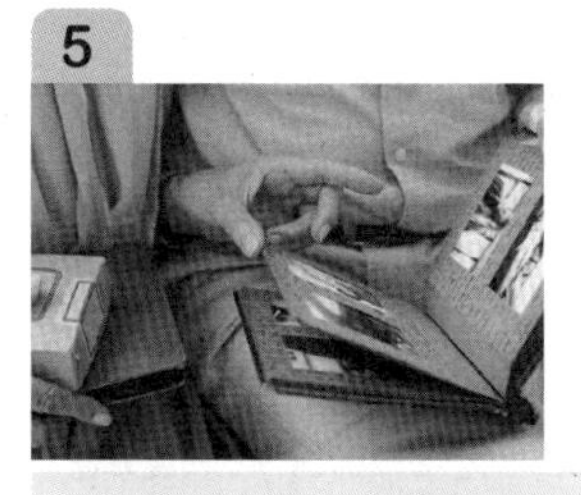

사진은 앨범 속 사진을 보고 있는 모습으로 照片(사진)을 핵심 키워드로 삼고 녹음을 듣는다.

女：**照片**上的这个孩子是你儿子吗？真可爱。 男：对啊！他三岁的时候拍的。	여: **사진**에 이 아이는 당신 아들인가요? 정말 귀엽네요. 남: 맞아요. 3살 때 찍은 거예요.

해설 여자의 말 照片上的这个孩子是你儿子吗?(사진에 이 아이는 당신 아들인가요?)에 照片(사진)이 들렸고 사진 속 아이에 대한 내용이다. 따라서 함께 앨범을 보고 있는 모습인 C가 정답이다.

어휘 照片 zhàopiàn 명 사진 孩子 háizi 명 아이 儿子 érzi 명 아들 真 zhēn 부 확실히, 참으로 可爱 kě'ài 형 귀엽다 岁 suì 양 살, 세 时候 shíhou 명 시간, 때 拍 pāi 동 (사진을) 찍다

6

사진은 피곤해 보이는 여자의 모습이다. 따라서 累(피곤하다), 工作忙(일이 바쁘다) 등을 핵심 키워드로 삼고 녹음을 듣는다.

男：你看起来很**累**，怎么了？有什么事吗？ 女：别提了，我昨天工作到晚上10点，**累**死了。	남: 너 많이 **피곤해** 보이는데 왜 그래? 무슨 일 있어? 여: 말도 마. 나 어제 밤 10시까지 일해서 **피곤해** 죽겠어.

해설 남자의 말 你看起来很累(너 많이 피곤해 보이는데)와 여자의 말 累死了(피곤해 죽겠어)에 累(피곤하다)가 언급되었다. 따라서 피곤해 보이는 여자의 모습인 B가 정답이다.

어휘 看起来 kànqǐlái 보아하니 累 lèi 형 피곤하다, 지치다 别 bié 부 ~하지 마라 提 tí 동 제시하다, 말하다 工作 gōngzuò 동 일하다 ……死了 ……sǐ le ~해 죽겠다

7

사진은 집 앞에 서 있는 남자의 모습이다. 따라서 핵심 키워드로 走(가다), 回家(집에 가다) 등을 떠올리고 녹음을 듣는다.

女：你现在就要**走**了吗？吃完饭再**走**吧。 男：我该**走**了，**回家**要写报告，明天一定要交的。	여: 너 지금 바로 갈 거야? 밥 먹고 가. 남: 나 가야 해. 집에 가서 보고서 써야 하거든. 내일 꼭 내야 해.

해설 여자와 남자의 대화에 走(가다)가 들렸고, 남자가 我该走了(나 가야 해)라고 했다. 따라서 현관문에서 나가는 남자의 모습인 D를 정답으로 고른다.

어휘 完 wán 동 다하다, 완결되다 该 gāi 조동 ~해야 한다 回家 huíjiā 동 집으로 돌아가다 写报告 xiě bàogào 보고서를 쓰다 交 jiāo 동 제출하다

8

사진 속 남자가 신발을 고르고 있으므로 쇼핑 중임을 알 수 있다. 따라서 鞋子(신발), 买(사다), 多少钱?(얼마예요?) 등을 키워드로 삼고 녹음을 듣는다.

男：这双**鞋多少钱**？ 女：300块，现在正在打折，很便宜，你喜欢就试试吧。	남: 이 **신발 얼마예요?** 여: 300위안입니다. 지금 할인해서 아주 싸요. 마음에 들면 신어 보세요.

해설 남자의 말 这双鞋多少钱?(이 신발 얼마예요?)을 통해 신발을 사는 상황임을 알 수 있다. 따라서 신발을 고르는 남자의 모습인 E가 정답이다.

어휘 双 shuāng 양 쌍, 켤레 鞋 xié 명 신발 块 kuài 양 중국의 화폐 단위(元에 해당함) 正在 zhèngzài 부 ~하고 있다 打折 dǎzhé 동 할인하다 便宜 piányi 형 싸다 喜欢 xǐhuan 동 좋아하다 试 shì 동 시험 삼아 해 보다

9

사진 속 여자가 화가 나 있는 모습이다. 따라서 对不起/不好意思(미안하다) 등을 떠올리고 녹음을 듣는다.

女：你怎么现在才来？火车就要出发了。 男：真**不好意思**，我起得很晚，我们快走吧。	여: 너 왜 지금에서야 와? 기차 곧 출발할 거야. 남: 진짜 **미안해**. 나 늦게 일어났어. 우리 빨리 가자.

해설 여자가 你怎么现在才来？(너 왜 지금에서야 와?)라고 했고 남자가 真不好意思(진짜 미안해)라고 했으므로 남자가 약속 시간에 늦어 사과하는 상황임을 알 수 있다. 따라서 정답은 A이다.

어휘 怎么 zěnme [대] 어떻게, 왜　才 cái [부] ~에야 비로소　火车 huǒchē [명] 기차　出发 chūfā [동] 출발하다　不好意思 bùhǎoyìsi 미안하다　起 qǐ [동] 일어서다, 일어나다

10

사진은 바지를 고르고 있는 남자와 여자의 모습으로 裤子(바지), 买(사다) 등을 핵심 키워드로 삼고 녹음을 듣는다.

男：明天是儿子的生日，我们送他什么礼物好呢？ 女：这条**裤子**怎么样？他一定会很喜欢的。	남: 내일 아들의 생일인데 뭘 선물하면 좋을까요? 여: 이 **바지** 어때요? 진짜 좋아할 거예요.

해설 남자의 말에 送(선물하다)과 礼物(선물)가 들렸고 여자가 这条裤子怎么样？(이 바지 어때요?)이라고 했으므로 바지를 선물로 사는 상황임을 알 수 있다. 따라서 C를 정답으로 고른다.

어휘 生日 shēngrì [명] 생일　送 sòng [동] 주다, 선물하다　礼物 lǐwù [명] 선물　条 tiáo [양] 가늘고 긴 것을 세는 단위　裤子 kùzi [명] 바지　一定 yídìng [부] 반드시

듣기

제 2 부분 녹음을 듣고 일치/불일치 판단하기

1. 일치/유사형 실전 테스트

정답 1. ✓ 2. ✓ 3. ✓ 4. ✗ 5. ✗

1

考试快到了，我打算去图书馆复习。那儿比较安静。	시험이 곧 다가온다. 나는 도서관에 가서 복습을 할 계획이다. 그곳은 비교적 조용하다.
★ 他打算在图书馆学习。 (✓)	★ 그는 도서관에서 공부할 계획이다.

해설 문장의 핵심 키워드는 打算(~할 계획이다)과 在图书馆学习(도서관에서 공부하다)이다. 녹음에서는 我打算去图书馆复习(나는 도서관에 가서 복습을 할 계획이다)라고 했는데 学习(공부하다)와 复习(복습하다)는 비슷한 뜻이므로 일치하는 내용이다.

어휘 考试 kǎoshì 명 시험 快……了 kuài……le 곧 ~하다 到 dào 동 ~에 이르다 打算 dǎsuàn 동 ~할 계획이다 复习 fùxí 동 복습하다 比较 bǐjiào 부 비교적 安静 ānjìng 형 조용하다 图书馆 túshūguǎn 명 도서관 学习 xuéxí 동 공부하다

2

我喜欢跑步，每天起床去公园跑步。那时公园里的人很少，非常安静，我喜欢一边听音乐，一边跑步，这样跑起来不会觉得累。	나는 달리기를 좋아한다. 매일 일어나서 공원에 가서 달리기를 한다. 그때 공원에는 사람이 적어서 매우 조용하다. 나는 음악을 들으면서 달리기하는 것을 좋아한다. 이렇게 뛰면 힘들다고 느껴지지 않는다.
★ 他喜欢边跑步边听音乐。 (✓)	★ 그는 달리기하면서 음악을 듣는 걸 좋아한다.

해설 문장의 핵심 키워드는 喜欢边跑步边听音乐(달리기하면서 음악을 듣는 걸 좋아한다)이다. 녹음의 시작 부분에서 我喜欢跑步(나는 달리기를 좋아한다)라고 했고, 중간 부분에서 我喜欢一边听音乐，一边跑步(나는 음악을 들으면서 달리기하는 것을 좋아한다)라고 했으므로 일치하는 내용이다.

어휘 喜欢 xǐhuan 동 좋아하다 跑步 pǎobù 동 달리다 每天 měitiān 명 매일 起床 qǐchuáng 동 일어나다 公园 gōngyuán 명 공원 那时 nàshí 대 그때, 그 당시 人 rén 명 사람 少 shǎo 형 적다 非常 fēicháng 부 매우 安静 ānjìng 형 조용하다 (一)边A(一)边B (yì)biān A (yì)biān B A하면서 B하다 听 tīng 동 듣다 音乐 yīnyuè 명 음악 这样 zhèyàng 대 이렇게 觉得 juéde 동 ~라고 생각하다 累 lèi 형 피곤하다, 힘들다

3

小明，明天是我的生日，小夏和小张也来我家玩儿。你有时间来我家吧。	샤오밍, 내일 내 생일인데, 샤오샤와 샤오장도 우리 집에 와서 놀 거야. 너 시간 있으면 우리 집에 와.
★ 他请小明去他家玩儿。 (✓)	★ 그는 샤오밍에게 그의 집에서 놀자고 초대했다.

해설 문장의 핵심 키워드는 他请小明(그는 샤오밍을 초대하다)과 去他家玩儿(그의 집에 가서 놀다)이다. 녹음의 시작 부분에서 화자가 小明(샤오밍)이라고 불렀으므로 샤오밍에게 하는 말이며, 你有时间来我家吧(너 시간 있으면 우리 집에 와)라고 했으므로 일치하는 내용이다.

어휘 明天 míngtiān 명 내일 生日 shēngri 명 생일 和 hé 접 ~와/과 玩儿 wánr 동 놀다 有 yǒu 동 있다 时间 shíjiān 명 시간 请 qǐng 동 청하다, 부탁하다

4

我家附近有一家中国饭馆儿，环境很好，服务员也很热情。我很喜欢吃他家的面条儿。	우리 집 근처에 한 중국 음식점이 있는데, 환경도 좋고, 종업원도 친절하다. 나는 그곳의 국수를 먹는 것을 좋아한다.
★ 他最爱吃那儿的牛肉。 (✗)	★ 그는 그곳의 소고기를 먹는 것을 가장 좋아한다.

해설 문장의 핵심 키워드는 他最爱(그가 가장 좋아하다)와 吃那儿的牛肉(그곳의 소고기를 먹다)이므로 그가 좋아하는 것이 무엇인지 확인한다. 녹음의 마지막 부분에서 我很喜欢吃他家的面条儿(나는 그곳의 국수를 먹는 것을 좋아한다)이라고 했으므로 그가 좋아하는 음식은 牛肉(소고기)가 아니라 面条儿(국수)임을 알 수 있다. 따라서 일치하지 않는다.

어휘 附近 fùjìn 명 부근, 근처 家 jiā 양 가정, 가게 등을 세는 단위 中国 Zhōngguó 지명 중국 饭馆儿 fànguǎnr 명 식당, 음식점 环境 huánjìng 명 환경 服务员 fúwùyuán 명 종업원 热情 rèqíng 형 친절하다, 열정적이다 喜欢 xǐhuan 동 좋아하다 面条儿 miàntiáor 명 국수 最 zuì 부 가장, 제일 爱 ài 동 ~하길 좋아하다 吃 chī 동 먹다 牛肉 niúròu 명 소고기

5

虽然我个子不高，只有一米七一，但是我特别喜欢打篮球，而且打得很好。	비록 나는 키가 크지 않아 171cm밖에 되지 않지만, 나는 특히 농구하는 것을 좋아하고 잘한다.
★ 他喜欢打乒乓球。 (✗)	★ 그는 탁구를 치는 것을 좋아한다.

해설 문장의 핵심 키워드는 喜欢打乒乓球(탁구를 치는 것을 좋아한다)이므로 그가 좋아하는 것이 무엇인지 확인한다. 녹음에서 我特别喜欢打篮球(나는 특히 농구하는 것을 좋아한다)라고 했으므로 그가 좋아하는 것이 다르다. 따라서 정답은 불일치이다.

어휘 虽然A, 但是B suīrán A, dànshì B 비록 A일지라도, 그러나 B하다 个子 gèzi 명 키 米 mǐ 양 미터(m) 特别 tèbié 부 특히 喜欢 xǐhuan 동 좋아하다 打篮球 dǎ lánqiú 농구를 하다 打乒乓球 dǎ pīngpāngqiú 탁구를 치다

2. 파악형 실전 테스트

정답 1. ✓ 2. ✗ 3. ✓ 4. ✗ 5. ✗

1

最近越来越多的人选择去中国留学。他们不但想学习汉语，还想了解中国的历史文化。	최근 점점 더 많은 사람들이 중국 유학가는 것을 선택하고 있다. 그들은 중국어를 배우고 싶어 할 뿐만 아니라, 게다가 중국의 역사 문화를 이해하고 싶어 한다.
★ 很多留学生对中国文化感兴趣。 (✓)	★ 많은 유학생들은 중국 문화에 관심이 있다.

해설 문장의 핵심 키워드는 对中国文化感兴趣(중국 문화에 관심이 있다)이다. 녹음에서 유학생들이 중국어를 배우고 싶어 할 뿐만 아니라 또한 还想了解中国的历史文化(게다가 중국의 역사 문화를 이해하고 싶어 한다)라고 했으므로 일치하는 내용이다.

어휘 最近 zuìjìn 명 최근 越来越 yuèláiyuè 부 더욱더, 점점 多 duō 형 많다 人 rén 명 사람 选择 xuǎnzé 동 선택하다 中国 Zhōngguó 지명 중국 留学 liúxué 동 유학가다 不但A, 还/而且B bùdàn A, hái/érqiě B A일 뿐만 아니라 게다가 B하다 学习 xuéxí 동 공부하다 汉语 Hànyǔ 명 중국어 了解 liǎojiě 동 알다, 이해하다 历史 lìshǐ 명 역사 文化 wénhuà 명 문화 留学生 liúxuéshēng 명 유학생 对A感兴趣 duì A gǎnxìngqù A에 관심을 갖다

2

我对英语不感兴趣，所以我的英语成绩不太好。每次上英语课都被老师批评。	나는 영어에 관심이 없다. 그래서 영어 성적이 그다지 좋지 않다. 매번 영어 수업 시간에 선생님께 꾸중을 듣는다.
★ 他很喜欢上英语课。 (✗)	★ 그는 영어 수업하는 것을 좋아한다.

해설 문장의 핵심 키워드는 喜欢上英语课(영어 수업하는 것을 좋아한다)이다. 녹음의 시작 부분에서 我对英语不感兴趣(나는 영어에 관심이 없다)라고 했고, 마지막 부분에서도 每次上英语课被老师批评(매번 영어 수업 시간에 선생님께 꾸중을 듣는다)이라고 했으므로 영어 수업을 좋아하지 않음을 알 수 있다. 따라서 정답은 불일치이다.

Tip▶ • 对A感兴趣 A에 관심(흥미)이 있다

예 我**对**中国文化很**感兴趣**。 나는 중국 문화에 많은 관심이 있다.

• 被자문 : 개사 被 뒤에 행위를 가하는 주체를 사용하여 '~에 의해 ~하게 되었다'라는 뜻을 나타낸다.

[행위의 대상 + 被 + 행위의 주체자 + 술어]

예 钱包**被**小偷偷走了。 지갑을 도둑에게 도둑맞았다.

어휘 感兴趣 gǎn xìngqù 동 관심을 갖다　所以 suǒyǐ 접 그래서　成绩 chéngjì 명 성적　每次 měicì 명 매번　被 bèi 개 ~에 의하여(피동을 나타냄)　老师 lǎoshī 명 선생님　批评 pīpíng 동 비평하다, 꾸짖다　喜欢 xǐhuan 동 좋아하다　上课 shàngkè 동 수업하다　英语 Yīngyǔ 명 영어

3

李先生，这个房子怎么样？离你工作的地方不远，周围很安静，符合你说的条件。	리 선생님, 이 방은 어떠세요? 당신이 일하는 곳으로부터 멀지 않고, 주위도 조용해서 말씀하신 조건에 부합하네요.
★ 李先生在找房子。 (✓)	★ 리 선생은 방을 구하고 있다.

해설 문장의 핵심 키워드는 李先生(리 선생님)과 在找房子(방을 구하고 있다)이다. 녹음의 李先生，这个房子怎么样？(리 선생님, 이 방은 어떠세요?)이라는 문장을 통해 현재 리 선생이 방을 구하고 있음을 알 수 있다. 따라서 일치하는 내용이다.

어휘 房子 fángzi 명 집　怎么样 zěnmeyàng 대 어떠하다　离 lí 개 ~로부터　工作 gōngzuò 동 일하다　地方 dìfang 명 곳, 지역　远 yuǎn 형 멀다　周围 zhōuwéi 명 주위　安静 ānjìng 형 조용하다　符合 fúhé 동 맞다, 부합하다　条件 tiáojiàn 명 조건　先生 xiānsheng 명 선생님, 씨　找 zhǎo 동 찾다

4

小明，你现在有时间吗？这个问题我想了半天，还不能解决。你能帮我吗？	샤오밍, 너 지금 시간 있어? 이 문제를 내가 한참을 생각했는데 아직도 해결을 못 했어. 네가 도와줄 수 있어?
★ 他已经解决了这个问题。 (✗)	★ 그는 이미 이 문제를 해결했다.

해설 문장의 핵심 키워드는 已经解决了(이미 해결했다)와 这个问题(이 문제)이므로 문제가 해결되었는지를 확인한다. 녹음에 这个问题(이 문제)라는 키워드가 들렸고 그 뒤로 我想了半天，还不能解决(내가 한참을 생각했는데 아직도 해결을 못 했어)라고 했으므로 문제가 아직 해결되지 않았음을 알 수 있다. 따라서 정답은 불일치이다.

어휘 现在 xiànzài 명 지금　时间 shíjiān 명 시간　半天 bàntiān 명 한참 동안　还 hái 부 아직도, 여전히　帮 bāng 동 돕다　已经 yǐjing 부 이미　解决 jiějué 동 해결하다　问题 wèntí 명 문제

5

我马上就要离开我的学校了。这里有我的老师，还有很多朋友。我很舍不得离开他们。	나는 곧 우리 학교를 떠날 것이다. 이곳에 나의 선생님과 많은 친구들이 있어서 나는 그들을 떠나는 게 아쉽다.
★ 他现在很高兴。 (✗)	★ 그는 현재 아주 기쁘다.

해설 문장의 핵심 키워드는 现在很高兴(지금 아주 기쁘다)이므로 그가 기쁜지 기쁘지 않은지를 확인하며 듣는다. 녹음은 화자가 곧 학교를 떠날 것이라는 내용으로 마지막 부분에서 我很舍不得离开他们(나는 그들을 떠나기가 아쉽다)이라고 하여 그가 아쉬워한다는 것을 알 수 있다. 따라서 문장은 녹음과 일치하지 않는다. 舍不得(아쉽다)는 무엇을 떠나기가 아쉽다는 뜻이다.

어휘 马上 mǎshàng 부 곧, 즉시 离开 líkāi 동 떠나다 学校 xuéxiào 명 학교 老师 lǎoshī 명 선생님 还有 háiyǒu 접 그리고, 또한 舍不得 shě bu de 동 아쉽다, 섭섭하다 现在 xiànzài 명 지금, 현재 高兴 gāoxìng 형 기쁘다, 즐겁다

듣기 제2부분 미니모의고사

정답 1. ✓ 2. ✗ 3. ✗ 4. ✗ 5. ✓ 6. ✗ 7. ✗ 8. ✓ 9. ✓ 10. ✗

1

我心情不好的时候，喜欢一边听音乐，一边散步。这样心情会好一些。	나는 기분이 안 좋을 때 음악을 들으며 산책을 한다. 이렇게 하면 마음이 좋아진다.
★ 他心情不好时听听歌。 (✓)	★ 그는 기분이 안 좋을 때 음악을 듣는다.

해설 문장의 핵심 키워드는 心情不好时(기분이 안 좋을 때)과 听歌(음악을 듣다)이므로 기분이 안 좋을 때 무엇을 하는지 확인한다. 녹음에서 我心情不好的时候，喜欢一边听音乐，一边散步(나는 기분이 안 좋을 때 음악을 들으며 산책을 한다)라고 했다. 따라서 문제와 녹음의 내용이 일치한다.

어휘 心情 xīnqíng 명 심정, 기분 喜欢 xǐhuan 동 좋아하다 一边A一边B yìbiān A yìbiān B A하면서 B하다 听 tīng 동 듣다 音乐 yīnyuè 명 음악 散步 sànbù 동 산책하다 这样 zhèyàng 대 이렇게 些 xiē 양 약간, 조금 时 shí 명 때 歌 gē 명 노래

2

我们这次坐中间，怎么样？上次坐最左边，我都看不清楚。	우리 이번에는 가운데 앉는 게 어때? 지난번에 제일 왼쪽에 앉았더니 잘 안 보이더라고.
★ 他想坐左边。 (✗)	★ 그는 왼쪽에 앉고 싶다.

해설 문장의 핵심 키워드는 想坐左边(그는 왼쪽에 앉고 싶다)이다. 녹음에서 我们这次坐中间，怎么样？(우리 이번에는 가운데 앉는 게 어때?)이라고 하며 가운데에 앉을 것을 제안했고, 왼쪽 자리는 영화가 잘 안 보였다고 했으므로 문장과 녹음은 일치하지 않는다.

어휘 这次 zhècì 대 이번 中间 zhōngjiān 명 가운데, 중간 怎么样 zěnmeyàng 대 어떠하다 上次 shàngcì 명 지난번 坐 zuò 동 앉다 左边 zuǒbian 명 왼쪽 看不清楚 kàn bu qīngchu 잘 보이지 않다

3

你看那部电影了吗？听说内容很精彩，我觉得很不错。我们一起去看看吧。	너 그 영화 봤어? 듣자 하니 내용이 매우 다채롭대. 내 생각에 괜찮을 것 같은데 우리 같이 가서 보자.
★ 他觉得电影很一般。 (✗)	★ 그는 영화가 아주 평범하다고 생각한다.

해설 문장의 핵심 키워드는 电影很一般(영화가 아주 평범하다)이다. 그가 영화를 어떻게 생각하는지 확인하며 듣는다. 녹음에서 영화에 관한 이야기를 하면서 我觉得很不错(내 생각에 괜찮을 것 같아)라고 했으므로 일치하지 않는 내용임을 알 수 있다.

어휘 部 bù 양 편(영화를 세는 양사) 电影 diànyǐng 명 영화 听说 tīngshuō 동 듣자 하니 内容 nèiróng 명 내용 精彩 jīngcǎi 형 뛰어나다, 훌륭하다 不错 búcuò 형 괜찮다, 좋다 一起 yìqǐ 부 같이, 더불어 看 kàn 동 보다 觉得 juéde 동 ~라고 생각하다 一般 yìbān 형 보통이다, 일반적이다

4

昨天我在网上看到一件衣服。质量很好，也很漂亮。就是价格有点儿贵，我再考虑一下。	어제 나는 인터넷에서 옷을 하나 봤다. 품질이 좋고 예뻤다. 단지 가격이 조금 비싸서 나는 다시 고민 좀 해야겠다.
★ 那件衣服很便宜。 (✗)	★ 그 옷은 매우 싸다.

해설 문장의 핵심 키워드는 那件衣服(그 옷)와 很便宜(아주 싸다)이므로 옷의 가격이 싼지 비싼지 확인하며 듣는다. 녹음에서 옷에 대해 价格有点儿贵(가격이 조금 비싸다)라고 했다. 有点儿贵(조금 비싸다)는 很便宜(매우 싸다)와 반대되는 뜻이므로 정답은 불일치이다.

어휘 昨天 zuótiān 명 어제 网上 wǎngshàng 명 인터넷 看到 kàndào 동 보다 件 jiàn 양 일이나 옷을 세는 단위 衣服 yīfu 명 옷 质量 zhìliàng 명 품질 漂亮 piàoliang 형 예쁘다 就是 jiùshì 부 다만 价格 jiàgé 명 가격 有点儿 yǒudiǎnr 부 조금 贵 guì 형 비싸다 再 zài 부 다시 考虑 kǎolǜ 동 고려하다 便宜 piányi 형 싸다

5

认真、热情、有礼貌的人往往更受欢迎。即使他们并不优秀，也能交到很多朋友。	성실하고, 친절하고, 예의 바른 사람은 늘 인기가 있다. 설령 그들이 뛰어나지 않다고 해도 많은 친구를 사귈 수 있다.
★ 有礼貌的人有很多朋友。 (✓)	★ 예의가 있는 사람은 친구가 많다.

해설 문장의 핵심 키워드는 有礼貌的人(예의 바른 사람)과 有很多朋友(친구가 많다)이다. 녹음에서 有礼貌的人往往更受欢迎(예의 바른 사람은 늘 인기가 있다)이라고 했고 마지막 부분에서도 也能交到很多朋友(또한 많은 친구를 사귈 수 있다)라고 했으므로 일치하는 내용임을 알 수 있다.

어휘 认真 rènzhēn 형 진지하다, 성실하다 热情 rèqíng 형 친절하다 礼貌 lǐmào 명 예의 往往 wǎngwǎng 부 자주, 종종 受欢迎 shòu huānyíng 환영을 받다, 인기가 있다 即使 jíshǐ 접 설령 ~하더라도 优秀 yōuxiù 형 우수하다, 뛰어나다 交 jiāo 동 사귀다

6

不好意思，先生。你要的那本书现在没有了。下个星期再进货。	죄송합니다. 선생님. 원하시는 그 책은 지금 없습니다. 다음 주에 다시 입고됩니다.
★ 他想买橘子。 (✗)	★ 그는 귤을 사고 싶어 한다.

해설 문장의 핵심 키워드는 买橘子(귤을 사다)이므로 무엇을 사려고 하는지 주의해서 듣는다. 녹음에서 你要的那本书现在没有了(원하시는 그 책은 지금 없습니다)라고 했으므로 그가 사려는 것이 책임을 알 수 있다. 따라서 일치하지 않는다.

어휘 本 běn 양 권 进货 jìnhuò 동 물품이 들어오다 橘子 júzi 명 귤, 오렌지

7

我觉得学习一门外语最好的办法是多听、多说、多练习。	나는 외국어를 배우는 좋은 방법은 많이 듣고, 많이 말하고, 많이 연습하는 것이라고 생각한다.
★ 如果想学好一种语言要去补习班。 (✗)	★ 만일 언어를 잘 배우고 싶으면 학원에 가야 한다.

해설 문장의 핵심 키워드는 学好一种语言(언어를 잘 배우다)과 去补习班(학원에 가다)이다. 녹음에서 외국어를 배우는 좋은 방법으로 多听、多说、多练习(많이 듣고, 많이 말하고, 많이 연습하는 것)를 들었으므로 문장이 녹음과 일치하지 않음을 알 수 있다.

어휘 外语 wàiyǔ 명 외국어 练习 liànxí 동 연습하다 如果 rúguǒ 접 만일 语言 yǔyán 명 언어 补习班 bǔxíbān 명 학원

8

我们部门来了一个新职员。她不仅长得漂亮，性格也很活泼。大家都喜欢她。	우리 부서에 새 직원이 왔다. 그녀는 예쁘게 생겼을 뿐만 아니라 성격도 활발해서 모두들 그녀를 좋아한다.
★ 大家都喜欢新职员。 (✓)	★ 모두들 새 직원을 좋아한다.

해설 문장의 핵심 키워드는 都喜欢新职员(새 직원을 좋아한다)이므로 새 직원을 좋아하는지 여부를 확인하며 듣는다. 녹음의 마지막 부분에서 大家都喜欢她(모두들 그녀를 좋아한다)라고 했으므로 일치하는 내용이다.

어휘 部门 bùmén 명 부서 职员 zhíyuán 명 직원 不仅A, 也B bùjǐn A, yě B A할 뿐만 아니라 B하다 长 zhǎng 동 생기다 性格 xìnggé 명 성격 活泼 huópō 형 활발하다

9

我很喜欢看电影，特别喜欢看爱情电影。周末在家一边看电影，一边喝咖啡，这是我最大的爱好。	나는 영화 보는 것을 아주 좋아하는데 특히 로맨스 영화 보는 것을 좋아한다. 주말에 집에서 영화를 보면서 커피를 마시는데 이것은 나의 가장 큰 취미이다.
★ 他很喜欢看爱情电影。 (✓)	★ 그는 로맨스 영화 보는 것을 아주 좋아한다.

해설 문장의 핵심 키워드는 爱情电影(로맨스 영화)이므로 어떤 영화를 좋아하는지 주의해서 녹음을 듣는다. 녹음에서 特别喜欢看爱情电影(특히 로맨스 영화 보는 것을 좋아한다)이라고 하여 문장의 핵심 키워드가 그대로 들렸다. 따라서 정답은 일치이다.

어휘 特别 tèbié 부 특히 一边A一边B yìbiān A yìbiān B A하면서 B하다 爱好 àihào 명 취미 爱情电影 àiqíng diànyǐng 로맨스 영화

10

对学生来说，虽然成绩很重要，但是我觉得健康更重要。所以我让孩子每天去锻炼身体。	학생들에게 성적이 비록 아주 중요하지만 나는 건강이 더 중요하다고 생각한다. 그래서 나는 아이로 하여금 매일 운동하도록 시킨다.
★ 成绩最重要。 (✗)	★ 성적이 가장 중요하다.

해설 문장의 핵심 키워드는 成绩(성적)이므로 무엇을 중요하게 여기는지 확인한다. 녹음에서 성적이 중요하다고 했지만 이어 但是我觉得健康更重要(하지만 나는 건강이 더 중요하다고 생각한다)라고 했으므로 가장 중요한 것은 건강임을 알 수 있다. 따라서 일치하지 않는다.

어휘 对A来说 duì A láishuō A에 대해 말한다면 成绩 chéngjì 명 성적 健康 jiànkāng 명 건강 让 ràng 동 ~하게 하다 锻炼 duànliàn 동 단련하다

듣기

제 3, 4 부분 대화를 듣고 질문에 알맞은 정답 고르기

1. 장소/사물/관계 실전 테스트

정답 1. B 2. A 3. C 4. A 5. A 6. C 7. B 8. C

1

女：服务员，你们这儿都有什么饮料？ 男：有茶、咖啡和啤酒什么的。您要什么？ 问：他们最可能在哪儿？	여: 저기요, 여기 어떤 음료가 있나요? 남: 차, 커피 그리고 맥주 등이 있습니다. 어떤 걸 원하시나요? 질문: 그들은 어디에 있을 가능성이 높은가?
A 银行 **B 咖啡厅** C 水果店	A 은행 **B 커피숍** C 과일 가게

해설 보기의 어휘를 보아 장소를 묻는 문제임을 알 수 있다. 녹음에서 여자가 服务员(종업원)이라고 불렀으므로 식당 또는 커피숍임을 예상할 수 있다. 질문에서 그들이 있는 장소를 물었으므로 정답은 B 咖啡厅(커피숍)이다.

어휘 服务员 fúwùyuán 명 종업원 饮料 yǐnliào 명 음료수 茶 chá 명 차 咖啡 kāfēi 명 커피 和 hé 접 ~와/과 啤酒 píjiǔ 명 맥주 什么的 shénme de 등등 银行 yínháng 명 은행 咖啡厅 kāfēitīng 명 커피숍 水果店 shuǐguǒdiàn 명 과일 가게

2

男：喂，你好！小明在家吗？ 女：不在，他刚才跟爸爸一起出去了。 问：小明和谁出去了？	남: 여보세요. 안녕하세요. 샤오밍 집에 있나요? 여: 없어요. 그는 방금 아빠와 같이 나갔어요. 질문: 샤오밍은 누구와 나갔는가?
A 爸爸 B 妈妈 C 弟弟	**A 아빠** B 엄마 C 남동생

해설 보기의 어휘가 신분 또는 관계를 나타내므로 녹음에 그대로 들리는지 주의해서 듣는다. 녹음에서 남자가 샤오밍이 집에 있냐고 물었고 여자가 他刚才跟爸爸一起出去了(그는 방금 아빠와 같이 나갔어요)라고 했으므로 일치하는 보기 A에 메모한다. 질문에서 샤오밍이 누구랑 나갔는지 물었으므로 정답은 A 爸爸(아빠)이다.

어휘 喂 wéi 감 여보세요 刚才 gāngcái 부 방금 跟 gēn 개 ~와/과 一起 yìqǐ 부 같이, 더불어 出去 chūqù 동 나가다 弟弟 dìdi 명 남동생

3

女：你打算在哪儿吃午饭？ 男：我想去公司附近的中国餐厅，你也一起去吧。 问：男的打算在哪儿吃饭？	여: 너 어디에서 점심 먹을 거야? 남: 나 회사 근처 중국 음식점에 가고 싶어. 너도 같이 가자. 질문: 남자는 어디에서 밥을 먹을 계획인가?
A 邮局 B 公司 **C 中国餐厅**	A 우체국 B 회사 **C 중국 음식점**

해설 보기가 모두 장소를 나타내므로 녹음을 들으며 어디에서 일어나는 행동인지 또는 어디에 가려고 하는지 등을 듣는다. 남자가 我想去公司附近的中国餐厅(나는 회사 근처 중국 음식점에 가고 싶어)이라고 했으므로 언급된 보기 C에 메모한다. 질문에서 남자가 어디에서 점심을 먹을 것인지 물었으므로 정답은 C 中国餐厅(중국 음식점)이다.

어휘 打算 dǎsuàn 동 ~할 계획이다 哪儿 nǎr 대 어디 午饭 wǔfàn 명 점심 附近 fùjìn 명 부근, 근처 餐厅 cāntīng 명 식당 一起 yìqǐ 부 같이, 함께 邮局 yóujú 명 우체국 公司 gōngsī 명 회사

4

男：怎么了？ 女：我的手机不见了，你看见了吗？ 问：女的在找什么？	남: 왜 그래? 여: 내 핸드폰이 안 보여. 너 봤어? 질문: 여자는 무엇을 찾고 있는가?
A 手机　　B 电脑　　C 水果	**A 핸드폰**　　B 컴퓨터　　C 과일

해설 보기가 모두 사물을 나타내므로 녹음에 그대로 들리는 단어가 있는지 확인하며 듣는다. 여자가 我的手机不见了(내 핸드폰이 보이지 않아)라고 했고 질문에서 여자가 무엇을 찾고 있는지 물었으므로 정답은 A 手机(핸드폰)이다.

어휘 怎么了 zěnme le 어떻게 된 거야? 手机 shǒujī 명 핸드폰 找 zhǎo 동 찾다 电脑 diànnǎo 명 컴퓨터 水果 shuǐguǒ 명 과일

5

女：你想吃什么？ 男：我都可以。你点吧。 女：听说这里的北京烤鸭很有名，我们尝尝吧，怎么样？ 男：好，来一只吧。 问：那家餐厅什么非常有名？	여: 너 뭐 먹고 싶어? 남: 난 다 괜찮아. 네가 주문해. 여: 듣자 하니 여기 베이징 카오야가 유명하대. 우리 먹어 보자. 어때? 남: 좋아. 그럼 한 마리 시키자. 질문: 그 식당은 무엇이 유명한가?
A 北京烤鸭　　B 羊肉　　C 蛋炒饭	**A 베이징 카오야**　　B 양고기　　C 계란 볶음밥

해설 보기의 어휘를 보아 음식을 묻는 문제임을 알 수 있다. 대화는 음식을 주문하는 상황으로 여자가 听说这里的北京烤鸭很有名(듣자하니 여기 베이징 카오야가 유명하대)이라고 했다. 질문에서 이 식당은 무엇이 유명한지 물었으므로 정답은 A 北京烤鸭(베이징 카오야)이다.

어휘 吃 chī 동 먹다 点 diǎn 동 주문하다 听说 tīngshuō 동 듣자 하니 这里 zhèlǐ 대 이곳, 여기 北京烤鸭 Běijīng kǎoyā 명 북경 오리, 베이징 카오야 有名 yǒumíng 형 유명하다 尝 cháng 동 맛보다 怎么样 zěnmeyàng 대 어떠하다 只 zhī 양 마리 餐厅 cāntīng 명 식당 羊肉 yángròu 명 양고기 蛋炒饭 dànchǎofàn 명 계란 볶음밥

6

男：小姐，这件衬衫多少钱？ 女：五百七，您可以试试。 男：有没有别的颜色？ 女：有白色、红色和黑色。您需要什么颜色？ 问：他们最可能在哪儿？	남: 아가씨, 이 셔츠 얼마인가요? 여: 570위안입니다. 입어 보셔도 돼요. 남: 다른 색깔은 없나요? 여: 흰색, 빨간색 그리고 검은색이 있어요. 어떤 색을 원하세요? 질문: 그들은 어디에 있을 가능성이 가장 높은가?
A 饭馆儿　　B 书店　　**C 服装店**	A 식당　　B 서점　　**C 옷가게**

해설 보기의 어휘를 보아 장소를 묻는 문제임을 알 수 있다. 남자가 这件衬衫多少钱？(이 셔츠 얼마인가요?)이라고 했으므로 장소가 옷을 파는 곳임을 알 수 있다. 질문에서 그들이 있는 장소를 물었으므로 정답은 C 服装店(옷가게)이다.

어휘 小姐 xiǎojiě 명 아가씨 件 jiàn 양 일이나 옷을 세는 단위 衬衫 chènshān 명 셔츠, 블라우스 多少钱 duōshaoqián 얼마예요? 百 bǎi 수 백, 100 试 shì 동 시도하다 别的 bié de 대 다른 것 颜色 yánsè 명 색깔 白色 báisè 명 흰색 红色 hóngsè 명 빨간색 黑色 hēisè 명 검은색 需要 xūyào 동 필요하다 饭馆儿 fànguǎnr 명 식당 书店 shūdiàn 명 서점 服装店 fúzhuāngdiàn 옷가게

7

女：您好！有什么需要帮您的吗？ 男：我想买一束花，今天是我妈妈的生日，我想送给她。 女：你要什么花？ 男：我不知道她喜欢什么样的。你能帮我推荐一下吗？ 女：好的。 问：他们最有可能在哪儿？	여: 안녕하세요! 도움이 필요하세요? 남: 저는 꽃 한 다발을 사고 싶습니다. 오늘 어머니 생신이라서 선물하려고요. 여: 무슨 꽃을 원하세요? 남: 어머니께서 어떤 것을 좋아하실지 모르겠는데 제게 추천 좀 해 주시겠어요? 여: 좋아요. 질문: 그들은 어디에 있을 가능성이 큰가?
A 图书馆　　**B 花店**　　C 学校	A 도서관　　**B 꽃집**　　C 학교

해설 보기를 통해 장소를 묻는 문제임을 예상할 수 있다. 녹음에서 여자는 남자에게 도움이 필요하냐고 물었고 이어 남자가 我想买一束花(저는 꽃 한 다발 사고 싶어요)라고 했으므로 꽃을 파는 곳에서 나누는 대화임을 알 수 있다. 질문에서 이들이 있는 곳을 물었으므로 정답은 B 花店(꽃집)이다.

어휘 帮 bāng 동 돕다　束 shù 양 묶음, 다발　花 huā 명 꽃　生日 shēngrì 명 생일　送 sòng 동 주다, 선물하다　知道 zhīdào 동 알다, 이해하다　喜欢 xǐhuan 동 좋아하다　什么样 shénmeyàng 대 어떠한　推荐 tuījiàn 동 추천하다　图书馆 túshūguǎn 명 도서관　花店 huādiàn 명 꽃집

8

男：办公室里怎么这么热？ 女：空调坏了。 男：我给维修中心打电话吧。 女：我已经打电话了，他们说，明天才能过来。 问：空调怎么了？	남: 사무실 안이 왜 이렇게 덥지? 여: 에어컨이 고장났어. 남: 내가 수리 센터에 전화할게. 여: 내가 이미 전화했어. 그분들이 내일이나 돼야 오실 수 있대. 질문: 에어컨은 어떻게 된 것인가?
A 没问题　　B 丢了　　**C 坏了**	A 문제없다　　B 잃어버렸다　　**C 고장났다**

해설 보기는 모두 어떤 상태를 나타내는 표현이므로 녹음에 그대로 언급되거나 유사한 표현이 들리는지 주의해서 듣는다. 남자가 여자에게 사무실이 왜 덥냐고 물었고 여자는 空调坏了(에어컨이 고장났다)라고 대답했다. 질문에서 에어컨이 어떻게 된 것인지 물었으므로 정답은 C 坏了(고장났다)이다.

어휘 办公室 bàngōngshì 명 사무실　热 rè 형 덥다　空调 kōngtiáo 명 에어컨　坏 huài 형 고장나다　给 gěi 개 ~에게　维修 wéixiū 동 수리하다　中心 zhōngxīn 명 센터　已经 yǐjing 부 이미, 벌써　才 cái 부 ~에야 비로소　过来 guòlái 동 오다　没问题 méi wèntí 동 문제없다　丢 diū 동 잃다

2. 상태/상황 실전 테스트

정답 1. A　2. C　3. B　4. A　5. B　6. C　7. A　8. A

1

女：小明怎么还没来？ 男：现在是下班时间，堵车堵得很厉害。我们还是等一会儿吧。 问：关于他们可以知道什么？	여: 샤오밍 왜 안 왔어? 남: 지금 퇴근 시간이라서 차가 심하게 막힌대. 우리 좀 기다리자. 질문: 그들에 대해서 알 수 있는 것은?
A 在等人 B 在看电影 C 身体不舒服	**A 사람을 기다리고 있다** B 영화를 보고 있다 C 몸이 불편하다

해설 보기의 어휘를 보아 사람의 상태를 묻는 문제임을 알 수 있다. 여자의 샤오밍이 왜 안 왔느냐는 질문에 남자는 길이 막힌다며 我们还是等一会儿吧(우리 좀 기다리자)라고 했으므로 그들이 현재 샤오밍을 기다리고 있음을 알 수 있다. 질문에서 그들에 관해 알 수 있는 내용을 물었으므로 정답은 A 在等人(사람을 기다리고 있다)이다.

어휘 现在 xiànzài 명 지금　下班 xiàbān 동 퇴근하다　时间 shíjiān 명 시간　堵车 dǔchē 동 차가 막히다　厉害 lìhai 형 심하다　还是……吧 háishi……ba 그래도 ~하자　等 děng 동 기다리다　看 kàn 동 보다　电影 diànyǐng 명 영화　身体 shēntǐ 명 신체　舒服 shūfu 형 편안하다

2

男：这件衣服很好看，你什么时候买的？ 女：我去年在美国旅行的时候买的。 问：男的觉得那件衣服怎么样？			남: 이 옷 예쁘다. 언제 산 거야? 여: 작년에 미국 여행했을 때 산 거야. 질문: 남자는 그 옷을 어떻게 생각하는가?		
A 很贵	B 卖光了	**C 很漂亮**	A 비싸다	B 다 팔렸다	**C 예쁘다**

해설 보기의 어휘를 보아 상태를 묻는 문제임을 알 수 있다. 남자는 여자에게 这件衣服很好看(이 옷 예쁘다)이라고 했고, 여자는 미국에서 옷을 샀다고 대답했다. 好看과 漂亮은 모두 '예쁘다'라는 뜻이다. 질문에서 옷에 대한 남자의 생각을 물었으므로 정답은 C 很漂亮(예쁘다)이다.

어휘 件 jiàn 양 일이나 옷을 세는 단위　衣服 yīfu 명 옷　好看 hǎokàn 형 예쁘다　什么时候 shénme shíhou 대 언제　买 mǎi 동 사다　去年 qùnián 명 작년　美国 Měiguó 지명 미국　旅行 lǚxíng 동 여행하다　时候 shíhou 명 시각, 때　贵 guì 형 비싸다　卖光 màiguāng 동 남김없이 다 팔리다　漂亮 piàoliang 형 예쁘다

3

女：你咳嗽咳得很厉害，去过医院了吗？ 男：昨天去过了，医生说，多喝水，好好儿休息。 问：男的怎么了？			여: 너 기침이 아주 심한데 병원에 갔었어? 남: 어제 갔었어. 의사 선생님이 물 많이 마시고 푹 쉬래. 질문: 남자는 왜 그러는가?		
A 很舒服	**B 感冒了**	C 很累	A 매우 편하다	**B 감기에 걸렸다**	C 매우 피곤하다

해설 보기를 보아 사람의 상태를 묻는 문제임을 알 수 있다. 여자는 남자에게 你咳嗽咳得很厉害(기침이 아주 심해)라고 하며 병원에 갔냐고 물었으므로 남자가 감기에 걸렸음을 알 수 있다. 질문에서 남자가 왜 그러는지 물었으므로 정답은 B 感冒了(감기에 걸렸다)이다.

어휘 咳嗽 késou 동 기침하다 厉害 lìhai 형 심하다 医院 yīyuàn 명 병원 医生 yīshēng 명 의사 水 shuǐ 명 물 好好儿 hǎohāor 부 잘, 충분히 休息 xiūxi 동 휴식하다 舒服 shūfu 형 편안하다 感冒 gǎnmào 동 감기에 걸리다 累 lèi 형 힘들다, 피곤하다

4

男：真不好意思，我来晚了，让你久等了。 女：没关系，我饿了，我们去吃饭吧。 问：男的怎么了？	남: 정말 미안해. 내가 늦었어. 오래 기다리게 했지. 여: 괜찮아. 나 배고파. 우리 밥 먹으러 가자. 질문: 남자는 왜 그러는가?
A 迟到了 B 感冒了 C 辛苦了	**A 지각했다** B 감기에 걸렸다 C 고생했다

해설 보기가 모두 사람의 상태를 나타내는 표현들이다. 남자는 여자에게 我来晚了，让你久等了(내가 늦어서 오래 기다리게 했어)라고 사과했으므로 남자가 늦었음을 알 수 있다. 질문에서 남자가 왜 그러는지 물었으므로 정답은 A 迟到了(지각했다)이다.

어휘 不好意思 bùhǎoyìsi 미안하다 晚 wǎn 형 늦다 让 ràng 동 ~하게 하다 久 jiǔ 형 오래다, (시간이) 길다 饿 è 형 배고프다 迟到 chídào 동 지각하다 辛苦 xīnku 동 고생하다

5

女：你昨天怎么没来学校？ 男：我昨天身体不舒服，突然发烧了。 女：去医院看医生了吗？ 男：看了，开点儿药回家，吃药以后就休息了。 问：男的昨天为什么没来学校？	여: 너 어제 왜 학교 안 왔어? 남: 어제 몸이 안 좋았어. 갑자기 열 났어. 여: 병원 가서 의사한테 진료받았어? 남: 받았지. 약 지어서 집에 와서 약 먹고 쉬었어. 질문: 남자는 어제 왜 학교에 안 왔는가?
A 出国了 **B 身体不舒服** C 钱包丢了	A 출국했다 **B 몸이 안 좋았다** C 지갑을 잃어버렸다

해설 보기의 어휘를 보아 사람의 상태를 묻는 문제임을 알 수 있다. 여자의 어제 왜 학교에 안 왔느냐는 질문에 남자는 我昨天身体不舒服(나 어제 몸이 안 좋았어)라고 했으므로 남자가 몸이 안 좋았음을 알 수 있다. 질문에서 남자가 어제 학교에 오지 않은 이유를 물었으므로 정답은 B 身体不舒服(몸이 안 좋았다)이다.

어휘 昨天 zuótiān 명 어제 学校 xuéxiào 명 학교 身体 shēntǐ 명 신체 舒服 shūfu 형 편안하다 突然 tūrán 부 갑자기, 돌연히 发烧 fāshāo 동 열이 나다 医院 yīyuàn 명 병원 看 kàn 동 보다 医生 yīshēng 명 의사 开药 kāiyào 동 약을 처방하다 回家 huíjiā 동 집에 가다 吃 chī 동 먹다 药 yào 명 약 以后 yǐhòu 명 이후 休息 xiūxi 동 휴식하다, 쉬다 出国 chūguó 동 출국하다 钱包 qiánbāo 명 지갑 丢 diū 동 잃다, 잃어버리다

6

男：下个周末你有时间我们一起去游泳，怎么样？ 女：好啊，我们去哪里好呢？ 男：听说这儿附近新开了家游泳馆，环境还不错，我们去那儿吧。 女：好，那我们几点在哪儿见面？	남: 다음 주 주말에 시간 있으면 우리 수영하러 가는 거 어때? 여: 좋아. 우리 어디로 가는 게 좋을까? 남: 듣자 하니 여기 근처에 수영장이 새로 생겼대. 환경도 좋대. 우리 거기 가자. 여: 좋아. 그럼 우리 몇 시에 어디에서 만날까?

问：关于那家游泳馆可以知道什么？	질문: 그 수영장에 대하여 알 수 있는 것은?
A 很便宜 B 门票免费 **C 新开不久**	A 싸다 B 입장권이 무료이다 **C 새로 연 지 오래되지 않았다**

해설 보기의 어휘를 보아 상태를 묻는 문제임을 알 수 있다. 남자와 여자는 수영하러 가자는 대화를 하고 있고 남자가 听说这儿附近新开了家游泳馆(듣자 하니 여기 근처에 수영장이 새로 생겼대)이라고 했다. 질문에서 수영장에 대해 알 수 있는 내용을 물었으므로 정답은 C 新开不久(새로 연 지 오래되지 않았다)이다.

어휘 下个周末 xià ge zhōumò 다음 주 주말　时间 shíjiān 명 시간　一起 yìqǐ 부 같이　游泳 yóuyǒng 동 수영하다　怎么样 zěnmeyàng 대 어떠하다　听说 tīngshuō 동 듣자 하니　附近 fùjìn 명 부근, 근처　新开 xīnkāi 동 새로 생기다　家 jiā 양 가정, 가게 등을 세는 단위　游泳馆 yóuyǒngguǎn 명 수영장　环境 huánjìng 명 환경　不错 búcuò 형 좋다, 괜찮다　点 diǎn 양 시　见面 jiànmiàn 동 만나다　便宜 piányi 형 싸다　门票 ménpiào 명 입장권　免费 miǎnfèi 동 무료로 하다　久 jiǔ 형 오래다

7

女：你的腿怎么了？ 男：我上班的时候，不小心摔倒了。 女：你去医院了吗？ 男：没问题，只是擦破了皮。 问：男的的腿怎么了？	여: 네 다리 왜 그래? 남: 나 출근할 때 실수로 넘어졌어. 여: 너 병원에 갔었어? 남: 문제없어. 그냥 좀 까진 거야. 질문: 남자의 다리는 왜 그런가?
A 受伤了　B 黑了　C 胖了	**A 다쳤다**　B 탔다　C 뚱뚱해졌다

해설 보기는 모두 상태를 나타내는 표현이다. 여자는 남자에게 다리가 왜 그러는지 물었고 남자는 我上班的时候，不小心摔倒了(나 출근할 때 실수로 넘어졌어)라고 했으므로 남자가 다리를 다쳤음을 알 수 있다. 질문에서 남자의 다리가 왜 그런지 물었으므로 정답은 A 受伤了(다쳤다)이다.

어휘 腿 tuǐ 명 다리　上班 shàngbān 동 출근하다　的时候 de shíhòu ~할 때　小心 xiǎoxīn 동 조심하다　摔倒 shuāidǎo 동 자빠지다, 엎어지다　擦破 cāpò 동 스쳐 벗겨지다　皮 pí 명 피부　受伤 shòushāng 동 상처를 입다　黑 hēi 형 검다　胖 pàng 형 뚱뚱하다

8

男：你考得怎么样呢？ 女：还行。你呢？ 男：我除了填空题以外，别的都没答好。 女：是吗？我以为你考得很好呢。 问：男的考得怎么样？	남: 시험 어떻게 봤어? 여: 그냥 괜찮아. 너는? 남: 나는 빈칸 채우기 문제 외에 다른 것은 다 못 풀었어. 여: 그래? 나는 네가 시험을 잘 봤을 거라 생각했는데. 질문: 남자는 시험을 어떻게 봤는가?
A 不太好　B 很好　C 很一般	**A 별로 안 좋다**　B 아주 잘 봤다　C 보통이다

해설 보기의 어휘로 보아 어떤 결과 또는 상태를 묻는 문제임을 알 수 있다. 남자가 여자에게 시험을 어떻게 봤는지 물었을 때 여자는 괜찮게 봤다고 했지만, 남자는 我除了填空题以外，别的都没答好(나는 빈칸 채우기 문제 외에 다른 것은 다 못 풀었어)라고 하여 시험을 잘 못 봤다고 했다. 질문에서 남자가 시험을 어떻게 봤는지 물었으므로 정답은 A 不太好(별로 안 좋다)이다.

어휘 考 kǎo 동 시험을 보다　行 xíng 형 좋다, 괜찮다　除了 chú le 접 ~을 제외하고　填空题 tiánkòng tí 빈칸 채우기 문제　以外 yǐwài 명 이외　答 dá 동 대답하다　以为 yǐwéi 동 생각하다(주관적인 생각)

3. 감정/태도/행동 실전 테스트

정답	1. C	2. B	3. A	4. A	5. A	6. C	7. B	8. C

1

女：我实在太累了，搬不动了。 男：那你休息一下吧，我帮你拿东西。 问：女的是什么意思？	여: 나 진짜 너무 힘들어서 못 옮기겠어. 남: 그럼 좀 쉬어. 내가 물건 가져올게. 질문: 여자는 무슨 의미인가?
A 牙疼　　B 想吃饼干　　**C 很累**	A 이가 아프다　　B 과자가 먹고 싶다　　**C 힘들다**

해설 보기의 어휘를 보아 사람의 상태를 묻는 문제임을 알 수 있다. 여자가 我实在太累了(나 진짜 너무 힘들어)라고 했고 남자는 여자에게 쉬라고 했다. 질문에서 여자가 어떤 뜻인지 물었으므로 정답은 C 很累(힘들다)이다.

어휘 实在 shízài 부 정말로　太……了 tài……le 너무 ~하다　累 lèi 형 피곤하다, 힘들다　搬不动 bān bu dòng 옮길 수 없다　休息 xiūxi 동 휴식하다, 쉬다　帮 bāng 동 돕다　拿 ná 동 가져가다　东西 dōngxi 명 물건　意思 yìsi 명 의미, 뜻　牙疼 yáténg 이가 아프다　吃 chī 동 먹다　饼干 bǐnggān 명 과자

2

男：小李，你周末做什么？我们一起去爬山，怎么样？ 女：好主意，那我们在哪儿见面？ 问：男的想跟女的一起做什么？	남: 샤오리, 너 주말에 뭐해? 우리 같이 등산가는 거 어때? 여: 좋은 생각이야. 그럼 우리 어디에서 만날까? 질문: 남자는 여자와 무엇을 같이 하고 싶은가?
A 喝酒　　**B 爬山**　　C 运动	A 술 마시기　　**B 등산하기**　　C 운동하기

해설 보기의 어휘를 보아 행동을 묻는 문제임을 알 수 있다. 남자는 여자에게 주말에 무엇을 하느냐고 물으며 我们一起去爬山，怎么样?(우리 같이 등산가는 거 어때?)이라고 제안했다. 질문에서 남자가 여자와 함께 하고 싶은 것이 무엇인지 물었으므로 정답은 B 爬山(등산하기)이다.

어휘 周末 zhōumò 명 주말　一起 yìqǐ 부 같이, 더불어　爬山 páshān 동 등산하다　怎么样 zěnmeyàng 대 어떠하다　主意 zhǔyì 명 생각, 의견　见面 jiànmiàn 동 만나다　喝酒 hējiǔ 술을 마시다　运动 yùndòng 동 운동하다

3

女：今天天气很好。我想出去走一走。 男：正好我也想动一动，我们去公园吧，那儿空气比较好。 问：他们最有可能要做什么？	여: 오늘 날씨가 좋다. 나 나가서 좀 걷고 싶어. 남: 마침 나도 좀 움직이고 싶었는데, 우리 공원에 가자. 거기 공기가 좋아. 질문: 그들은 무엇을 하려고 하는가?
A 散步　　B 游泳　　C 划船	**A 산책하다**　　B 수영하다　　C 배를 젓다

해설 보기가 모두 행동을 나타내므로 무엇을 하고 있는지 또는 할 예정인지를 주의해서 듣는다. 여자가 남자에게 我想出去走一走(나 나가서 좀 걷고 싶어)라고 했고 남자는 我们去公园吧(우리 공원에 가자)라고 했으므로 이들이 공원에 갈 것임을 예상할 수 있다. 질문에서 그들이 무엇을 할 것인지 물었으므로 알맞은 정답은 A 散步(산책하다)이다.

어휘 天气 tiānqì 명 날씨　出去 chūqù 동 나가다　走 zǒu 동 걷다　正好 zhènghǎo 부 마침　动 dòng 동 움직이다　公园 gōngyuán 명 공원　空气 kōngqì 명 공기　散步 sànbù 동 산책하다　游泳 yóuyǒng 동 수영하다　划船 huá chuán 동 배를 젓다

4	
男：你为什么不吃饭？ 女：我最近胖了五公斤，我想减肥。 问：女的为什么不吃饭？	남: 너 왜 밥 안 먹어? 여: 나 요즘 5kg이 늘어서 살 빼고 싶어. 질문: 여자는 왜 밥을 안 먹는가?
A 想减肥　　B 饭菜不好吃　　C 吃饱了	**A 살 빼고 싶다**　　B 음식이 맛없다　　C 배가 부르다

해설 보기의 어휘로 보아 사람의 상태를 묻는 문제임을 알 수 있다. 남자는 여자에게 왜 밥을 안 먹는지 물었고 여자는 我想减肥(나 살 빼고 싶어)라고 했다. 질문에서 여자가 밥을 먹지 않는 이유를 물었으므로 정답은 A 想减肥(살 빼고 싶다)이다.

어휘 为什么 wèishénme 대 왜　吃饭 chīfàn 동 밥을 먹다　最近 zuìjìn 명 최근　胖 pàng 형 뚱뚱하다　公斤 gōngjīn 양 킬로그램(kg)　减肥 jiǎnféi 동 다이어트하다

5	
女：走这条路对吗？ 男：没错。 女：但是从地图上看应该往前走才对。 男：往南走，你放心吧。 问：男的觉得应该怎么走？	여: 이 길로 가는 거 맞아? 남: 틀림없어. 여: 근데 지도에는 직진해야 맞다는데. 남: 남쪽으로 가는 거야. 안심해. 질문: 남자는 어떻게 가야 한다고 생각하는가?
A 向南走　　B 向北走　　C 向东走	**A 남쪽으로 간다**　　B 북쪽으로 간다　　C 동쪽으로 간다

해설 보기의 어휘를 보아 길을 찾는 문제임을 예상할 수 있다. 여자는 남자에게 이 길로 가는 게 맞냐고 물었고 남자는 두 번째 대화에서 往南走，你放心吧(남쪽으로 가는 거야. 안심해)라고 했다. 질문에서 남자는 어떻게 가야 한다고 생각하는지를 물었으므로 정답은 A 向南走(남쪽으로 간다)이다. 개사 往과 向은 모두 방향을 나타내는 단어와 함께 쓰이며 '~을 향해'라는 뜻을 나타낸다.

어휘 走 zǒu 동 가다, 걷다　条 tiáo 양 가늘고 긴 것을 세는 단위　路 lù 명 길　对 duì 형 맞다　没错 méicuò 동 맞다　但是 dànshì 접 그러나, 그렇지만　从 cóng 개 ~부터　地图 dìtú 명 지도　看 kàn 동 보다　往 wǎng 개 ~를 향하여　前 qián 명 앞　才 cái 부 비로소, 그제서야　南 nán 명 남쪽　放心 fàngxīn 동 마음을 놓다　觉得 juéde 동 ~라고 생각하다　应该 yīnggāi 조동 마땅히 ~해야 한다　怎么 zěnme 대 왜, 어째서　向 xiàng 개 ~을 향해서　北 běi 명 북쪽　东 dōng 명 동쪽

6	
男：怎么了？有什么问题吗？ 女：我的笔记本电脑坏了，我想换台新的。 男：那你买我用的这个吧。很不错的。 女：贵不贵？ 问：男的觉得自己的电脑怎么样？	남: 어떻게 된 일이야? 무슨 문제 있어? 여: 내 노트북이 망가졌어. 새것으로 바꾸려고. 남: 그럼 내가 쓰는 이걸로 사. 엄청 좋아. 여: 비싸? 질문: 남자는 자신의 노트북이 어떻다고 생각하는가?
A 不太好　　B 很危险　　**C 很好**	A 별로 좋지 않다　　B 아주 위험하다　　**C 아주 좋다**

해설 보기의 어휘를 보아 상태를 묻는 문제임을 알 수 있다. 노트북을 사야 한다는 여자의 말에 남자는 那你买我用的这个吧。很不错的(그럼 내가 쓰는 이걸로 사. 엄청 좋아)라며 자신의 노트북이 좋다고 말했다. 질문에서 남자가 자신의 노트북을 어떻게 생각하는지 물었으므로 정답은 C 很好(아주 좋다)이다. 不错와 很好는 모두 '좋다'라는 뜻이다.

어휘 怎么了 zěnme le 무슨 일이야?　问题 wèntí 명 문제　笔记本电脑 bǐjìběn diànnǎo 명 노트북　坏 huài 형 고장나다　换 huàn 동 바꾸다　台 tái 양 대(가전 제품을 세는 단위)　新的 xīn de 명 새것　买 mǎi 동 사다　用 yòng 동 사용하다　不错 búcuò 형 괜찮다, 좋다　贵 guì 형 비싸다　觉得 juéde 동 ~라고 생각하다　自己 zìjǐ 대 자기, 자신　危险 wēixiǎn 형 위험하다

7

女：这次暑假你打算做什么？ 男：我打算去西安玩儿。 女：听说那里有很多名胜古迹。 男：我很想看兵马俑，你呢？打算做什么？ 问：男的想做什么？	여: 이번 여름 방학에 너 뭐 할 계획이야? 남: 나 시안에 가서 놀 거야. 여: 듣자 하니 그곳에 명승고적이 많다고 하던데. 남: 나 병마용 너무 보고 싶어. 너는? 뭐 할 거야? 질문: 남자는 무엇을 하고 싶은가?
A 看电影　　B **去旅行**　　C 学弹钢琴	A 영화를 보다　　**B 여행을 가다**　　C 피아노를 배우다

해설 보기의 어휘를 보고 행동을 묻는 문제임을 예상할 수 있다. 여자는 남자에게 여름 방학에 무엇을 할 것인지 물었고 남자는 我打算去西安玩儿(나 시안에 가서 놀 거야)이라고 했다. 질문에서 남자는 무엇을 하고 싶어 하는지 물었으므로 정답은 B 去旅行(여행을 가다)이다.

어휘 次 cì 양 번(동작의 횟수를 세는 단위)　暑假 shǔjià 명 여름 방학, 여름 휴가　打算 dǎsuàn 동 ~할 계획이다　西安 Xī'ān 지명 시안(서안)　玩儿 wánr 동 놀다　听说 tīngshuō 동 듣자 하니　名胜古迹 míngshèng gǔjì 명 명승고적　兵马俑 bīngmǎyǒng 명 병마용　电影 diànyǐng 명 영화　旅行 lǚxíng 동 여행하다　弹钢琴 tán gāngqín 피아노를 치다

8

男：小姐，你想买什么？ 女：我想买运动鞋，我觉得这双很好看。 男：这是今年的新款，款式很漂亮，价格也很便宜。 女：那我就买这双吧。 问：女的在做什么？	남: 아가씨, 무엇을 사고 싶으세요? 여: 저 운동화를 사고 싶어요. 이게 예쁜 거 같아요. 남: 이것은 올해 신제품으로 디자인이 아주 예쁘고 가격도 아주 저렴합니다. 여: 그럼 저 이거 살게요. 질문: 여자는 무엇을 하고 있는가?
A 看电视　　B 准备考试　　**C 买鞋子**	A TV를 보다　　B 시험을 준비하다　　**C 신발을 사다**

해설 보기의 어휘를 보아 행동을 묻는 문제임을 알 수 있다. 녹음에서 여자는 我想买运动鞋(저 운동화를 사고 싶어요)라고 했고 이어 남자가 신발을 추천해 주는 대화가 나온다. 질문에서 여자가 무엇을 하고 있는지 물었으므로 정답은 C 买鞋子(신발을 사다)이다.

어휘 小姐 xiǎojie 명 아가씨　想 xiǎng 조동 ~하고 싶다　运动鞋 yùndòngxié 명 운동화　觉得 juéde 동 ~라고 생각하다　双 shuāng 양 쌍, 켤레　好看 hǎokàn 형 보기 좋다, 아름답다　新款 xīnkuǎn 명 신상품　款式 kuǎnshì 명 스타일, 디자인　漂亮 piàoliang 형 예쁘다　价格 jiàgé 명 가격　便宜 piányi 형 싸다　电视 diànshì 명 텔레비전　准备 zhǔnbèi 동 준비하다　考试 kǎoshì 동 시험을 보다　鞋子 xiézi 명 신발

듣기 제3, 4부분 미니모의고사

정답									
1. B	2. A	3. A	4. C	5. B	6. C	7. C	8. A	9. B	10. A
11. C	12. B	13. A	14. C	15. A	16. B				

1

女：你有时间能帮我看一下这份会议资料吗？
男：好的，请稍等。

问：他们最可能是什么关系？

A 邻居　**B 同事**　C 夫妻

여: 시간 있으면 이 회의 자료 좀 봐 줄 수 있어요?
남: 좋아요. 잠시 기다려요.

질문: 그들은 무슨 관계일 가능성이 있는가?

A 이웃　**B 동료**　C 부부

해설 보기의 어휘를 보아 관계를 묻는 문제임을 알 수 있다. 대화를 살펴보면 여자가 남자에게 你有时间能帮我看一下这份会议资料吗？(시간 있으면 이 회의 자료 좀 봐 줄 수 있어요?)라고 했는데 会议资料(회의 자료)는 회사에서 사용하는 어휘이므로 이들의 관계는 동료라는 것을 예상할 수 있다. 질문에서 그들의 관계를 물었으므로 정답은 B 同事(동료)이다.

어휘 时间 shíjiān 명 시간　帮 bāng 동 돕다　看 kàn 동 보다　份 fèn 양 문건을 세는 단위　会议 huìyì 명 회의　资料 zīliào 명 자료　关系 guānxi 명 관계　邻居 línjū 명 이웃　同事 tóngshì 명 동료　夫妻 fūqī 명 부부

2

男：怎么吃这么少？你不是最爱吃蛋糕吗？
女：我最近在减肥，不吃零食。

问：女的怎么了？

A 在减肥　B 吃饱了　C 牙疼

남: 왜 이렇게 적게 먹어? 너 케이크 제일 좋아하지 않아?
여: 나 요즘 다이어트해. 간식 안 먹어.

질문: 여자는 왜 그러는가?

A 다이어트 중이다　B 배부르다　C 이가 아프다

해설 보기의 어휘로 보아 사람의 상태를 묻는 문제임을 알 수 있다. 남자가 여자에게 왜 이렇게 적게 먹느냐고 물었고 여자는 我最近在减肥(나 요즘 다이어트해)라고 했다. 질문에서 여자가 왜 그러는지 물었으므로 정답은 A 在减肥(다이어트 중이다)이다.

어휘 吃 chī 동 먹다　这么 zhème 대 이렇게　少 shǎo 형 적다　最 zuì 부 가장, 제일　爱 ài 동 ~하길 좋아하다　蛋糕 dàngāo 명 케이크　最近 zuìjìn 명 최근　减肥 jiǎnféi 동 다이어트하다　零食 língshí 명 간식　怎么了 zěnme le 무슨 일이야? 어떻게 된 거야?　吃饱 chī bǎo 배부르다　牙疼 yáténg 이가 아프다

3

女：你来中国半年了，已经适应中国的生活了吧？
男：已经适应了，但是汉语说得还不太流利。

问：男的来中国多长时间了？

A 6个月　B 8个月　C 10个月

여: 너 중국에 온 지 반 년이 됐는데 이제 중국 생활이 적응됐지?
남: 이미 적응됐어. 그런데 중국어가 아직 유창하지 않아.

질문: 남자는 중국에 온 지 얼마나 됐는가?

A 6개월　B 8개월　C 10개월

해설 보기가 기간을 나타내므로 녹음을 들으며 기간에 관한 표현에 주의해서 듣는다. 여자의 첫 마디 你来中国半年了(너 중국에 온 지 반 년이 됐다)에 半年(반 년, 6개월)이 언급되었다. 질문에서 남자가 중국에 온 지 얼마나 됐느냐고 물었으므로 정답은 A 6个月(6개월)이다.

어휘 中国 Zhōngguó 지명 중국　半年 bànnián 명 반 년　已经 yǐjing 부 이미, 벌써　适应 shìyìng 동 적응하다　生活 shēnghuó 명 생활　但是 dànshì 접 그러나, 하지만　流利 liúlì 형 유창하다

4

男：电影几点开始？ 女：八点半，还剩了一个小时。 问：现在几点？	남: 영화 몇 시에 시작해? 여: 8시 반. 아직 한 시간 남았어. 질문: 지금 몇 시인가?
A 9：30　　B 8：30　　**C 7：30**	A 9:30　　B 8:30　　**C 7:30**

해설 보기를 보아 시간을 묻는 문제임을 예상할 수 있다. 남자가 여자에게 영화가 몇 시에 시작하는지 물었고 여자는 八点半，还剩了一个小时(8시 반. 한 시간 더 남았어)이라고 했으므로 영화 시작 시간은 8:30분이고 현재는 7:30분임을 알 수 있다. 질문에서 현재 시간을 물었으므로 정답은 C 7 : 30이다.

어휘 电影 diànyǐng 명 영화　点 diǎn 명 시　开始 kāishǐ 동 시작하다　半 bàn 수 반, 절반　还 hái 부 아직도　剩 shèng 동 남다　小时 xiǎoshí 명 시간

5

女：听说，你下个学期去美国留学，准备得怎么样了？ 男：差不多了，护照已经办好了，签证下个星期出来。 问：男的打算去哪儿学习？	여: 너 다음 학기에 미국으로 유학 간다고 들었는데 준비는 어때? 남: 거의 다 됐어. 여권은 처리됐고 비자는 다음 주에 나와. 질문: 남자는 어디에 가서 공부할 계획인가?
A 中国　　**B 美国**　　C 日本	A 중국　　**B 미국**　　C 일본

해설 보기의 어휘로 보아 장소를 묻는 문제임을 알 수 있다. 여자가 남자에게 听说，你下个学期去美国留学(너 다음 학기에 미국으로 유학간다고 들었는데)라고 했으므로 남자가 미국에 유학 갈 것임을 알 수 있다. 질문에서 남자가 어디에 가서 공부할 것인지 물었으므로 정답은 B 美国(미국)이다.

어휘 听说 tīngshuō 동 듣자 하니　学期 xuéqī 명 학기　留学 liúxué 동 유학하다　准备 zhǔnbèi 동 준비하다　差不多 chàbuduō 형 대충 되다　护照 hùzhào 명 여권　办 bàn 동 처리하다　签证 qiānzhèng 명 비자

6

男：天气很热，我们出去吃点儿冰淇淋吧。 女：好啊，这附近有一家新开的咖啡厅，那儿的冰淇淋特别好吃，我们快走吧。 问：他们想吃什么？	남: 날씨가 너무 더우니까 우리 나가서 아이스크림 좀 먹자. 여: 좋아. 이 근처에 새로 문을 연 커피숍이 있는데 거기 아이스크림이 정말 맛있어. 우리 어서 가자. 질문: 그들은 무엇을 먹고 싶어 하는가?
A 北京烤鸭　　B 面包　　**C 冰淇淋**	A 베이징 카오야　　B 빵　　**C 아이스크림**

해설 보기가 모두 음식이므로 무엇을 먹는지 또는 사는지에 주의해서 듣는다. 남자가 我们出去吃点儿冰淇淋吧(우리 나가서 아이스크림 좀 먹자)라고 했고 여자가 好啊(좋아)라고 했으므로 이들이 먹고 싶어 하는 것은 아이스크림임을 알 수 있다. 따라서 정답은 C 冰淇淋(아이스크림)이다.

어휘 热 rè 형 덥다　一点儿 yìdiǎnr 양 조금　冰淇淋 bīngqílín 명 아이스크림　咖啡厅 kāfēitīng 명 커피숍　好吃 hǎochī 형 맛있다　北京烤鸭 Běijīng kǎoyā 명 북경 오리, 베이징 카오야　面包 miànbāo 명 빵

7

女：你看见今天的报纸了吗？怎么不见了。 男：你看客厅的桌子上有吗？ 问：女的在找什么？	여: 오늘 신문 봤어? 왜 안 보이지. 남: 거실 탁자 위에 봐 있지? 질문: 여자는 무엇을 찾고 있는가?
A 手机　B 杂志　**C 报纸**	A 핸드폰　B 잡지　**C 신문**

해설 보기가 모두 물건이므로 녹음에 그대로 언급되는 단어를 주의해서 듣는다. 여자가 你看见今天的报纸了吗？(오늘 신문 봤어?)라고 남자에게 물었고 남자는 거실 탁자 위를 보라고 했다. 질문에서 여자가 찾고 있는 것이 무엇인지 물었으므로 정답은 C 报纸(신문)이다.

어휘 看见 kànjiàn 동 보다, 보이다　报纸 bàozhǐ 명 신문　怎么 zěnme 대 어떻게, 왜　客厅 kètīng 명 거실　桌子 zhuōzi 명 탁자　杂志 zázhì 명 잡지

8

男：你周末打算做什么？ 女：我想去爬山，最近天气很好，正适合爬山。 问：女的打算做什么？	남: 너 주말에 뭐 할 계획이야? 여: 나 등산가고 싶어. 요즘 날씨가 너무 좋아서 등산하기에 딱 좋아. 질문: 여자는 무엇을 할 계획인가?
A 爬山　B 做饭　C 学习汉语	**A 등산하다**　B 밥을 하다　C 중국어 공부를 하다

해설 보기의 어휘를 보아 행동을 묻는 문제임을 알 수 있다. 남자는 여자에게 주말 계획을 물었고 이에 여자가 我想去爬山(나 등산가고 싶어)라고 대답했다. 질문에서 여자가 무엇을 할 계획인지 물었으므로 정답은 A 爬山(등산하다)이다.

어휘 周末 zhōumò 명 주말　爬山 páshān 동 등산하다　最近 zuìjìn 명 최근　适合 shìhé 동 적합하다　做饭 zuòfàn 동 식사 준비를 하다

9

女：您要点菜吗？ 男：我要一个鸡蛋汤和一碗牛肉面。 女：还需要别的吗？ 男：不用了，就这些。 问：他们最可能在哪儿？	여: 주문하시겠습니까? 남: 저는 계란탕 하나와 소고기면 한 그릇 주세요. 여: 더 필요하신 게 있나요? 남: 아니요. 이것들만 주세요. 질문: 그들은 어디에 있을 가능성이 가장 높은가?
A 图书馆　**B 饭馆**　C 邮局	A 도서관　**B 식당**　C 우체국

해설 보기의 어휘로 보아 장소를 묻는 문제임을 알 수 있다. 여자가 您要点菜吗？(주문 하시겠습니까?)라고 했는데 이는 식당에서 사용하는 말이다. 질문에서 그들이 있는 장소를 물었으므로 정답은 B 饭馆(식당)이다.

어휘 点菜 diǎncài 동 요리를 주문하다　鸡蛋汤 jīdàntāng 명 계란탕　和 hé 접 ~와/과　碗 wǎn 양 그릇, 공기　牛肉面 niúròumiàn 명 소고기면　需要 xūyào 동 필요하다　别的 bié de 대 다른 것　不用 búyòng 동 필요 없다　图书馆 túshūguǎn 명 도서관　饭馆 fànguǎn 명 식당　邮局 yóujú 명 우체국

10

男：小姐，您看，这双鞋怎么样？ 女：不错，有没有别的颜色？ 男：还有红色和黑色。 女：那我就买黑色的。 问：女的想买的颜色是什么？	남: 아가씨, 이거 보세요. 이 신발 어떠세요? 여: 좋네요. 다른 색깔은 없나요? 남: 빨간색이랑 검은색 있어요. 여: 그럼 검은색으로 살게요. 질문: 여자는 어떤 색깔을 사고 싶은가?
A 黑色　　B 白色　　C 绿色	**A 검은색**　　B 흰색　　C 녹색

해설 보기의 어휘를 보아 색깔을 묻는 문제임을 알 수 있다. 녹음에서 여자는 신발을 고르며 다른 색깔이 있느냐고 물었고 남자는 红色(빨간색)와 黑色(검은색)를 권했다. 이에 여자는 최종적으로 那我就买黑色的(그럼 검은색으로 살게요)라고 했다. 질문에서 여자가 어떤 색깔을 사고 싶은지 물었으므로 정답은 A 黑色(검은색)이다.

어휘 小姐 xiǎojiě 명 아가씨　看 kàn 동 보다　双 shuāng 양 쌍, 켤레　鞋 xié 명 신발　怎么样 zěnmeyàng 대 어떠하다　不错 búcuò 형 괜찮다, 좋다　别的 bié de 대 다른 것　颜色 yánsè 명 색깔　红色 hóngsè 명 빨간색　黑色 hēisè 명 검은색　买 mǎi 동 사다　白色 báisè 명 흰색　绿色 lǜsè 명 녹색

11

女：我下个星期去中国出差，我帮你买点儿什么吗？ 男：你帮我买点儿茶吧。听说中国茶很有名。 女：好的，你要什么茶？ 男：红茶、绿茶，什么都可以。谢谢。 问：男的要什么？	여: 나 다음 주에 중국에 출장가는데 뭐 사다 줄까? 남: 차를 좀 사다 줘. 중국 차가 아주 유명하대. 여: 알았어. 무슨 차 원해? 남: 홍차, 녹차, 아무 거나 다 괜찮아. 고마워. 질문: 남자는 무엇을 원하는가?
A 本子　　B 手机　　**C 茶**	A 노트　　B 핸드폰　　**C 차**

해설 보기가 모두 사물이므로 녹음에서 그대로 들리는 단어에 주의한다. 여자는 남자에게 중국에 출장가는데 무엇을 사다 줄 것인지를 물었고 남자는 你帮我买点儿茶吧(차를 좀 사다 줘)라고 대답했다. 질문에서 남자가 무엇을 원하는지 물었으므로 정답은 C 茶(차)이다.

어휘 出差 chūchāi 동 출장하다　帮 bāng 동 돕다　一点儿 yìdiǎnr 양 조금　茶 chá 명 차　有名 yǒumíng 형 유명하다　红茶 hóngchá 명 홍차　绿茶 lǜchá 명 녹차　可以 kěyǐ 형 좋다, 괜찮다　本子 běnzi 명 노트　手机 shǒujī 명 핸드폰

12

男：喂，你在哪儿？ 女：我在车站等公交车呢，我可能会有点儿晚。 男：没关系，我等你。路上小心。 女：好的。一会儿见！ 问：女的打算坐什么去？	남: 여보세요. 어디야? 여: 나 정류장에서 버스 기다리고 있어. 아마 좀 늦을 거야. 남: 괜찮아. 기다릴게. 조심히 와. 여: 알겠어. 이따가 봐! 질문: 여자는 무엇을 타고 갈 것인가?
A 地铁　　**B 公共汽车**　　C 出租车	A 지하철　　**B 버스**　　C 택시

해설 보기가 교통수단이므로 무엇을 타는지 묻는 문제임을 예상할 수 있다. 남자가 여자에게 어디냐고 물었고 여자는 我在车站等公交车呢(나 정류장에서 버스 기다리고 있어)라고 대답했다. 질문에서 여자가 무엇을 타고 갈 것인지 물었으므로 정답은 B 公共汽车(버스)이다. 公共汽车와 公交车는 모두 '버스'를 가리킨다.

어휘 喂 wéi 감 여보세요 车站 chēzhàn 명 정류장 公交车 gōngjiāochē 명 버스 可能 kěnéng 부 아마도, 아마 有点儿 yǒudiǎnr 부 조금, 약간 晚 wǎn 형 늦다 没关系 méi guānxi 괜찮다 等 děng 동 기다리다 路上 lùshang 명 길 가는 중, 도중 小心 xiǎoxīn 동 조심하다 一会儿 yíhuìr 잠시, 잠깐 동안 地铁 dìtiě 명 지하철 公共汽车 gōnggòng qìchē 명 버스 出租车 chūzūchē 명 택시

13

女：我们几点出发？ 男：八点吧，从这儿到火车站不太远。 女：早上八点是上下班时间，我怕堵车。 男：那六点半出发吧。 问：他们几点出发？	여: 우리 몇 시에 출발해? 남: 8시에 하자. 여기서 기차역까지 많이 안 멀어. 여: 아침 8시는 출퇴근 시간이라 차가 막힐 거 같은데. 남: 그럼 6시 반에 출발하자. 질문: 그들은 몇 시에 출발하는가?
A 6：30　　B 7：30　　C 8：00	**A 6:30**　　B 7:30　　C 8:00

해설 보기의 어휘를 보아 시간을 묻는 문제임을 예상한다. 녹음에서 여자는 남자에게 몇 시에 출발할 거냐고 물었고 남자는 8시라고 했다 하지만 여자가 출퇴근 시간이라 걱정했으므로 남자가 那六点半出发吧(그럼 6시 반에 출발하자)라고 하여 시간을 조정하였다. 질문에서 그들이 몇 시에 출발하는지 물었으므로 정답은 A 6:30이다.

어휘 出发 chūfā 동 출발하다 火车站 huǒchēzhàn 명 기차역 上下班 shàngxiàbān 동 출퇴근하다 怕 pà 동 두려워하다 堵车 dǔchē 동 차가 막히다

14

男：你哪儿不舒服？ 女：我感冒了，从昨天晚上开始发烧、咳嗽，还流鼻涕。真难受。 男：你去医院了吗？ 女：去了，医生说，吃点药、多休息就好了。 问：女的怎么了？	남: 너 어디 아파? 여: 나 감기 걸렸어. 어제 밤부터 열이 나고 기침에 콧물까지 나와. 너무 힘들어. 남: 병원에 가 봤어? 여: 갔지. 의사 선생님이 약 먹고 많이 쉬면 괜찮아질 거래. 질문: 여자는 왜 그러는가?
A 饿了　　B 累了　　**C 生病了**	A 배가 고프다　　B 피곤하다　　**C 병이 났다**

해설 보기가 모두 사람의 상태를 나타내므로 인물의 상황을 파악하며 듣는다. 남자가 여자에게 어디 아프냐고 물었고 여자는 我感冒了(나 감기 걸렸어)라고 하며 구체적으로 아픈 증상을 언급했다. 질문에서 여자가 왜 그러는지 물었으므로 정답은 C 生病了(병이 났다)이다.

어휘 舒服 shūfu 형 편안하다 感冒 gǎnmào 동 감기에 걸리다 发烧 fāshāo 동 열이 나다 咳嗽 késou 동 기침하다 流鼻涕 liú bítì 콧물이 흐르다 难受 nánshòu 형 괴롭다, 견딜 수 없다 药 yào 명 약 饿 è 형 배고프다 生病 shēngbìng 동 병이 나다

15

女：你晚上吃什么？ 男：还没决定，你呢？ 女：学校附近有一家泰国餐厅，听说那里的海鲜汤很好吃，你要不要和我一起去？ 男：好的，我没吃过泰国菜，正好想尝尝。 问：他们打算吃什么？	여: 저녁에 뭐 먹을 거야? 남: 아직 안 정했어. 너는? 여: 학교 근처에 태국 음식점 있는데 거기 해산물 수프가 아주 맛있대. 나랑 같이 갈래? 남: 그래. 나 태국 음식 안 먹어 봐서 먹어 보고 싶다. 질문: 그들은 무엇을 먹을 계획인가?
A 海鲜汤　　B 羊肉串　　C 炒面	**A 해산물 수프**　　B 양꼬치　　C 볶음 국수

해설 보기가 모두 음식이므로 무엇을 먹는지 주의해서 듣는다. 녹음에서 여자가 남자에게 태국 음식점을 소개하며 听说那里的海鲜汤很好吃，你要不要和我一起去？(거기 해산물 수프가 아주 맛있대. 나랑 같이 갈래?)라고 했고 이에 남자는 동의했다. 질문에서 이들이 무엇을 먹을 계획인지 물었으므로 정답은 A 海鲜汤(해산물 수프)이다.

어휘 决定 juédìng 동 결정하다 附近 fùjìn 명 부근, 근처 泰国 Tàiguó 지명 태국 海鲜汤 hǎixiān tāng 해산물 수프 一起 yìqǐ 부 같이 尝 cháng 동 맛보다 羊肉串 yángròu chuàn 명 양꼬치 炒面 chǎomiàn 명 볶음 국수

16

男：你暑假打算做什么？ 女：我打算去旅行。 男：真的吗？真羡慕你。去哪儿？ 女：去欧洲。 问：女的暑假打算做什么？	남: 너 여름 방학에 뭐 할 거야? 여: 나 여행 갈 계획이야. 남: 진짜? 정말 부럽다. 어디로 가? 여: 유럽 갈 거야. 질문: 여자는 여름 방학에 무엇을 할 계획인가?
A 学习电脑 **B 旅游** C 学开车	A 컴퓨터를 배우다 **B 여행하다** C 운전을 배우다

해설 보기가 모두 행동이므로 무엇을 하고 있는지 또는 무엇을 할 계획인지 듣는다. 남자가 여자에게 여름 방학 계획을 물었고 이에 여자는 我打算去旅行(나 여행 갈 계획이야)이라고 대답했다. 질문에서 여자의 여름 방학 계획을 물었으므로 정답은 B 旅游(여행하다)이다.

어휘 暑假 shǔjià 명 여름 방학 旅行 lǚxíng 동 여행하다 羡慕 xiànmù 동 부러워하다 欧洲 Ōuzhōu 지명 유럽 电脑 diànnǎo 명 컴퓨터 开车 kāichē 동 운전하다

독해

제 1 부분 연결되는 문장 고르기

1. 질의응답형 실전 테스트

정답 1. A 2. D 3. E 4. C 5. B

1-5

A 我有点儿口渴，冰箱里有没有什么饮料？ B 可能是感冒了，我打算下午去医院看看。 C 不，我最喜欢秋天，是因为天气不冷也不热。 D 有，从这儿往东走大概500米，就在右边。 E 这个太阳镜你花了多少钱？	A 나 좀 목말라. 냉장고 안에 무슨 음료 없어? B 아마도 감기 걸린 거 같아. 오후에 병원에 가 보려고. C 아니, 나는 가을을 가장 좋아해. 왜냐하면 날씨가 춥지도 덥지도 않거든. D 있어요. 여기에서 동쪽으로 대략 500미터 가면 바로 오른쪽에 있어요. E 이 선글라스 너 얼마 줬니?

1

有可乐、果汁、啤酒什么的，你自己去拿吧。	콜라, 과일주스, 맥주 등이 있어. 네가 가지러 가.
(A 我有点儿口渴，冰箱里有没有什么饮料？)	(A 나 좀 목말라. 냉장고 안에 무슨 음료 없어?)

해설 문장은 대답으로 시작하고, 可乐、果汁、啤酒(콜라, 과일주스, 맥주)가 있으므로 음료 관련 질문이 있는지 찾는다. A에 饮料(음료)가 있고, 冰箱里有没有什么饮料？(냉장고 안에 무슨 음료 없어?)라고 했으므로 A가 연결된다.

어휘 可乐 kělè 명 콜라 果汁 guǒzhī 명 과일주스 啤酒 píjiǔ 명 맥주 什么的 shénme de 등등 自己 zìjǐ 대 자기, 자신 拿 ná 동 쥐다, 가지다 口渴 kǒukě 형 목마르다 冰箱 bīngxiāng 명 냉장고 饮料 yǐnliào 명 음료

2

请问，这儿附近有银行吗？	실례합니다. 여기 근처에 은행이 있나요?
(D 有，从这儿往东走大概500米，就在右边。)	(D 있어요. 여기에서 동쪽으로 대략 500미터 가면 바로 오른쪽에 있어요.)

해설 질문하는 문장으로 길을 묻는 내용이다. 핵심 키워드는 有(있다)이다. 보기 중 D가 단답형 대답인 有로 시작하고, 위치를 알려 주는 내용이므로 D가 연결된다.

어휘 附近 fùjìn 명 부근, 근처 银行 yínháng 명 은행 从 cóng 개 ~부터 往 wǎng 개 ~향해서 东 dōng 명 동쪽 大概 dàgài 부 대략 米 mǐ 양 미터(m) 右边 yòubiān 명 오른쪽

3

这是妹妹送给我的，我也不太清楚。	이건 여동생이 선물해 준 거야. 나도 잘 몰라.
(E 这个太阳镜你花了多少钱？)	(E 이 선글라스 너 얼마 줬니?)

해설 문장의 핵심 키워드는 送(선물하다)과 不太清楚(잘 모른다)이다. 보기 E에서 你花了多少钱？(너 얼마 줬니?)이라고 가격을 물었으므로 가격을 잘 모른다고 한 문장과 의미가 연결됨을 알 수 있다.

어휘 送 sòng 동 주다, 선물하다 清楚 qīngchu 동 분명하다, 알다 太阳镜 tàiyángjìng 명 선글라스

4	
春天是我最喜欢的季节，你跟我一样吗？	봄은 내가 가장 좋아하는 계절이야. 너도 나랑 같아?
(C 不，我最喜欢秋天，是因为天气不冷也不热。)	(C 아니, 나는 가을을 가장 좋아해. 왜냐하면 날씨가 춥지도 덥지도 않거든.)

해설 질문으로 끝나는 문장이고, 핵심 키워드는 季节(계절)이다. 대답으로 시작하고, 계절과 관련된 키워드가 있는 문장을 찾아보면, C가 단답형 대답인 不(아니)로 시작하고 秋天(가을)이 언급되었으므로 의미가 연결된다.

어휘 春天 chūntiān 명 봄 最 zuì 부 가장, 제일 喜欢 xǐhuan 동 좋아하다 季节 jìjié 명 계절 一样 yíyàng 동 같다 秋天 qiūtiān 명 가을 因为 yīnwèi 접 ~때문에

5	
听说你有点儿发烧，怎么了？	듣자 하니 너 열이 약간 있다던데. 어떻게 된 거야?
(B 可能是感冒了，我打算下午去医院看看。)	(B 아마도 감기 걸린 거 같아. 오후에 병원에 가 보려고.)

해설 문장이 질문으로 끝나고 핵심 키워드가 发烧(열이 나다)이므로 열이 난 이유가 언급된 문장을 찾는다. 보기 B에 感冒了(감기에 걸리다)가 있으므로 정답은 B이다.

어휘 听说 tīngshuō 동 듣자 하니 发烧 fāshāo 동 열이 나다 可能 kěnéng 부 아마도 感冒 gǎnmào 동 감기에 걸리다 打算 dǎsuàn 동 ~할 계획이다 医院 yīyuàn 명 병원

2. 상황적 의미형 실전 테스트

정답 1. C 2. D 3. E 4. B 5. A

1-5

A 它的嘴长得又长又奇怪。	A 그것의 입은 길고 이상하게 생겼다.
B 我们都应该自己想办法解决。	B 우리는 마땅히 스스로 방법을 생각해 해결해야 한다.
C 我刚到北京的时候，她帮了我很多忙。	C 내가 막 베이징에 왔을 때, 그녀가 나를 많이 도와줬다.
D 听说他学习特别努力，这次考试他得了第一名。	D 듣자 하니 그는 정말 열심히 공부했대. 이번 시험에서 그는 일등을 했어.
E 关叔叔的兴趣爱好和我爸爸一样。	E 관 삼촌의 취미는 우리 아빠와 같아.

1	
我认为小刘是个很热情的人。	나는 샤오리우가 친절한 사람이라고 생각한다.
(C 我刚到北京的时候，她帮了我很多忙。)	(C 내가 막 베이징에 왔을 때, 그녀가 나를 많이 도와줬다.)

해설 문장의 핵심 키워드는 热情(친절하다)이므로 친절한 면에 관한 설명이 있는 문장을 찾는다. 보기 C에 她帮了我很多忙(그녀가 나를 많이 도와줬다)이라고 했으므로 자신을 도와줬기 때문에 친절하다고 말하는 것이 서로 연결된다.

어휘 认为 rènwéi 동 여기다 热情 rèqíng 형 열정적이다, 친절하다 명 열정 刚 gāng 부 막, 방금 北京 Běijīng 지명 베이징 帮忙 bāngmáng 동 일을 돕다

2	
没想到他的成绩提高了很多。	뜻밖에도 그의 성적은 많이 향상되었어.
(D 听说他学习特别努力，这次考试他得了第一名。)	(D 듣자 하니 그는 공부 정말 열심히 했대. 이번 시험에서 그는 일등을 했어.)

해설 문장의 핵심 키워드는 成绩提高了(성적이 향상되었다)이므로 성적과 관련있는 내용을 찾는다. 보기 D에 考试(시험), 第一名(일등)이 있으므로 내용이 연결된다.

어휘 没想到 méi xiǎngdào 뜻밖이다　成绩 chéngjì 명 성적　提高 tígāo 동 향상시키다　听说 tīngshuō 동 듣자 하니　特别 tèbié 부 유달리, 특히　努力 nǔlì 동 노력하다　考试 kǎoshì 동 시험을 치다　得 dé 동 얻다　第一名 dìyīmíng 명 일등

3	
除了喜欢游泳以外，他们都还爱跳舞。	수영을 좋아하는 것 외에도 그들은 모두 춤 추는 것을 좋아한다.
(E 关叔叔的兴趣爱好和我爸爸一样。)	(E 관 삼촌의 취미는 우리 아빠와 같아.)

해설 문장의 핵심 키워드는 游泳(수영하다)과 跳舞(춤을 추다), 그리고 他们(그들)이다. 수영하는 것과 춤을 추는 것이 보기 E의 兴趣爱好(취미)와 연결되고, 그들은 关叔叔(관 삼촌)과 我爸爸(우리 아빠)를 가리키므로 정답은 E이다.

어휘 除了 chú le 개 ~을 제외하고　喜欢 xǐhuan 동 좋아하다　游泳 yóuyǒng 동 수영하다　以外 yǐwài 명 이외　爱 ài 동 ~하길 좋아하다　跳舞 tiàowǔ 동 춤을 추다　叔叔 shūshu 명 숙부, 아저씨　兴趣爱好 xìngqù'àihào 명 취미　一样 yíyàng 동 같다

4	
遇到问题时，不要总是等着别人来帮忙。	문제를 겪을 때, 늘 다른 사람이 와서 도와주기를 기다리면 안된다.
(B 我们都应该自己想办法解决。)	(B 우리는 마땅히 스스로 방법을 생각해 해결해야 한다.)

해설 문장의 핵심 키워드는 遇到问题时(문제를 겪을 때)이므로 문제에 대처하는 방법을 제시한 문장을 찾는다. 보기 B에 自己想办法解决(해결할 방법을 스스로 생각하다)라고 하여 대처 방법을 제시하고 있어 내용이 연결된다.

어휘 遇到 yùdào 동 만나다, 마주치다　总是 zǒngshì 부 늘, 항상　别人 biérén 명 다른 사람　帮忙 bāngmáng 동 일을 돕다　应该 yīnggāi 조동 마땅히 ~해야 한다　自己 zìjǐ 대 자기, 자신　办法 bànfǎ 명 방법　解决 jiějué 동 해결하다

5	
我从来没见过这种鸟。	나는 지금까지 이런 종류의 새를 본 적이 없다.
(A 它的嘴长得又长又奇怪。)	(A 그것의 입은 길고 이상하게 생겼다.)

해설 문장의 핵심 키워드는 这种鸟(이런 종류의 새)이므로 새에 관한 언급이 있는 문장을 찾는다. 보기 A의 它(그것)는 사물이나 동물을 가리키는 대사이고, 입의 모양이 길고 이상하다고 했으므로 새를 묘사한 문장임을 알 수 있다. 따라서 정답은 A이다.

어휘 从来 cónglái 부 지금까지　种 zhǒng 양 종(종류를 세는 단위)　鸟 niǎo 명 새　它 tā 대 그것(사람 이외의 것을 가리킴)　嘴 zuǐ 명 입　长 zhǎng 동 생기다, 자라다　又A又B yòu A yòu B A하기도 하고 B하기도 하다　奇怪 qíguài 형 이상하다

독해 제 1 부분 미니모의고사

정답 1. E 2. C 3. D 4. A 5. B 6. D 7. E 8. B 9. A 10. C

1-5

A 不用担心，只要能说出你的意见就可以了。	A 걱정하지 마. 너의 의견을 말할 수 있으면 돼.
B 我们终于爬上来了，原来爬山是件很不容易的事。	B 우리 드디어 올라왔다. 원래 등산은 쉽지 않은 일이었어.
C 当然可以，就在电脑那儿，你自己去拿吧。	C 당연히 가능하지. 컴퓨터 있는 곳에 있으니, 네가 가져가.
D 我很难过，因为我妈打算把我的小猫送给别人。	D 나 너무 슬퍼. 왜냐하면 우리 엄마가 고양이를 다른 사람에게 주려고 하거든.
E 不客气，这是他自己经过半年的努力得到的。	E 천만에요. 이건 그가 스스로 반 년간의 노력을 거쳐 얻은 거예요.

1

小夏的历史成绩比以前提高了很多，谢谢老师。	샤오시아의 역사 성적이 예전보다 많이 향상되었어요. 감사해요. 선생님.
(E 不客气，这是他自己经过半年的努力得到的。)	(E 천만에요. 이건 그가 스스로 반 년간의 노력을 거쳐 얻은 거예요.)

해설 문장의 핵심 키워드는 成绩(성적)와 谢谢(고마워요)이다. 보기 E의 不客气(천만에요)는 감사에 대한 인사말이고, 뒷부분에 노력으로 얻은 것이라고 했으므로 문장이 서로 연결된다.

어휘 历史 lìshǐ 명 역사 成绩 chéngjì 명 성적 以前 yǐqián 명 이전, 예전 提高 tígāo 동 향상시키다 经过 jīngguò 동 경험하다, 거치다 努力 nǔlì 동 노력하다 得到 dédào 동 얻다

2

你能借我用一下儿你的词典吗？	너의 사전을 빌려 쓸 수 있을까?
(C 当然可以，就在电脑那儿，你自己去拿吧。)	(C 당연히 가능하지. 컴퓨터 있는 곳에 있으니, 네가 가져가.)

해설 질문하는 문장이며 핵심 키워드는 能借……吗？(~을 빌릴 수 있을까?)이다. 보기 C에서 当然可以(당연히 가능하지)라고 했고 뒷부분에 직접 가져가라고 했으므로 의미가 연결됨을 알 수 있다.

어휘 借 jiè 동 빌리다, 빌려주다 词典 cídiǎn 명 사전 当然 dāngrán 형 당연하다 电脑 diànnǎo 명 컴퓨터 自己 zìjǐ 대 자기, 자신 拿 ná 동 쥐다, 가지다

3

你的眼睛怎么了？红红的，是不是哭过了？	너 눈 왜 그러니? 빨간데 울었어?
(D 我很难过，因为我妈打算把我的小猫送给别人。)	(D 나 너무 슬퍼. 왜냐하면 우리 엄마가 고양이를 다른 사람에게 주려고 하거든.)

해설 문장의 핵심 키워드는 哭了(울었다)이고, 怎么了？(왜 그러니?)가 있으므로 운 이유가 언급된 문장을 찾는다. 보기 D에 很难过(너무 슬프다)라고 하며 엄마가 고양이를 다른 사람에게 주려고 한다고 했으므로 내용이 연결된다.

어휘 眼睛 yǎnjing 명 눈 哭 kū 동 울다 难过 nánguò 형 슬프다 因为 yīnwèi 접 왜냐하면 打算 dǎsuàn 동 ~할 계획이다 小猫 xiǎomāo 명 고양이

4	
比赛时遇到不会的问题，怎么办？我有点儿担心。	시합에서 풀지 못하는 문제가 나오면 어떡하지? 나 조금 걱정돼.
(A 不用担心，只要能说出你的意见就可以了。)	(A 걱정하지 마. 너의 의견을 말할 수 있으면 돼.)

해설 문장의 키워드는 担心(걱정하다)이다. 보기 A가 不用担心(걱정하지 마)으로 시작하고 뒤에 해결 방법을 제시해 주고 있으므로 내용이 연결된다.

어휘 比赛 bǐsài 명 경기, 시합 遇到 yùdào 동 만나다, 맞닥뜨리다 会 huì 조동 ~을 할 줄 알다 担心 dānxīn 동 걱정하다 只要A，就B zhǐyào A, jiù B A하기만 하면 B하다 意见 yìjiàn 명 견해

5	
是啊，太不容易了，不过山上的风景真美啊。	그러니깐. 정말 쉽지 않아. 그런데 산 풍경이 정말 예쁘다.
(B 我们终于爬上来了，原来爬山是件很不容易的事。)	(B 우리 드디어 올라왔다. 원래 등산은 쉽지 않은 일이었어.)

해설 문장이 是啊(그렇다)라는 단답형 대답으로 시작하고, 핵심 키워드는 山(산)이다. 보기 B에 爬上来了(올라왔다), 爬山(등산하다)이 있으므로 산에 관한 주제로 내용이 연결됨을 알 수 있다.

어휘 容易 róngyì 형 쉽다 不过 búguò 접 그러나 风景 fēngjǐng 명 풍경 美 měi 형 아름답다 终于 zhōngyú 부 결국, 마침내 爬 pá 동 오르다, 기다 原来 yuánlái 부 알고 보니 爬山 páshān 동 등산하다 件 jiàn 양 옷이나 일을 세는 단위

6-10

A 不客气，遇到不懂的问题的话，就可以来找我。	A 천만에요. 모르는 문제가 있으면 저를 찾아 오세요.
B 当然有，冰箱里有蛋糕和水果，你自己去拿吧。	B 당연히 있지. 냉장고 안에 케이크와 과일이 있으니까 네가 직접 가져가렴.
C 你的脸色怎么这么不好，你哪儿不舒服？	C 너 안색이 왜 이렇게 안 좋아. 너 어디 아파?
D 你妻子也跟你一样喜欢爬山吗？	D 당신 아내도 당신과 같이 등산을 좋아해요?
E 因为有些问题不能一个人解决，需要同学们的帮助。	E 왜냐하면 어떤 문제들은 혼자서 해결할 수 없기 때문에 친구들의 도움이 필요하다.

6	
不，她很喜欢游泳，每天早上都去游泳馆游泳。	아니. 그녀는 수영을 좋아해. 매일 아침 수영장에 가서 수영해.
(D 你妻子也跟你一样喜欢爬山吗？)	(D 당신 아내도 당신과 같이 등산을 좋아해요?)

해설 문장은 단답형 대답 不(아니)로 시작하고 문장의 핵심 키워드는 喜欢(좋아하다)이다. 보기 D가 '喜欢……吗？(~을 좋아해요?)'라는 질문형이고 내용이 모두 좋아하는 취미에 관한 것이므로 정답은 D이다.

어휘 喜欢 xǐhuan 동 좋아하다 游泳 yóuyǒng 동 수영하다 游泳馆 yóuyǒngguǎn 명 수영장 妻子 qīzi 명 아내 爬山 páshān 동 등산하다

7	
在学校生活中，你应该注意跟同学的关系。	학교 생활을 하면서 당신은 친구와의 관계에 신경 써야 한다.
(E 因为有些问题不能一个人解决，需要同学们的帮助。)	(E 왜냐하면 어떤 문제들은 혼자서 해결할 수 없기 때문에 친구들의 도움이 필요하다.)

해설 문장의 핵심 키워드는 同学(친구)이다. 의미를 살펴보면 문제가 '학교 생활을 하면서 당신은 친구와의 관계에 신경 써야 한다'라고 했고 보기 E가 이에 대한 이유를 나타내고 있다. 보기 E에 원인을 나타내는 접속사 因为(왜냐하면)가 있고 핵심 키워드 同学(친구)가 언급되었다.

어휘 学校 xuéxiào 명 학교　生活 shēnghuó 동 생활하다　应该 yīnggāi 조동 마땅히 ~해야 한다　注意 zhùyì 동 주의하다　同学 tóngxué 명 학우, 동창　关系 guānxì 명 관계　因为 yīnwèi 접 ~때문에　解决 jiějué 동 해결하다　需要 xūyào 동 필요하다　帮助 bāngzhù 명 도움

8

妈，我有点儿饿，家里有什么好吃的吗？	엄마, 저 약간 배고파요. 집에 뭐 맛있는 거 있어요?
(B 当然有，冰箱里有蛋糕和水果，你自己去拿吧。)	(B 당연히 있지. 냉장고 안에 케이크와 과일이 있으니까 네가 직접 가져가렴.)

해설 문장이 질문형이고 핵심 키워드는 饿(배고프다)와 '有……吗？(~이 있어요?)'이다. 보기 B가 단답형 대답인 当然有(당연히 있지)로 시작하고, 맛있는 게 있느냐는 질문에 대해 냉장고에 음식이 있다고 말하는 내용이므로 서로 연결됨을 알 수 있다.

어휘 饿 è 형 배고프다　当然 dāngrán 부 당연히　冰箱 bīngxiāng 명 냉장고　蛋糕 dàngāo 명 케이크　水果 shuǐguǒ 명 과일　自己 zìjǐ 대 자기, 자신　拿 ná 동 쥐다, 가지다

9

谢谢你，你一讲我就明白了。	고마워요. 당신이 설명하자 마자 이해가 됐어요.
(A 不客气，遇到不懂的问题的话，就可以来找我。)	(A 천만에요. 모르는 문제가 있으면 저를 찾아 오세요.)

해설 문장의 핵심 키워드는 谢谢(고마워요)와 明白(이해하다)이다. 보기 A의 不客气(천만에요)는 감사하는 인사말에 대한 대답으로 서로 호응한다. 또 문제에서 당신의 설명으로 이해했다고 하자 A에서 모르는 문제가 있으면 자신을 찾아 오라고 했으므로 의미가 연결된다.

어휘 讲 jiǎng 동 말하다　明白 míngbai 동 이해하다, 알다　遇到 yùdào 동 만나다, 맞닥뜨리다　懂 dǒng 동 알다　问题 wèntí 명 문제, 질문　找 zhǎo 동 찾다

10

没事，我只是头有点儿疼，休息会儿就好了。	괜찮아. 단지 머리가 조금 아플 뿐이야. 잠시 쉬면 괜찮아 질 거야.
(C 你的脸色怎么这么不好，你哪儿不舒服？)	(C 너 안색이 왜 이렇게 안 좋아. 너 어디 아파?)

해설 문장이 단답형 대답으로 시작하며 핵심 키워드는 没事(괜찮아)과 头疼(머리 아프다)이다. 보기 C가 你哪儿不舒服？(너 어디 아파?)라고 질문하고 있으므로 건강에 대한 내용으로 문장이 서로 연결된다.

어휘 只是 zhǐshì 부 다만, 단지　头 tóu 명 머리　疼 téng 형 아프다　休息 xiūxi 동 휴식하다　一会儿 yíhuìr 잠시, 잠깐 동안　脸色 liǎnsè 명 안색　怎么 zěnme 대 어떻게, 어째서　这么 zhème 대 이러한　舒服 shūfu 형 편안하다

독해

제 2 부분 빈칸에 알맞은 단어 넣기

1. 동사 실전 테스트

정답 1. C 2. F 3. A 4. B 5. D

1-5

A 检查	B 教	C 结束	A 동 검사하다	B 동 가르치다	C 동 끝나다
D 打扫	E 声音	F 祝	D 동 청소하다	E 명 목소리	F 동 축원하다

1 那个节目马上就要(C 结束)了，等一会儿。

저 프로그램은 곧 (C 끝날) 거야. 잠시만 기다려.

해설 빈칸의 구조 [주어(那个节目)+부사어(马上就要)+___+어기조사(了)]를 보아, 빈칸 앞에 조동사가 있으므로 빈칸은 동사술어 자리이다. 문장이 '저 프로그램은 곧 ~하게 될 거야'를 나타내므로 C 结束(끝나다)가 들어가는 것이 적합하다.

Tip▶ '就要……了'는 '곧 ~할 것이다'라는 뜻으로 임박하여 발생할 일에 사용한다.

예 飞机**就要**起飞了。 비행기가 곧 이륙할 거야.

어휘 节目 jiémù 명 프로그램 马上 mǎshàng 부 곧, 즉시 结束 jiéshù 동 끝나다 等 děng 동 기다리다 一会儿 yíhuìr 잠시, 잠깐 동안

2 (F 祝)你生日快乐！这些菜都是为你准备的。

생일 (F 축하해). 이 음식들은 너를 위해서 준비한 거야.

해설 빈칸의 구조가 [___+주술구(你生日快乐)]이므로 빈칸은 주술구를 목적어로 두는 술어 자리이다. 문장이 '네 생일이 기쁘길 ~하다'를 나타내므로 정답은 F 祝(빌다)이다.

Tip▶ 祝는 주어가 없이 문장 맨 앞에 오며 뒤에는 축원하는 내용이 온다. 이 밖에 欢迎(환영하다), 谢谢(감사하다) 등의 동사가 비슷한 형식으로 쓰인다.

[祝/欢迎/谢谢 + 축원/환영/감사의 대상 + 축원/환영/감사의 내용]

어휘 祝 zhù 동 빌다, 축원하다 生日 shēngrì 명 생일 快乐 kuàilè 형 즐겁다 为 wèi 개 ~을 위해 准备 zhǔnbèi 동 준비하다

3 爸妈，你们应该每年去(A 检查)一次身体。

아버지 어머니, 매년 건강 (A 검사하러) 가셔야 해요.

해설 빈칸의 구조는 [부사어(每年)+술어1(去)+___+동량사(一次)+목적어(身体)]인데, 빈칸 앞에 동사 去(가다)가 있고 뒤에 동량사 一次(한 번)가 있으므로 연동문임을 알 수 있다. 따라서 빈칸은 동량 보어를 갖고 身体(건강)를 목적어로 두는 동사가 들어가야 한다. 문장이 '매년 1회 건강을 ~하러 가다'를 나타내므로 알맞은 정답은 A 检查(검사하다)이다.

어휘 应该 yīnggāi 조동 마땅히 ~해야 한다 每年 měinián 명 매년 检查 jiǎnchá 명 검사하다 次 cì 양 번, 회(동작의 횟수를 세는 단위) 身体 shēntǐ 명 몸, 건강

4 A：你妹妹就要毕业了吧，她有什么安排?

B：大学毕业后，她打算在学校(B 教)孩子们画画儿。

A: 네 여동생 곧 졸업하지. 그녀는 무슨 계획을 갖고 있어?

B: 대학 졸업 후에 그녀는 학교에서 아이들에게 그림을 (B 가르치려고) 해.

해설 빈칸의 구조는 [부사어(在学校)+___+목적어1(孩子们)+목적어2(画画儿)]로 빈칸 앞에 개사구가 있고 뒤에 목적어가 있으므로 빈칸은 동사술어 자리이다. 목적어를 2개 가질 수 있고 학교와 관련된 동사는 B 教(가르치다)이다.

어휘 毕业 bìyè 동 졸업하다 安排 ānpái 명 안배, 스케줄 打算 dǎsuàn 동 ~할 계획이다 教 jiāo 동 가르치다 画画儿 huàhuàr 동 그림을 그리다

5	
A：哥，你帮我把厨房和洗手间都（ D 打扫 ）一下。 B：好的，我看完报纸就去。	A: 형, 나를 도와서 주방과 화장실을 (D 청소해) 줘. B: 알겠어. 신문 다 보고 갈게.

해설 빈칸의 구조는 [把+의미상의 목적어(厨房和洗手间)+부사어(都)+___+동량사(一下)]로 빈칸은 동사술어 자리이다. 문장이 '주방과 화장실을 모두 ~하다'를 나타내므로 알맞은 것은 D 打扫(청소하다)이다.

어휘 帮 bāng 동 돕다 厨房 chúfáng 명 주방 洗手间 xǐshǒujiān 명 화장실 打扫 dǎsǎo 동 청소하다 报纸 bàozhǐ 명 신문

2. 형용사 실전 테스트

정답 1. C 2. F 3. D 4. B 5. A

1-5

A 渴	B 合适	C 新鲜	A 형 목마르다	B 형 알맞다	C 형 신선하다
D 新	E 声音	F 舒服	D 형 새롭다	E 명 목소리	F 형 편안하다

1	
这些葡萄看起来很（ C 新鲜 ），多少钱一斤？	이 포도 보기에 아주 (C 신선하네요). 한 근에 얼마예요?

해설 빈칸의 구조가 [관형어(这些)+주어(葡萄)+부사어(看起来很)+___]이므로 빈칸은 정도부사 很의 수식을 받는 형용사술어 자리이다. 주어인 葡萄(포도)와 어울리는 어휘는 C 新鲜(신선하다)이 적합하다.

어휘 葡萄 pútáo 명 포도 看起来 kànqǐlái 동 보아하니 新鲜 xīnxiān 형 신선하다 斤 jīn 양 근(무게의 단위)

2	
这双皮鞋好看是好看，就是穿着很不（ F 舒服 ）。	이 가죽 구두는 예쁘긴 예쁜데 다만 신어 보니 아주 (F 편하지) 않아.

해설 빈칸의 구조가 [부사어(很不)+___]이므로 빈칸은 정도부사의 수식을 받는 형용사 자리이다. 문장의 주어인 皮鞋(가죽 구두)와 어울리는 단어가 들어가야 하므로 F 舒服(편하다)가 적합하다.

어휘 双 shuāng 양 쌍, 켤레 皮鞋 píxié 명 가죽 구두 好看 hǎokàn 형 예쁘다 穿 chuān 동 입다, 신다 舒服 shūfu 형 편안하다

3	
这个洗衣机经常出问题，咱们买个（ D 新 ）的，怎么样？	이 세탁기 자주 문제가 생겨. 우리 (D 새) 거 사는 게 어때?

해설 빈칸의 구조는 [주어(咱们)+술어(买)+관형어(个)+목적어{___+구조조사(的)}]이므로 빈칸은 구조조사 的와 함께 목적어가 되는 단어가 들어가야 한다. 문장 앞에 세탁기에 문제가 생긴다고 했으므로 의미상 D 新(새롭다)이 들어가야 한다.

Tip▶ '형용사+구조조사 的'는 뒤에 명사(东西/人/地方)가 생략된 형태로 '~한 것/사람/곳'의 뜻으로 쓰인다.
예 新**的** 새 것 红**的** 빨간 것

어휘 洗衣机 xǐyījī 명 세탁기 经常 jīngcháng 부 자주 问题 wèntí 명 문제 新 xīn 형 새롭다 怎么样 zěnmeyàng 대 어떠하다

4

A：你看我穿哪件更好看？红的还是蓝的？ B：你穿红的更（B 合适）。	A: 나 어떤 옷 입는 게 예뻐? 빨간색 아니면 파란색? B: 너는 빨간색이 더 (B 어울려).

해설 빈칸의 구조는 [정도부사(更)+___]이므로 정도부사의 수식을 받는 형용사 자리임을 알 수 있다. 문맥상 어떤 색 옷이 더 예쁜지 묻고 있으므로 B 合适(어울리다)가 들어가야 한다.

어휘 穿 chuān 동 입다 件 jiàn 양 일이나 옷을 세는 단위 更 gèng 부 더욱 红 hóng 형 빨갛다 蓝 lán 형 파랗다 合适 héshì 형 알맞다, 적당하다

5

A：我现在很（A 渴），冰箱里有没有什么喝的？ B：有，你要喝水还是喝饮料？	A: 나 지금 아주 (A 목말라). 냉장고 안에 뭐 마실 거 있어? B: 있어. 너 물 마실 거야 아니면 음료수 마실 거야?

해설 빈칸의 구조가 [주어(我)+부사어(现在很)+___]이므로 빈칸은 정도부사의 수식을 받는 형용사 자리이다. 빈칸 뒷부분에 마실 것이 있는지 물었으므로 정답은 A 渴(목마르다)이다.

어휘 渴 kě 형 목마르다 冰箱 bīngxiāng 명 냉장고 饮料 yǐnliào 명 음료

3. 명사 실전 테스트

정답 1. D 2. C 3. A 4. F 5. B

1-5

A 身体	B 雨伞	C 历史	A 명 신체	B 명 우산	C 명 역사
D 报纸	E 声音	F 足球	D 명 신문	E 명 목소리	F 명 축구

1

他的汉语水平提高了很多，是因为每天都看中文（D 报纸）。	그의 중국어 실력이 많이 향상되었어. 왜냐하면 매일 중국어 (D 신문)을 보기 때문이야.

해설 빈칸의 구조는 [술어(看)+관형어(中文)+___]이므로 빈칸은 목적어 자리이다. 동사 看(보다)과 어울리면서 앞의 中文(중국어)과 의미가 연결되는 것은 D 报纸(신문)이다.

어휘 水平 shuǐpíng 명 수준 提高 tígāo 동 향상시키다 因为 yīnwèi 접 왜냐하면 每天 měitiān 명 매일 中文 Zhōngwén 명 중국어 报纸 bàozhǐ 명 신문

2

那个城市已经有几千年的（C 历史）了。	그 도시는 이미 몇천 년의 (C 역사)가 있다.

해설 빈칸의 구조는 [주어(那个城市)+부사어(已经)+술어(有)+관형어(几千年的)+___+어기조사(了)]로 빈칸 앞에 구조조사 的가 있어 빈칸은 목적어 자리임을 알 수 있다. 문장이 '그 도시는 이미 몇천 년의 ~가 있다'를 나타내므로 의미가 어울리는 것은 C 历史(역사)이다.

어휘 城市 chéngshì 명 도시 已经 yǐjīng 부 이미, 벌써 千年 qiānnián 명 천 년, 긴 세월 历史 lìshǐ 명 역사

3

等（A 身体）出了问题，才明白健康有多么重要。	(A 신체)에 문제가 생겼을 때 건강이 얼마나 중요한지 깨닫게 된다.

해설 빈칸의 구조는 [술어(等)+목적어{___+술어(出)+了+목적어(问题)}]이다. 빈칸 뒤에 술어가 있으므로 出问题(문제가 생기다)의 주어가 될 단어가 들어가야 한다. 문장이 '~에 문제가 생겼을 때 건강이 얼마나 중요한지 깨닫게 된다'이므로 A 身体(신체)가 들어가야 한다.

어휘 等 děng 동 기다리다 出问题 chū wèntí 문제가 생기다 才 cái 부 그제서야, 겨우 明白 míngbai 동 이해하다, 알다 健康 jiànkāng 명 건강 多么 duōme 부 얼마나 重要 zhòngyào 형 중요하다

4

A: 明天我们要去踢（F 足球），你也去吗？ B: 不，我打算去北京西站买火车票。	A: 내일 우리 (F 축구)하러 갈 거야. 너도 갈래? B: 아니. 나는 내일 베이징 서쪽역에 가서 기차표를 살 거야.

해설 빈칸의 구조는 [부사어(要)+술어1(去)+술어2(踢)+___]이므로 빈칸은 踢(차다)와 어울리는 목적어가 들어가야 한다. 따라서 F 足球(축구)가 정답이다.

어휘 踢 tī 동 (발로) 차다 足球 zúqiú 명 축구 打算 dǎsuàn 동 ~할 계획이다 火车票 huǒchēpiào 명 기차표

5

A: 外面突然雨下得越来越大了，你带（B 雨伞）了吗？ B: 带了，你放心吧。	A: 밖에 갑자기 비가 점점 많이 내리던데, 너 (B 우산) 챙겼니? B: 가져왔어. 안심해.

해설 빈칸의 구조는 [주어(你)+술어(带)+___+어기조사(了)]로 빈칸 앞에 동사 带(가지다)가 있으므로 빈칸은 목적어 자리이다. 앞부분에서 비가 내린다고 했으므로 알맞은 정답은 B 雨伞(우산)이다.

어휘 突然 tūrán 부 갑자기 越来越 yuèláiyuè 부 더욱더 带 dài 동 가지다 雨伞 yǔsǎn 명 우산 放心 fàngxīn 동 마음을 놓다

4. 부사/양사/개사/접속사 실전 테스트

정답 1. C 2. F 3. B 4. D 5. A

1-5

A 突然	B 张	C 马上	A 부 갑자기	B 양 장	C 부 곧
D 瓶	E 声音	F 有点儿	D 양 병	E 명 목소리	F 부 조금

1

表演（C 马上）就要开始了，你怎么还不来？	공연 (C 곧) 시작하려고 하는데, 너 왜 아직도 안 오니?

해설 빈칸의 구조는 [주어(表演)+___+부사어(就要)+술어(开始)+어기조사(了)]이다. 빈칸 앞에는 주어가 있고 뒤에는 부사어가 있으므로 빈칸은 부사어가 들어가야 한다. 빈칸 뒤에 곧 일이 일어날 것임을 나타내는 就要……了(곧 ~할 것이다)가 있으므로 이와 자주 결합하는 C 马上(곧)을 넣는다.

어휘 表演 biǎoyǎn 동 공연하다 马上 mǎshàng 부 곧, 즉시 开始 kāishǐ 동 시작하다 怎么 zěnme 대 어떻게, 어째서, 왜

2

天（F 有点儿）阴，看起来要下雨了，你出去时带把伞吧。	날이 (F 조금) 어두워. 보아하니 곧 비 내리겠어. 나갈 때 우산 가지고 가렴.

해설 빈칸의 구조는 [주어(天)+___+형용사술어(阴)]이므로 빈칸은 형용사를 수식하는 부사의 자리이다. 보기에서 형용사를 꾸며 줄 수 있는 부사는 F 有点儿(조금)이다.

어휘 天 tiān 명 하늘　有点儿 yǒudiǎnr 부 약간, 조금　阴 yīn 형 흐리다　看起来 kànqǐlái 동 보아하니　下雨 xiàyǔ 동 비가 오다　带 dài 동 가지다　伞 sǎn 명 우산

3

这（ B 张 ）照片是什么时候照的？那个时候特别可爱。	이 (B 한 장의) 사진은 언제 찍은 거야? 이때 진짜 귀여웠다.

해설 빈칸의 구조는 [지시대사(这)+___+명사(照片)]이므로 빈칸은 명사를 수식하는 관형어 자리이다. 빈칸 앞에 지시대사가 있으므로 양사가 들어가야 한다. 보기 중에서 照片(사진)과 함께 쓰일 수 있는 양사는 B 张(장)이다.

어휘 张 zhāng 양 장(종이 등의 넓은 표면을 가진 것을 세는 단위)　照片 zhàopiàn 명 사진　什么时候 shénme shíhou 명 언제　时候 shíhou 명 때, 무렵　特别 tèbié 부 유달리, 특히　可爱 kě'ài 형 귀엽다

4

A: 马叔叔请我们周日到他家做客，送什么好呢？ B: 买（ D 瓶 ）葡萄酒或者做个蛋糕带去就行。	A: 마 삼촌이 일요일에 그의 집에 오라고 초대했어. 무엇을 선물하는 게 좋을까? B: (D 한 병의) 포도주를 사거나 케이크를 만들어서 가면 돼.

해설 빈칸의 구조는 [술어1(买)+___+목적어(葡萄酒)+술어2(去)]로 빈칸은 목적어 葡萄酒(포도주)를 꾸며주는 관형어 자리이다. 보기 중 병을 세는 양사인 D 瓶(병)이 들어가야 한다.

어휘 叔叔 shūshu 명 숙부, 삼촌　周日 zhōurì 명 일요일　做客 zuòkè 동 손님이 되다, 방문하다　送 sòng 동 주다, 선물하다　瓶 píng 양 병을 세는 단위　葡萄酒 pútáojiǔ 명 포도주　或者 huòzhě 접 혹은　蛋糕 dàngāo 명 케이크　行 xíng 형 좋다, 괜찮다

5

A: 今天你怎么走楼梯了？ B: 因为电梯（ A 突然 ）坏了，我只能走上来了。	A: 오늘 너 왜 계단으로 걸어 올라왔니? B: 엘리베이터가 (A 갑자기) 고장나서 걸어서 올라 올 수밖에 없었어.

해설 빈칸의 구조는 [주어(电梯)+　+술어(坏)+어기조사(了)]이므로 빈칸은 부사어 자리이다. 문장이 '엘리베이터가 ~하게 고장났다'를 나타내므로 A 突然(갑자기)이 들어가야 한다.

어휘 怎么 zěnme 대 어떻게, 어째서　楼梯 lóutī 명 계단　因为 yīnwèi 접 왜냐하면　电梯 diàntī 명 엘리베이터　突然 tūrán 부 갑자기　坏 huài 형 고장나다　只 zhǐ 부 다만, 오직

독해 제2부분 미니모의고사

정답	1. F	2. C	3. A	4. D	5. B	6. B	7. A	8. C	9. F	10. D

1-5

A 简单	B 饮料	C 而且	A 형 간단하다	B 명 음료	C 접 게다가
D 迟到	E 声音	F 种	D 동 지각하다	E 명 목소리	F 양 종류

1

这（ F 种 ）西瓜真甜啊！快过来尝一尝。	이런 (F 종류의) 수박은 정말 달아! 빨리 와서 맛보렴.

해설 빈칸의 구조는 [지시대사(这)+___+명사(西瓜)]이므로 빈칸은 양사가 들어가야 한다. 빈칸 뒤의 명사 西瓜(수박)와 어울리는 양사는 F 种(종류)이다.

어휘 种 zhǒng 양 종(종류를 세는 단위)　西瓜 xīguā 명 수박　甜 tián 형 달다　尝 cháng 동 맛보다, 시식하다

2	
这家宾馆的房间又干净又好，(C 而且)离机场也非常近。	이 호텔의 방은 깨끗하고 좋다. (C 게다가) 공항에서도 매우 가깝다.

해설 빈칸의 구조는 [문장(주술구). ___+문장(부사어+술어)]으로 빈칸은 절과 절 사이에 위치한다. 따라서 접속사가 들어가야 한다. 앞절과 뒷절이 모두 긍정적인 내용이므로 점층 관계를 나타내는 접속사 C 而且(게다가)가 정답이다.

어휘 宾馆 bīnguǎn 명 호텔　房间 fángjiān 명 방　干净 gānjìng 형 깨끗하다　而且 érqiě 접 게다가　离 lí 개 ~로 부터, ~에서　机场 jīchǎng 명 공항　近 jìn 형 가깝다

3	
其实游泳非常(A 简单)，只要多练习就会了。	사실 수영은 매우 (A 간단해). 연습을 많이 하면 할 수 있어.

해설 빈칸의 구조는 [주어(游泳)+부사어(非常)+___]이므로 빈칸은 정도부사 非常(아주)이 꾸며주는 형용사 자리이다. 뒷부분에 只要多练习就会了(많이 연습하면 할 수 있어)라고 했으므로 의미상 A 简单(간단하다)이 들어가야 한다.

어휘 其实 qíshí 부 사실은　游泳 yóuyǒng 동 수영하다　简单 jiǎndān 형 간단하다　只要A, 就B zhǐyào A, jiù B A하기만 하면 B하다　练习 liànxí 동 연습하다

4	
A：你今天上班怎么(D 迟到)了？现在都九点半了。 B：不好意思，我早上起晚了。	A: 당신 오늘 출근 어째서 (D 늦었나요)? 지금 벌써 9시 반입니다. B: 죄송합니다. 오늘 아침에 늦게 일어났어요.

해설 빈칸의 구조가 [주어(你)+부사어(今天上班怎么)+___+동태조사(了)]이므로 빈칸은 동사술어 자리이다. 뒷부분에 起晚了(늦게 일어나다)가 있으므로 알맞은 정답은 D 迟到(지각하다)이다.

어휘 上班 shàngbān 동 출근하다　怎么 zěnme 대 어떻게, 어째서　迟到 chídào 동 지각하다　不好意思 bùhǎoyìsi 미안하다　起 qǐ 동 일어나다, 기상하다

5	
A：哥，周末去公园玩儿我们要带点儿吃的。 B：知道了，我下班经过超市的时候，去买些面包和(B 饮料)吧。	A: 형, 주말에 공원 놀러가는 거 우리 먹을 거 좀 챙겨 가자. B: 알았어. 내가 퇴근하고 마트 지날 때 가서 빵이랑 (B 음료) 살게.

해설 빈칸의 구조가 [술어(去买)+관형어(些)+목적어{面包+和+___}]인데 빈칸 앞에 접속사 和(와/과)가 있으므로 빈칸은 面包와 비슷한 종류인 명사 자리이다. 보기 중 알맞은 것은 B 饮料(음료)이다.

어휘 周末 zhōumò 명 주말　公园 gōngyuán 명 공원　玩儿 wánr 동 놀다　带 dài 동 가지다, 데리다　经过 jīngguò 동 경유하다　超市 chāoshì 명 마트　面包 miànbāo 명 빵　饮料 yǐnliào 명 음료

6-10

A 然后	B 有名	C 电梯	A 접 그리고 나서	B 형 유명하다	C 명 엘리베이터
D 辆	E 声音	F 站	D 양 대	E 명 목소리	F 동 서다

6	
那条街道在北京很(B 有名)，你一定要去看看。	그 거리는 베이징에서 매우 (B 유명해). 너 꼭 가 봐.

해설 빈칸의 구조는 [정도부사(很)+___]이므로 빈칸은 형용사가 들어가야 한다. 보기 중에서 형용사는 有名(유명하다)이므로 정답은 B 有名(유명하다)이다.

어휘 条 tiáo 양 가늘고 긴 것을 세는 단위　街道 jiēdào 명 거리, 길　有名 yǒumíng 형 유명하다　一定 yídìng 부 반드시, 틀림없이

7	你先听听别人说什么，(A 然后) 再决定也不晚。	너 우선 다른 사람이 뭐라고 하는지 듣고 (A 그리고 나서) 결정해도 늦지 않아.

해설 빈칸의 구조가 [문장(주술구), ___+문장(주술구)]이므로 빈칸은 접속사 자리이다. 앞절에 先(먼저)이 있으므로 빈칸에는 A 然后(그리고 나서)가 들어가야 한다. '先A, 然后B'는 '먼저 A하고 그리고 나서 B하다'라는 뜻의 동작의 선후 관계를 나타내는 접속사이다.

어휘 先 xiān 부 우선, 먼저 别人 biérén 명 다른 사람 然后 ránhòu 접 그리고 나서 决定 juédìng 동 결정하다 晚 wǎn 형 늦다

8	我在 (C 电梯) 里，听不清楚，一会儿再打吧。	나 (C 엘리베이터) 안이라 정확하게 안 들려. 조금 이따가 다시 전화할게.

해설 빈칸의 구조는 [주어(我)+술어(在)+___+里]인데 빈칸 앞에 장소를 나타내는 동사 在가 있고 뒤에는 里가 있으므로 보기 중 C 电梯(엘리베이터)가 들어가는 것이 적합하다.

어휘 电梯 diàntī 명 엘리베이터 清楚 qīngchu 형 분명하다 一会儿 yíhuìr 잠시, 잠깐 동안

9	A：每天在地铁上的人非常多，总是没有地方坐。 B：对啊，我一路上都 (F 站) 着去，特别累。	A: 매일 지하철에는 사람이 너무 많아서 늘 앉을 자리가 없어. B: 맞아. 나는 계속 (F 서)서 가서 너무 피곤해.

해설 빈칸의 구조가 [주어(我)+부사어(一路上都)+___+동태조사(着)+술어2(去)]이므로 빈칸에는 동사가 들어가야 한다. A에서 지하철에 앉을 자리가 없다고 했으므로 B의 빈칸에는 동사 F 站(서다)이 들어가야 한다.

어휘 地铁 dìtiě 명 지하철 总是 zǒngshì 부 늘, 항상 地方 dìfang 명 지역, 곳 一路 yílù 명 길 가는 중, 도중 站 zhàn 동 서다 特别 tèbié 부 유달리, 특히

10	A：这 (D 辆) 旅游公交车有上下两层，咱们坐上边吧。 B：好啊，坐在上面那层能看得更远，更清楚。	A: 이 (D 한 대의) 관광버스는 이층버스야. 우리 위층에 앉자. B: 좋아. 위층에 앉으면 멀리 더 볼 수 있고 더 잘 볼 수 있어.

해설 빈칸의 구조가 [지시대사(这)+___+명사(旅游公交车)]이므로 빈칸에는 양사가 들어가야 한다. 보기 중 차량을 세는 양사 D 辆(대)이 정답이다.

어휘 辆 liàng 양 대(차량을 세는 단위) 旅游 lǚyóu 동 여행하다 公交车 gōngjiāochē 명 버스 层 céng 양 층 咱们 zánmen 명 우리 更 gèng 부 더욱 清楚 qīngchu 형 분명하다

독해

제 3 부분 단문을 읽고 질문에 답하기

1. 세부 내용 실전 테스트

정답 1. C 2. A 3. B 4. C 5. A

1

你把这个箱子搬到这边吧，放在中间的话，大家走路会不太方便的。	이 상자를 이쪽으로 옮겨 놔. 중간에 있으면 다들 다니기 불편할 거야.
★ 他们要把箱子： A 放在花园里 B 换成新的 **C 放到一边**	★ 그들은 상자를 어떻게 하려고 하는가? A 화원 안에 둔다 B 새것으로 바꾼다 **C 한쪽에 둔다**

해설 질문은 세부 사항을 묻는 유형으로 핵심 키워드는 箱子(상자)이다. 지문의 시작 부분에 키워드가 언급되었는데 你把这个箱子搬到这边吧(이 상자를 이쪽으로 옮겨 놔)의 搬到这边(이쪽으로 옮기자)이 보기 C에 放到一边(한쪽에 둔다)으로 바뀌어 표현되었으므로 정답은 C 放到一边(한쪽에 둔다)이다.

어휘 箱子 xiāngzi 명 상자 搬 bān 동 옮기다 中间 zhōngjiān 명 중간 走路 zǒulù 동 걷다 方便 fāngbiàn 형 편리하다 花园 huāyuán 명 화원 换 huàn 동 바꾸다, 교환하다 新 xīn 형 새롭다 放 fàng 동 놓다 一边 yìbiān 명 한쪽

2

我们周日要去北京旅行，听说北京比我们这儿冷得多，可能会下雪，所以我们应该多穿点儿衣服，别感冒了。	우리는 일요일에 베이징으로 여행간다. 듣자 하니 베이징은 우리가 있는 이곳보다 많이 춥다던데 아마도 눈도 내릴거라고 한다. 그러니까 우리는 감기에 걸리지 않게 옷을 따뜻하게 입어야 한다.
★ 北京那儿现在： **A 是冬季** B 不会有雪 C 热多了	★ 베이징은 지금 어떠한가? **A 겨울이다** B 눈이 내리지 않을 것이다 C 많이 덥다

해설 질문은 베이징의 현재가 어떠한가이다. 지문에서 听说北京比我们这儿冷得多(듣자 하니 베이징은 우리가 있는 이곳보다 많이 춥다던데)라고 했으므로 베이징이 현재 추운 겨울임을 알 수 있다. 따라서 정답은 A 是冬季(겨울이다)이다.

어휘 旅行 lǚxíng 동 여행하다 听说 tīngshuō 동 듣자 하니 下雪 xiàxuě 동 눈이 내리다 所以 suǒyǐ 접 그래서 应该 yīnggāi 조동 마땅히 ~해야 한다 穿 chuān 동 입다 衣服 yīfu 명 옷 别 bié 부 ~하지 마라 感冒 gǎnmào 동 감기에 걸리다 冬季 dōngjì 명 겨울 热 rè 형 덥다

3 我来上海学习都快一年了，刚到这儿的时候我什么都不懂，后来我慢慢感到，对留学生来说，上海是个很好的地方，不但能学习汉语，而且工作的机会也很多。	내가 상하이에 온 지 벌써 곧 1년이 되어 간다. 막 이곳에 왔을 때는 아무 것도 몰랐다. 그 후에 나는 천천히 알게 되었다. 유학생들에게 상하이는 중국어를 잘 배울 수 있을 뿐만 아니라 일할 기회가 많아 아주 좋은 곳이라는 것을.
★ 对留学生来说，上海： A 经常堵车 **B 有很多机会** C 漂亮极了	★ 유학생들에게 있어서 상하이는? A 자주 차가 막힌다 **B 많은 기회가 있다** C 매우 예쁘다

해설 질문에서 유학생들에게 상하이는 어떤 곳인지 묻고 있다. 지문에 对留学生来说(유학생들에게)가 언급된 부분에서 上海是个很好的地方，不但能学习汉语，而且工作的机会也很多(상하이는 중국어를 잘 배울 수 있을 뿐만 아니라 일할 기회가 많아 아주 좋은 곳이다)라고 했으므로 알맞은 정답은 B 有很多机会(많은 기회가 있다)이다.

어휘 学习 xuéxí 동 공부하다　快 kuài 부 곧　刚 gāng 부 방금, 막　懂 dǒng 동 알다　后来 hòulái 명 그 후　留学生 liúxuéshēng 명 유학생　地方 dìfāng 명 곳, 군데　机会 jīhuì 명 기회　经常 jīngcháng 부 자주　堵车 dǔchē 동 차가 막히다　极了 jí le 부 매우, 몹시

4 智能手机除了能打电话以外，还给人们的生活带来了很大的方便，可是长时间用手机会影响视力。	스마트폰은 전화를 걸 수 있을 뿐만 아니라 사람들의 생활에 많은 편리함을 가져다 주었다. 그러나 오랜 시간 핸드폰을 사용하면 시력에 영향을 주게 된다.
★ 长时间对着智能手机，可能会： A 学到很多 B 工作方便 **C 影响身体**	★ 오랜 시간 스마트폰을 하면 어떻게 되는가? A 많은 걸 배운다 B 업무가 편리하다 **C 건강에 영향을 끼친다**

해설 질문은 오랜 시간 스마트폰을 사용하면 어떻게 되는가이다. 질문의 키워드 长时间(오랜 시간)이 언급된 부분을 보면 长时间用手机会影响视力(오랜 시간 핸드폰을 사용하면 시력에 영향을 주게 된다)라고 했으므로 정답은 C 影响身体(건강에 영향을 끼친다)이다. 影响은 보통 '(안 좋은) 영향을 끼치다'라는 뜻으로 사용한다.

어휘 智能手机 zhìnéng shǒujī 명 스마트폰　除了 chú le 접 ~을 제외하고　给 gěi 개 ~에게　生活 shēnghuó 명 생활　方便 fāngbiàn 형 편리하다　可是 kěshì 접 그러나　影响 yǐngxiǎng 동 영향을 주다　视力 shìlì 명 시력　对 duì 동 서로 마주 향하다　工作 gōngzuò 동 일하다　身体 shēntǐ 명 몸, 건강

5 我们应该根据自己的兴趣爱好来选择工作，这样做才能更容易得到好成绩，工作再辛苦也不会觉得很累。	우리는 자신의 흥미에 따라 직업을 선택해야 한다. 이렇게 하면 더 쉽게 좋은 성과를 얻을 수 있고 일이 아무리 힘들어도 피곤함을 느끼지 않게 된다.
★ 根据兴趣爱好来选择工作，会： **A 更容易做出成绩** B 更容易提高能力 C 更认真做事	★ 흥미에 따라 직업을 선택하면 어떻게 되는가? **A 더욱 쉽게 성과를 낸다** B 더욱 쉽게 능력이 향상된다 C 더 성실하게 일을 한다

독해 제3부분

해설 질문은 흥미에 따라 직업을 선택할 경우 어떻게 되는가이다. 지문에서 흥미에 따라 직업을 선택해야 한다고 하면서 이어 这样做才能更容易得到好成绩(이렇게 하면 더 쉽게 좋은 성과를 얻을 수 있다)라고 좋은 영향에 대해 설명했다. 따라서 정답은 A 更容易做出成绩(더욱 쉽게 성과를 낸다)이다. 지문의 得到好成绩가 보기에서 做出成绩로 바꾸어 표현되었다.

어휘 根据 gēnjù 동 근거하다 自己 zìjǐ 대 자기, 자신 兴趣爱好 xìngqù'àihào 명 취미 选择 xuǎnzé 동 선택하다 才 cái 부 겨우, 그제서야 容易 róngyì 형 쉽다 得到 dédào 동 얻다 成绩 chéngjì 명 성적 辛苦 xīnkǔ 동 고생하다 觉得 juéde 동 ~라고 생각하다 再A也B zài A, yě B 아무리 A해도 B 하다 提高 tígāo 동 향상시키다 能力 nénglì 명 능력 认真 rènzhēn 형 성실하다

2. 중심 내용/옳은 내용 실전 테스트

정답 1. A 2. C 3. B 4. A 5. C

1

我们公司附近新开了一家羊肉店，他们家不但羊肉做得非常好，而且不太贵，所以每天店里总是有很多客人。	우리 회사 근처에 양고기 음식점이 새로 개업했다. 그 집은 양고기를 정말 맛있게 할 뿐만 아니라 별로 비싸지 않다. 그래서 매일 가게 안에 손님들이 많다.
★ 那家羊肉店： **A 羊肉好吃极了** B 有点儿贵 C 服务很一般	★ 저 양고기 음식점은 어떠한가? **A 양고기가 매우 맛있다** B 조금 비싸다 C 서비스가 보통이다

해설 질문은 세부 사항을 묻는 유형으로 핵심 키워드는 饭店(음식점)이다. 지문의 앞부분에 他们家不但羊肉做得非常好，而且不太贵(그 집은 양고기를 정말 맛있게 할 뿐만 아니라 별로 비싸지 않다)라고 음식점에 관해 설명했다. 따라서 정답은 A 羊肉好吃极了(양고기가 매우 맛있다)이다.

어휘 公司 gōngsī 명 회사 附近 fùjìn 명 부근, 근처 羊肉店 yángròu diàn 양고기 음식점 不但A，而且B búdàn A, érqiě B A일 뿐만 아니라 B하다 羊肉 yángròu 명 양고기 所以 suǒyǐ 접 그래서 店 diàn 명 상점 总是 zǒngshì 부 늘, 항상 客人 kèrén 명 손님 好吃 hǎochī 형 맛있다 服务 fúwù 명 서비스 一般 yìbān 형 보통이다, 일반적이다

2

对我来说，这台照相机是很重要的。它是我15岁生日时奶奶送给我的，已经用了好几年了，虽然现在颜色也变了，看起来有些旧，但是还是不想换新的。	나에게 있어서 이 사진기는 매우 중요한 물건이다. 이것은 내가 15세 생일 때 할머니께서 나에게 선물해 주신 거다. 이미 여러 해를 사용해서 비록 지금 색깔도 변하고, 낡아 보이지만 새것으로 바꾸고 싶지 않다.
★ 那台照相机： A 很好看 B 常出问题 **C 是生日礼物**	★ 그 사진기는 어떠한가? A 예쁘다 B 자주 문제가 생긴다 **C 생일 선물이다**

해설 이 사진기에 대한 옳은 내용을 고르는 문제이다. 지문에서 它是我15岁生日时奶奶送给我的(이것은 내가 15세 생일 때 할머니께서 나에게 선물해 주신 거다)라고 했으므로 이 사진기에 대한 설명으로 알맞은 것은 C 是生日礼物(생일 선물이다)이다.

어휘 对A来说 duì A lái shuō A에게 있어서는　台 tái 양 대(가전 제품을 세는 단위)　照相机 zhàoxiàngjī 명 사진기　重要 zhòngyào 동 중요하다　岁 suì 양 세, 살(나이를 세는 단위)　奶奶 nǎinai 명 할머니　送 sòng 동 주다, 선물하다　已经 yǐjīng 부 이미, 벌써　虽然 suīrán 접 비록 ~하지만　颜色 yánsè 명 색깔　看起来 kànqǐlái 동 보아하니　旧 jiù 형 낡다　但是 dànshì 접 그러나　还是 háishi 부 여전히　换 huàn 동 교환하다　好看 hǎokàn 형 예쁘다　出问题 chū wèntí 문제가 생기다

3

这个地方的绿茶特别有名，每年9月份都有一次绿茶文化节，那个时候不但能尝到各种绿茶，还能吃到很多好吃的菜，所以很多人都来参加文化节。	이 지역의 녹차가 매우 유명하다. 매년 9월에 녹차 문화제가 있다. 이때 각종 녹차를 맛볼 수 있고, 맛있는 음식도 먹을 수 있다. 그래서 많은 사람들이 문화제에 참가한다.
★ 关于那个地方，可以知道： A 天气很好 **B 绿茶很有名** C 葡萄酒好喝	★ 그 지역에 관하여 알 수 있는 것은? A 날씨가 좋다 **B 녹차가 유명하다** C 포도주가 맛있다

해설 그 지역에 관하여 알 수 있는 내용을 고르는 문제이다. 지문의 앞부분에 这个地方的绿茶特别有名(이 지역의 녹차가 매우 유명하다)이라고 했고 이어 녹차 문화제가 열린다고 했다. 따라서 알맞은 정답은 B 绿茶很有名(녹차가 유명하다)이다.

어휘 地方 dìfāng 명 곳, 지방　绿茶 lǜchá 명 녹차　特别 tèbié 부 특히, 유달리　有名 yǒumíng 형 유명하다　每年 měinián 명 매년　次 cì 양 회, 번　文化节 wénhuàjié 명 문화제, 문화 페스티벌　不但A, 还B búdàn A, hái B A일 뿐만 아니라 또한 B하다　各种 gèzhǒng 형 각종의, 여러 가지　好吃 hǎochī 형 맛있다　所以 suǒyǐ 접 그래서　参加 cānjiā 동 참가하다, 참여하다　天气 tiānqì 명 날씨　葡萄酒 pútáojiǔ 명 포도주　好喝 hǎohē 형 맛있다

4

小刘，你的腿比以前好多了，但是还要吃点儿药，我再给你开一些药，回家后应该好好休息、多喝水。	샤오리우, 네 다리 예전보다 많이 좋아졌어. 그러나 여전히 약은 먹어야 해. 약 처방해 줄테니 집에 돌아가서 푹 쉬고 물도 많이 마시렴.
★ 关于小刘，可以知道： **A 腿好多了** B 不用吃药 C 再来检查	★ 샤오리우에 관하여 알 수 있는 것은? **A 다리가 많이 나아졌다** B 약을 먹을 필요가 없다 C 다시 와서 검사를 받는다

해설 샤오리우에 대한 설명으로 알맞은 답을 고르는 문제이다. 지문의 앞부분에 你的腿比以前好多了(네 다리 예전보다 많이 좋아졌어)라고 했고 이어 주의해야 할 점을 말하고 있다. 따라서 정답은 A 腿好多了(다리가 많이 나아졌다)이다.

어휘 腿 tuǐ 명 다리　比 bǐ 개 ~보다　以前 yǐqián 명 예전　但是 dànshì 접 그러나　吃药 chīyào 동 약을 먹다　开药 kāiyào 동 약을 처방하다　应该 yīnggāi 조동 마땅히 ~해야 한다　休息 xiūxi 동 휴식하다　不用 búyòng 동 필요 없다　检查 jiǎnchá 동 검사하다

5

最近有个介绍中国人姓的节目很受欢迎。在节目中，不但会介绍中国人的名字，还会讲一些有关姓的故事。	최근 중국인의 성씨를 소개하는 프로그램이 아주 인기가 있다. 프로그램에서는 중국인의 이름을 소개해 줄 뿐만 아니라 성씨에 관한 이야기를 해 준다.
★ 那个节目介绍：	★ 그 프로그램은 무엇을 소개하는가?

A 中国人的生活 B 中国人的习惯 **C 中国人的姓**	A 중국인의 생활 B 중국인의 습관 **C 중국인의 성씨**

해설 그 프로그램에서 무엇을 소개하는지 묻는 문제이다. 지문의 도입 부분에 介绍中国人姓的节目(중국인의 성씨를 소개하는 프로그램)라고 했으므로 알맞은 정답은 C 中国人的姓(중국인의 성씨)이다.

어휘 最近 zuìjìn 명 최근 介绍 jièshào 동 소개하다 姓 xìng 명 성씨 节目 jiémù 명 프로그램 受 shòu 동 받다 欢迎 huānyíng 명 환영 名字 míngzi 명 이름 讲 jiǎng 동 말하다 有关 yǒuguān 동 관계가 있다 故事 gùshi 명 이야기 生活 shēnghuó 명 생활 习惯 xíguàn 명 습관

독해 제3부분 미니모의고사

정답 1. B	2. A	3. C	4. A	5. B	6. C	7. A	8. B	9. A	10. B

1

经过这件事情以后，我才明白了：机会不是在那儿总等着我们，而是总跟着准备好的人，所以我们应该平时努力去做，当机会到来时，我们才不会错过它。	이번 일을 겪고 난 이후, 나는 깨닫게 되었다. 기회는 그곳에서 늘 우리를 기다리는 것이 아니라, 늘 준비된 자를 따라다닌다는 것을. 그래서 우리는 평소에 열심히 노력해야 기회가 왔을 때 그 기회를 놓치지 않게 된다.
★ 怎样才不会错过机会？ A 多关心别人 **B 要努力去做** C 要帮助别人	★ 어떻게 해야 기회를 놓치지 않는가? A 다른 사람에게 많은 관심을 갖는다 **B 열심히 해야 한다** C 다른 사람을 도와줘야 한다

해설 질문에서 기회를 놓치지 않는 방법을 묻고 있으며 질문의 키워드는 不会错过机会(기회를 놓치지 않는다)이다. 지문의 마지막 부분에 이 키워드가 언급되었고 그 앞부분에 我们应该平时努力去做(우리는 평소에 열심히 노력해야 한다)라고 하였다. 따라서 B 要努力去做(열심히 해야 한다)가 정답이다.

어휘 经过 jīngguò 동 경험하다, 지나다 件 jiàn 양 일이나 옷을 세는 단위 事情 shìqing 명 일 才 cái 부 그제서야, 겨우 明白 míngbai 동 알다, 이해하다 机会 jīhuì 명 기회 不是A, 而是B búshìA, érshìB A가 아니라 B이다 总 zǒng 부 늘, 항상 跟着 gēnzhe 동 따라가다 准备 zhǔnbèi 동 준비하다 所以 suǒyǐ 접 그래서 应该 yīnggāi 조동 마땅히 ~해야 한다 平时 píngshí 명 평소 努力 nǔlì 동 노력하다 错过 cuòguò 동 놓치다 关心 guānxīn 동 관심을 갖다 帮助 bāngzhù 동 돕다

2

请大家注意一下，上课前我们做个游戏，就是用黑板上的这些词讲一个小故事，大家注意，最少要讲1分钟，那现在开始吧！	여러분 주목해 주세요. 수업하기 전에 우리 게임을 하나할 거예요. 바로 칠판에 있는 단어들을 사용해서 이야기를 하나 만드는 거예요. 주의하세요. 최소한 1분은 이야기해야 해요. 그럼 지금 시작합시다!
★ 说话人是最可能做什么的？ **A 教师** B 医生 C 司机	★ 말하는 사람은 어떤 일을 하는 사람인가? **A 교사** B 의사 C 운전기사

해설 말하는 사람의 직업을 묻는 문제이다. 지문의 시작 부분에서 화자가 上课前我们做个游戏(수업하기 전에 우리 게임을 하나할 거예요)라고 하여 上课(수업하다)가 언급됐으므로 직업이 선생님임을 알 수 있다. 따라서 정답은 A 教师(교사)이다.

어휘 注意 zhùyì 동 주의하다　上课 shàngkè 동 수업하다　游戏 yóuxì 명 놀이, 게임　讲 jiǎng 동 말하다　故事 gùshi 명 이야기　最少 zuìshǎo 부 최소한, 적어도　分钟 fēnzhōng 명 분　教师 jiàoshī 명 교사　医生 yīshēng 명 의사　司机 sījī 명 운전기사

3

中国有句老话"吃饭七分饱"。这句话里的"七分"是百分之七十的意思，也就是说吃饭不要太多，也不要太少，不饱也不饿，这样对身体很好。	중국에 오래된 말 중에는 '吃饭七分饱'이라는 말이 있다. 이 문장에서 '七分'은 70%의 의미이다. 즉, 식사는 너무 많이 먹지도 너무 적게 먹지도 마라. 배부르지 않으면 배고프지 않다. 이렇게 해야 건강에 좋다.
★ "吃饭七分饱"是为了什么？ A 更满意 B 更快完成 **C 更健康**	★ '吃饭七分饱'는 무엇을 위함인가? A 더욱 만족하기 위해 B 더 빨리 완성하기 위해 **C 더 건강하기 위해**

해설 무엇을 위해서 많은 사람들이 '吃饭七分饱'를 하는지 묻는 문제이다. 질문의 키워드 吃饭七分饱가 언급된 부분에서 밥을 70%만 먹으라고 했고 지문의 끝부분에 这样对身体很好(이렇게 해야 건강에 좋다)라고 했으므로 정답은 C 更健康(더 건강하기 위해)이다.

어휘 老话 lǎohuà 명 옛말　句 jù 양 마디, 구　分 fēn 양 10분의 1　饱 bǎo 형 배부르다　百分之 bǎifēnzhī 퍼센트　意思 yìsi 명 의미　也就是说 yě jiù shi shuō 바꾸어 말하면 ~이다　饿 è 형 배고프다　对 duì 개 ~에 대하여　为了 wèi le 개 ~을 하기 위해서　更 gèng 부 더욱　满意 mǎnyì 형 만족하다　完成 wánchéng 동 완성하다

4

周日我要搬家了，那个房子不但离公司很近，而且又安静又干净，附近还有地铁站、商店等，很方便。	일요일에 나는 이사할 것이다. 그 집은 회사에서 가까울 뿐더러 게다가 조용하고 깨끗하다. 근처에 지하철역, 상점 등이 있어 살기에 편리하다.
★ 他觉得这个房子怎么样？ **A 环境很好** B 房子小 C 比较贵	★ 그는 이 집을 어떻게 생각하는가? **A 환경이 좋다** B 집이 작다 C 좀 비싸다

해설 질문에서 이 집에 대한 그의 생각을 묻고 있다. 질문의 키워드 房子(방)가 언급된 부분에서 那个房子不但离公司很近，而且又安静又干净(그 집은 회사에서 가까울 뿐더러 게다가 조용하고 깨끗하다)이라고 하며 집에 대한 장점을 들고 있다. 보기 B와 C는 단점이므로 정답이 아니며 A 环境很好(환경이 좋다)가 정답이다.

어휘 搬家 bānjiā 동 이사하다　房子 fángzi 명 집　离 lí 개 ~로부터　公司 gōngsī 명 회사　近 jìn 형 가깝다　而且 érqiě 접 게다가　安静 ānjìng 형 조용하다　干净 gānjìng 형 깨끗하다　附近 fùjìn 명 근처, 부근　地铁站 dìtiězhàn 명 지하철역　商店 shāngdiàn 명 상점　等 děng 조 등, 따위　方便 fāngbiàn 형 편리하다　环境 huánjìng 명 환경　比较 bǐjiào 부 비교적　贵 guì 형 비싸다

5

我们已经等了一个多小时，那条街上都没有看到公共汽车开过去，后来只能坐出租车了。	우리는 이미 한 시간 넘게 기다렸는데, 그 길에서 버스가 가는 것을 보지 못했다. 나중에 택시를 타고 갈 수밖에 없었다.
★ 他们是怎么去的？ A 骑车去的 **B 打车去的** C 租车去的	★ 그들은 어떻게 갔는가? A 자전거를 타고 갔다 **B 택시를 타고 갔다** C 차를 빌려서 갔다

해설 그들이 어떻게 갔는지 이동 방법을 묻고 있다. 화자는 버스를 기다렸는데 오지 않자 后来只能坐出租车了(나중에 택시를 타고 갈 수밖에 없었다)라고 하였으므로 이들이 택시를 타고 갔음을 알 수 있다. 따라서 정답은 B 打车去的(택시를 타고 갔다)이다.

어휘 已经 yǐjīng 부 이미, 벌써　等 děng 동 기다리다　小时 xiǎoshí 명 시간　条 tiáo 양 가늘고 긴 것을 세는 단위　公共汽车 gōnggòng qìchē 명 버스　开 kāi 동 운전하다　过去 guòqù 동 건너가다　后来 hòulái 명 그 후　出租车 chūzūchē 명 택시　骑车 qíchē 동 자전거를 타다　打车 dǎchē 동 택시를 타다　租 zū 동 빌리다, 임대하다

6

汉语里有句话：饭要一口一口地吃，路要一步一步地走。它的意思是说做事和吃饭一样，都不能太着急，要慢慢来，这样才会有好的结果。	중국어 속담에 '밥은 한 입 한 입씩 먹고, 길은 한 걸음 한 걸음씩 걷는다'란 말이 있다. 이 말은 일을 하는 것은 밥 먹는 것과 마찬가지로 모두 너무 급하게 하지 말고 천천히 해야 좋은 결과가 있다는 뜻이다.
★ 根据这段话，主要想告诉我们： A 经常复习 B 要相信自己 **C 做事别着急**	★ 이 글에서 우리에게 주로 알려 주는 것은? A 자주 복습해라 B 자기 자신을 믿어야 한다 **C 일을 조급하게 하지 마라**

해설 질문에서 이 글이 주는 교훈을 묻고 있다. 교훈을 묻는 문제는 要(~해야 한다) 또는 不要(~하지 마라)가 언급된 부분을 살펴본다. 지문의 중간 부분에서 都不能太着急，要慢慢来(모두 너무 급하게 하지 말고 천천히 해야 한다)라고 했으므로 C 做事别着急(일을 조급하게 하지 마라)가 정답이다.

어휘 句 jù 양 구, 마디　一口 yìkǒu 한 입　路 lù 명 길　一步 yíbù 명 한 걸음　意思 yìsi 명 의미　做事 zuòshì 동 일을 하다　一样 yíyàng 동 같다　着急 zháojí 동 조급해하다　结果 jiēguǒ 명 결과　根据 gēnjù 개 ~에 근거하여　复习 fùxí 동 복습하다　相信 xiāngxìn 동 믿다　自己 zìjǐ 대 자기, 자신　别 bié 부 ~하지 마라

7

最近很多女孩子都以瘦为美，为了让自己变得更瘦，有时候什么都不吃，如果长时间这样做对身体很不好。其实，健康比美更重要。	요즘 많은 여자 아이들이 마른 것을 아름다움으로 여기고 있다. 자신을 더 날씬하게 하기 위해서 어떤 때에는 아무 것도 먹지 않는다. 만약에 오랫동안 이렇게 하면, 건강에 매우 안 좋다. 사실 건강이 아름다움보다 더 중요하다.
★ 这段话主要告诉我们： **A 健康才是最重要的** B 自己解决问题 C 别为小事很担心	★ 이 글이 우리에게 알려 주고자 하는 것은? **A 건강이야말로 가장 중요하다** B 자기가 문제를 해결한다 C 사소한 일 때문에 걱정하지 마라

해설 질문에서 이 글이 주는 교훈을 묻고 있다. 지문에서 요즘 여자 아이들이 추구하는 아름다움이 마른 체형이라고 하며 끝부분에 其实，健康比美更重要(사실 건강이 아름다움보다 더 중요하다)라고 했으므로 A 健康才是最重要的(건강이야말로 가장 중요하다)가 정답이다.

어휘 最近 zuìjìn 명 요즘, 최근　女孩子 nǚháizi 명 여자아이　瘦 shòu 형 마르다　为了 wèi le 개 ~을 하기 위해서　自己 zìjǐ 대 자기, 자신　变 biàn 동 변하다, 변화하다　更 gèng 부 더욱　有时候 yǒushíhòu 명 가끔　如果 rúguǒ 접 만약에　对 duì 개 ~에 대해　身体 shēntǐ 명 몸, 건강　其实 qíshí 부 사실은　健康 jiànkāng 명 건강　比 bǐ 개 ~보다　重要 zhòngyào 동 중요하다　解决 jiějué 동 해결하다　别 bié 부 ~하지 마라　担心 dānxīn 동 걱정하다

8

很多人都说现在很难找到好工作，那么怎样才能找到让自己满意的工作呢？我认为一定要根据自己的兴趣爱好去找，这才是最重要的。	많은 사람들은 말하길 지금 좋은 일자리를 구하기 힘들다고 한다. 그렇다면 어떻게 하면 자기 자신을 만족시킬 수 있는 일자리를 구할 수 있을까? 나는 반드시 자신의 흥미에 따라 일자리를 구해야 한다고 생각한다. 이것이야말로 가장 중요한 점이다.
★ 他认为，好工作应该： A 是经常加班的 **B 是自己喜欢的** C 是多给钱的	★ 그는 좋은 일자리는 어때야 한다고 생각하는가? A 자주 야근하는 것이다 **B 자기가 좋아하는 것이다** C 돈을 많이 주는 것이다

해설 화자가 생각하는 좋은 일자리란 무엇인지 묻고 있다. 지문의 중간 부분에서 我认为一定要根据自己的兴趣爱好去找(나는 반드시 자기의 흥미에 따라 일자리를 구해야 한다고 생각한다)라고 했으므로 B 是自己喜欢的(자기가 좋아하는 것이다)가 정답이다.

어휘 找 zhǎo 동 찾다　让 ràng 동 ~하여금 하게 하다　满意 mǎnyì 형 만족하다　认为 rènwéi 동 여기다　根据 gēnjù 개 ~을 근거하여　兴趣爱好 xìngqù'àihào 명 취미　最 zuì 부 가장, 최고　重要 zhòngyào 동 중요하다　经常 jīngcháng 부 자주　加班 jiābān 동 초과 근무하다　给 gěi 동 주다

9

明白做什么比怎么做重要得多，所以在解决问题前，我们应该先去找到问题、了解问题，然后主动去想办法解决问题。	무엇을 하고 있는지 이해하는 것이 어떻게 하는 것보다 더 중요하다. 그래서 문제를 해결하기 전에, 우리는 마땅히 먼저 무엇이 문제인지 찾고 그 문제를 이해한 다음 주동적으로 방법을 생각해서 문제를 해결해야 한다.
★ 这段话主要讲什么？ **A 要先发现问题** B 要锻炼身体 C 别影响工作	★ 이 글이 주로 이야기하려는 것은? **A 먼저 문제를 발견해야 한다** B 신체를 단련해야 한다 C 일에 영향을 미치지 말아야 한다

해설 이 글이 무엇을 말하고 있는지 중심 내용을 묻는 문제이다. 화자는 문제를 해결하기에 앞서 我们应该先去找到问题、了解问题(우리는 마땅히 먼저 무엇이 문제인지 찾고 그 문제를 이해해야 한다)라고 했다. 화자는 문제를 먼저 해결하려고 하지 말고 발견부터 하라고 했으므로 정답은 A 要先发现问题(먼저 문제를 발견해야 한다)이다.

어휘 明白 míngbai 동 이해하다　比 bǐ 개 ~보다　怎么 zěnme 대 어떻게　重要 zhòngyào 동 중요하다　所以 suǒyǐ 접 그래서　解决 jiějué 동 해결하다　应该 yīnggāi 조동 마땅히 ~해야 한다　先 xiān 부 먼저, 우선　了解 liǎojiě 동 자세하게 알다　然后 ránhòu 접 그리고 나서　主动 zhǔdòng 형 자발적이다　发现 fāxiàn 동 발견하다　锻炼 duànliàn 동 단련하다　影响 yǐngxiǎng 동 영향을 주다

10	
我爷爷虽然已经80岁了，但是看起来挺年轻的，很多人都问他怎么做到的。他告诉我们，要想年轻，就要少生气，经常生气会使人变老。	우리 할아버지는 이미 80세이지만, 보기에 정말 젊어보이신다. 많은 사람들이 다 그에게 어떻게 한 거냐고 물었다. 그는 우리에게 젊어지고 싶다면, 화를 적게 내야 한다고 말했다. 자주 화를 내는 것은 사람을 늙게 할 수 있다고 했다.
★ 他爷爷认为，想年轻： A 要多吃水果 **B 要少生气** C 要多锻炼身体	★ 그의 할아버지는 젊어지고 싶다면 어떻게 해야 한다고 생각하는가? A 과일을 많이 먹어야 한다 **B 화를 적게 내야 한다** C 신체 단련을 많이 해야 한다

해설 젊어지고 싶으면 어떻게 해야 하는지 할아버지의 생각을 묻는 문제이다. 질문의 키워드는 想年轻(젊어지고 싶다)이다. 지문에서 要想年轻，就要少生气(젊어지고 싶다면, 화를 덜 내야 한다)라고 했으므로 정답은 B 要少生气(화를 적게 내야 한다)이다.

어휘 爷爷 yéye 명 할아버지　虽然A，但是B suīrán A, dànshì B 비록 A하지만 그러나 B하다　已经 yǐjīng 부 이미, 벌써　岁 suì 명 세, 살(나이를 세는 단위)　看起来 kànqǐlái 동 보아하니　挺 tǐng 부 매우　年轻 niánqīng 형 젊다　怎么 zěnme 대 어떻게　告诉 gàosu 동 알리다　生气 shēngqì 동 화내다　经常 jīngcháng 부 자주　使 shǐ 동 ~하여금 ~하게 하다　老 lǎo 형 늙다　水果 shuǐguǒ 명 과일　锻炼 duànliàn 동 단련하다

쓰기

제 1 부분 어순 배열하기

1. 기본 어순 실전 테스트

정답 1. 下个节目马上就要开始了。
2. 那位校长已经100岁了。
3. 这台照相机花了3000元。
4. 这个季节的西瓜最甜。
5. 他的雨伞又小又轻。

1 开始　下个　了　马上就要　节目

관형어	주어	부사어	술어
下+个 명사+양사	节目 명사	马上+就+要 부사+부사+조동사	开始+了。 동사+了

다음 프로그램이 곧 시작됩니다.

해설 **술어 배치** 제시된 어휘에 就要와 了가 있으므로 '就要……了(~할 것이다)'를 떠올린다. 동사 开始(시작하다)를 술어에 배치한다.
주어 목적어 배치 开始의 주어로 명사 节目(프로그램)를 배치한다.
남은 어휘 배치 下个(다음)는 관형어로 쓰이므로 节目 앞에 배치하고, '부사+부사+조동사' 형식인 马上就要(곧 ~할 것이다)는 开始 앞에 부사어로 배치한다. 어기조사 了는 문장 끝에 배치하여 문장을 완성한다.

어휘 节目 jiémù 명 프로그램　马上 mǎshàng 부 곧, 즉시　开始 kāishǐ 동 시작하다

2 已经　那位　100岁　校长　了

관형어	주어	부사어	술어
那+位 지시대사+양사	校长 명사	已经 부사	100+岁+了。 수사+양사+了

저 교장 선생님은 벌써 100세이십니다.

해설 **술어 배치** 제시된 단어에 동사나 형용사가 없으므로 명사가 술어인 문장임을 예상한다. 100岁(100세)를 술어에 배치한다.
주어 목적어 배치 명사 校长(교장)을 주어에 배치한다.
남은 어휘 배치 '지시대사+양사'인 那位(그)는 관형어로 校长 앞에 배치하고, 부사 已经(이미)은 술어 앞에 부사어로 배치한다. 어기조사 了는 문장 끝에 배치하여 문장을 완성한다.

Tip▶ 명사술어문: 동사 是가 생략되어 명사가 술어 역할을 하는 문장으로, 날짜/요일/시간/나이/키/가격/학년 등을 말할 때 사용한다.
예 今天**星期五**。 오늘은 금요일이다.　现在**两点**。 지금은 두 시이다.

어휘 位 wèi 양 분, 명(존칭) 校长 xiàozhǎng 명 교장 已经 yǐjīng 부 이미, 벌써 岁 suì 양 세, 살(나이를 세는 단위)

3 3000元　这台　花了　照相机

관형어	주어	술어	목적어
这+台 지시대사+양사	照相机 명사	花+了 동사+了	3000+元。 수사+양사

이 사진기는 3,000위안을 줬다.

해설 **술어 배치** 제시어 중 동태조사 了가 결합되어 있는 동사 花(쓰다)를 술어에 배치한다.

주어 목적어 배치 술어 花의 목적어로 가격을 나타내는 3000元(3000위안)을 배치하고, 명사 照相机(사진기)를 주어에 배치한다.

남은 어휘 배치 '지시대사+양사'인 这台(이)에서 台는 가전 제품을 세는 양사이므로 照相机 앞에 배치하여 문장을 완성한다.

Tip▶ 花는 동사로 쓰일 때 '(돈, 시간 등) 소비하다'라는 뜻을 나타낸다. 따라서 금액이 목적어가 된다.

어휘 台 tái 양 대(가전 제품을 세는 단위) 照相机 zhàoxiàngjī 명 사진기, 카메라

4 最　西瓜　这个　甜　季节的

관형어	주어	부사어	술어
这+个+季节+的 지시대사+양사+명사+的	西瓜 명사	最 정도부사	甜。 형용사

이 계절의 수박이 가장 달다.

해설 **술어 배치** 제시된 어휘 중 정도부사와 형용사가 있으므로 형용사가 술어인 문장임을 알 수 있다. 형용사 甜(달다)을 술어에 배치한다.

주어 목적어 배치 술어 甜의 주어로 명사 西瓜(수박)를 배치한다.

남은 어휘 배치 정도부사 最(가장)는 형용사 甜 앞에 배치한다. 구조조사 的가 결합된 季节的(계절의)와 '지시대사+양사'인 这个(이)는 모두 관형어이므로 这个季节的로 결합시켜 西瓜 앞에 배치하여 문장을 완성한다.

Tip▶ 맛의 기본적인 4가지 표현을 꼭 알아두자!

□酸 suān 시다	□甜 tián 달다	□苦 kǔ 쓰다	□辣 là 맵다

어휘 季节 jìjié 명 계절 西瓜 xīguā 명 수박 甜 tián 형 달다

5 雨伞　又小　又轻　他的

관형어	주어	술어
他+的 인칭대사+的	雨伞 명사	又+小+又+轻。 又+형용사+又+형용사

그의 우산은 작고 가볍다.

해설 **술어 배치** 제시된 단어를 보고 '又……又……' 구조를 떠올린다. 又小(작기도 하고)와 又轻(가볍기도 하다)를 又小又轻으로 결합시켜 술어에 배치한다.
주어 목적어 배치 명사 雨伞(우산)을 주어에 배치한다.
남은 어휘 배치 구조조사 的가 결합된 他的(그의)는 雨伞 앞에 관형어로 배치하여 문장을 완성한다.
Tip▶ '又A又B'는 병렬 관계로 'A하기도 하고 B하기도 하다'라는 뜻이다. A와 B에는 동사나 형용사를 사용한다.
예 这个蛋糕**又**好吃**又**便宜。 이 케이크는 맛있고 저렴하다.

어휘 雨伞 yǔsǎn 명 우산　轻 qīng 형 가볍다

2. 是자문/有자문 실전 테스트

정답 1. 熊猫是在中国很受欢迎的动物。
2. 黑板上的那个词是什么意思?
3. 北京西站是中国最大的火车站。
4. 图书馆旁边有一条小河。
5. 他有睡觉前听音乐的习惯。

1 在中国　动物　很受欢迎的　熊猫是

주어	술어	관형어	목적어
熊猫 명사	是 동사	在中国+很+受欢迎+的 개사구+정도부사+술목구+的	动物。 명사

판다는 중국에서 아주 인기 있는 동물이다.

해설 **술어 배치** 동사 是(~이다)가 있으므로 是자문을 떠올린다.
주어 목적어 배치 주어 熊猫(판다)가 이미 是 앞에 주어로 결합되어 있으므로 목적어를 찾는다. A是B에서 A와 B는 비슷한 개념이어야 하므로 动物(동물)를 목적어에 배치한다.
남은 어휘 배치 구조조사 的가 결합된 很受欢迎的(아주 인기 있는)는 관형어이므로 动物 앞에 배치하고, 개사구 在中国(중국에서)는 很受欢迎 앞에 부사어로 배치하여 문장을 완성한다.
Tip▶ '受'는 '받다'라는 뜻으로 추상적인 뜻의 목적어와 함께 쓰인다.
예 **受**大学生**欢迎** 대학생의 환영을 받다　**受**天气**影响** 날씨의 영향을 받다

어휘 熊猫 xióngmāo 명 판다　受 shòu 동 받다　欢迎 huānyíng 명 환영　动物 dòngwù 명 동물

2 那个词　什么意思　黑板上的　是

관형어	주어	술어	관형어	목적어
黑板+上+的+那+个 명사+방위명사+的+지시대사+양사	词 명사	是 동사	什么 의문대사	意思? 명사

칠판 위의 저 단어는 무슨 뜻인가요?

해설 **술어 배치** 제시된 단어에 동사 是(~이다)가 있으므로 是자문을 떠올린다.
주어 목적어 배치 是자문은 'A是B(A는 B이다)'의 형식인데 A는 하위개념, B가 상위개념이어야하므로 词(단어)를 주어에 배치하고, 什么意思(무슨 뜻)를 목적어에 배치한다.
남은 어휘 배치 구조조사 的가 결합된 黑板上的(칠판 위의)는 那个词(그 단어) 앞에 관형어로 배치하여 문장을 완성한다.

Tip▶ [명사+방위명사(里/上/下)] : 명사 뒤에 방위명사를 붙이면 장소의 의미가 더해진다.
예 帽子**上**的这个字 모자의 이 글자 钱包**里**没有。 지갑에 없다.

어휘 黑板 hēibǎn 명 칠판 词 cí 명 단어 意思 yìsi 명 뜻, 의미

3 火车站 北京西站 是中国 最大的

관형어	주어	술어	관형어	목적어
北京 명사	西站 명사	是 동사	中国+最+大+的 지명+정도부사+형용사+的	火车站。 명사

베이징 서쪽역은 중국에서 가장 큰 기차역이다.

해설 **술어 배치** 제시어 중 동사 是(~이다)가 있으므로 是자문의 형식을 떠올린다.
주어 목적어 배치 'A是B(A는 B이다)'에서 하위 개념인 北京西站(베이징 서쪽역)을 주어에, 상위 개념인 火车站(기차역)을 목적어에 배치한다.
남은 어휘 배치 구조조사 的가 결합된 最大的(가장 큰)는 명사 앞에 결합하는 관형어로 火车站 앞에 배치하고, 지명인 中国는 最大的 앞에 배치하여 문장을 완성한다.

Tip▶ 시험에 자주 등장하는 방위를 나타내는 명사는 다음과 같다.

- 东边 dōngbiān 동쪽
- 西边 xībiān 서쪽
- 南边 nánbiān 남쪽
- 北边 běibiān 북쪽
- 旁边 pángbiān 옆
- 左边 zuǒbiān 왼쪽
- 右边 yòubiān 오른쪽
- 前面 qiánmiàn 앞쪽
- 后面 hòumiàn 뒤쪽
- 里面 lǐmiàn 안쪽
- 外面 wàimiàn 바깥쪽
- 上边 shàngbiān 위쪽
- 下边 xiàbiān 아랫쪽
- 对面 duìmiàn 맞은편

어휘 北京 Běijīng 지명 베이징, 북경 站 zhàn 명 역, 정류장 火车站 huǒchēzhàn 명 기차역

4 旁边有 图书馆 小河 一条

관형어	주어	술어	관형어	목적어
图书馆 명사	旁边 명사	有 동사	一+条 수사+양사	小河。 명사

도서관 옆에는 개울이 하나 있다.

해설 **술어 배치** 제시어 중 동사 有(있다)가 있으므로 有자문을 떠올린다. 有(있다)를 술어에 배치한다.
주어 목적어 배치 有자문의 형식은 'A有B(A에 B가 있다)'인데 有 앞에 이미 旁边(옆)이 결합되어 있으므로 존재를 나타내는 有자문, 즉 장소가 주어인 문장임을 알 수 있다. 图书馆(도서관)을 주어에 배치하고, 小河(개울)를 목적어에 배치한다.
남은 어휘 배치 '수사+양사'인 一条(하나)에서 양사 条는 가늘고 긴 것을 셀 때 사용하는 단위로 小河 앞에 배치하여 문장을 완성한다.

Tip▶ [수사+양사+명사] : 중국어에서 양사는 수사 뒤, 명사 앞에 위치하고 '수사+양사'가 명사를 꾸며주는 관형어로 쓰인다. 각 명사와 어울리는 양사를 암기해 두자. → 문제편 p122 〈빈출 양사〉
예 他有**一把雨伞**。 그는 우산 하나를 가지고 있다.

어휘 图书馆 túshūguǎn 명 도서관 条 tiáo 양 가늘고 긴 것을 세는 단위 小河 xiǎohé 명 개울, 냇가

5 习惯 他有 听音乐的 睡觉前

주어	술어	관형어	목적어
他 인칭대사	有 동사	睡觉前+听音乐+的 부사어(동사+명사)+술목구+的	习惯。 명사

그는 잠자기 전에 음악을 듣는 습관이 있다.

해설 **술어 배치** 제시된 단어에 동사 有(있다)가 있으므로 有자문을 떠올린다. 有(있다)를 술어에 배치한다.
주어 목적어 배치 술어 有 앞에 이미 他(그)가 주어로 결합되어 있으므로 목적어를 찾는다. 명사 习惯(습관)을 목적어에 배치한다.
남은 어휘 배치 구조조사 的가 결합된 听音乐的(음악을 듣는)는 관형어로 习惯 앞에 배치하고, 睡觉前(잠자기 전)은 听音乐 앞에 부사어로 배치하여 문장을 완성한다.

어휘 睡觉 shuìjiào 동 잠을 자다 音乐 yīnyuè 명 음악 习惯 xíguàn 명 습관

3. 부사어 실전 테스트

정답 1. 那家超市离我家很近。
2. 抽烟对身体不好。
3. 她对汉语很感兴趣。
4. 这次比赛已经结束了。
5. 那家商店的服务员对客人很热情。

1 很 那家超市 近 离我家

관형어	주어	부사어	술어
那+家 지시대사+양사	超市 명사	离我家+很 개사구+정도부사	近。 형용사

그 슈퍼마켓은 우리 집에서 가깝다.

해설 **술어 배치** 제시어 중 형용사 近(가깝다)을 술어 자리에 배치한다.
주어 목적어 배치 近(가깝다)의 주어로 장소 명사 那家超市(그 슈퍼마켓)을 배치한다.
남은 어휘 배치 남은 어휘 중 '개사+명사'인 离我家(~우리 집에서)는 술어 앞 부사어에 배치한다. 정도부사 很(매우)은 형용사 앞에 배치하여 문장을 완성한다.

어휘 超市 chāoshì 명 슈퍼마켓 离 lí 개 ~에서, ~로부터 近 jìn 형 가깝다

2 抽烟　不　身体　好　对

주어	부사어	술어
抽烟 동사	对身体+不 개사구+부정부사	好。 형용사

담배를 피우는 것은 건강에 안 좋다.

해설 **술어 배치** 제시어 중 형용사 好(좋다)를 술어에 배치한다.
주어 목적어 배치 술어 好가 설명하는 대상인 抽烟(담배를 피우다)을 주어에 배치한다.
남은 어휘 배치 개사 对(~에 대해)는 명사 健康(건강)과 결합시켜 对身体(건강에)를 술어 앞 부사어에 배치한다. 부정부사 不(아니다)는 好 앞에 배치하여 문장을 완성한다.

어휘 抽烟 chōuyān 동 담배를 피우다　对 duì 개 ~에 대해(서)　身体 shēntǐ 명 몸, 건강

3 她　汉语　很　感兴趣　对

주어	부사어	술어	목적어
她 인칭대사	对汉语+很 개사구+정도부사	感 동사	兴趣。 명사

그녀는 중국어에 아주 흥미를 느낀다.

해설 **술어 배치** 제시어 중 感兴趣(흥미를 느끼다)를 술어에 배치한다.
주어 목적어 배치 주어에는 흥미를 느낄 수 있는 주체인 她(그녀)를 배치한다.
남은 어휘 배치 남은 어휘 중 개사 对(~에 대해)는 汉语(중국어)와 对汉语로 결합시켜 술어 앞에 배치하고, 정도부사 很(매우)은 感兴趣 앞에 배치하여 문장을 완성한다.

어휘 对 duì 개 ~에 대해(서)　感 gǎn 동 느끼다, 생각하다　兴趣 xìngqù 명 재미, 흥미

4 了　这次比赛　结束　已经

관형어	주어	부사어	술어
这+次 지시대사+양사	比赛 명사	已经 부사	结束+了。 동사+了

이번 경기는 이미 끝났다.

해설 **술어 배치** 제시어 중 술어가 될 수 있는 동사 结束(끝나다)를 술어 자리에 배치한다.
주어 목적어 배치 结束의 주어로 의미상 알맞은 这次比赛(이번 경기)를 배치한다.
남은 어휘 배치 부사 已经(이미)은 부사어이므로 술어 앞에 배치하고, 동태조사 了(~했다)는 문장 끝에 배치하여 문장을 완성한다.

어휘 次 cì 양 번, 회　比赛 bǐsài 명 시합, 경기　已经 yǐjing 부 이미, 벌써　结束 jiéshù 동 끝나다, 마치다

5 服务员　客人　热情　很　对　那家商店的

관형어	주어	부사어	술어
那+家+商店+的 지시대사+양사+명사+的	服务员 명사	对客人+很 개사구+정도부사	热情。 형용사

그 가게의 종업원은 손님에게 아주 친절하다.

해설 **술어 배치** 제시된 어휘에 동사가 없으므로 형용사 热情(친절하다)을 술어에 배치한다.
주어 목적어 배치 술어 热情은 사람이 주어가 되어야 하므로 服务员(종업원)을 주어에 배치한다.
남은 어휘 배치 구조조사 的가 결합된 那家商店的(그 가게의)는 관형어이므로 의미상 알맞은 服务员 앞에 배치하고, 정도부사 很(아주)은 형용사 热情 앞에 배치한다. 개사 对(~에게)는 명사 客人(손님)과 결합시킨 뒤 술어 앞에 那家商店的服务员对客人很热情으로 배치하여 문장을 완성한다.

어휘 商店 shāngdiàn 명 상점, 가게　服务员 fúwùyuán 명 종업원　对 duì 개 ~에게　客人 kèrén 명 손님　热情 rèqíng 형 친절하다, 열정적이다

4. 보어 실전 테스트

정답 1. 那件衬衫还没洗干净。
2. 他篮球打得不错。
3. 他的女儿长得非常漂亮。
4. 我看完了那本书。
5. 他每天都起得很早。

1 那件衬衫　洗　还没　干净

주어	부사어	술어	보어
那件衬衫 명사	还+没 부사+부정부사	洗 동사	干净。 형용사

그 셔츠는 아직 다 깨끗이 안 빨았다.

해설 **술어 배치** 제시어 중 술어가 될 수 있는 동사 洗(빨다)를 술어에 배치한다. 형용사 干净(깨끗하다)이 있으므로 보어가 있는 문장임을 예상한다.
주어 목적어 배치 명사 那件衬衫(그 셔츠)을 주어에 배치한다.
남은 어휘 배치 '부사+부정부사'인 还没(아직 ~하지 않았다)'는 부사어로 술어 앞에 배치하여 문장을 완성한다.

어휘 衬衫 chènshān 명 셔츠　还 hái 부 아직, 여전히　没(有) méi(yǒu) 부 아직 ~않다　洗 xǐ 동 씻다, 빨다　干净 gānjìng 형 깨끗하다

2 打得　不错　他　篮球

주어	목적어	술어	보어
他 인칭대사	篮球 명사	打 동사	得+不错。 得+형용사

그는 농구를 잘한다.

해설 **술어 배치** 제시어 중 得가 있으므로 보어가 있는 문장임을 예상한다. 동사 打(치다)를 술어에 배치한다.
주어 목적어 배치 打의 주어로 대사 他(그)를 배치한다. 정도보어 문장에서 목적어는 술어 앞에 사용하므로, 명사 篮球(농구)를 打 앞에 배치한다.
남은 어휘 배치 형용사 不错(좋다)를 정도보어로 술어 뒤에 배치하여 문장을 완성한다.

Tip▶ [주어+**목적어**+술어+정도보어] : 정도보어가 있는 문장에서는 목적어를 술어 앞에 둔다.
예 她(说)**汉语**说得很流利。 그녀는 중국어를 아주 잘한다.

어휘 篮球 lánqiú 명 농구　打 dǎ 동 때리다, 치다　不错 búcuò 형 괜찮다, 좋다

3 长得　他的　漂亮　女儿　非常

관형어	주어	술어	보어
他+的 인칭대사+的	女儿 명사	长 동사	得+非常+漂亮。 得+정도부사+형용사

그의 딸이 아주 예쁘게 생겼다.

해설 **술어 배치** 제시어 중 구조조사 得가 있으므로 보어가 있는 문장임을 예상한다. 동사 长(생기다)을 술어에 배치한다.
주어 목적어 배치 술어 长의 주어로 명사 女儿(딸)을 배치한다.
남은 어휘 배치 동사 长 뒤에 구조조사 得가 결합되어 있으므로 정도보어가 와야 함을 알 수 있다. 부사 非常(아주)과 형용사 漂亮(예쁘다)을 결합시켜 보어에 배치한다. 他的(그의)는 '명사+구조조사 的'인 관형어이므로 女儿 앞에 배치하여 문장을 완성한다.

어휘 女儿 nǚ'ér 명 딸　长 zhǎng 동 나다, 생기다　非常 fēicháng 부 대단히, 아주

4 看　那本　我　完了　书

주어	술어	보어	관형어	목적어
我 인칭대사	看 동사	完+了 동사+了	那+本 지시대사+양사	书。 명사

나는 그 책을 다 봤다.

해설 **술어 배치** 제시어 중 동사 看(보다)을 술어에 배치한다. 完了(다 마쳤다)가 있으므로 결과보어 문장임을 예상한다.
주어 목적어 배치 술어 看의 행위의 주체로 알맞은 我(나)를 주어에 배치하고 书(책)를 목적어에 배치한다.
남은 어휘 배치 完은 결과보어로 看 뒤에 배치하고, '지시대사+양사'인 那本(그 한 권의)은 书 앞에 관형어로 배치하여 문장을 완성한다.

어휘 看 kàn 동 보다, 구경하다　完 wán 동 다하다, 끝나다　本 běn 양 권(책을 세는 단위)　书 shū 명 책

5 他　起得　很早　每天　都

주어	부사어	술어	보어
他 인칭대사	每天+都 시간명사+부사	起 동사	得+很+早。 得+정도부사+형용사

그는 매일 일찍 일어난다.

해설 **술어 배치** 제시어 중 구조조사 得가 있으므로 보어가 있는 문장임을 예상한다. 동사 起(일어나다)를 술어에 배치한다.
주어 목적어 배치 술어 起의 주체로 他(그)를 주어에 배치한다.
남은 어휘 배치 '정도부사+형용사'인 很早(아주 일찍)는 정도보어로 술어 뒤에 배치하고, 시간을 나타내는 每天(매일)과 범위를 나타내는 都(모두)는 每天都로 결합시켜 술어 앞에 배치하여 문장을 완성한다.

어휘 每天 měitiān 명 매일　起 qǐ 동 일어나다　早 zǎo 형 이르다, 빠르다

5. 把자문/被자문 실전 테스트

정답 1. 他已经把我的咖啡喝完了。
2. 请把你的名字写在这儿吧。
3. 妈妈的眼镜被儿子摔破了。
4. 他的衣服被大风刮走了。
5. 我的鞋子被妈妈洗了。

1 喝完了　我的咖啡　他　已经　把

주어	부사어		술어	보어
	부사어	把+목적어		
他 인칭대사	已经 부사	把+我+的+咖啡 把+인칭대사+的+명사	喝 동사	完+了。 동사+了

그는 이미 내 커피를 다 마셨다.

해설 **술어 배치** 제시어에 把가 있으므로 把자문임을 알 수 있다. 보어가 결합되어 있는 동사 喝(마시다)를 술어에 배치한다.
주어 목적어 배치 술어 喝(마시다)의 행위의 주체가 되는 他(그)를 주어에 배치하고, 행위의 대상이 되는 我的咖啡(내 커피)를 把와 결합시켜 把자문의 어순에 따라 술어 喝 앞에 배치한다.
남은 어휘 배치 부사 已经(이미)은 把 앞에 부사어로 배치하여 문장을 완성한다.

어휘 已经 yǐjing 부 이미, 벌써　把 bǎ 개 ~을/를　咖啡 kāfēi 명 커피　喝 hē 동 마시다　完 wán 동 다하다, 끝나다

2 你的名字　把　写在这儿　请　吧

请	부사어	술어	보어
	把+목적어		
请 동사	把+你+的+名字 把+인칭대사+的+명사	写 동사	在+这儿+吧。 동사+지시대사+吧

당신의 이름을 여기에 써 주세요.

해설 **술어 배치** 제시어 중 请(~해 주세요)과 吧가 있으므로 청유문임을 예상한다. 개사 把가 있으므로 把자문을 염두에 두고 동사 写(쓰다)를 술어에 배치한다.

주어 목적어 배치 청유문에서는 주어를 생략하므로 请을 문장 맨 앞에 배치한다. 술어 写의 행위의 대상이 되는 名字(이름)를 把와 결합시켜 写 앞에 배치한다.

남은 어휘 배치 구조조사 的가 결합된 你的(당신의)는 명사 名字(이름) 앞에 관형어로 배치하고, 어기조사 吧(~해라)는 문장 맨 뒤에 배치하여 문장을 완성한다.

어휘 请 qǐng 동 ~해 주세요　把 bǎ 개 ~을/를　名字 míngzi 명 이름　写 xiě 동 쓰다　在 zài 개 ~에서　吧 ba 조 ~하자(문장 끝에 쓰여 제의 · 청구 · 명령 어기를 나타냄)

3 妈妈的　儿子　被　眼镜　摔破了

관형어	주어	부사어	술어	보어
		被+행위의 주체		
妈妈+的 명사+的	眼镜 명사	被+儿子 被+명사	摔 동사	破+了。 동사+了

엄마의 안경을 아들이 깨뜨렸다.

해설 **술어 배치** 제시어 중 동태조사 了가 결합된 동사 摔破(깨뜨리다)를 술어에 배치한다. 개사 被가 있으므로 被자문을 완성한다.

주어 목적어 배치 被자문에서는 행위의 대상이 주어가 되므로, 摔破(깨뜨리다)의 행위의 대상이 되는 眼镜(안경)을 주어에, 행위의 주체가 되는 儿子(아들)를 被와 결합시켜 술어 앞에 배치한다.

남은 어휘 배치 구조조사 的가 결합된 妈妈的(엄마의)는 眼镜(안경) 앞에 관형어로 배치하여 문장을 완성한다.

어휘 妈妈 māma 명 엄마　眼镜 yǎnjìng 명 안경　被 bèi 개 ~에게 ~을 당하다　儿子 érzi 명 아들　摔破 shuāipò 동 내던져서 부수다

4 大风　被　衣服　刮走了　他的

관형어	주어	부사어	술어	보어
		被+행위의 주체		
他+的 인칭대사+的	衣服 명사	被+大风 被+명사	刮 동사	走+了。 동사+了

그의 옷이 바람에 날아갔다.

해설 **술어 배치** 제시어 중 동태조사 了와 보어가 결합된 刮走了(날아갔다)를 술어에 배치한다. 개사 被가 있으므로 被자문을 완성한다.
주어 목적어 배치 被자문의 어순에 따라 행위의 대상이 되는 衣服(옷)를 주어에, 행위의 주체가 되는 大风(큰바람)을 被와 결합시킨 후 술어 앞에 배치한다.
남은 어휘 배치 구조조사 的가 결합된 他的(그의)는 의미상 적합한 衣服(옷) 앞에 관형어로 배치하여 문장을 완성한다.

어휘 衣服 yīfu 명 옷, 의복 被 bèi 개 ~에게 ~을 당하다 大风 dàfēng 명 큰 바람 刮走 guā zǒu 날아가다

5 我的 被 洗了 鞋子 妈妈

관형어	주어	부사어	술어
		被+행위의 주체	
我+的 인칭대사+的	鞋子 명사	被+妈妈 被+명사	洗+了。 동사+了

내 신발을 엄마가 빨았다.

해설 **술어 배치** 제시어 중 개사 被(~에 의해)가 있으므로 被자문임을 예상한다. 동태조사 了가 결합된 동사 洗(빨다)를 술어에 배치한다.
주어 목적어 배치 被자문은 '행위의 대상+被+행위의 주체+술어+기타성분'이므로 술어 洗의 주체로 妈妈(엄마)를 被 뒤에 배치하고, 행위의 대상으로 鞋子(신발)를 주어에 배치한다.
남은 어휘 배치 구조조사 的가 결합된 我的(나의)는 鞋子 앞 관형어 자리에 배치하여 문장을 완성한다.

어휘 鞋子 xiézi 명 신발 洗 xǐ 동 씻다, 빨다

6. 연동문/겸어문 실전 테스트

정답 1. 我打算去超市买点儿水果。
2. 请用黑板上的词写一个句子。
3. 我相信他会同意这个办法。
4. 祝你生日快乐。
5. 妈妈不让我抽烟。

1 水果 去 买点儿 我打算 超市

주어	부사어	술어1	목적어1	술어2	관형어	목적어2
我 인칭대사	打算 조동사	去 동사	超市 명사	买 동사	点儿 부사	水果。 명사

나는 과일을 좀 사러 슈퍼마켓에 갈 계획이다.

해설 **술어 배치** 제시어에 동사가 여러 개이므로 연동문의 구조를 떠올린다. 연동문은 동작이 일어난 순서대로 동사를 배열하므로 去(가다), 买(사다)를 '去+买'로 배치한다.

주어 목적어 배치 조동사 打算(~할 계획이다) 앞에 이미 주어인 我(나)가 결합되어 있으므로 목적어를 찾는다. 술어 去(가다)의 목적어로 의미상 알맞은 超市(슈퍼마켓)를 배치, 술어 买(사다)의 목적어로 水果(과일)를 배치한다.
남은 어휘 배치 '약간'이라는 뜻의 点儿은 水果 앞에 배치하여 문장을 완성한다.

Tip▶ 3급 시험에 자주 출제되는 과일 명사

ㅁ水果 shuǐguǒ 과일　ㅁ葡萄 pútáo 포도　ㅁ香蕉 xiāngjiāo 바나나　ㅁ西瓜 xīguā 수박

어휘 打算 dǎsuàn 조동 ~할 계획이다　超市 chāoshì 명 슈퍼마켓　一点儿 yìdiǎnr 양 조금, 약간　水果 shuǐguǒ 명 과일

2 请用　词　写　黑板上的　一个句子

请	술어1	관형어	목적어1	술어2	관형어	목적어2
请 동사	用 동사	黑板+上+的 명사+방위명사+的	词 명사	写 동사	一+个 수사+양사	句子。 명사

칠판의 단어를 사용하여 문장 하나를 쓰세요.

해설 **술어 배치** 제시어에 청유의 뜻을 나타내는 동사 请(~해 주세요)이 있으므로 문장 맨 앞에 배치한다. 동사 用(사용하다)과 写(쓰다)가 있으므로 연동문임을 예상하여 用을 술어1에, 写를 술어2에 배치한다.
주어 목적어 배치 문맥상 '~을 사용하여 ~을 쓰다'가 적합하므로 用의 목적어로 词(단어)를 배치하고, 写의 목적어로 一个句子(한 문장)를 배치한다.
남은 어휘 배치 구조조사 的가 결합된 黑板上的(칠판의)는 词 앞에 관형어로 배치하여 문장을 완성한다.

Tip▶ 用을 활용한 연동문 : '술어1(用)+A+술어2'는 'A를 사용하여 ~을 하다'라는 뜻으로, 제시어에 用과 다른 동사가 함께 출현했다면 用을 술어1에, 다른 동사를 술어2에 배치하도록 한다.
예 **用**新鲜的水果**做**蛋糕。 신선한 과일을 사용하여 케이크를 만든다.

어휘 黑板 hēibǎn 명 칠판　词 cí 명 단어　句子 jùzi 명 문장

3 同意　我相信　他会　这个办法

주어	술어1	목적어1/주어2	부사어	술어2	관형어	목적어2
我 인칭대사	相信 동사	他 인칭대사	会 조동사	同意 동사	这+个 지시대사+양사	办法。 명사

나는 그가 이 방법에 동의할 것이라고 믿는다.

해설 **술어 배치** 제시어 중 동사 相信(믿다)이 있으므로 겸어문 구조를 떠올리고 相信을 술어1에, 同意(동의하다)를 술어2에 배치한다.
주어 목적어 배치 相信의 주어로 我(나)를 배치하고, 相信의 목적어이자 同意의 주어로 他(그)를 배치한다. 这个办法(이 방법)는 의미상 알맞은 同意의 목적어로 배치한다.
남은 어휘 배치 조동사 会(~할 것이다)는 이미 他 뒤에 결합되어 있으므로 我相信他会同意这个办法로 문장을 완성한다.

Tip▶ 겸어문에서 술어1에 쓰이는 동사

ㅁ让 ~하게 하다　ㅁ使 ~하게 하다　ㅁ叫 ~하게 하다
ㅁ祝 ~를 축원하다　ㅁ欢迎 ~하기를 환영하다　ㅁ相信 ~을 믿다
ㅁ要求 ~을 요구하다　ㅁ请 ~을 청하다

어휘 相信 xiāngxìn 동 믿다　同意 tóngyì 동 동의하다　办法 bànfǎ 명 방법

4 生日　祝　快乐　你

술어1	목적어1/주어2	술어2	
		작은 주어	작은 술어
祝 동사	你 인칭대사	生日 명사	快乐。 형용사

생일 축하해요.

해설 **술어 배치** 제시된 단어에 祝(축원하다)가 있으므로 문장 맨 앞에 배치한다.
주어 목적어 배치 祝의 목적어로 你(너)를 배치하고, 축하하는 내용으로 生日(생일)와 快乐(즐겁다)를 결합시켜 문장을 완성한다.
Tip▶ 시험에 자주 출제되는 축원문 정리하기 : [祝+축원하는 대상+축원하는 내용]
예 **祝**你春节快乐。 즐거운 설날 보내세요. **祝**你身体健康。 건강하시길 기원합니다.

어휘 祝 zhù 동 빌다, 축원하다　生日 shēngrì 명 생일　快乐 kuàilè 형 즐겁다

5 抽烟　妈妈　我　不让

주어	부사어	술어1	목적어1/주어2	술어2
妈妈 명사	不 부정부사	让 동사	我 인칭대사	抽烟。 동사

엄마는 내가 담배를 피우지 못하게 하신다.

해설 **술어 배치** 겸어문을 만드는 동사 让(~로 하여금 ~하게 하다)를 술어1에 배치하고, 동사 抽烟(담배를 피우다)을 술어2에 배치한다.
주어 목적어 배치 명사 妈妈(엄마)와 我(나)는 의미상 '엄마가 나에게 담배를 ~하게 하다'가 적합하므로 妈妈를 주어에, 我를 술어1의 목적어이자 술어2의 주어로 배치한다.
남은 어휘 배치 부정부사 不(안/못)는 让 앞에 이미 결합되어 있으므로 妈妈不让我抽烟으로 문장을 완성한다.

어휘 让 ràng 동 ~에게 ~하도록 시키다　抽烟 chōuyān 동 담배를 피우다

7. 비교문 실전 테스트

정답 1. 我没有你那么聪明。
2. 你的手机跟我的一样。
3. 这辆车比那辆还干净。
4. 那家商店的水果比这儿新鲜得多。
5. 这个问题比那个简单得多。

1 聪明　我　那么　没有你

주어	부사어		술어
	没有+비교대상	부사어	
我 인칭대사	没有+你 没有+인칭대사	那么 지시대사	聪明。 형용사

나는 너만큼 그렇게 똑똑하지 않다.

해설 **술어 배치** 제시어 중 형용사 聪明(똑똑하다)을 술어 자리에 배치한다. 제시어에 没有와 那么, 형용사가 있으므로 'A+没有+B+那么+형용사' 비교문임을 예상한다.
주어 목적어 배치 대사 我(나)를 주어 자리에 배치한다.
남은 어휘 배치 비교대상인 你(너)는 이미 没有 뒤에 결합되어 있으므로 '没有你(너만큼 ~하지 않다)'를 주어 뒤에 배치하고 지시대사 那么(그렇게)는 聪明 앞에 배치하여 문장을 완성한다.

어휘 那么 nàme 대 그렇게, 저렇게　聪明 cōngming 형 총명하다, 똑똑하다

2 一样　你的手机　跟我的

관형어	주어	부사어	술어
		跟+비교대상	
你+的 인칭대사+的	手机 명사	跟+我+的 跟+인칭대사+的	一样。 형용사

네 핸드폰이 내 것과 똑같다.

해설 **술어 배치** 제시어 중 형용사 一样(같다)을 술어 자리에 배치한다. 跟과 一样이 있으므로 'A跟B一样' 비교문임을 알 수 있다.
주어 목적어 배치 명사 手机(핸드폰)를 주어에 배치한다.
남은 어휘 배치 'A跟B一样'의 어순에 따라 개사 跟과 결합되어 있는 跟我的(내 것과)를 부사어에 배치하고, 구조조사 的가 결합된 你的(너의)는 의미상 알맞은 手机 앞에 관형어로 배치하여 문장을 완성한다.

어휘 手机 shǒujī 명 핸드폰　一样 yíyàng 형 같다, 동일하다

3 比那辆　这辆车　干净　还

관형어	주어	부사어		술어
		比+비교대상	부사어	
这+辆 지시대사+양사	车 명사	比+那+辆 比+지시대사+양사	还 부사	干净。 형용사

이 차는 그 차보다 더 깨끗하다.

해설 **술어 배치** 개사 比(~보다)가 있으므로 비교문임을 예상한다. 형용사 干净(깨끗하다)을 술어에 배치한다.
주어 목적어 배치 명사 这辆车(이 차)를 주어에 배치한다.
남은 어휘 배치 비교문의 어순 '주어+比+비교대상+更/还+술어'에 따라 比那辆(그 차보다)을 부사어에 배치하고 부사 还(더)는 干净 앞에 배치하여 문장을 완성한다.

어휘 辆 liàng 양 대(차량을 세는 단위) 车 chē 명 차 干净 gānjìng 형 깨끗하다

4 得多 水果 那家商店的 新鲜 比这儿

관형어	주어	부사어 比+비교대상	술어	보어
那+家+商店+的 지시대사+양사+명사+的	水果 명사	比+这儿 比+지시대사	新鲜 형용사	得+多。 得+형용사

그 상점의 과일은 여기보다 많이 신선하다.

해설 **술어 배치** 개사 比(~보다)가 있으므로 비교문임을 예상한다. 형용사 新鲜(신선하다)을 술어에 배치한다.
주어 목적어 배치 명사 水果(과일)를 주어에 배치한다.
남은 어휘 배치 '比+명사'인 개사구 比这儿(여기보다)를 술어 앞에 배치한다. 得多(훨씬 많이 ~하다)는 정도보어이므로 新鲜 뒤에 배치하여 문장을 완성한다

어휘 家 jiā 양 가정, 가게 등을 세는 단위 商店 shāngdiàn 명 상점 新鲜 xīnxiān 형 신선하다 多 duō 형 많다

5 这个问题 那个 比 得多 简单

주어	부사어 比+비교대상	술어	보어
这+个+问题 지시대사+양사+명사	比+那+个 比+지시대사+양사	简单 형용사	得+多。 得+형용사

이 문제는 그것에 비해 아주 간단하다.

해설 **술어 배치** 제시어 중 개사 比(~보다)가 있으므로 비교문임을 예상한다. 형용사 简单(간단하다)을 술어에 배치한다.
주어 목적어 배치 这个问题(이 문제)를 주어에 배치하고, 비교의 대상으로 那个(그것)를 개사 比 뒤에 배치한다.
남은 어휘 배치 남은 어휘 得多는 정도보어로 술어 简单 뒤에 배치하여 문장을 완성한다.

어휘 问题 wèntí 명 문제 简单 jiǎndān 형 간단하다

쓰기 제1부분 미니모의고사

정답 1. 结婚不是件很简单的事情。
2. 刘阿姨的声音非常好听。
3. 马经理让我再检查一遍。
4. 爸爸希望他当一名医生。
5. 这儿附近有卖蛋糕的地方吗？
6. 他女儿游泳游得真棒。
7. 窗户被大风刮开了。
8. 你为什么不马上出发？
9. 姐姐把钱包忘在洗手间了。
10. 他的任务比我的简单多了。

1 很简单的　不是　件　事情　结婚

주어	부사어	술어	관형어	목적어
结婚 명사	不 부정부사	是 동사	件+很简单+的 양사+형용사구+的	事情。 명사

결혼은 간단한 일이 아니다.

해설 **술어 배치** 제시어 중 동사 是(~이다)가 있으므로 是자문의 형식 A是B(A는 B이다)를 떠올린다.
주어 목적어 배치 是자문에서는 하위개념이 주어에, 상위개념이 목적어에 오므로 结婚(결혼하다)을 주어에, 事情(일)을 목적어에 배치한다.
남은 어휘 배치 구조조사 的가 결합된 很简单的(아주 간단한)는 의미상 알맞은 事情 앞에 배치한다. '일, 사건'을 세는 양사 件은 수를 제한하는 관형어이므로 묘사성 관형어 很简单的 앞에 배치하여 문장을 완성한다.

어휘 结婚 jiéhūn 동 결혼하다　简单 jiǎndān 형 간단하다　事情 shìqing 명 일, 사정

2 非常　声音　好听　刘阿姨的

관형어	주어	부사어	술어
刘阿姨+的 명사+的	声音 명사	非常 정도부사	好听。 형용사

리우 아주머니의 목소리는 정말 듣기 좋다.

해설 **술어 배치** 정도부사 非常(매우)과 형용사 好听(듣기 좋다)이 있으므로 형용사술어문임을 예상한다. 好听을 술어에 배치한다.
주어 목적어 배치 형용사는 목적어를 가지지 않으므로 주어를 찾는다. 술어 好听의 대상으로 알맞은 声音(목소리)을 주어에 배치한다.
남은 어휘 배치 구조조사 的가 결합된 刘阿姨的(리우 아주머니의)는 관형어이므로 명사 声音 앞에 배치하고, 정도부사

很은 好听 앞에 부사어로 배치하여 문장을 완성한다.

어휘 阿姨 āyí 명 아주머니, 이모　声音 shēngyīn 명 소리, 목소리　好听 hǎotīng 형 듣기 좋다

3 再检查　让我　马经理　一遍

주어	술어1	목1/주1	부사어	술어2	보어
马经理 명사	让 동사	我 인칭대사	再 부사	检查 동사	一遍。 동량사

마 사장은 나에게 다시 한번 더 검토하도록 시켰다.

해설 **술어 배치** 제시어 중 동사 让(~로 하여금 ~하게 하다)이 있으므로 겸어문임을 예상한다. 让을 술어1에 배치하고, 부사 再가 결합되어 있는 동사 检查(검토하다)를 술어2에 배치한다.
주어 목적어 배치 让의 주체로 명사 马经理(마 사장)를 주어1에 배치한다. 让의 목적어이자 술어2 检查의 주어인 我(나)는 让 뒤에 이미 결합되어 있다.
남은 어휘 배치 동사가 2개 이상 출현했을 경우 동량사는 마지막 동사술어 뒤에 사용하므로, 동량사 一遍(한번)을 检查 뒤에 배치하여 문장을 완성한다.

어휘 经理 jīnglǐ 명 사장, 매니저　检查 jiǎnchá 동 검토하다, 검사하다

4 医生　希望他　爸爸　当　一名

주어	술어	서술성 목적어
爸爸 명사	希望 동사	他+当+一名医生。 주술목구

아버지는 그가 의사가 되기를 희망한다.

해설 **술어 배치** 제시어 중 동사 希望(희망하다)을 술어에 배치한다.
주어 목적어 배치 술어 希望의 주체로 爸爸(아버지)를 주어에 배치한다. 동사 当(~이 되다)의 목적어로 의미가 어울리는 医生(의사)을 배치한다. 希望은 서술성 목적어를 갖는 동사이므로 当医生을 목적어에 배치한다.
남은 어휘 배치 '수사+양사'인 一名(한 명의)은 명사 医生 앞에 관형어로 배치하여 문장을 완성한다.

어휘 希望 xīwàng 동 희망하다　当 dāng 동 ~이 되다　名 míng 양 명(사람을 세는 단위)　医生 yīshēng 명 의사

5 有卖　地方吗　蛋糕的　这儿附近

주어	술어	관형어	목적어
这儿+附近 지시대사+명사	有 동사	卖蛋糕+的 술목구+的	地方+吗? 명사+吗

여기 근처에 케이크를 파는 곳이 있나요?

해설 **술어 배치** 제시어 중 동사 有(있다)를 보고 有자문의 구조를 떠올린다. 有를 술어에 배치한다.
주어 목적어 배치 술어 有의 주어로 사람이 없으므로 장소나 시간이 주어가 되는 존재를 나타내는 有자문임을 예상한다. 这儿附近(여기 근처)을 주어에 배치한다. 동사 卖(팔다) 뒤에 파는 대상인 명사 蛋糕(케이크)를 배치한다.
남은 어휘 배치 구조조사 的가 결합된 卖蛋糕的(케이크를 파는) 뒤에 地方(곳)을 결합시켜 문장을 완성한다. 地方 뒤에

쓰기 제1부분

는 어기조사 吗가 이미 결합되어 있어 맨 마지막에 배치됨을 알 수 있다.

어휘 这儿 zhèr 대 여기, 이곳 附近 fùjìn 명 부근, 근처 卖 mài 동 팔다 蛋糕 dàngāo 명 케이크 地方 dìfang 명 곳, 지역

6 真棒 他女儿 游泳 游得

주어	목적어	술어	보어
他+女儿 인칭대사+명사	游泳 동사	游+得 동사+得	真+棒。 정도부사+형용사

그의 딸은 수영을 정말 잘한다.

해설 **술어 배치** 제시어 중 구조조사 得가 있으므로 보어가 있는 문장임을 예상한다. 동사 游(수영하다)를 술어에 배치한다.
주어 목적어 배치 술어 游의 주체로 他女儿(그의 딸)을 배치하고, 游泳(수영하다)은 목적어가 있는 정도보어 문장의 어순에 따라 술어 游 앞에 배치한다.
남은 어휘 배치 남은 어휘 '정도부사+형용사'인 真棒(정말 뛰어나다)은 정도보어이므로 술어 뒤에 배치하여 문장을 완성한다.

어휘 游泳 yóuyǒng 동 수영하다 棒 bàng 형 뛰어나다, 훌륭하다

7 刮开了 大风 被 窗户

주어	被+행위의 주체	술어	보어
窗户 명사	被+大风 被+명사	刮 동사	开+了。 동사+了

창문이 큰 바람에 열렸다.

해설 **술어 배치** 개사 被(~에 의해)가 있으므로 被자문임을 예상한다. 결과보어와 결합되어 있는 刮开了(열렸다)를 술어에 배치한다.
주어 목적어 배치 被자문에서는 被 뒤에 행위의 주체를 두고, 행위를 받는 대상은 주어에 사용하므로, 大风(거센 바람)을 被 뒤에, 窗户(창문)를 주어에 배치한다.
남은 어휘 배치 결과보어인 开(열다)는 이미 술어 뒤 보어 자리에 결합되어 있으므로 窗户被大风刮开了로 문장을 완성한다.

어휘 窗户 chuānghu 명 창문 大风 dàfēng 명 큰 바람 刮 guā 동 바람이 불다 开 kāi 동 열다

8 你 不 出发 为什么 马上

주어	부사어	술어
你 인칭대사	为什么+不+马上 의문대사+부정부사+부사	出发? 동사

너는 왜 즉시 출발하지 않니?

해설 **술어 배치** 제시어 중 동사 出发(출발하다)를 술어에 배치한다.
주어 목적어 배치 出发는 목적어를 갖지 않는 동사이므로 주어를 찾는다. 출발하는 주체로 대사 你(너)를 주어에 배치한다.

남은 어휘 배치 남은 어휘 为什么(왜), 不(안), 马上(즉시)은 부사어의 어순에 따라 为什么不马上으로 배치한 뒤 술어 앞에 놓아 문장을 완성한다.

어휘 为什么 wèishénme 대 왜 马上 mǎshàng 부 곧, 즉시 出发 chūfā 동 출발하다

9 姐姐 忘 把 在洗手间了 钱包

주어	把+목적어	술어	보어
姐姐 명사	把+钱包 把+명사	忘 동사	在+洗手间+了。 개사+명사+了

누나는 지갑을 화장실에 두고 왔다.

해설 **술어 배치** 제시어 중 개사 把(~을/를)가 있으므로 把자문임을 예상하고, 동사 忘(잊다)을 술어에 배치한다.
주어 목적어 배치 술어 忘의 주체로 姐姐(누나)를 주어에 배치하고, 목적어로 钱包(지갑)를 把와 결합시켜 술어 앞에 배치한다.
남은 어휘 배치 남은 어휘 在洗手间了(화장실에서)는 결과보어로 술어 뒤에 배치하여 문장을 완성한다.

어휘 钱包 qiánbāo 명 지갑 忘 wàng 동 잊다 洗手间 xǐshǒujiān 명 화장실

10 比 我的 多了 他的任务 简单

관형어	주어	比+비교대상	술어	보어
他+的 인칭대사+的	任务 명사	比+我+的 개사+인칭대사+的	简单 형용사	多+了。 형용사+了

그의 임무가 내 것보다 많이 간단하다.

해설 **술어 배치** 제시어 중 개사 比(~보다)가 있으므로 비교문임을 예상한다. 형용사 简单(간단하다)을 술어 자리에 배치한다.
주어 목적어 배치 형용사 简单은 목적어를 갖지 않으므로, 주어를 찾는다. 简单의 대상으로 他的任务(그의 임무)를 주어에 배치한다.
남은 어휘 배치 개사 比 뒤에 개사의 목적어로 我的(나의 것)를 배치하고, 형용사 多了(많다)는 정도보어로 술어 뒤에 배치하여 문장을 완성한다.

어휘 任务 rènwu 명 임무 简单 jiǎndān 형 간단하다

쓰기

제 2 부분 빈칸에 알맞은 한자 쓰기

1. 2음절 단어 실전 테스트

정답 1. 车 2. 中 3. 文 4. 年 5. 自

1

chē 别担心，我家离火（ 车 ）站很近，来得及。	걱정하지 마. 우리 집은 기(차)역에서 아주 가까워. 늦지 않을 거야.

해설 빈칸의 구조는 [주어(我家)+개사(离)+火___站+부사어(很)+술어(近)]이다. 개사 离는 'A离B(A는 B로부터)'의 형식으로 쓰이며 A와 B에는 시간 또는 장소 단어가 쓰인다. A가 我家라는 장소이므로 B에도 장소가 쓰여야 한다. 따라서 병음이 chē이면서 火와 站과 함께 한 장소를 이루는 车를 넣어 火车站(기차역)을 완성한다.

어휘 别 bié 부 ~하지 마라 担心 dānxīn 동 걱정하다 家 jiā 명 집 离 lí 개 ~로부터 火车站 huǒchēzhàn 명 기차역 近 jìn 형 가깝다 来得及 lái de jí 늦지 않다

2

zhōng 我最近开始学习（ 中 ）文，很有意思。	나 요즘 (중)국어 공부 시작했어. 너무 재밌어.

해설 빈칸의 구조는 [주어(我)+부사어(最近)+술어(开始)+목적어{술어(学习)+___文}]이다. 빈칸 앞에 동사 学习(공부하다)가 있으므로 빈칸에는 목적어가 들어가야 한다. 따라서 병음이 zhōng이면서 文과 함께 한 단어를 이루는 中을 넣어 中文(중국어)을 완성한다.

어휘 最近 zuìjìn 명 최근 开始 kāishǐ 동 시작하다 学习 xuéxí 동 공부하다 中文 Zhōngwén 명 중국어 有意思 yǒuyìsi 형 재미있다

3

wén 你对中国的茶（ 文 ）化感兴趣吗？	너 중국의 차 (문)화에 관심 있니?

해설 빈칸의 구조는 [주어(你)+개사(对)+개사의 목적어{관형어(中国的)+茶___化}+술어(感)+목적어(兴趣)]이다. 의미상 '중국의 차 ~에 관심이 있다'라는 뜻이므로 병음이 wén이면서 茶와 化와 함께 한 단어를 이루는 文이 들어가야 한다.

어휘 中国 Zhōngguó 지명 중국 茶 chá 명 차 文化 wénhuà 명 문화 感兴趣 gǎn xìngqù 동 관심이 있다

4

nián 大家好，我姓王，叫王明，今（ 年 ）20岁，认识大家我很高兴。	여러분 안녕하세요. 제 성은 왕이고, 왕밍이라고 해요. (올해) 20살입니다. 여러분을 만나뵙게 되어 매우 기쁩니다.

해설 빈칸의 구조는 [今___+술어(20岁)]이다. 빈칸 뒤에 나이가 있고 나이를 말할 때 '저는 올해 ~살입니다'라고 표현하므로 병음이 nián이면서 今과 함께 '올해'라는 뜻을 이루는 年을 넣어 今年(올해)을 완성한다.

어휘 大家 dàjiā 대 여러분 姓 xìng 명 성씨 叫 jiào 동 ~라고 부르다 今年 jīnnián 명 올해 岁 suì 명 살, 세 认识 rènshi 동 알다 高兴 gāoxìng 형 기쁘다

5

我觉得找工作时，最重要的是知道(自 zì)己对什么感兴趣。	나는 직업을 찾을 때 가장 중요한 것은 (자)신이 무엇에 관심이 있는지를 아는 것이라고 생각한다.

해설 빈칸의 구조는 [___己+개사(对)+개사의 목적어(什么)+술어(感)+목적어(兴趣)]이다. 빈칸 뒤에 己가 있으므로 병음 zì에 해당하는 한자 自를 넣어 自己(스스로)를 완성한다.

어휘 觉得 juéde 동 ~라고 생각하다　找 zhǎo 동 찾다　工作 gōngzuò 명 직업　时 shí 명 때　最 zuì 부 가장　重要 zhòngyào 형 중요하다　知道 zhīdào 동 알다　自己 zìjǐ 대 자기, 자신　对A感兴趣 duì A gǎnxìngqù A에 대해 관심이 있다

2. 1음절 단어 실전 테스트

정답 1. 您　2. 只　3. 里　4. 和　5. 来

1

这个电梯不到8层，(您 nín)可以坐左边的那个电梯。	이 엘리베이터는 8층에 가지 않습니다. (당신)은 왼쪽의 저 엘리베이터를 타실 수 있습니다.

해설 빈칸의 구조는 [___+부사어(可以)+술어(坐)+목적어(左边的那个电梯)]이다. 빈칸 뒤에 조동사와 술어가 있으므로 주어가 들어가야 한다. 주어로 자주 쓰이는 대사 중 병음이 nín인 您(당신)을 써 넣는다.

어휘 电梯 diàntī 명 엘리베이터　到 dào 동 도착하다　层 céng 양 층　您 nín 대 당신　坐 zuò 동 타다　左边 zuǒbiān 명 왼쪽

2

你看，那(只 zhī)大熊猫在吃东西，真可爱。	봐 봐. 저 (한 마리의) 판다 지금 뭘 먹고 있어. 너무 귀여워.

해설 빈칸의 구조는 [지시대사(那)+___+주어(大熊猫)+부사어(在)+술어(吃)+목적어(东西)]이다. 지시대사와 명사는 '지시대사+양사+명사'의 형식으로 쓰이므로 빈칸에는 병음이 zhī인 양사가 들어가야 한다. 따라서 동물을 세는 양사인 只(마리)를 써 넣는다.

어휘 看 kàn 동 보다　只 zhī 양 마리　大熊猫 dàxióngmāo 명 판다　吃 chī 동 먹다　东西 dōngxi 명 물건, 음식　真 zhēn 부 정말　可爱 kě'ài 형 귀엽다

3

妈，冰箱(里 li)有没有吃的？我有点儿饿了。	엄마, 냉장고 (안)에 먹을 거 없어요? 저 좀 배고파요.

해설 빈칸의 구조는 [주어(冰箱)+___+술어(有没有)+목적어(吃的)]이다. 빈칸 앞에 冰箱(냉장고)이 있고 빈칸에 들어갈 단어의 병음이 li이므로 위치를 나타내는 里(안)가 들어가야 한다.

어휘 妈 mā 명 엄마　冰箱 bīngxiāng 명 냉장고　里 lǐ 명 안　吃 chī 동 먹다　有点儿 yǒudiǎnr 부 약간, 조금　饿 è 형 배고프다

4

我现在去书店买几本小说(和 hé)杂志，一起去吗？	나 지금 서점 가서 소설책(과) 잡지 살 건데 같이 갈래?

해설 빈칸의 구조는 [명사(小说)+___+명사(杂志)]이므로 빈칸은 두 명사를 연결해 주는 단어가 들어가야 한다. 명사를 연결해 주는 접속사 중에서 병음이 hé인 것은 和(~와/과)이다.

어휘 现在 xiànzài 명 지금 书店 shūdiàn 명 서점 买 mǎi 통 사다 小说 xiǎoshuō 명 소설 和 hé 접 ~와/과 杂志 zázhì 명 잡지 一起 yìqǐ 부 같이

5

春天(来 lái)了，公园的花都开了，很漂亮。	봄이 (왔다). 공원에 꽃이 모두 펴서 아주 예쁘다.

해설 빈칸의 구조가 [주어(春天)+__+어기조사(了)]이므로 빈칸에는 술어가 들어가야 한다. 병음 lái에 해당하는 동사 来(오다)를 써 넣는다.

어휘 春天 chūntiān 명 봄 来 lái 통 오다 公园 gōngyuán 명 공원 花 huā 명 꽃 开 kāi 통 피다 漂亮 piàoliang 형 예쁘다

쓰기 제2부분 미니모의고사

정답 1. 电 2. 节 3. 到 4. 会 5. 太 6. 搬 7. 感 8. 打 9. 难 10. 干

1

如果有什么需要帮忙的，你可以发(电 diàn)子邮件跟我联系。	만일 어떤 도움이 필요한 일이 생기면 내게 (메일) 보내서 연락하면 돼.

해설 빈칸의 구조가 [술어(发)+__子邮件]이다. 빈칸 앞에 동사 发(보내다)가 있으므로 빈칸을 포함한 단어는 목적어가 된다. 병음이 diàn이면서 뒤의 子邮件과 한 단어를 이룰 수 있는 글자는 电이다. 电子邮件은 '이메일'이라는 뜻이다.

어휘 需要 xūyào 통 필요로 하다 帮忙 bāngmáng 통 돕다 发 fā 통 보내다 电子邮件 diànzǐ yóujiàn 명 이메일 联系 liánxì 통 연락하다

2

我喜欢夏天，因为这个季(节 jié)的西瓜最好吃了。	나는 여름을 좋아해. 왜냐하면 이 계(절)의 수박이 가장 맛있거든.

해설 빈칸의 구조가 [지시대사(这)+양사(个)+季__+的+명사(西瓜)]이므로 빈칸은 季와 한 단어를 이루는 글자가 들어가야 한다. 앞부분에서 夏天(여름)이 언급되었으므로 병음 jié에 해당하는 한자 节를 넣어 季节(계절)를 완성한다.

어휘 喜欢 xǐhuan 통 좋아하다 夏天 xiàtiān 명 여름 因为 yīnwèi 접 왜냐하면 季节 jìjié 명 계절 西瓜 xīguā 명 수박 最 zuì 부 가장 好吃 hǎochī 형 맛있다

3

我先对大家的(到 dào)来表示欢迎，希望你们在这儿度过愉快的一天。	저는 우선 여러분이 (오셨음)에 환영을 표합니다. 이곳에서 즐거운 하루 보내시길 바랍니다.

해설 빈칸의 구조는 [주어(我)+부사어(先)+개사(对)+관형어(大家的)+__来+술어(表示)+목적어(欢迎)]이다. 문장이 '저는 우선 여러분의 ~에 환영을 표합니다'라는 뜻이므로 병음이 dào이면서 来와 함께 한 단어를 이루는 到를 써 넣는다.

어휘 先 xiān 부 우선 对 duì 개 ~에 대해 大家 dàjiā 대 여러분 到来 dàolái 통 도달하다 表示 biǎoshì 통 나타내다 欢迎 huānyíng 통 환영하다 希望 xīwàng 통 희망하다 度过 dùguò 통 지내다 愉快 yúkuài 형 기분이 좋다, 기쁘다

4

你饿了吧？等一下，饭一(会 huì)儿就好。	너 배고프지? 기다려 봐. 밥 (잠시 후)면 다 돼.

해설 빈칸의 구조는 [주어(饭)+一___儿+부사어(就)+술어(做)+보어(完)+어기조사(了)]이다. 빈칸 앞뒤의 一와 儿과 함께 한 단어를 이루면서 병음이 huì인 会를 써 넣는다. 一会儿은 '잠시'라는 뜻이다.

어휘 饿 è 형 배고프다 等 děng 동 기다리다 饭 fàn 명 밥 一会儿 yíhuìr 잠시, 잠깐 동안

5

tài (太)阳出来了，我们去公园散步吧。	(태)양이 떴다. 우리 같이 공원에 가서 산책하자.

해설 빈칸의 구조는 [___阳+술어(出来)+어기조사(了)]이다. 문장은 '~이 나왔다'라는 뜻이며 빈칸 뒤에 阳이 있으므로 太阳(태양)이 되는 것이 적합하다. 따라서 太를 써 넣는다.

어휘 太阳 tàiyáng 명 태양 出来 chūlai 동 나오다 公园 gōngyuán 명 공원 散步 sànbù 동 산책하다

6

bān 听说你(搬)家了，新房子怎么样？	듣자 하니 (이사했다)고 하던데 새 집은 어때?

해설 빈칸의 구조가 [주어(你)+___家+了]인데 빈칸을 포함한 단어가 술어이다. 뒷문장에 新房子(새 집)가 있으므로 병음이 bān인 搬을 써 넣는다. 搬家는 '이사하다'라는 뜻이다.

어휘 搬家 bānjiā 동 이사하다 房子 fángzi 명 집 怎么样 zěnmeyàng 대 어떻다, 어떠하다

7

gǎn 我(感)冒了，嗓子有点儿不舒服。	나 (감기 걸려서) 목이 좀 아파.

해설 빈칸의 구조가 [주어(我)+___冒+了]이므로 빈칸은 冒와 한 단어를 이루는 글자가 들어가야 한다. 뒷부분이 목이 아프다는 내용이므로 병음이 gǎn인 感을 써 넣는다. 感冒는 '감기에 걸리다'라는 뜻이다.

어휘 感冒 gǎnmào 동 감기에 걸리다 嗓子 sǎngzi 명 목 有点儿 yǒudiǎnr 부 조금 舒服 shūfu 형 편안하다

8

dǎ 你暑假(打)算去哪儿玩儿？	너 여름 방학에 어디에 가서 놀 (계획)이야?

해설 빈칸의 구조는 [주어(你)+부사어{(暑假)+___算}+술어1(去)+목적어(哪儿)+술어2(玩儿)]이다. 문장이 '너 여름 방학에 어디에 가서 놀 ~이야?'를 나타내므로 병음이 dǎ이면서 算과 한 단어를 이루는 打를 써 넣는다.

어휘 暑假 shǔjià 명 여름 방학 玩儿 wánr 동 놀다

9

nán 我觉得这次考试很(难)，你觉得怎么样？	나는 이번 시험이 너무 (어렵다고) 느꼈는데, 너는 어때?

해설 빈칸의 구조는 [관형어(这次)+주어(考试)+부사어(很)+___]이다. 빈칸 앞에 정도부사가 있으므로 형용사가 들어가야 한다. 병음이 nán인 难을 써 넣는다.

어휘 觉得 juéde 동 ~라고 생각하다 次 cì 양 번 考试 kǎoshì 명 시험

10

gān 我喜欢这家咖啡厅，环境又(干)净又舒服。	나는 이 커피숍이 좋아. 환경이 (깨끗하)고 편안해.

해설 빈칸의 구조는 [又+___净+又+형용사(舒服)]이다. '又A又B' 구조이므로 빈칸의 단어는 형용사이어야 한다. 병음이 gān이면서 净과 한 단어를 이루는 干을 써 넣는다.

어휘 家 jiā 양 가정, 가게 등을 세는 단위 咖啡厅 kāfēitīng 명 커피숍 环境 huánjìng 명 환경 干净 gānjìng 형 깨끗하다 舒服 shūfu 형 편안하다

쓰기 제 2 부분

정답 확인

실전모의고사 1

듣기

제1부분	1. E	2. C	3. A	4. F	5. B	6. A	7. B	8. E	9. D	10. C
제2부분	11. ✓	12. ✗	13. ✗	14. ✗	15. ✓	16. ✓	17. ✗	18. ✓	19. ✓	20. ✗
제3부분	21. B	22. C	23. B	24. A	25. A	26. B	27. B	28. B	29. A	30. C
제4부분	31. A	32. C	33. B	34. A	35. C	36. B	37. A	38. C	39. A	40. C

독해

제1부분	41. B	42. D	43. A	44. C	45. F	46. D	47. A	48. B	49. C	50. E
제2부분	51. B	52. C	53. A	54. F	55. D	56. C	57. A	58. B	59. F	60. E
제3부분	61. C	62. B	63. C	64. A	65. B	66. B	67. C	68. A	69. C	70. A

쓰기

제1부분

71. 关校长对你的回答很不满意。

72. 那盒牛奶被我喝完了。

73. 他的成绩提高得比较快。

74. 弟弟还没学会用筷子。

75. 那只小猫真可爱啊！

제2부분

76. 是　77. 已　78. 更　79. 才　80. 好

정답 & 해설 실전모의고사 1

듣기 제1부분

1

사진은 이가 아파하는 여자의 모습이므로 牙(이빨), 疼(아프다) 등을 떠올리고 녹음을 듣는다.

女：大夫，这几天我的**牙**一直**疼**呢。什么都吃不了。 男：让我看看。	여: 의사 선생님, 요 며칠 동안 **이가** 계속 **아파요**. 아무것도 먹을 수가 없어요. 남: 제가 좀 볼게요.

해설 여자의 말 这几天我的牙一直疼呢(요 며칠 동안 이가 계속 아파요)에 핵심 키워드 牙(이빨), 疼(아프다)이 들렸으므로, 여자는 지금 이가 아픈 상황임을 알 수 있다. 따라서 E가 정답이다.

어휘 大夫 dàifu 명 의사　牙 yá 명 이, 치아　一直 yìzhí 부 계속해서　疼 téng 형 아프다　吃不了 chī bu liǎo 동 먹을 수 없다

2

사진은 설거지하는 여자의 모습이다. 따라서 洗(씻다), 洗碗(설거지하다) 등을 떠올리고 녹음을 듣는다.

男：妈，上次买的那件衣服放哪儿了？ 女：我在**洗碗**呢，等一会儿给你找。	남: 엄마, 지난번에 산 그 옷 어디 있어요? 여: **설거지하고** 있으니까, 조금 이따가 찾아줄게.

해설 여자가 我在洗碗呢(설거지하고 있으니까)라고 했고 핵심 키워드 洗碗(설거지하다다)가 들렸다. 따라서 여자가 설거지하는 모습인 C를 정답으로 고른다.

어휘 上次 shàngcì 명 지난번　衣服 yīfu 명 옷　洗碗 xǐwǎn 동 설거지하다　一会儿 yíhuìr 잠시, 잠깐 동안　找 zhǎo 동 찾다

3

사진은 포도를 들고 있는 여자의 모습이다. 핵심 키워드로 葡萄(포도), 吃(먹다), 新鲜(신선하다) 등을 연상한 뒤 녹음을 듣는다.

女：打扫完了吗？快过来**吃**点儿**葡萄**，真**新鲜**啊。 男：马上就好了，你先吃吧。	여: 청소 다 했니? 빨리 와서 **포도** 좀 **먹어** 봐. 진짜 **신선해**. 남: 곧 끝나. 너 먼저 먹어.

해설 여자의 말 快过来吃点儿葡萄，真新鲜啊(빨리 와서 포도 좀 먹어 봐. 진짜 신선해)에 사진 A의 핵심 키워드가 언급되었다. 여자가 남자에게 포도를 먹으라고 권하고 있으므로 포도를 들고 있는 여자의 모습인 A가 정답이다.

어휘 打扫 dǎsǎo 동 청소하다 过来 guòlái 동 오다 葡萄 pútáo 명 포도 新鲜 xīnxiān 형 신선하다 马上 mǎshàng 부 곧 先 xiān 부 먼저

4

사진은 아이가 엄마와 함께 글씨를 쓰는 모습이므로 写(쓰다), 字(글자) 등을 연상하고 녹음을 듣는다.

男：妈，这本书上的那个**字**怎么**写**？ 女：你先看我怎么写吧。	남: 엄마, 이 책에 저 **글자**는 어떻게 **쓰는** 거예요? 여: 먼저 내가 어떻게 쓰는지 봐 봐.

해설 남자가 妈，这本书上的那个字怎么写？(엄마, 이 책에 저 글자는 어떻게 쓰는 거예요?)라는 말에 写(쓰다), 字(글자)가 들렸다. 글자 쓰는 법을 묻고 있는 상황이므로 F가 정답이다.

어휘 本 běn 양 권 书 shū 명 책 字 zì 명 글자 怎么 zěnme 대 어떻게 写 xiě 동 쓰다 先 xiān 부 먼저

5

사진 속 남자가 하품을 하고 있으므로 困(졸리다), 睡觉(잠을 자다) 등을 핵심 키워드로 삼는다.

女：你告诉我，你想看什么体育节目？ 男：现在我太**困**了，什么都不想看了，我还是**睡**一会儿吧。	여: 나한테 알려 줘. 너 어떤 스포츠 프로그램 보고 싶어? 남: 지금 나 너무 **졸려**. 아무 것도 보고 싶지 않아. 아무래도 나 잠깐 **자야겠어**.

해설 남자가 现在我太困了(지금 나 너무 졸려), 我还是睡一会儿吧(아무래도 나 잠깐 자야겠어)라고 했으므로 졸린 상황임을 알 수 있다. 따라서 하품을 하고 있는 남자의 모습인 B가 정답이다.

어휘 告诉 gàosu 동 알리다 体育 tǐyù 명 스포츠 节目 jiémù 명 프로그램 困 kùn 형 졸리다 还是 háishi 부 ~하는 편이 낫다 睡 shuì 동 자다 一会儿 yíhuìr 잠시, 잠깐 동안

6

사진은 남자와 여자가 춤을 추는 모습이다. 따라서 跳舞(춤을 추다)를 핵심 키워드로 삼고 녹음을 듣는다.

男：你**舞跳**得真棒啊，你能教我吗？ 女：当然可以。	남: 너 **춤** 진짜 잘 **춘다**. 가르쳐 줄 수 있어? 여: 당연하지.

해설 남자가 여자에게 你舞跳得真棒啊(너 춤 진짜 잘 춘다)라고 하며 춤을 가르쳐 줄 수 있냐고 묻는 대화이다. 핵심 키워드 跳舞(춤을 추다)가 들렸으므로 남녀가 춤을 추고 있는 사진인 A가 정답이다.

어휘 跳舞 tiàowǔ 동 춤을 추다　棒 bàng 형 훌륭하다　教 jiāo 동 가르치다

7

사진은 우산을 들고 있는 남자의 모습이므로 伞(우산), 下雨(비가 오다) 등을 핵심 키워드로 삼고 녹음을 듣는다.

女：外面突然**下**起**雨**来了，今天我没带**伞**，怎么办？ 男：你放心，我还有一把，先用我的。	여: 밖에 갑자기 **비가 내리기** 시작했어. 오늘 나 **우산** 안 챙겼는데 어떡하지? 남: 안심해. 나한테 하나 더 있어. 우선 내 거 써.

해설 여자가 外面突然下起雨来了，今天我没带伞(밖에 갑자기 비가 내리기 시작했어. 오늘 나 우산 안 챙겼어)이라고 한 말에 B의 핵심 키워드 伞(우산)과 下雨(비가 오다)가 들렸다. 대화는 여자에게 우산이 없어서 남자가 빌려주려는 내용이므로 우산을 들고 있는 남자의 모습인 B가 정답이다.

어휘 突然 tūrán 부 갑자기　下雨 xiàyǔ 동 비가 오다　带 dài 동 가지다　伞 sǎn 명 우산　怎么办 zěnmebàn 동 어떻게 하나　放心 fàngxīn 동 마음을 놓다　把 bǎ 양 개(자루가 있는 사물을 세는 단위)

8

사진은 구두를 신은 남자의 모습이다. 핵심 키워드로 皮鞋(가죽 구두), 穿(신다) 등을 떠올리고 녹음을 듣는다.

男：姐，你觉得这双**皮鞋**怎么样？ 女：好看是好看，不过价格有点儿贵。	남: 누나, 이 **가죽 구두** 어때? 여: 예쁘긴 한데 가격이 조금 비싸다.

해설 남자가 你觉得这双皮鞋怎么样？(이 가죽 구두 어때?)이라고 했으므로 구두에 관한 대화임을 알 수 있다. 따라서 구두를 신고 있는 사진인 E가 정답이다.

어휘 觉得 juéde 동 ~라고 생각하다　双 shuāng 양 쌍, 켤레　皮鞋 píxié 명 가죽 구두　怎么样 zěnmeyàng 대 어떻다, 어떠하다　好看 hǎokàn 형 예쁘다　不过 búguò 접 그러나　价格 jiàgé 명 가격　有点儿 yǒudiǎnr 부 약간

9

사진은 아름다운 중년 여성의 모습이다. 따라서 妈妈(엄마), 漂亮(예쁘다) 등을 핵심 키워드로 삼고 녹음을 듣는다.

女：听说妈妈年轻的时候挺漂亮，真的吗？ 男：是的，那个时候你**妈妈**非常**漂亮**，特别是笑的时候。	여: 듣자 하니 엄마 젊었을 때 매우 예뻤다며. 진짜야? 남: 그럼. 그때 너희 **엄마 예뻤지**. 특히 웃을 때 정말 예뻤단다.

해설 대화에서 남자의 엄마에 대해 이야기하고 있고 남자가 那个时候你妈妈非常漂亮(그때 너희 엄마 예뻤지)이라고 했으므로 중년 여성의 모습인 D가 알맞은 정답이다.

어휘 听说 tīngshuō 동 듣자 하니　年轻 niánqīng 형 젊다　挺 tǐng 부 매우　特别 tèbié 부 특히, 유달리　笑 xiào 동 웃다

10

사진은 약을 먹고 있는 여자의 모습이다. 吃药(약을 먹다), 疼(아프다) 등을 떠올려 두고 녹음에 언급되는지 주의해서 듣는다.

男：你的眼睛怎么样了？还是很疼吗？ 女：现在好多了，只要一**吃**这种**药**眼睛就不怎么疼了。	남: 너 눈은 좀 어때? 아직도 아파? 여: 지금은 많이 좋아졌어. 이 **약 먹고** 나니 별로 안 아프더라고.

해설 남자가 여자에게 눈이 어떠냐고 물었고 여자가 一吃这种药眼睛就不怎么疼了(이 약 먹고 나니 별로 안 아프더라고)라고 했으므로 약을 먹는 여자의 모습인 C가 정답이다.

어휘 眼睛 yǎnjing 명 눈　还是 háishi 부 여전히　疼 téng 동 아프다　只要A, 就B zhǐyào A, jiù B A하기만 하면 B하다　药 yào 명 약　不怎么 bùzěnme 그다지, 별로

듣기 제2부분

11

下个星期就要考试了，老师说这次数学题比较难，让我们好好准备考试。	다음 주에 곧 시험이야. 선생님께서 이번 수학 문제가 좀 어렵다고 우리한테 시험 준비 잘하라고 하셨어.
★ 他还没参加考试。　(✓)	★ 그는 아직 시험을 보지 않았다.

해설 문장의 핵심 키워드는 还没参加考试(아직 시험을 보지 않았다)이므로 시험을 이미 봤는지를 확인하며 듣는다. 녹음의 시작 부분에서 下个星期就要考试了(다음 주에 곧 시험이야)라고 했으므로 지금은 시험을 안 본 상태임을 알 수 있다. 따라서 문장과 녹음이 일치한다. '就要……了'는 어떤 일이 곧 임박했다는 뜻이다.

어휘 考试 kǎoshì 동 시험을 보다　数学题 shùxuétí 명 수학 문제　比较 bǐjiào 형 비교적　让 ràng 동 ~하여금 ~하게 하다　准备 zhǔnbèi 동 준비하다

12

妹妹打算下周日搬家，她新找的房子离公司比较近，走路十几分钟就到了，上下班很方便。	여동생은 다음 주 일요일에 이사를 할 계획이다. 그녀가 새로 구한 집은 회사에서 비교적 가깝다. 걸어서 십 몇분만 가면 바로 도착한다. 출퇴근이 편리하다.
★ 妹妹已经搬家了。　(✗)	★ 그녀는 이미 이사를 했다.

해설 문장의 핵심 키워드는 已经搬家(이미 이사를 했다)이다. 녹음의 시작 부분에서 妹妹打算下周日搬家(여동생은 다음 주 일요일에 이사를 할 계획이다)라고 했으므로 여동생이 아직 이사하지 않았음을 알 수 있다. 따라서 불일치하는 내용이다.

어휘 打算 dǎsuàn 동 ~할 계획이다　搬家 bānjiā 동 이사하다　找 zhǎo 동 찾다　房子 fángzi 명 집　比较 bǐjiào 부 비교적　走路 zǒulù 동 걷다　方便 fāngbiàn 형 편리하다　已经 yǐjing 부 이미, 벌써

13 最近儿子个子长得真快，你看这件衬衫是去年买的，今年又不能穿了，周末我们带他去商场买几件吧。	요즘 아들의 키가 정말 빨리 자라. 봐 봐. 이 셔츠 작년에 산 건데, 올해는 또 못 입어. 주말에 애 데리고 백화점에 가서 몇벌 사자.
★ 那件衬衫太大了。 (✗)	★ 그 셔츠는 너무 크다.

해설 문장의 핵심 키워드는 那件衬衫(그 셔츠)과 大(크다)이므로 셔츠가 큰지 작은지를 확인하며 듣는다. 녹음에서 아들의 키가 빨리 자란다고 하면서 这件衬衫是去年买的，今年又不能穿了(이 셔츠 작년에 산 건데, 올해는 또 못 입어)라고 했으므로 현재 아들에게 그 셔츠가 작음을 알 수 있다. 따라서 일치하지 않는 내용이다.

어휘 最近 zuìjìn 명 최근 个子 gèzi 명 키 长 zhǎng 동 길다 衬衫 chènshān 명 와이셔츠 去年 qùnián 명 작년 今年 jīnnián 명 올해 商场 shāngchǎng 명 백화점

14 小关，现在我在电梯里，我听不清楚你说什么，你过一会儿再打好吗？	샤오꽌, 나 지금 엘리베이터 안이라 네가 뭘 말하는지 안 들려. 조금 이따가 다시 걸어줄래?
★ 小关在电梯里。 (✗)	★ 샤오꽌은 엘리베이터 안에 있다.

해설 문장의 핵심 키워드는 小关(샤오꽌)과 在电梯里(엘리베이터 안에 있다)이다. 녹음의 시작 부분에서 화자는 샤오꽌을 부르며 小关，现在我在电梯里(샤오꽌, 나 지금 엘리베이터 안이야)라고 했으므로 엘리베이터 안에 있는 사람이 샤오꽌이 아니라 화자임을 알 수 있다. 따라서 일치하지 않는다.

어휘 电梯 diàntī 명 엘리베이터 清楚 qīngchu 형 분명하다 一会儿 yíhuìr 잠시, 잠깐 동안

15 秋天到了，天气不冷也不热，蓝天白云的，多美啊！所以我最喜欢北京的秋天。	가을이 왔어. 날씨가 춥지도 덥지도 않고 게다가 파란 하늘에 하얀 구름. 얼마나 아름다워! 그래서 나는 베이징의 가을이 제일 좋아.
★ 现在是秋天。 (✓)	★ 지금은 가을이다.

해설 문장의 핵심 키워드는 现在是(지금은 ~이다)과 秋天(가을)이므로 현재의 계절이 무엇인지 주의해서 듣는다. 녹음의 시작 부분에서 秋天到了(가을이 왔어)라고 했으므로 녹음과 문장이 일치함을 알 수 있다.

어휘 秋天 qiūtiān 명 가을 天气 tiānqì 명 날씨 冷 lěng 형 춥다 热 rè 형 덥다 多 duō 부 얼마나 美 měi 형 아름답다 所以 suǒyǐ 접 그래서 最 zuì 부 가장, 최고 喜欢 xǐhuan 동 좋아하다

16 快乐是一件很简单的事情。忙了一天以后，和家人一起吃晚饭、聊一聊白天发生的事情，这不就是快乐吗？	즐거움은 간단한 일이다. 하루를 바삐 보낸 후에, 가족들과 같이 저녁 식사를 하고 낮에 일어난 일들을 얘기하고, 이것이 즐거움 아닐까?
★ 快乐并不是很难的。 (✓)	★ 즐거움은 결코 어려운 것이 아니다.

해설 문장의 핵심 키워드는 快乐(즐거움)와 并不是很难的(결코 어려운 것이 아니다)이다. 녹음의 시작 부분에서 快乐是一种很简单的事情(즐거움은 간단한 일이다)이라고 하며 일상의 소소한 일들이 즐거움이라고 말하고 있다. 따라서 문장은 녹음과 일치하는 내용이다.

어휘 快乐 kuàilè 형 즐겁다 件 jiàn 양 옷, 일을 세는 단위 简单 jiǎndān 형 간단하다 以后 yǐhòu 명 이후 家人 jiārén 명 가족 聊 liáo 동 이야기하다 白天 báitiān 명 낮 发生 fāshēng 동 발생하다 并不 bìngbù 부 결코 ~하지 않다

17	
今天我们本来约好打篮球，但是你看外面，天有点儿阴了，可能会下雨，改天打怎么样？	오늘 우리 원래 농구하기로 했는데 밖을 봐 봐. 날이 좀 흐려서 비가 올 거 같아. 다른 날 농구하는 게 어때?
★ 他们正在打篮球。 (✗)	★ 그들은 농구를 하고 있다.

해설 문장의 핵심 키워드는 正在打篮球(농구를 하고 있다)이므로 현재 농구를 하고 있는지 확인하며 듣는다. 녹음에서 비가 내릴 거 같다고 하면서 改天打怎么样?(다른 날 농구하는 게 어때?)이라고 했으므로 농구를 하지 못하는 상황임을 알 수 있다. 따라서 정답은 불일치이다.

어휘 本来 běnlái 부 원래 约 yuē 동 약속하다 打篮球 dǎ lánqiú 농구하다 有点儿 yǒudiǎnr 부 약간, 조금 阴 yīn 형 흐리다 可能 kěnéng 부 아마도 改天 gǎitiān 명 후일, 다른 날

18	
夏天很多人都常吃西瓜，夏季的西瓜不但很好吃，而且价钱也很便宜。一斤只要一块钱。	여름에 많은 사람들이 자주 수박을 먹는다. 여름 수박은 맛있을 뿐만 아니라 게다가 가격도 저렴하다. 한 근에 1위안밖에 안 한다.
★ 夏天西瓜不贵。 (✓)	★ 여름에 수박은 비싸지 않다.

해설 문장의 핵심 키워드는 夏天(여름)과 西瓜不贵(수박이 비싸지 않다)이므로 수박이 여름에 비싼지 확인하며 듣는다. 녹음의 중간 부분에서 夏季的西瓜(여름 수박)가 언급되며 价钱也很便宜(가격도 아주 저렴하다)라고 했으므로 일치하는 내용이다.

어휘 夏天 xiàtiān 명 여름 西瓜 xīguā 명 수박 好吃 hǎochī 형 맛있다 而且 érqiě 접 게다가 价钱 jiàqian 명 값, 가격 便宜 piányi 형 싸다, 저렴하다 斤 jīn 양 근(무게의 단위) 只 zhǐ 부 오직, 다만

19	
过去手机只能打电话，但是现在除了打电话以外，还能玩游戏、听歌、看电影、上网等很方便。所以无论在哪里都能看见玩手机的人。	과거 휴대폰은 전화밖에 할 수 없었는데, 그러나 지금은 전화 거는 것 이외에 또 게임하기, 노래 듣기, 영화 보기, 인터넷 등을 할 수 있어 편리하다. 그래서 어디에 있든지 휴대폰을 하는 사람을 볼 수 있다.
★ 手机给我们的生活带来了很多方便。(✓)	★ 휴대폰은 우리의 생활에 많은 편리함을 가져왔다.

해설 문장의 핵심 키워드는 手机(핸드폰)와 带来很多方便(많은 편리함을 가져오다)이다. 녹음에서 现在除了打电话以外，还能玩儿游戏、听歌、看电影、上网等很方便(지금은 전화 거는 것 이외에 또 게임하기, 노래 듣기, 영화 보기, 인터넷 등을 할 수 있어 편리하다)이라고 하며 핸드폰으로 할 수 있는 다양한 활동을 나열했다. 따라서 많은 편리함을 가져온다는 문장과 일치함을 알 수 있다.

어휘 过去 guòqù 명 과거 但是 dànshì 접 그러나 除了 chú le 개 ~을 제외하고 以外 yǐwài 명 이외, 이상 游戏 yóuxì 명 게임, 놀이 上网 shàngwǎng 동 인터넷을 하다 方便 fāngbiàn 형 편리하다 所以 suǒyǐ 접 그래서, 그러므로 无论A, 都B wúlùn A, dōu B A를 막론하고 모두 B하다 看见 kànjiàn 동 보다, 보이다

20	
我明天就要考试了，可是我还没好好儿准备。要是睡觉吧，担心明天的考试；学习吧，现在太困了，怎么办才好呢？	내일 곧 시험을 본다. 그런데 나는 아직 준비를 잘하지 못했다. 잠을 자려니 내일 시험이 걱정되고, 공부를 하려니 지금 너무 졸리고, 어떻게 해야 좋을까?
★ 现在他不想睡觉。 (✗)	★ 지금 그는 잠을 자고 싶어 하지 않는다.

해설 문장의 핵심 키워드는 现在(지금)와 他不想睡觉(그는 잠을 자고 싶어 하지 않는다)이다. 녹음에서 그는 要是睡觉吧，担心明天的考试；学习吧，现在太困了(잠을 자려니 내일 시험이 걱정되고, 공부를 하려니 지금 너무 졸리다)라고 했으므로 잠을 자고 싶지만 잘 수 없는 상태임을 알 수 있다. 따라서 문장은 녹음과 일치하지 않는다.

어휘 可是 kěshì 접 그러나 好好儿 hǎohāor 부 잘, 충분히 准备 zhǔnbèi 동 준비하다 睡觉 shuìjiào 동 자다 怎么办 zěnmebàn 동 어떻게 하나

듣기 제3부분

21

女：这只小猫是谁画的？真可爱啊！ 男：是我自己画的，这只小猫是邻居家养的。 问：男的画的是什么？	여: 이 고양이는 누가 그렸어? 정말 귀엽다! 남: 내가 그린 거야. 이 고양이는 이웃집에서 기르는 거야. 질문: 남자가 그린 것은 무엇인가?
A 小狗 **B 小猫** C 小鸟	A 강아지 **B 고양이** C 새

해설 보기의 어휘가 모두 동물이므로 녹음에 어떤 동물의 명칭이 들리는지 주의해서 듣는다. 여자가 这只小猫是谁画的？(이 고양이는 누가 그렸어?)라고 하며 그림 속 고양이에 관해 이야기를 하고 있다. 질문에서 남자가 무엇을 그렸는지 물었으므로 정답은 B 小猫(고양이)이다.

어휘 只 zhī 양 마리 小猫 xiǎomāo 명 고양이 画 huà 동 그리다 可爱 kě'ài 형 귀엽다, 사랑스럽다 自己 zìjǐ 대 자기, 자신 邻居 línjū 명 이웃집 养 yǎng 동 기르다 小狗 gǒu 명 강아지 小鸟 xiǎoniǎo 명 새

22

男：会议结束后，我记得把灯关了，怎么还开着呢？ 女：我也不太清楚，你问问别的人吧。 问：他们最可能是什么关系？	남: 회의가 끝난 후, 불을 껐던 걸로 기억하는데, 왜 아직 켜져 있지? 여: 나도 잘 몰라. 다른 사람한테 물어봐. 질문: 그들은 어떤 관계인가?
A 邻居 B 师生 **C 同事**	A 이웃 B 스승과 제자 **C 동료**

해설 보기의 어휘를 보아 관계를 묻는 문제임을 알 수 있다. 남자의 말 会议结束后(회의가 끝난 후)에 会议(회의)가 언급되었으므로 둘의 관계가 동료임을 알 수 있다. 질문에서 그들이 어떤 관계인지 물었으므로 정답은 C 同事(동료)이다.

어휘 会议 huìyì 명 회의 结束 jiéshù 동 끝나다 记得 jìde 동 기억하고 있다 灯 dēng 명 불, 등 清楚 qīngchu 형 분명하다, 알다 邻居 línjū 명 이웃, 이웃집 师生 shīshēng 명 스승과 제자 同事 tóngshì 명 동료

23

女：你的皮鞋很漂亮啊，新买的吗？ 男：是，这双穿着很舒服，而且还打了五折，特别便宜。 问：男的觉得这双皮鞋怎么样？	여: 너 구두 예쁘다. 새로 산 거야? 남: 응. 이 구두 신으니깐 정말 편해. 게다가 50% 할인해서 매우 저렴해. 질문: 남자는 신발을 어떻게 생각하는가?
A 很重 **B 很舒服** C 太贵了	A 무겁다 **B 편하다** C 비싸다

해설 보기는 모두 형용사로 대상에 대한 평가를 묻는 문제임을 알 수 있다. 여자가 구두 새로 샀느냐는 질문에 남자는 这双穿着很舒服(이 구두 신으니깐 정말 편해)라고 했으므로 남자가 신발을 편하게 생각한다는 것을 알 수 있다. 질문에서 남자가 신발을 어떻게 생각하는지 물었으므로 정답은 B 很舒服(편하다)이다.

어휘 皮鞋 píxié 명 가죽 구두 漂亮 piàoliang 형 예쁘다 新 xīn 형 새롭다 双 shuāng 양 쌍, 켤레 舒服 shūfu 형 편안하다 而且 érqiě 접 게다가 打折 dǎzhé 동 세일하다 特别 tèbié 부 특히, 유달리 便宜 piányi 형 싸다, 저렴하다 重 zhòng 형 무겁다 贵 guì 형 비싸다

24

男：您对中国历史这么了解，您是不是历史教师？ 女：不是，我是教体育的，我只是对历史感兴趣。 问：女的最可是是教什么的？	남: 중국 역사에 대해 이렇게나 잘 아시다니. 역사 선생님이세요? 여: 아니요. 저는 체육을 가르쳐요. 다만 역사에 흥미가 있을 뿐이에요. 질문: 여자는 무엇을 가르치는가?
A 体育　　B 历史　　C 数学	**A 체육**　　B 역사　　C 수학

해설 보기의 어휘가 모두 과목을 나타내므로 무엇을 가르치는지 어떤 수업을 듣는지 등에 주의해서 듣는다. 남자가 여자에게 역사 교사냐고 물었을 때 여자는 不是，我是教体育的(아니요. 저는 체육을 가르쳐요)라고 대답했다. 질문에서 여자가 무엇을 가르치는지 물었으므로 정답은 A 体育(체육)이다. 이처럼 녹음에 두 개의 보기가 모두 언급되는 경우 헷갈릴 수 있으므로 들으면서 메모를 하는 것이 중요하다.

어휘 历史 lìshǐ 명 역사　这么 zhème 대 이렇게, 이러한　教师 jiàoshī 명 교사　教 jiāo 동 가르치다　体育 tǐyù 명 체육　只是 zhǐshì 부 단지, 다만　兴趣 xìngqù 명 흥미　数学 shùxué 명 수학

25

女：火车站离这儿远不远？大概得多长时间？ 男：挺近的，不堵车的话，二十分钟就能到。 问：男的最可能是做什么的？	여: 기차역은 여기에서 멀어요? 대략 얼마나 걸리죠? 남: 매우 가까워요. 안 막히면 대략 20분 정도면 바로 도착해요. 질문: 남자의 직업은 무엇인가?
A 司机　　B 医生　　C 服务员	**A 운전기사**　　B 의사　　C 종업원

해설 보기의 어휘를 보아 직업을 묻는 문제임을 알 수 있다. 여자는 남자에게 기차역까지 얼마나 걸리는지 물었고 남자는 不堵车的话，二十分钟就能到(안 막히면 대략 20분 정도면 바로 도착해요)라고 대답했다. 堵车(차가 막히다)는 도로 교통에서 일어나는 상황이므로 남자의 직업은 운전기사임을 알 수 있다. 따라서 정답은 A 司机(운전기사)이다.

어휘 火车站 huǒchēzhàn 명 기차역　远 yuǎn 형 멀다　大概 dàgài 부 대략　得 děi 동 (시간이) 걸리다, 필요하다　挺 tǐng 부 매우　堵车 dǔchē 동 차가 막히다　司机 sījī 명 운전기사　医生 yīshēng 명 의사　服务员 fúwùyuán 명 종업원

26

男：姐，上午买的糖特别甜，你快过来尝一尝。 女：我已经刷牙了。 问：关于女的，我们可以知道什么？	남: 누나, 오전에 산 사탕 정말 달아. 빨리 와서 먹어 봐. 여: 나 벌써 양치했어. 질문: 여자에 관해서 우리는 무엇을 알 수 있는가?
A 在减肥　　**B 刷牙了**　　C 吃饱了	A 다이어트 중이다　　**B 양치했다**　　C 배불리 먹었다

해설 보기가 모두 사람의 상태를 나타내는 표현들이다. 남자는 여자에게 사탕을 먹으라고 했고 여자는 我已经刷牙了(나 이미 양치했어)라고 했다. 질문에서 여자에 관해 알 수 있는 내용을 물었으므로 정답은 B 刷牙了(양치했다)이다.

어휘 糖 táng 명 사탕, 설탕　特别 tèbié 부 특히, 유달리　甜 tián 형 달다　过来 guòlái 동 오다　尝 cháng 동 맛보다　已经 yǐjīng 부 이미, 벌써　刷牙 shuāyá 동 이를 닦다　减肥 jiǎnféi 동 살을 빼다　饱 bǎo 형 배부르다

27

女：您的房间是608，这是您的房卡，请拿好。 男：好的，谢谢。 问：他们最可能在哪儿？	여: 당신의 방은 608호입니다. 여기 룸키이고요. 잘 챙기세요. 남: 알겠습니다. 고마워요. 질문: 그들은 어디에 있는가?
A 电影院　　**B 宾馆**　　C 大使馆	A 영화관　　**B 호텔**　　C 대사관

해설 보기의 어휘는 모두 장소를 나타내므로 장소를 묻는 문제임을 예상할 수 있다. 여자가 您的房间是608，这是您的房卡，请拿好(당신의 방은 608호입니다. 여기 룸키이고요. 잘 챙기세요)라고 하였으므로 장소가 호텔임을 알 수 있다. 질문에서 이들이 있는 곳을 물었으므로 정답은 B 宾馆(호텔)이다.

어휘 房间 fángjiān 명 방　房卡 fángkǎ 명 객실 열쇠, 룸 카드키　拿 ná 동 쥐다, 들다　电影院 diànyǐngyuàn 명 영화관　宾馆 bīnguǎn 명 호텔　大使馆 dàshǐguǎn 명 대사관

28

男：你怎么突然对画画这么有兴趣呢？ 女：你不知道吗？我从小就想当一名画家。 问：女的对什么感兴趣？	남: 너 왜 갑자기 그림 그리는 거에 이렇게 흥미가 생겼니? 여: 너 몰랐어? 나 어려서부터 화가가 되고 싶었어. 질문: 여자는 무엇에 관심이 있는가?
A 爬山　　**B 画画**　　C 跳舞	A 등산하기　　**B 그림 그리기**　　C 춤추기

해설 보기의 어휘는 모두 취미와 관련된 동사이다. 남자가 여자에게 你怎么突然对画画这么有兴趣呢？(너 왜 갑자기 그림 그리는 거에 이렇게 흥미가 생겼니?)라고 묻자 여자는 화가가 되고 싶었다고 대답했으므로 여자가 그림 그리는 것에 관심이 있음을 알 수 있다. 질문에서 여자가 무엇에 관심 있는지 물었으므로 정답은 B 画画(그림 그리기)이다.

어휘 怎么 zěnme 대 어째서, 왜　突然 tūrán 형 갑자기　画画 huàhuà 동 그림을 그리다　这么 zhème 대 이렇게, 이러한　兴趣 xìngqù 명 흥미　从小 cóngxiǎo 부 어려서부터　当 dāng 동 ~가 되다　画家 huàjiā 명 화가　爬山 páshān 동 등산하다　跳舞 tiàowǔ 동 춤을 추다

29

女：这台冰箱好是好，就是有点儿贵，能不能再给我便宜点儿？ 男：不行，已经很便宜了。 问：女的正在做什么？	여: 이 냉장고 좋긴 좋은데, 근데 조금 비싸네요. 조금 더 싸게 주실 수 있나요? 남: 안돼요. 이미 매우 저렴한 걸요. 질문: 여자는 무엇을 하는 중인가?
A 在买东西 B 在做蛋糕 C 在踢足球	**A 물건을 사고 있다** B 케익을 만들고 있다 C 축구를 하고 있다

해설 보기는 모두 '~을 하고 있다'를 나타내므로 인물들이 현재 무엇을 하고 있는지 주의해서 듣는다. 여자가 냉장고를 마음에 들어하며 能不能再给我便宜点儿？(조금 더 싸게 주실 수 있나요?)이라고 말했고 이에 남자는 안된다고 거절했으므로 냉장고를 사려는 상황임을 알 수 있다. 질문에서 여자가 무엇을 하는 중인지 물었으므로 정답은 A 在买东西(물건을 사고 있다)이다.

어휘 台 tái 양 대(가전 제품을 세는 단위)　冰箱 bīngxiāng 명 냉장고　有点儿 yǒudiǎnr 부 조금, 약간　贵 guì 형 비싸다　便宜 piányi 형 저렴하다, 싸다　行 xíng 형 좋다, 괜찮다　已经 yǐjīng 부 이미, 벌써　蛋糕 dàngāo 명 케이크　踢足球 tī zúqiú 동 축구를 하다

30

男：这些葡萄看上去很甜，多少钱一斤？ 女：三块五，不甜不要钱。 问：女的是什么意思？	남: 이 포도 매우 달아 보이네요. 한 근에 얼마예요? 여: 3.5위안이에요. 달지 않으면 돈 안 받아요. 질문: 여자는 무슨 의미인가?
A 很便宜　　B 很新鲜　　**C 很好吃**	A 저렴하다　　B 신선하다　　**C 맛있다**

해설 보기는 모두 상태를 나타내는 형용사이다. 남자는 포도가 달아 보인다며 가격을 물었고 여자는 不甜不要钱(달지 않으면 돈 안 받아요)이라고 대답했다. 질문에서 여자가 어떤 의미인지 물었으므로 가장 알맞은 정답은 C 很好吃(맛있다)이다.

어휘 葡萄 pútáo 명 포도　看上去 kànshàngqù 동 보아하니　甜 tián 형 달다　斤 jīn 양 근(약 500g)　便宜 piányi 형 싸다, 저렴하다　新鲜 xīnxiān 형 신선하다　好吃 hǎochī 형 맛있다

듣기 제4부분

31

男：这些照片是你小时候照的吗？真可爱啊！ 女：是，那个时候我有点儿胖。 男：不太像现在那么瘦，你减肥了吗？ 女：不，我长大后慢慢就变瘦了。 问：关于女的，可以知道什么？	남: 이 사진들 너 어렸을 때 찍은 거니? 정말 귀엽다! 여: 응. 그때 나 조금 통통했었어. 남: 지금처럼 마르진 않았네. 다이어트한 거야? 여: 아니. 자란 후에 천천히 살이 빠지더라고. 질문: 여자에 관하여 알 수 있는 것은?
A 变瘦了　　B 长胖了　　C 个子矮	**A 살이 빠졌다**　　B 살쪘다　　C 키가 작다

해설 보기의 어휘는 모두 사람의 상태를 나타내므로 인물에 관한 정보를 묻는 문제임을 알 수 있다. 남자와 여자는 여자의 어렸을 적 사진을 보며 이야기하고 있고 여자의 말 那个时候我有点儿胖(그때 나 조금 통통했었어)과 我长大后慢慢就变瘦了(자란 후에 천천히 살이 빠지더라고)를 통해 여자가 자라면서 살이 빠졌음을 알 수 있다. 질문에서 여자에 관한 정보를 물었으므로 정답은 A 变瘦了(살이 빠졌다)이다.

어휘 照片 zhàopiàn 명 사진　可爱 kě'ài 형 귀엽다, 사랑스럽다　有点儿 yǒudiǎnr 부 약간, 조금　胖 pàng 형 뚱뚱하다　像 xiàng 동 ~와 같다　瘦 shòu 형 마르다　减肥 jiǎnféi 동 다이어트하다　长大 zhǎngdà 동 자라다, 성장하다　变 biàn 동 변하다, 변화하다　个子 gèzi 명 키　矮 ǎi 형 작다, 낮다

32

女：家里的那台洗衣机用了很久了，太旧了。 男：是的，声音也挺大，而且经常出现问题。 女：那么周日咱们去商场看看，买一台新的吧。 男：好的。 问：他们觉得这台洗衣机怎么样？	여: 집에 세탁기 오래 써서 너무 낡았어. 남: 응. 소리도 너무 크고, 게다가 자주 문제가 생겨. 여: 그러면 일요일에 백화점 가서 좀 보고, 새로 하나 사자. 남: 좋아. 질문: 그들은 이 세탁기를 어떻게 생각하는가?
A 太重了　　B 很有用　　**C 太旧了**	A 너무 무겁다　　B 유용하다　　**C 너무 낡았다**

해설 보기는 모두 사물의 상태를 나타내는 형용사이다. 대화의 첫 부분에 여자가 家里的那台洗衣机用了很久了，太旧了(집에 세탁기 오래 써서 너무 낡았어)라고 하여 세탁기가 낡았음을 알 수 있다. 질문에서 그들이 세탁기를 어떻게 생각하는지 물었으므로 알맞은 정답은 C 太旧了(너무 낡았다)이다.

어휘 台 tái 양 대(가전 제품을 세는 단위) 洗衣机 xǐyījī 명 세탁기 久 jiǔ 형 오래다 旧 jiù 형 낡다 声音 shēngyīn 명 소리 挺 tǐng 부 매우 而且 érqiě 접 게다가 经常 jīngcháng 부 자주 出现 chūxiàn 동 출현하다 咱们 zánmen 대 우리 商场 shāngchǎng 명 백화점 新 xīn 형 새롭다 重 zhòng 형 무겁다 有用 yǒuyòng 동 쓸모가 있다, 유용하다

33

男：今天天气怎么突然不好了，外面在刮风吗？ 女：是，风刮得越来越大了，看起来可能会下雨。 男：原来我打算下午跟几个同学一起打篮球。这样的话，不能出去打了吧。 女：那改天吧，明天天气可能会好一些。 问：男的为什么不能去打篮球？	남: 오늘 날씨 왜 갑자기 안 좋아졌지, 밖에 바람 불어? 여: 응. 바람 점점 심하게 불어. 보니까 비 올 거 같은데. 남: 원래 오후에 학교 친구들 몇명이랑 같이 농구하기로 했는데 이렇게 되면 나가서 농구 못 하겠다. 여: 다른 날 하자. 내일 아마 날씨 좋아질 거야. 질문: 남자는 왜 농구하러 갈 수 없는가?
A 太忙了 **B 天气不好** C 生病了	A 너무 바쁘다 **B 날씨가 안 좋다** C 병이 났다

해설 보기는 모두 상태와 상황을 나타내는 표현들이다. 대화의 시작 부분에서 남자는 今天天气怎么突然不好了(오늘 날씨 왜 갑자기 안 좋아졌지)라고 했고 두 번째 대화에서 这样的话，不能出去打了吧(이렇게 되면 나가서 농구 못하겠다)라고 했으므로 날씨 때문에 농구를 하지 못하는 상황임을 알 수 있다. 질문에서 남자가 왜 농구하러 갈 수 없는지 물었으므로 정답은 B 天气不好(날씨가 안 좋다)이다.

어휘 天气 tiānqì 명 날씨 突然 tūrán 부 갑자기 刮风 guāfēng 동 바람이 불다 越来越 yuèláiyuè 부 더욱더 看起来 kànqǐlái 동 보아하니 下雨 xiàyǔ 동 비가 오다 原来 yuánlái 부 원래의 篮球 lánqiú 명 농구 改天 gǎitiān 명 다른 날, 후일 生病 shēngbìng 동 병이 나다

34

女：今天我忘带眼镜了。 男：黑板上写的那些字你能看清楚吗？ 女：我的眼睛不太好，看不清楚，我能不能坐在最前面？ 男：当然可以。 问：女的怎么了？	여: 오늘 안경을 깜빡하고 안 챙겼어. 남: 칠판에 쓰여진 글자들 잘 보여? 여: 눈이 나빠서 잘 안 보여. 나 맨 앞에 앉아도 될까? 남: 당연하지. 질문: 여자는 어떻게 된 일인가?
A 没带眼镜 B 没拿铅笔 C 忘带了钱包	**A 안경을 안 가지고 왔다** B 연필을 안 가지고 왔다 C 지갑을 안 가지고 왔다

해설 보기의 어휘는 모두 무엇을 깜박했다는 표현으로 眼镜(안경), 铅笔(연필), 钱包(지갑)가 녹음에 언급되는지 주의해서 듣는다. 여자가 시작 부분에서 今天我忘带眼镜了(오늘 안경을 깜빡하고 안 챙겼어)라고 했으므로 안경을 두고 왔음을 알 수 있다. 질문에서 여자가 왜 그러는지 물었으므로 정답은 A 没带眼镜(안경을 안 가지고 왔다)이다.

어휘 眼镜 yǎnjìng 명 안경 黑板 hēibǎn 명 칠판 前面 qiánmiàn 명 앞쪽 清楚 qīngchu 형 분명하다 眼睛 yǎnjing 명 눈 当然 dāngrán 형 당연하다 铅笔 qiānbǐ 명 연필 钱包 qiánbāo 명 지갑

35

男：妈，我的手表不见了，你看见了吗？ 女：没有，你不是放在房间里了吗？好好儿想想放哪儿了。 男：我记得洗澡前把它放在饭桌上了啊。 女：我没看见，那你再找找，会不会放在裤子的口袋里了？ 问：男的在找什么？	남: 엄마, 제 손목시계가 안 보여요. 엄마 보셨어요? 여: 아니, 방 안에 둔 거 아니니? 어디다 두었는지 잘 생각해 봐. 남: 샤워하기 전에 식탁 위에 둔 거 같은데. 여: 못 봤어. 그럼 다시 찾아 봐. 너 바지 주머니에 넣은 거 아니야? 질문: 남자는 무엇을 찾고 있는가?
A 字典　　B 照相机　　**C 手表**	A 사전　　B 사진기　　**C 손목시계**

해설 보기의 어휘는 모두 사물을 나타내는 명사이다. 남자가 대화의 첫 마디에 我的手表不见了，你看见了吗？(제 손목시계가 안 보여요. 엄마 보셨어요?)라고 했으므로 손목시계를 찾고 있음을 알 수 있다. 질문에서 남자가 무엇을 찾고 있는지 물었으므로 정답은 C 手表(손목시계)이다.

어휘 手表 shǒubiǎo 명 손목시계　看见 kànjiàn 동 보다, 보이다　房间 fángjiān 명 방　记得 jìde 동 기억하고 있다　洗澡 xǐzǎo 동 목욕하다　裤子 kùzi 명 바지　口袋 kǒudài 명 주머니　字典 zìdiǎn 명 자전(옥편)　照相机 zhàoxiàngjī 명 사진기

36

女：喂，你到哪儿了？我已经到体育馆了。 男：现在路上堵车，恐怕会迟到十几分钟，你等我一会儿。 女：好的，现在才两点半，还有时间，你慢慢来。 男：谢谢，一会儿见！ 问：男的为什么迟到了？	여: 여보세요? 너 어디니? 나 이미 체육관에 도착했어. 남: 지금 차가 막혀서 아마도 십 몇분 정도 늦을 거 같아. 잠시만 기다려 줘. 여: 알겠어. 지금 이제 겨우 2시 반이야. 아직 시간 있으니깐 천천히 와. 남: 고마워. 이따가 봐! 질문: 남자는 왜 늦었나요?
A 起晚了　　**B 堵车了**　　C 错过车了	A 늦게 일어났다　　**B 차가 막혔다**　　C 차를 놓쳤다

해설 보기를 보아 늦게 온 이유를 묻는 문제임을 예상할 수 있다. 여자가 남자에게 어디냐고 물었고 남자는 现在路上堵车，恐怕会迟到十几分钟(지금 차가 막혀서 아마도 십 몇분 정도 늦을 거 같아)이라고 했으므로 남자가 차가 막혀서 늦었음을 알 수 있다. 질문에서 남자가 늦게 온 이유를 물었으므로 정답은 B 堵车了(차가 막혔다)이다.

어휘 已经 yǐjīng 부 이미, 벌써　体育馆 tǐyùguǎn 명 체육관　路上 lùshang 명 길 가는 중, 도중　堵车 dǔchē 동 차가 막히다　恐怕 kǒngpà 부 아마도　迟到 chídào 동 지각하다　一会儿 yíhuìr 잠시, 잠깐 동안　错过 cuòguò 동 (기회 등을) 놓치다

37

男：上次你借给我的那些书我还没看完，下周还给你可以吗？ 女：当然行，你最近比较忙吧？ 男：是的，最近工作太多了，所以这周一直加班，没时间看。 女：这么忙的时候，你一定要注意身体啊。 问：女的让男的做什么？	남: 지난번 네가 나한테 빌려준 그 책들 나 아직 다 못 봤는데 다음 주에 돌려 줘도 될까? 여: 당연히 되지. 너 요즘 바쁘구나? 남: 응. 요즘 일이 너무 많아서 이번 주에 계속 야근하고 볼 시간이 없었어. 여: 이렇게 바쁠 때는 너 반드시 건강에 주의해야 돼. 질문: 여자는 남자에게 무엇을 하라고 하는가?

A 注意健康 B 打扫厨房 C 照顾父母	**A 건강에 신경쓰다** B 주방 청소를 하다 C 부모를 돌보다

해설 보기는 모두 행동을 나타내므로 打扫(청소하다), 健康(건강), 照顾(돌보다)가 녹음에 언급되는지 주의해서 듣는다. 남자가 요즘 일이 많아 야근한다고 했고 이에 여자가 你一定要注意身体啊(너 반드시 건강에 주의해야 돼)라고 하며 건강을 걱정해 주고 있다. 질문에서 여자가 남자에게 무엇을 시켰는지 물었으므로 정답은 A 注意健康(건강에 신경쓰다)이다.

어휘 上次 shàngcì 명 지난번 借 jiè 동 빌리다, 빌려주다 还 huán 동 돌려주다, 갚다 最近 zuìjìn 명 최근 比较 bǐjiào 부 비교적 所以 suǒyǐ 접 그래서 加班 jiābān 동 야근하다 这么 zhème 대 이러한, 이렇게 一定 yídìng 부 반드시 注意 zhùyì 동 주의하다 健康 jiànkāng 명 건강 打扫 dǎsǎo 동 청소하다 厨房 chúfáng 명 주방 照顾 zhàogù 동 돌보다, 보살피다 父母 fùmǔ 명 부모

38

女：没想到你来北京才一年，汉语就说得这么好。 男：哪儿啊，我说得还是不怎么样，不过汉语越学越有意思。 女：那你是跟谁学的？ 男：我的一个中国朋友。我跟他还学了很多东西。 问：他们在说什么？	여: 네가 베이징에 온 지 겨우 1년밖에 안 되었는데, 중국어를 이렇게나 잘 할 줄은 몰랐어. 남: 아니야. 중국어 여전히 잘 못해. 그런데 중국어 배울수록 재미있어. 여: 누구한테 배웠니? 남: 내 중국 친구한테. 그 친구한테 많은 걸 배웠어. 질문: 그들은 무엇을 말하고 있는가?
A 文化　　B 体育　　**C 汉语**	A 문화　　B 스포츠　　**C 중국어**

해설 보기는 모두 분야를 나타내는 명사이므로 녹음에 무엇이 언급되는지 주의해서 듣는다. 여자는 남자의 중국어 실력에 대해 没想到你来北京才一年，汉语就说得这么好(너 베이징에 온 지 겨우 1년밖에 안 되었는데, 뜻밖에 중국어를 이렇게나 잘하다니)라고 칭찬했고 남자는 汉语越学越有意思(중국어 배울수록 재미있어)라고 하여 대화에 모두 汉语(중국어)가 언급되었다. 이들 대화의 주제를 물었으므로 정답은 C 汉语(중국어)이다.

어휘 才 cái 명 겨우, 그제서야 这么 zhème 대 이러한, 이렇게 还是 háishi 부 여전히 不怎么样 bùzěnmeyàng 별로 좋지 않다 不过 búguò 접 그러나 越来越 yuèláiyuè 부 더욱더, 점점 有意思 yǒuyìsi 형 재미있다 文化 wénhuà 명 문화 体育 tǐyù 명 체육, 스포츠

39

男：请问，五号去上海的火车票还有吗？ 女：现在只有下午3:05的，您要几张？ 男：我要两张。多少钱？ 女：打完折后一共七百九。 问：男的打算怎么去上海？	남: 실례지만, 5일에 상해로 가는 기차표 남아 있나요? 여: 지금 오후 3시 5분 표밖에 안 남았어요. 몇 장 필요하세요? 남: 2장 필요해요. 얼마예요? 여: 할인하면 전부 790위안입니다. 질문: 남자는 어떻게 상해로 갈 계획인가?
A 坐火车　　B 坐飞机　　C 坐船	**A 기차를 타다**　　B 비행기를 타다　　C 배를 타다

해설 보기의 어휘를 보아 교통수단을 묻는 문제임을 예상할 수 있다. 남자가 五号去上海的火车票还有吗？(5일에 상해로 가는 기차표 남아 있나요?)라고 했으므로 기차를 타려고 한다는 것을 알 수 있다. 질문에서 남자가 어떻게 상해로 갈 것인지 물었으므로 정답은 A 坐火车(기차를 타다)이다.

어휘 火车票 huǒchēpiào 명 기차표　只 zhǐ 부 오직, 다만　张 zhāng 양 장(종이를 세는 단위)　打折 dǎzhé 동 할인하다　一共 yígòng 부 합계, 모두　飞机 fēijī 명 비행기　船 chuán 명 배

40

女：欢迎您来我们书店！需要帮忙吗？ 男：我想买一本关于西方历史的书，这里有吗？ 女：当然有，请跟我来，前面那张桌子上的都是。 男：谢谢。 问：男的在找关于什么方面的书？	여: 저희 서점에 오신 걸 환영합니다. 도움이 필요하신가요? 남: 저 서양 역사에 관한 책을 사고 싶은데, 여기 있나요? 여: 당연히 있죠. 따라오세요. 앞쪽 저 테이블에 있는 것이 모두 서양 역사에 관한 책이에요. 남: 고마워요. 질문: 남자는 무엇에 관한 책을 찾고 있는가?
A 中国天气　B 东方文化　**C 西方历史**	A 중국 날씨　B 동양 문화　**C 서양 역사**

해설 보기는 모두 어떤 분야를 나타내는 어휘이다. 남자가 我想买一本关于西方历史的书，这里有吗？(저 서양 역사에 관한 책을 사고 싶은데, 여기 있나요?)라고 했으므로 서점에서 서양 역사에 관한 책을 찾고 있음을 알 수 있다. 질문에서 남자가 무엇에 관한 책을 찾는지 물었으므로 정답은 C 西方历史(서양 역사)이다.

어휘 欢迎 huānyíng 동 환영하다　书店 shūdiàn 명 서점　需要 xūyào 동 필요하다　关于 guānyú 개 ~에 관하여　西方 xīfāng 명 서양　历史 lìshǐ 명 역사　当然 dāngrán 형 당연하다　跟 gēn 동 따라가다　张 zhāng 양 장(넓은 표면을 가진 것을 세는 단위)　桌子 zhuōzi 명 탁자　天气 tiānqì 명 날씨　东方 dōngfāng 명 동양, 아시아　文化 wénhuà 명 문화

독해 제1부분

41-45

A 你刚才把它放在行李箱里了。 B 昨天晚上的比赛你看了吗？ C 妈妈，上海在我们的东边还是西边？ D 有位客人把手表忘在那里了。 E 当然，我们先坐公共汽车，然后换地铁。 F 你的脸怎么这么红啊，喝酒了吗？	A 너 아까 그것을 여행용 가방에 넣었어. B 어제 저녁 경기 너 봤니? C 엄마, 상해는 우리의 동쪽에 있어요? 서쪽에 있어요? D 한 손님이 손목시계를 그곳에 깜빡하고 놓고 가셨어. E 당연하지, 우리는 우선 버스를 타고, 그 다음에 지하철로 갈아 탈 거야. F 너 얼굴이 왜 이렇게 빨개. 술 마셨니?

41

前半场开始不到15分钟，差点儿就进球了。	전반전이 시작한 지 15분도 안 되었는데 하마터면 공이 들어갈 뻔했어.
(B 昨天晚上的比赛你看了吗？)	(B 어제 저녁 경기 너 봤니?)

해설 문장의 핵심 키워드는 前半场(전반전)과 进球(골인하다)이므로 축구 경기에 관한 문장을 찾는다. 보기 B에 比赛(경기)가 있으므로 내용이 연결됨을 알 수 있다.

어휘 前半场 qiánbànchǎng 전반전　差点儿 chàdiǎnr 부 하마터면, 거의　进球 jìnqiú 공이 들어가다　比赛 bǐsài 명 경기, 시합

42

小刘，你到808号去看看。	샤오리우, 808호 방으로 가 봐.
(D 有位客人把手表忘在那里了。)	(D 한 손님이 손목시계를 그곳에 깜빡하고 놓고 가셨어.)

해설 문장의 핵심 키워드는 808号(808호 객실)이므로 호텔과 관련된 내용의 문장을 찾는다. 보기 D에 客人(손님)이 언급되었으므로 호텔과 의미가 연결됨을 알 수 있다.

어휘 号 hào 명 호, 호수　位 wèi 양 분, 명(존칭)　客人 kèrén 명 손님　手表 shǒubiǎo 명 손목시계　忘 wàng 동 잊다

43

哥，你看见我的护照了吗？	형, 내 여권 봤어?
(A 你刚才把它放在行李箱里了。)	(A 너 아까 그것을 여행용 가방에 넣었어.)

해설 문장은 질문형이고, 핵심 키워드는 护照(여권)이다. 여행과 관련된 문장이 있는지 살펴본다. 보기 A에 行李箱(여행용 가방)이 있고 대사 它(그것)가 여권을 가리키므로 내용이 연결됨을 알 수 있다.

어휘 看见 kànjiàn 동 보다, 보이다　护照 hùzhào 명 여권　刚才 gāngcái 명 방금　把 bǎ 개 ~을/를　它 tā 대 그것(사람 이외의 것을 가리킴)　行李箱 xínglǐxiāng 명 트렁크, 여행용 가방

44

你来看一下这张中国地图，就在这儿。	와서 이 중국 지도를 보렴. 바로 여기에 있단다.
(C 妈妈，上海在我们的东边还是西边？)	(C 엄마, 상하이는 우리의 동쪽에 있어요? 서쪽에 있어요?)

해설 문장의 핵심 키워드는 中国地图(중국 지도)와 这儿(여기)이다. 보기 C에 중국의 도시인 上海(상하이)가 있고 방향을 나타내는 어휘 东边(동쪽)과 西边(서쪽)이 있으므로 내용이 연결된다.

어휘 张 zhāng 양 장(넓은 표면의 물건을 세는 단위)　地图 dìtú 명 지도　东边 dōngbian 명 동쪽　西边 xībian 명 서쪽

45

不，我今天有点儿发烧，身体不舒服。	아니. 오늘 열이 조금 나고 몸이 안 좋아.
(F 你的脸怎么这么红啊，喝酒了吗？)	(F 너 얼굴이 왜 이렇게 빨개. 술 마셨니?)

해설 문장은 단답형 대답 不(아니)로 시작하고, 핵심 키워드는 发烧(열이 나다)와 身体不舒服(몸이 안 좋다)이므로 질문형 문장이 앞에 와야 한다. 질문형 문장인 F에 脸红(얼굴이 빨갛다)과 喝酒(술을 마시다)가 있다. 따라서 얼굴이 빨개보여서 술을 마셨냐는 물음과 그게 아니라 열이 나서 그렇다는 내용으로 연결됨을 알 수 있다.

어휘 有点儿 yǒudiǎnr 부 조금, 약간　发烧 fāshāo 동 열이 나다　舒服 shūfu 형 편안하다　脸 liǎn 명 얼굴　怎么 zěnme 대 어떻게, 어째서　这么 zhème 대 이렇게, 이러한　红 hóng 동 빨개지다　喝酒 hējiǔ 동 술을 마시다

46-50

A 小关，你今天怎么又迟到了？	A 샤오관, 너 오늘 왜 또 늦었어?
B 你出门的时候记得带伞，伞就在桌上。	B 너 외출할 때 우산을 챙겨, 우산 탁자 위에 있어.
C 你的自行车怎么突然坏了？	C 너 자전거 왜 갑자기 고장났어?
D 很多学生都喜欢去图书馆看书。	D 많은 학생들이 모두 도서관 가서 책 보는 것을 좋아한다.
E 我就买了一条裙子，她穿这条一定很漂亮。	E 나 치마 한 벌 샀어. 그녀가 이 치마를 입으면 틀림없이 예쁠 거야.

46	
这主要是因为那儿的学习环境又好又安静。	주된 원인은 그곳의 학습 환경이 좋고 조용하기 때문이다.
(D 很多学生都喜欢去图书馆看书。)	(D 많은 학생들이 모두 도서관에 가서 책 보는 것을 좋아한다.)

해설 문장의 핵심 키워드는 因为(~때문에)와 学习环境(학습 환경)이며 이유를 설명하고 있다. 보기 D에 喜欢去图书馆看书(도서관에 가서 책 보는 것을 좋아한다)가 있으므로, 도서관과 학습 환경이 의미가 서로 연결된다.

어휘 主要 zhǔyào 형 주요하다　因为 yīnwèi 접 ~때문에　环境 huánjìng 명 환경　安静 ānjìng 형 조용하다　图书馆 túshūguǎn 명 도서관

47	
不好意思，让你久等了，路上堵车了。	미안해. 오래 기다리게 했지. 차가 막혔어.
(A 小关，你今天怎么又迟到了？)	(A 샤오관, 너 오늘 왜 또 늦었어?)

해설 문장은 사과하는 말 不好意思(미안해)로 시작하고, 핵심 키워드는 让你久等了(오래 기다리게 했지)이므로 사과할 만한 내용이 있는 문장을 찾는다. 보기 A에서 怎么又迟到了? (왜 또 늦었어?)라고 했으므로 늦어서 사과하는 내용이 연결됨을 알 수 있다.

어휘 不好意思 bùhǎoyìsi 동 미안하다　让 ràng 동 ~하여금 ~하게 하다　久 jiǔ 형 오래다　路上 lùshang 명 길 가는 중, 도중　堵车 dǔchē 동 차가 막히다　怎么 zěnme 대 어떻게, 어째서　又 yòu 부 또　迟到 chídào 동 지각하다

48	
天有点儿阴，恐怕会下雨。	날이 조금 흐리네. 비 내릴 거 같아.
(B 你出门的时候记得带伞，伞就在桌上。)	(B 너 외출할 때 우산을 챙겨. 우산 탁자 위에 있어.)

해설 문장의 핵심 키워드는 下雨(비가 오다)이다. 따라서 비가 내린다는 내용과 관련있는 문장을 찾아보면, B에 带伞(우산을 챙기다)이 있으므로 내용이 연결됨을 알 수 있다.

어휘 有点儿 yǒudiǎnr 부 조금, 약간　阴 yīn 형 흐리다　恐怕 kǒngpà 부 아마도　下雨 xiàyǔ 동 비가 오다　记得 jìde 동 기억하고 있다　带 dài 동 가지다, 지니다　伞 sǎn 명 우산

49	
我的车用了很久了，最近经常出问题，我想换一辆新的。	내 자전거 오래 타서 요즘 자주 문제가 생겨. 새로 하나 바꾸고 싶어.
(C 你的自行车怎么突然坏了？)	(C 너 자전거 왜 갑자기 고장났어?)

해설 문장의 핵심 키워드는 车(차)와 出问题(문제가 생기다)이다. 보기 중 교통수단과 관련있는 문장을 찾아보면, C에 自行车(자전거)와 坏了(고장났다)가 있으므로 내용이 연결된다.

어휘 久 jiǔ 형 오래다　最近 zuìjìn 명 요즘, 최근　经常 jīngcháng 부 자주　换 huàn 동 바꾸다　辆 liàng 양 대(차량을 세는 단위)　自行车 zìxíngchē 명 자전거　突然 tūrán 부 갑자기　坏 huài 동 고장나다, 상하다

50	
明天是你妻子的生日，你买了什么礼物?	내일은 네 부인 생일이네. 너 무슨 선물 샀니?
(E 我就买了一条裙子，她穿这条一定很漂亮。)	(E 나 치마 한 벌 샀어. 그녀가 이 치마를 입으면 틀림없이 예쁠 거야.)

해설 문장의 핵심 키워드는 生日(생일)와 买礼物(선물을 사다)이다. 선물을 산 내용을 찾아보면 보기 E에 买了一条裙子(치마 한 벌을 샀다)가 있으므로 내용이 연결됨을 알 수 있다.

어휘 妻子 qīzi 명 아내 礼物 lǐwù 명 선물 裙子 qúnzi 명 치마 穿 chuān 동 입다 条 tiáo 양 가늘고 긴 것을 세는 단위 一定 yídìng 부 반드시, 틀림없이

독해 제2부분

51-55

A 公园	B 碗	C 迟到	A 명 공원	B 양 그릇	C 동 지각하다
D 一直	E 声音	F 甜	D 부 계속해서	E 명 목소리	F 형 달다

51 你们吃饱了吗？要不要再来一(B 碗)面条？

너희들 배불리 먹었니? 국수 한 (B 그릇) 더 먹을래?

해설 빈칸의 구조가 [수사(一)+___+명사(面条)]이므로 빈칸은 양사가 들어가야 한다. 面条(국수)와 어울리는 양사는 B 碗(그릇)이다.

어휘 饱 bǎo 형 배부르다 碗 wǎn 양 공기(그릇을 세는 단위) 面条 miàntiáo 명 국수

52 明天的会议非常重要，别(C 迟到)了。

내일 회의는 매우 중요해요. (C 지각하지) 마세요.

해설 빈칸 앞에 别(~하지 마라)가 있으므로 빈칸은 동사술어 자리이다. 문맥상 중요한 회의가 있다고 주의를 주는 내용이므로 C 迟到(지각하다)가 들어가야 한다.

어휘 会议 huìyì 명 회의 重要 zhòngyào 동 중요하다 别 bié 부 ~하지 마라 迟到 chídào 동 지각하다

53 奶奶每天早上都去(A 公园)锻炼身体，所以很健康。

할머니께서는 매일 아침 (A 공원)에 가서 신체를 단련하신다. 그래서 매우 건강하시다.

해설 빈칸의 구조가 [주어(奶奶)+부사어(每天早上都)+술어1(去)+___+술어2(锻炼)+목적어2(身体)]이다. 빈칸 앞에 동사 去(가다)가 있으므로 빈칸에는 장소 명사가 와야 한다. 따라서 정답은 A 公园(공원)이다.

어휘 奶奶 nǎinai 명 할머니 公园 gōngyuán 명 공원 锻炼 duànliàn 동 단련하다 所以 suǒyǐ 접 그래서 健康 jiànkāng 형 건강하다

54 这杯葡萄汁真(F 甜)啊！你们来尝尝。

이 포도주스는 정말 (F 달아)! 너희들 와서 맛보렴.

해설 빈칸의 구조가 [정도부사(真)+___]이므로 빈칸은 정도부사의 수식을 받는 형용사 자리이다. 주어가 葡萄汁(포도주스)이므로 의미상 알맞은 것은 F 甜(달다)이다.

어휘 葡萄汁 pútáozhī 명 포도주스 甜 tián 형 달다 尝 cháng 동 맛보다

55

从今天上午开始，外面（ D 一直 ）在下雨，有点儿冷。	오늘 오전부터 밖에 비가 (D 계속) 내리고 있어서 조금 추워.

해설 빈칸의 구조가 [주어(外面)+___+부사어(在)+술어(下)+목적어(雨)]이므로 빈칸은 부사어가 들어가야 한다. 빈칸 앞에 从今天上午开始(오늘 오전부터)이라고 기간을 나타내는 표현이 있으므로 문맥상 D 一直(계속)이 들어가야 한다.

어휘 从 cóng 개 ~부터　开始 kāishǐ 동 시작되다　一直 yìzhí 부 계속해서　下雨 xiàyǔ 동 비가 오다　有点儿 yǒudiǎnr 부 약간　冷 lěng 형 춥다

56-60

A 一共	B 提高	C 如果	A 부 모두	B 동 향상되다	C 접 만약에
D 爱好	E 明白	F 特别	D 명 취미	E 동 이해하다	F 부 특히

56

A：你家离学校近吗？ B：（ C 如果 ）骑自行车的话，10分钟就到了。	A: 너희 집은 학교에서 가깝니? B: (C 만약에) 자전거 타고 가면 10분이면 도착해.

해설 빈칸의 구조가 [___+술어(骑)+목적어(自行车)+조사(的话)]이므로 빈칸은 주어 또는 접속사 자리이다. 보기에는 주어가 될 만한 단어가 없고 빈칸 뒷부분에 的话(~한다면)가 있으므로, 이와 호응하는 접속사인 C 如果(만약에)를 넣는다.

어휘 离 lí 개 ~로부터　学校 xuéxiào 명 학교　如果 rúguǒ 접 만약에　骑 qí 동 타다　自行车 zìxíngchē 명 자전거　分钟 fēnzhōng 명 분

57

A：明天（ A 一共 ）有四个人去机场。 B：那么我们需要一辆车就行了。	A: 내일 (A 모두) 4명이 공항으로 갈 거야. B: 그러면 우리 차량 한 대만 있으면 돼.

해설 빈칸의 구조가 [부사어(明天)+___+주어(有四个人)+술어(去)+목적어(机场)]이므로 빈칸은 부사어가 들어가야 한다. 빈칸 뒤에 수를 나타내는 표현이 있으므로 문맥상 A 一共(모두)이 적합하다.

어휘 一共 yígòng 부 모두, 합계　机场 jīchǎng 명 공항　需要 xūyào 동 필요하다　辆 liàng 양 대(차량을 세는 단위)

58

A：你的汉语水平（ B 提高 ）了很多，有什么好办法吗？ B：我平时常跟中国朋友聊天儿。	A: 중국어 실력 많이 (B 향상되었다). 무슨 좋은 방법이 있어? B: 나 평소에 중국 친구와 이야기 많이 해

해설 빈칸의 구조가 [주어(你的汉语水平)+___+동태조사(了)+수량보어(很多)]이므로 빈칸은 동사술어 자리이다. 주어인 水平(실력)과 어울리는 것은 B 提高(향상되다)이다.

어휘 水平 shuǐpíng 명 수준　提高 tígāo 동 향상되다, 향상시키다　办法 bànfǎ 명 방법, 수단　平时 píngshí 명 평소　常 cháng 부 자주　聊天儿 liáotiānr 동 이야기하다

59

A：你看，这孩子长得挺像她妈妈的。 B：对啊，（ F 特别 ）是眼睛，又大又漂亮。	A: 봐 봐. 이 아이 정말 엄마 닮지 않았니? B: 맞아. (F 특히) 눈이 닮았어. 크고 예뻐.

해설 빈칸의 구조가 [___+술어(是)+목적어(眼镜)]이므로 빈칸은 주어 또는 부사어 자리이다. A가 엄마를 많이 닮은 아이에 대해 말했고 B가 이에 동의하고 있으므로 빈칸에는 강조하는 말인 F 特别(특히)가 들어가는 것이 적합하다.

어휘 长 zhǎng 동 자라다, 생기다　挺 tǐng 부 매우　像 xiàng 동 닮다　特别 tèbié 부 특히　眼睛 yǎnjing 명 눈　又A又B yòu A yòu B A하기도 하고, B하기도 하다

60

A：我还以为你听（E 明白）了呢。 B：对不起，这道数学题我还是不太清楚，你再给我讲一遍，好不好？	A: 나는 너가 듣고 (E 이해한) 줄 알았어. B: 미안해. 이 수학 문제는 나는 여전히 잘 모르겠어. 다시 나에게 설명해 줄 수 있니?

해설 빈칸의 구조가 [주어(你)+술어(听)+___+어기조사(了呢)]이므로 빈칸은 목적어 또는 보어가 들어가야 한다. 대화에 数学题(수학 문제)가 언급되었고 잘 모르겠다는 내용이 나오므로 문맥상 E 明白(이해하다)가 들어가야 한다.

어휘 以为 yǐwéi 동 생각하다(주관적인 생각)　明白 míngbai 동 이해하다　道 dào 양 개(문제를 세는 단위)　数学 shùxué 명 수학　题 tí 명 문제　还是 háishi 부 여전히　清楚 qīngchu 동 알다　讲 jiǎng 동 말하다　遍 biàn 양 번, 회(동작을 세는 단위)

독해 제3부분

61

我们学校前面有家面包店，那儿卖的蛋糕非常好吃，我们去那儿一边吃蛋糕一边喝茶吧。	우리 학교 앞에 빵집 하나가 있다. 거기에서 파는 케이크는 아주 맛있다. 우리 거기에 가서 케이크 먹으면서 차 마시자.
★ 那家面包店的蛋糕： A 很一般　B 有点儿贵　**C 好吃极了**	★ 그 빵집의 케이크는 어떤가? A 보통이다　B 조금 비싸다　**C 매우 맛있다**

해설 질문은 세부 사항을 묻는 유형으로 질문의 키워드는 蛋糕(케이크)이다. 지문은 학교 앞 빵집을 소개하며 那儿卖的蛋糕非常好吃(거기에서 파는 케이크는 아주 맛있다)라고 했으므로 알맞은 정답은 C 好吃极了(매우 맛있다)이다. 지문의 非常好吃가 보기에서는 정도보어를 사용하여 好吃极了로 제시되었다.

어휘 学校 xuéxiào 명 학교　前面 qiánmiàn 명 앞쪽　家 jiā 양 가정, 가게 등을 세는 단위　面包店 miànbāodiàn 명 빵집　卖 mài 동 팔다　蛋糕 dàngāo 명 케이크　好吃 hǎochī 형 맛있다　一边A一边B yìbiān A yìbiān B A하면서 B하다　一般 yìbān 형 보통이다　有点儿 yǒudiǎnr 부 조금, 약간　贵 guì 형 비싸다　极了 jí le 부 매우

62

这件衬衫是我前几天在网上买的。虽然颜色和在网上看到的有些不同，可是没想到穿着很舒服，朋友们都说很漂亮，我很满意。	이 셔츠는 내가 며칠 전에 인터넷에서 산 것이다. 비록 색깔이 인터넷에서 본 것과는 조금 다르지만, 입으니까 뜻밖에 매우 편했고 친구들도 모두 예쁘다고 했다. 나는 만족스럽다.
★ 说话人是什么意思？ A 不太合适 **B 比较满意** C 穿着不舒服	★ 말하는 사람은 어떤 의미인가? A 어울리지 않는다 **B 비교적 만족스럽다** C 입으니 불편하다

해설 화자가 말하고자 하는 중심 내용을 묻는 문제이다. 화자는 인터넷으로 구입한 셔츠가 인터넷에서 본 색상과 조금 다르지만, 没想到穿着很舒服，朋友们都说很漂亮，我很满意(입으니까 뜻밖에 매우 편했고 친구들도 모두 예쁘다고 했다. 나는 만족스럽다)라고 했다. 따라서 비교적 만족하고 있음을 알 수 있으므로 정답은 B 比较满意(비교적 만족스럽다)이다.

어휘 件 jiàn 양 일이나 옷을 세는 단위　衬衫 chènshān 명 셔츠, 와이셔츠　虽然A，可是B suīrán A, kěshì B 비록 A일지라도 그러나 B하다　颜色 yánsè 명 색깔　有些 yǒuxiē 부 조금, 약간　不同 bùtóng 동 같지 않다　舒服 shūfu 형 편안하다　满意 mǎnyì 형 만족하다　合适 héshì 형 알맞다, 적당하다　比较 bǐjiào 부 비교적

63

中国有句话叫"当耳边风"，意思是不管别人对你说什么，你总是听不进。左耳朵进，右耳朵出，不放在心上。	중국에는 '当耳边风'이라는 말이 있다. 다른 사람이 너에게 무슨 얘기를 하든 네가 듣지 않는다는 뜻이다. 왼쪽 귀로 들어가서 오른쪽 귀로 나와서 마음에 두지 않는다는 뜻이다.
★"当耳边风"表示： A 害怕变化 B 比较满意 **C 没放心上**	★ '当耳边风'이 나타내는 것은? A 변화를 두려워하다 B 비교적 만족하다 **C 마음에 두지 않는다**

해설 지문에서 언급한 '当耳边风'의 뜻을 묻는 문제이다. 질문의 키워드가 등장한 부분을 살펴보면 뒷부분에 意思是不管别人对你说什么，你总是听不进(의미는 다른 사람이 너에게 무슨 얘기를 하든, 네가 듣지 않는다라는 뜻이다)라고 뜻을 설명하고 있다. 또한 지문의 마지막 부분에 不放在心上(마음에 두지 않는다)이라고 했으므로 정답은 C 没放心上(마음에 두지 않는다)이다.

어휘 句 jù 양 마디(말, 글의 수를 세는 단위)　耳边风 ěrbiānfēng 명 마이동풍　意思 yìsi 명 의미　不管 bùguǎn 접 ~에 관계없이　别人 biérén 명 다른 사람　左 zuǒ 명 왼쪽　耳朵 ěrduo 명 귀　右 yòu 명 오른쪽　放 fang 동 두다, 넣다　害怕 hàipà 동 겁내다　变化 biànhuà 동 변화하다　比较 bǐjiào 부 비교적　满意 mǎnyì 형 만족하다

64

每个人都会有自己的兴趣爱好，有的人爱旅行，有的人爱做菜。我的爱好就是运动，只要有时间，我就到外面打篮球、跑步、踢足球等，做运动能让人变得更健康。	모든 사람은 다 자기의 흥미와 취미가 있다. 어떤 사람은 여행가는 것을 좋아하고, 어떤 사람은 요리하기를 좋아한다. 나의 취미는 바로 운동이다. 시간만 있으면, 나는 밖으로 나가 농구, 달리기, 축구 등을 한다. 운동은 사람을 더욱 건강하게 변화시킬 수 있다.
★ 做运动让他： **A 变得健康** B 学到很多 C 想去旅行	★ 운동은 그를 어떻게 변화시켰는가? **A 건강하게 만들었다** B 많은 것을 배웠다 C 여행가고 싶어 한다

해설 운동이 그를 어떻게 변화시켰는지를 묻는 문제이다. 지문에서 화자는 자신의 취미가 운동이라고 하며 做运动能让人变得更健康(운동은 사람을 더욱 건강하게 변화시킬 수 있다)이라고 했으므로 운동을 통해 더 건강해졌음을 알 수 있다. 따라서 알맞은 정답은 A 变得健康(건강하게 만들었다)이다.

어휘 自己 zìjǐ 대 자기, 자신　兴趣爱好 xìngqù'àihào 명 취미와 애호　有的 yǒu de 대 어떤 것, 어떤 사람　爱 ài 동 ~하길 좋아하다　旅行 lǚxíng 동 여행하다　运动 yùndòng 명 운동　篮球 lánqiú 명 농구　跑步 pǎobù 동 달리다　踢足球 tī zúqiú 축구를 하다　等 děng 조 등, 따위　变 biàn 동 변화하다　更 gèng 부 더욱　健康 jiànkāng 형 건강하다　学到 xuédào 동 습득하다

65

很多人认为做决定前一定要好好想想。其实有时候机会不会一直等着你，所以不要想太长时间，你想做什么就去做。	많은 사람들은 결정하기 전에 반드시 잘 생각해 봐야 한다. 사실 어떤 때에는 기회는 계속해서 우리를 기다리지 않는다. 그래서 너무 오랜 시간 고민하지 말고, 네가 하고 싶은 게 있다면 바로 가서 해라.
★ 说话人认为：	★ 말하는 이는 어떻게 여기는가?

A 相信别人 **B 想好了就去做** C 照顾自己	A 다른 사람을 믿어라 **B 생각을 다 했으면 바로 행동해라** C 자신을 돌봐라

해설 말하는 이의 생각을 묻는 문제이다. 지문을 살펴보면 기회는 우리를 오래 기다리지 않으니 不要想太长时间，你想做什么就去做(너무 오랜 시간 고민하지 말고, 네가 하고 싶은 게 있다면 바로 가서 해라)라고 했으므로 일치하는 내용이 B 想好了就去做(생각을 다 했으면 바로 행동해라)임을 알 수 있다.

어휘 认为 rènwéi 동 여기다 决定 juédìng 동 결정하다 一定 yídìng 부 반드시 其实 qíshí 부 사실은 有时候 yǒushíhòu 부 가끔씩 机会 jīhuì 명 기회 一直 yìzhí 부 계속해서 所以 suǒyǐ 접 그래서 不要 bùyào 조동 ~하지 마라 相信 xiāngxìn 동 믿다 别人 biérén 명 다른 사람 照顾 zhàogù 동 돌보다, 보살펴 주다 自己 zìjǐ 대 자기, 자신

66

在中国，离开饭店的时候，服务员可能会对你说"请慢走"。其实他们的意思不是真的让你慢点儿走，而是让你路上小心点儿。	중국에서 음식점에서 나올 때 종업원은 아마도 당신에게 '请慢走'라고 말할 것이다. 사실은 그들의 의미는 진짜 당신에게 '천천히 가세요'가 아니라, 길 조심해서 가라는 말이다.
★ 服务员说"请慢走"，最可能是什么意思？ A 欢迎您再来 **B 让你路上小心** C 让你走得慢	★ 종업원이 말한 '请慢走'는 무슨 의미인가? A 다시 방문하시길 환영해요 **B 길 조심해서 가세요** C 천천히 걸으세요

해설 지문에서 언급된 '请慢走'의 뜻을 묻는 문제이다. 질문의 키워드 뒤쪽에 其实(사실은)이라고 하며 실제 의미가 而是让你路上小心点儿(길 조심해서 가라는 말이다)이라고 했으므로 알맞은 답은 B 让你路上小心(길 조심해서 가세요)이다.

어휘 离开 líkāi 동 떠나다 饭店 fàndiàn 동 호텔, 음식점 服务员 fúwùyuán 명 종업원 可能 kěnéng 부 아마도 慢 màn 부 천천히 走 zǒu 동 가다, 걷다 其实 qíshí 부 사실은 意思 yìsi 명 의미 不是A，而是B búshì A, érshì B A가 아니라 B이다 让 ràng 동 ~하게 하다 路上 lùshang 명 길 가는 중, 도중 小心 xiǎoxīn 동 조심하다 欢迎 huānyíng 동 환영하다

67

有些事情只能自己去决定和选择，所以我们应该学会自己想办法解决问题，不能总是等着别人来帮忙。	어떤 일들은 자기 자신이 결정하고 선택할 수밖에 없다. 그래서 우리는 마땅히 스스로 방법을 생각해내서 문제를 해결할 줄 알아야 한다. 늘 다른 사람이 와서 도와주기를 기다리면 안된다.
★ 根据这段话，我们要： A 关心别人 B 和朋友聊天 **C 自己解决问题**	★ 이 글을 근거로 우리는 무엇을 해야 하는가? A 다른 사람에게 관심갖기 B 친구와 수다떨기 **C 자기가 문제를 해결하기**

해설 질문은 이 글에 근거하여 우리가 해야 하는 것이 무엇인지 묻고 있으므로 지문에서 당위를 나타내는 어휘 要(~해야 한다)나 应该(마땅히 ~해야 한다)가 있는지 살펴본다. 지문에서 我们应该学会自己想办法解决问题(우리는 마땅히 스스로 방법을 생각해 내서 문제를 해결할 줄 알아야 한다)라고 했으므로 정답은 C 自己解决问题(자기가 문제를 해결하기)이다.

어휘 事情 shìqing 명 일, 사정 自己 zìjǐ 대 자기, 자신 决定 juédìng 동 결정하다 选择 xuǎnzé 동 고르다, 선택하다 所以 suǒyǐ 접 그래서 应该 yīnggāi 조동 마땅히 ~해야 한다 学会 xuéhuì 동 습득하다 解决 jiějué 동 해결하다 总是 zǒngshì 부 늘, 항상 别人 biérén 명 다른 사람 关心 guānxīn 동 관심을 갖다 聊天 liáotiān 동 한담하다, 잡담을 하다

68

我有个3岁的儿子，他从小就喜欢听音乐。他哭的时候，只要给他听音乐或唱歌，他马上就不哭了，好像什么也没发生过。	나는 3살짜리 아들이 하나 있다. 그는 어려서부터 음악 듣기를 좋아했다. 그가 울 때는 음악을 들려주거나 노래를 불러 주면, 그는 바로 울음을 그치고 마치 아무 일도 없었던 듯이 한다.
★ 她儿子： **A 爱听音乐** B 喜欢游泳 C 经常画画儿	★ 그녀의 아들은? **A 음악 듣는 것을 좋아하다** B 수영하는 것을 좋아한다 C 자주 그림을 그린다

해설 그녀의 아들에 대한 설명으로 옳은 내용을 고르는 문제이다. 지문에서 他从小就喜欢听音乐(그는 어려서부터 음악 듣기를 좋아했다)라고 하고 이어 구체적인 경험을 설명하고 있으므로 키워드가 지문에 그대로 언급된 A 爱听音乐(음악 듣는 것을 좋아하다)가 정답이다.

어휘 岁 suì 양 살, 세(나이를 세는 단위) 儿子 érzi 명 아들 喜欢 xǐhuan 동 좋아하다 音乐 yīnyuè 명 음악 哭 kū 동 울다 或 huò 접 혹은, 또는 马上 mǎshàng 부 곧, 즉시 好像 hǎoxiàng 동 마치 ~와 같다 发生 fāshēng 동 발생하다 游泳 yóuyǒng 동 수영하다 经常 jīngcháng 부 자주 画画 huàhuà 동 그림을 그리다

69

我今年29岁，还没结婚，也没有女朋友。所以我父母总是为我结婚的事很着急，但是对我来说，现在工作比结婚更重要，我不想太早结婚。	나는 올해 29세이다. 아직 결혼을 하지 않았고, 여자친구도 없다. 그래서 부모님은 늘 내 결혼 문제 때문에 조급해하신다. 그러나 나에게 있어서는, 지금은 일이 결혼보다 더 중요하기 때문에 너무 빨리 결혼하고 싶지 않다.
★ 根据这段话，可以知道他： A 想早结婚 B 快结婚了 **C 对结婚不感兴趣**	★ 이 글을 근거로 그에 대해 알 수 있는 것은? A 일찍 결혼하고 싶어한다 B 곧 결혼한다 **C 결혼에 대해서 관심이 없다**

해설 질문은 그에 관한 옳은 내용을 묻고 있으므로 보기의 키워드가 지문에 언급되었는지 살펴본다. 지문에서 자신을 소개하며 마지막 부분에서 现在工作比结婚更重要，我不想太早结婚(지금은 일이 결혼보다 더 중요하기 때문에 너무 빨리 결혼하고 싶지 않다)이라고 했으므로 화자는 현재 결혼하고 싶어 하지 않는다는 것을 알 수 있다. 따라서 정답은 C 对结婚不感兴趣(결혼에 대해서 관심이 없다)이다.

어휘 今年 jīnnián 명 올해 岁 suì 양 살, 세(나이를 세는 단위) 结婚 jiéhūn 동 결혼하다 所以 suǒyǐ 접 그래서 父母 fùmǔ 명 부모 总是 zǒngshì 부 늘, 줄곧 为 wèi 개 ~때문에(원인을 나타냄) 着急 zháojí 동 조급해 하다 但是 dànshì 접 그러나 对A来说 A에게 있어서는 工作 gōngzuò 동 일하다 比 bǐ 개 ~보다 感兴趣 gǎn xìngqù 동 관심을 갖다

70

上个星期我跟家人一起去广州玩了几天。那里和北方很不一样，特别是天气，虽然现在是冬天，但是不像北方那么冷，而且能看到很多鲜花。	지난주에 나는 가족들과 함께 광저우에 가서 며칠 놀았다. 그곳은 북쪽과는 매우 달랐는데 특히 날씨가 그랬다. 비록 지금은 겨울이지만, 북쪽처럼 그렇게 춥지 않고, 게다가 꽃을 많이 볼 수 있었다.
★ 根据这段话，可以知道他： **A 去过广州** B 是南方人 C 不喜欢冷	★ 이 글을 근거로 그에 대해 알 수 있는 것은? **A 광저우에 간 적이 있다** B 남방 사람이다 C 추운 걸 싫어한다

해설 이 글을 토대로 그에 대해 알 수 있는 내용을 고르는 문제이므로 보기의 키워드가 지문에 등장하는지 살펴본다. 지문의 시작 부분에서 上个星期我跟家人一起去广州玩了几天(지난주에 나는 가족들과 함께 광저우에 가서 며칠 놀았다)이라고 했으므로 정답은 A 去过广州(광저우에 간 적이 있다)이다. 那里和北方很不一样(그곳은 북쪽과는 매우 달랐다)이라는 말에서 그가 북방 사람일 거라고 예상할 수 있으므로 B는 정답이 아니며, C의 추운 것을 좋아하지 않는다는 내용은 언급되지 않았다.

어휘 家人 jiārén 명 가족, 한 집안 식구　一起 yìqǐ 부 같이, 함께　广州 Guǎngzhōu 지명 광저우　北方 běifāng 명 북방　特别 tèbié 부 특히　天气 tiānqì 명 날씨　虽然A, 但是B suīrán A, dànshì B 비록 A일지라도 B하다　冬天 dōngtiān 명 겨울　像 xiàng 동 같다　而且 érqiě 접 게다가　鲜花 xiānhuā 명 생화, 꽃　南方人 nánfāngrén 명 남방 사람　喜欢 xǐhuan 동 좋아하다

쓰기 제1부분

71 关校长　很不　对你的回答　满意

주어	부사어	술어
关校长 명사	对你的回答+很+不 개사구+정도부사+부정부사	满意。 형용사

관 교장 선생님은 너의 대답에 매우 불만족스러워한다.

해설 **술어 배치** 제시어 중 형용사 满意(만족하다)를 술어에 배치한다.
주어 목적어 배치 满意의 주어로 关校长(관 교장 선생님)을 배치한다.
남은 어휘 배치 '정도부사+부정부사'인 很不(매우 안)는 개사구와 함께 쓰일 경우, 개사구 뒤에 위치해야 하므로 对你的回答(너의 대답에) 뒤에 배치하고, 对你的回答很不를 술어 앞에 부사어로 배치하여 문장을 완성한다.

어휘 校长 xiàozhǎng 명 교장　回答 huídá 동 대답하다　满意 mǎnyì 형 만족하다

72 喝完了　那盒　牛奶被　我

관형어	주어	부사어 被+행위의 주체	술어	보어
那+盒 지시대사+양사	牛奶 명사	被+我 被+인칭대사	喝 동사	完+了。 동사+了

그 우유는 내가 다 마셨다.

해설 **술어 배치** 제시어 중 동태조사 了와 결과보어가 결합되어 있는 동사 喝(마시다)를 술어에 배치한다. 개사 被가 있으므로 被자문임을 예상한다.
주어 목적어 배치 被자문에서 주어는 행위를 받는 대상이므로 牛奶(우유)를 주어에 배치한다. 행위를 하는 주체인 我(나)를 被 뒤에 결합시킨다.
남은 어휘 배치 '지시대사+양사'인 那盒(그)는 牛奶 앞에 관형어로 배치하여 문장을 완성한다.

어휘 盒 hé 양 통, 갑(작은 상자를 세는 단위)　牛奶 niúnǎi 명 우유　被 bèi 개 ~에 의해서

73 他的　提高得　比较快　成绩

관형어	주어	술어	보어
他+的 인칭대사+的	成绩 명사	提高 동사	得+比较+快。 得+정도부사+형용사

그의 성적이 비교적 빠르게 향상된다.

해설 **술어 배치** 제시어 중 구조조사 得가 있으므로 정도보어가 있는 문장임을 예상한다. 동사 提高(향상되다)를 술어에 배치한다.
주어 목적어 배치 술어 提高의 주어로 成绩(성적)를 배치한다.
남은 어휘 배치 구조조사 的가 결합된 他的(그의)는 成绩 앞에 관형어로 배치하고, '정도부사+형용사'인 比较快(비교적 빠르다)는 提高得 뒤에 정도보어로 배치하여 문장을 완성한다.

어휘 成绩 chéngjì 명 성적　提高 tígāo 동 향상시키다, 향상하다　比较 bǐjiào 부 비교적

74 还没　学会用　筷子　弟弟

주어	부사어	술어	목적어
弟弟 명사	还+没 부사+부정부사	学会 동사	用筷子。 술목구

남동생은 아직 젓가락을 사용할 줄 모른다.

해설 **술어 배치** 제시어 중 동사 学会(~을 할 줄 알다)를 술어에 배치한다.
주어 목적어 배치 学会의 행위의 주체로 弟弟(남동생)를 주어에 배치하고 学会의 목적어인 동사 用(사용하다)도 목적어가 필요하므로 의미상 알맞은 筷子(젓가락)을 배치하여 弟弟学会用筷子(남동생은 젓가락을 사용할 줄 안다)를 완성한다.
남은 어휘 배치 '부사+부정부사'인 还没(아직 안)는 부사어로 술어 앞에 배치하여 문장을 완성한다.

어휘 学会 xuéhuì 동 배워서 할 수 있게 되다　用 yòng 명 사용하다　筷子 kuàizi 명 젓가락

75 小猫　那只　啊　可爱　真

관형어	주어	부사어	술어
那+只 지시대사+양사	小猫 명사	真 정도부사	可爱+啊！ 형용사+啊

저 고양이 정말 귀엽다.

해설 **술어 배치** 정도부사와 형용사가 있으므로 형용사가 술어인 문장임을 알 수 있다. 형용사 可爱(귀엽다)를 술어에 배치한다.
주어 목적어 배치 可爱의 묘사의 대상으로 小猫(고양이)를 주어에 배치한다. 형용사는 목적어를 가지지 않는다.
남은 어휘 배치 정도부사 真(정말)은 형용사 可爱 앞에 배치하고, '지시대사+양사'인 那只(그)은 관형어이므로 小猫 앞에 배치한다. 어기조사인 啊를 문장 끝에 배치하여 문장을 완성한다.

어휘 只 zhī 양 마리(동물을 세는 단위)　小猫 xiǎomāo 명 고양이　可爱 kě'ài 형 귀엽다, 사랑스럽다　啊 a 조 문장의 끝에 쓰여 감탄의 어기를 나타냄

쓰기 제2부분

76

shì
睡觉前刷牙（ 是 ）一种很好的习惯。

잠을 자기 전에 이를 닦는 것은 좋은 습관(이다).

해설 빈칸의 구조는 [주어(刷牙)+___+관형어(一种很好的)+목적어(习惯)]이다. 빈칸 앞에 주어가 있고 뒤에 목적어가 있으므로 빈칸에는 술어가 될 수 있는 단어가 들어가야 한다. 따라서 병음이 shì인 동사 是(~이다)를 써 넣는다.

어휘 睡觉 shuìjiào 동 잠을 자다 刷牙 shuāyá 동 이를 닦다 种 zhǒng 양 종, 종류 习惯 xíguàn 명 습관

77

yǐ
秋天（ 已 ）经到了，街道两边的树叶都变成了金黄色的，特别漂亮。

가을이 (벌써) 왔어. 거리의 양쪽의 나뭇잎들이 모두 노랗게 변해서 아주 예쁘다.

해설 빈칸의 구조는 [주어(秋天)+___经+술어(到)+어기조사(了)]이다. 문장의 뜻이 '가을이 ~하게 왔어'이므로 병음 yǐ에 해당하고 뒤의 经과 한 단어를 이루는 已를 써 넣는다. 已经은 '이미, 벌써'라는 뜻의 부사이다.

어휘 秋天 qiūtiān 명 가을 已经 yǐjīng 부 벌써, 이미 街道 jiēdào 명 거리 两边 liǎngbiān 명 양쪽 树叶 shùyè 명 나뭇잎 金黄色 jīnhuángsè 황금색 特别 tèbié 부 특히, 아주

78

gèng
我觉得健康比工作（ 更 ）重要。

나는 건강이 일보다 (더) 중요하다고 생각해.

해설 빈칸의 구조는 [주어(健康)+개사(比)+개사의 목적어(工作)+___+술어(重要)]이므로 빈칸에는 부사어가 들어가야 한다. 병음이 gèng이면서 형용사 앞에 쓰일 수 있는 부사 更(더욱)을 써 넣는다.

어휘 觉得 juéde 동 ~라고 생각하다 健康 jiànkāng 명 건강 工作 gōngzuò 동 일하다 更 gèng 부 더욱 重要 zhòngyào 형 중요하다

79

cái
我妹妹昨天在网上买了条裙子，（ 才 ）五百多块钱，非常便宜。

내 여동생은 어제 인터넷에서 치마를 한 벌 샀다. (겨우) 5백 위안 정도라서 매우 저렴했다.

해설 빈칸의 구조는 [___+수량사(五百多块钱)]이다. 뒷부분에 非常便宜(매우 저렴하다)가 있으므로 빈칸에는 빈칸 뒤의 가격이 싼 것임을 나타내는 단어가 들어가야 한다. 병음이 cái인 부사 才(겨우)를 써 넣는다.

어휘 网上 wǎngshàng 명 온라인, 인터넷 条 tiáo 양 가늘고 긴 것을 세는 단위 裙子 qúnzi 명 치마 才 cái 부 겨우 便宜 piányi 형 싸다, 저렴하다

80

hǎo
这个季节的葡萄又新鲜又（ 好 ）吃。

이 계절의 포도는 신선하고 (맛있다).

해설 빈칸의 구조는 [又+형용사(新鲜)+又+___吃]이다. '又A又B'에서 A와 B에 주로 형용사를 사용하므로 병음이 hǎo이면서 吃과 함께 한 단어를 이루는 好를 써 넣는다. 好吃는 형용사로 '맛있다'라는 뜻이다.

어휘 季节 jìjié 명 계절 葡萄 pútáo 명 포도 又A又B yòu A yòu B A하기도 하고 B 하기도 하다 新鲜 xīnxiān 형 신선하다 好吃 hǎochī 형 맛있다

정답 확인

실전모의고사 2

듣기

제1부분	1. E	2. C	3. F	4. A	5. B	6. A	7. E	8. D	9. B	10. C
제2부분	11. ✓	12. ✗	13. ✗	14. ✓	15. ✓	16. ✓	17. ✗	18. ✓	19. ✗	20. ✗
제3부분	21. A	22. B	23. C	24. A	25. C	26. C	27. C	28. B	29. A	30. B
제4부분	31. A	32. B	33. C	34. A	35. A	36. B	37. A	38. C	39. B	40. A

독해

제1부분	41. C	42. D	43. A	44. F	45. B	46. C	47. E	48. D	49. A	50. B
제2부분	51. F	52. B	53. A	54. C	55. D	56. C	57. F	58. E	59. B	60. A
제3부분	61. C	62. B	63. B	64. A	65. C	66. A	67. B	68. C	69. B	70. C

쓰기

제1부분

71. 老师对我的回答很满意。

72. 火车马上就要出发了。

73. 她的眼睛又大又圆。

74. 我把房子打扫干净了。

75. 他汉语说得很流利。

제2부분

76. 听　77. 学　78. 知　79. 明　80. 打

정답 & 해설 실전모의고사 2

듣기 제1부분

1

사진 속 남자가 정장 차림으로 자전거와 함께 있다. 따라서 관련 어휘로 骑自行车(자전거를 타다), 上班(출근하다) 등을 떠올려 두고 녹음을 듣는다.

女：你每天怎么上班？ 男：**骑自行车上班**，我家离公司很近。	여: 너 매일 어떻게 출근해? 남: **자전거 타고 출근해**. 우리 집은 회사에서 매우 가까워.

해설 여자가 남자에게 어떻게 출근하는지 물었고 남자는 骑自行车上班(자전거 타고 출근해)이라고 했다. 미리 연상해 둔 핵심 키워드가 그대로 일치하며, 자전거와 함께 서 있는 남자의 모습인 E가 정답이다.

어휘 每天 měitiān 명 매일　怎么 zěnme 대 어떻게　上班 shàngbān 동 출근하다　骑 qí 동 타다　自行车 zìxíngchē 명 자전거　离 lí 개 ~로부터　公司 gōngsī 명 회사　近 jìn 형 가깝다

2

사진은 옷을 갈아입는 여자의 모습이다. 핵심 키워드로 衣服(옷), 换(갈아입다) 등을 연상하고 녹음을 듣는다.

男：你在哪儿？我在你家门口等你呢。 女：我**换**件**衣服**马上出去。等一下。	남: 너 어디야? 나 너희 집 입구에서 기다리고 있어. 여: 나 **옷 갈아 입고** 바로 나갈게. 기다려.

해설 여자가 我换件衣服马上出去(나 옷 갈아 입고 바로 나갈게)라고 한 말에 换(갈아입다)과 衣服(옷)가 들렸다. 따라서 옷을 갈아입는 여자의 모습인 C가 정답이다.

어휘 门口 ménkǒu 명 입구　等 děng 동 기다리다　换 huàn 동 바꾸다　件 jiàn 양 일이나 옷을 세는 단위　衣服 yīfu 명 옷　马上 mǎshàng 부 곧, 바로　出去 chūqù 동 나가다

3

사진은 땀이 난 채 물을 마시고 있는 남자의 모습이다. 핵심 키워드로 喝水(물을 마시다), 渴(목이 마르다), 热(덥다) 등을 연상할 수 있다.

女：别**喝**那么快。 男：太**渴**了，外边真**热**，我都出汗了。	여: 그렇게 빨리 **마시지** 마. 남: 너무 **목말라**. 밖에 진짜 **더워서** 나 땀났어.

해설 여자가 别喝那么快(그렇게 빨리 마시지 마)라고 했고 남자는 太渴了，外边真热(너무 목말라. 밖에 진짜 더워)라고 했으므로 남자가 목이 말라 물을 마시고 있음을 알 수 있다. 따라서 물을 마시는 남자의 모습인 F가 정답이다.

어휘 别 bié 부 ~하지 마라 喝 hē 동 마시다 那么 nàme 대 그렇게 快 kuài 형 빠르다 渴 kě 형 목마르다 外边 wàibian 명 밖, 바깥쪽 热 rè 형 덥다 出汗 chūhàn 동 땀이 나다

4

사진은 남자와 여자가 뭔가를 쓰고 있는 모습이다. 따라서 녹음에 写(쓰다)가 언급되는지 주의해서 듣는다.

男：你这里**写**错了，这里应该要**写**你的名字。 女：好吧，我马上修改。	남: 너 여기 잘못 **썼어**. 여기는 마땅히 네 이름을 **써야** 해. 여: 알겠어. 바로 고칠게.

해설 남자가 여자에게 你这里写错了(너 여기 잘못 썼어)라고 했으므로 뭔가를 쓰고 있는 사진을 보기에서 빠르게 찾는다. 남녀가 책상에 앉아 뭔가를 쓰고 있는 모습인 A가 정답이다.

어휘 写错 xiěcuò 동 잘못 쓰다 应该 yīnggāi 조동 마땅히 ~해야 한다 写 xiě 동 쓰다 名字 míngzi 명 이름 马上 mǎshàng 부 곧, 바로 修改 xiūgǎi 동 고치다, 수정하다

5

사진은 여자가 책을 주는 모습이다. 书(책), 借(빌리다), 给(주다) 등을 핵심 키워드로 떠올리고 녹음을 듣는다.

女：上次你**借**给我的**书**，我看完了，还给你。 男：怎么样？有意思吗？	여: 지난번 네가 나에게 **빌려준 책** 나 다 봤어. 돌려줄게. 남: 어때? 재밌어?

해설 여자가 上次你借给我的书，我看完了，还给你(지난번 네가 나에게 빌려준 책 나 다 봤어. 돌려줄게)라고 했으므로 책을 돌려주는 상황임을 알 수 있다. 따라서 책을 주는 여자의 모습인 B가 정답이다.

어휘 上次 shàngcì 명 지난번 借 jiè 동 빌리다 给 gěi 동 주다 书 shū 명 책 看完 kànwán 동 다 보다 还 huán 동 돌려주다 怎么样 zěnmeyàng 대 어떻다, 어떠하다 有意思 yǒuyìsi 형 재미있다

6

사진에 동물이 있다면 동물이 직접적으로 언급될 가능성이 크다. 고양이가 있으므로 小猫(고양이)를 연상하고 듣는다.

男：这只**小猫**真可爱，是你的吗？ 女：不是，我朋友要去出差，所以我暂时帮他照顾的。	남: 이 **고양이** 진짜 귀엽다. 네 거야? 여: 아니야. 내 친구가 출장가야 한다고 해서 내가 잠시 도와서 돌봐주고 있는 거야.

해설 남자가 这只小猫真可爱(이 고양이 진짜 귀엽다)라고 한 말에 小猫(고양이)가 들렸으므로 고양이를 안고 있는 사진인 A가 정답이다.

어휘 只 zhī 양 마리(동물을 세는 단위) 小猫 xiǎomāo 명 고양이 可爱 kě'ài 형 귀엽다 朋友 péngyǒu 명 친구 出差 chūchāi 동 출장 가다 所以 suǒyǐ 접 그리하여 暂时 zànshí 부 잠시, 잠깐 帮 bāng 동 돕다 照顾 zhàogù 동 돌보다

7

사진은 남자가 집에 들어오는 모습이다. 핵심 키워드로 回来(돌아오다), 回家(집에 가다) 등을 연상해 둔다.

女：你怎么又**回来**了？ 男：上了出租车才发现，忘带了会议资料。	여: 너 왜 다시 **돌아왔어**? 남: 택시 타고 나서 회의 자료를 깜빡하고 안 챙긴 걸 발견했지 뭐야.

해설 여자의 말 你怎么又回来了?(너 왜 다시 돌아왔어?)를 통해 남자가 집에 다시 돌아왔음을 알 수 있다. 따라서 집 현관으로 들어서는 남자 모습인 E가 정답이다.

어휘 怎么 zěnme 대 어떻게 又 yòu 부 또 回来 huílái 동 돌아오다 出租车 chūzūchē 명 택시 才 cái 부 비로소, 그제서야 发现 fāxiàn 동 발견하다, 알아차리다 忘 wàng 동 잊어버리다 带 dài 동 가져가다, 지니다 会议 huìyì 명 회의 资料 zīliào 명 자료

8

사진은 여자와 남자가 악수를 하는 모습이다. 첫 만남임을 예상할 수 있으므로 您好(안녕하세요), 认识您很高兴(만나서 반갑습니다) 등을 떠올린다.

男：**您好**，我是李明。欢迎您来北京。 女：**您好**，我叫张雪。**认识您很高兴**。	남: **안녕하세요**. 저는 리밍이라고 합니다. 베이징에 오신 것을 환영합니다. 여: **안녕하세요**. 장쉐라고 해요. **만나서 반갑습니다**.

해설 대화는 여자와 남자가 처음 만나 통성명하며 인사하는 내용이다. 보기 D의 핵심 키워드 您好(안녕하세요), 认识您很高兴(만나서 반갑습니다)이 그대로 언급되었으므로 정답은 D이다.

어휘 欢迎 huānyíng 동 환영하다 北京 Běijīng 지명 베이징 叫 jiào 동 부르다 认识 rènshi 동 알다 高兴 gāoxìng 형 기쁘다, 즐겁다

9

사진은 여자와 남자가 컴퓨터를 보고 있는 모습이다. 电脑(컴퓨터), 上网(인터넷을 하다) 등을 연상하고 녹음을 듣는다.

女：我的**电脑**坏了，你能帮我看看吗？ 男：好的，没问题，我看一下。	여: 제 **컴퓨터**가 망가졌어요. 좀 봐줄 수 있어요? 남: 좋아요. 문제없죠. 제가 좀 볼게요.

해설 여자가 我的电脑坏了(제 컴퓨터가 망가졌어요)라고 한 말에 电脑(컴퓨터)가 들렸다. 여자가 남자에게 고장난 컴퓨터를 봐 달라고 하는 대화이므로 B가 정답이다.

어휘 电脑 diànnǎo 명 컴퓨터　坏 huài 동 고장나다　帮 bāng 동 돕다　看 kàn 동 보다　没问题 méi wèntí 동 문제 없다

10

사진 속 남자가 그림을 벽에 걸고 있다. 따라서 挂(걸다), 画儿(그림) 등을 떠올린 후 녹음을 듣는다.

男：这幅**画儿**这样**挂**，可以吗？ 女：再往右点儿就好了。	남: **그림** 이렇게 **걸면** 돼? 여: 좀 더 오른쪽이면 좋겠다.

해설 남자가 画儿这样挂，可以吗？(그림을 이렇게 걸면 돼?)라고 했으므로 벽에 그림을 걸고 있음을 알 수 있다. 따라서 일치하는 사진은 C이다.

어휘 画儿 huàr 명 그림　挂 guà 동 걸다　再 zài 부 또, 다시　右 yòu 명 오른쪽

듣기 제2부분

11

我的爱好是读书，周末找时间去图书馆，静静地看一本书，这时候我觉得很幸福。	나의 취미는 독서이다. 주말에 시간을 내서 도서관에 가서 조용히 책을 읽는다. 이때 나는 너무 행복하다고 느낀다.
★ 他喜欢看书。　(✓)	★ 그는 책 보는 것을 좋아한다.

해설 문장의 핵심 키워드는 喜欢看书(책 보는 것을 좋아한다)이므로 취미에 대한 내용을 주의해서 듣는다. 녹음의 시작 부분에서 我的爱好是读书(나의 취미는 독서이다)라고 했다. 看书와 读书는 모두 '책을 읽다'라는 뜻이므로 정답은 일치이다.

어휘 爱好 àihào 명 취미　读书 dúshū 동 책을 읽다　周末 zhōumò 명 주말　找 zhǎo 동 찾다　时间 shíjiān 명 시간　图书馆 túshūguǎn 명 도서관　静静 jìngjìng 형 조용하다, 고요하다　本 běn 양 권(책을 세는 단위)　书 shū 명 책　这时候 zhè shíhou 명 이때　觉得 juéde 동 ~라고 생각하다　幸福 xìngfú 형 행복하다　喜欢 xǐhuan 동 좋아하다　看 kàn 동 보다

12

老师，我不明白黑板上的那个句子是什么意思。	선생님, 저는 칠판의 그 문장이 무슨 뜻인지 모르겠어요.
★ 他明白了那个句子。　(✗)	★ 그는 그 문장을 이해했다.

해설 문장의 핵심 키워드는 明白了(이해했다)와 那个句子(그 문장)이므로 긍정과 부정 표현에 중점을 두고 녹음을 듣는다. 녹음에서 我不明白黑板上的那个句子是什么意思(저는 칠판의 그 문장이 무슨 뜻인지 모르겠어요)라고 했으므로 그 문장을 이해하지 못했음을 알 수 있다. 따라서 정답은 불일치이다.

어휘 老师 lǎoshī 명 선생님　明白 míngbai 동 이해하다, 알다　黑板 hēibǎn 명 칠판　句子 jùzi 명 문장　意思 yìsi 명 의미, 뜻

13

聪明的人很重视每一个机会。因为他们知道很多时候机会只有一次。	똑똑한 사람은 매 기회를 중시한다. 왜냐하면 그들은 많은 경우 기회는 오직 한 번뿐이라는 걸 알기 때문이다.

★ 聪明的人认为机会经常有。 (✗)	★ 똑똑한 사람은 기회가 늘 있다고 생각한다.

해설 문장의 핵심 키워드는 聪明的人(똑똑한 사람)과 认为机会经常有(기회가 늘 있다고 생각한다)이다. 녹음에서 他们知道很多时候机会只有一次(그들은 많은 경우 기회는 오직 한 번뿐이라는 걸 안다)라고 했으므로 문장과 반대되는 내용이다. 따라서 일치하지 않는다.

어휘 聪明 cōngming 형 똑똑하다, 총명하다 重视 zhòngshì 동 중시하다 每 měi 대 매 机会 jīhuì 명 기회 因为 yīnwèi 접 ~때문에 知道 zhīdào 동 알다 时候 shíhou 명 시간, 때 只有 zhǐyǒu 부 오직, 오로지 次 cì 양 번, 차례 认为 rènwéi 동 여기다, ~라고 생각하다 经常 jīngcháng 부 자주, 종종

14

对不起，先生，您要的那个颜色已经卖完了。要不试试这件红色的？应该适合你。	죄송합니다, 선생님. 원하시는 그 색깔은 이미 다 팔렸어요. 아니면 이 빨간색을 입어 보시겠어요? 잘 어울리실 거예요.
★ 他要的衣服卖完了。 (✓)	★ 그가 원하는 옷은 모두 팔렸다.

해설 문장의 핵심 키워드는 他要的衣服(그가 원하는 옷)와 卖完了(모두 팔렸다)이므로 옷이 팔렸는지를 확인하며 녹음을 듣는다. 녹음에서 你要的那个颜色已经卖完了(원하시는 그 색깔은 이미 다 팔렸어요)라고 했으므로 옷이 다 팔렸다는 사실이 일치함을 알 수 있다.

어휘 对不起 duìbuqǐ 형 미안하다 先生 xiānsheng 명 선생님, 씨 颜色 yánsè 명 색깔 已经 yǐjing 부 이미 卖完 màiwán 동 다 팔리다 要不 yàobù 접 그렇지 않으면 试 shì 동 시도하다 件 jiàn 양 일이나 옷을 세는 단위 红色 hóngsè 명 빨간색 应该 yīnggāi 조동 응당 ~할 것이다 适合 shìhé 동 적합하다 衣服 yīfu 명 옷

15

我一直在找这本小说，没想到周末去一家书店的时候看见了它，我太高兴了。	나는 계속 이 소설을 찾고 있었는데, 주말에 서점에 갔을 때 그것을 보게 될 줄은 생각지도 못했다. 너무 기쁘다.
★ 他终于找到那本书了。 (✓)	★ 그는 마침내 그 책을 찾았다.

해설 문장의 핵심 키워드는 找到那本书了(그 책을 찾았다)이므로 책을 찾았는지를 확인하며 녹음을 듣는다. 周末去一家书店的时候看见了它(주말에 서점에 갔을 때 그것을 보았다)라고 하여 책을 찾았음을 알 수 있다. 따라서 일치하는 내용이다.

어휘 一直 yìzhí 부 계속해서 找 zhǎo 동 찾다 本 běn 양 권(책을 세는 단위) 小说 xiǎoshuō 명 소설 没想到 méixiǎngdào 생각지도 못하다 周末 zhōumò 명 주말 家 jiā 양 가정, 가게 등을 세는 단위 书店 shūdiàn 명 서점 时候 shíhou 명 때 看见 kànjiàn 동 보다 高兴 gāoxìng 형 기쁘다 终于 zhōngyú 부 마침내 书 shū 명 책

16

我们这儿冬天又冷又干燥，你刚来这儿不适应是很正常的。相信时间长了你就习惯了。	우리가 있는 이곳은 겨울이 춥고 건조해. 네가 막 와서 적응하지 못하는 것은 정상이야. 시간이 좀 지나면 적응될 거라 믿어.
★ 那儿冬天很冷。 (✓)	★ 그곳의 겨울은 아주 춥다.

해설 문장의 핵심 키워드는 那儿冬天(그곳의 겨울)과 很冷(아주 춥다)이므로 겨울이 추운지 춥지 않은지를 확인하며 듣는다. 녹음의 시작 부분에서 我们这儿冬天又冷又干燥(우리가 있는 이곳은 겨울이 춥고 건조해)라는 문장을 통해 이곳의 겨울이 춥다는 것을 알 수 있다. 따라서 일치하는 내용이다.

어휘 冬天 dōngtiān 명 겨울 冷 lěng 형 춥다 干燥 gānzào 형 건조하다 刚 gāng 부 방금, 막 适应 shìyìng 동 적응하다 正常 zhèngcháng 형 정상적이다 相信 xiāngxìn 동 믿다 时间 shíjiān 명 시간 长 cháng 명 길다 习惯 xíguàn 동 습관이 되다

실전모의고사 2

17

昨天我在网上看到一件衣服，质量很好，也很漂亮。就是价格有点儿贵。我还在考虑。	어제 인터넷에서 옷을 한 벌 봤는데, 품질이 좋고 예뻤다. 다만 가격이 조금 비싸서 나는 지금 고민 중이다.
★ 那件衣服很便宜。 (✗)	★ 그 옷은 아주 싸다.

해설 문장의 핵심 키워드는 那件衣服(그 옷)와 很便宜(아주 싸다)이다. 녹음에 贵(비싸다) 또는 便宜(싸다) 등이 언급되는지 듣는다. 앞부분에서는 옷의 장점에 대해 말하고 뒷부분에서 就是(다만)을 사용하여 단점인 价格有点儿贵(가격이 조금 비싸다)를 언급했으므로 일치하지 않는 내용이다.

어휘 昨天 zuótiān 명 어제 网上 wǎngshàng 명 인터넷 看到 kàndào 동 보다 件 jiàn 양 일이나 옷을 세는 단위 衣服 yīfu 명 옷 质量 zhìliàng 명 품질 漂亮 piàoliang 형 예쁘다 就是 jiùshì 부 다만 价格 jiàgé 명 가격 有点儿 yǒudiǎnr 부 조금 贵 guì 형 비싸다 还 hái 부 아직도, 여전히 在 zài 부 ~하고 있는 중이다 考虑 kǎolǜ 동 고려하다 便宜 piányi 형 싸다

18

喂，你好，我在你们商店买了条裤子，回家以后才发现衣服有问题，我要换新的。	여보세요. 안녕하세요. 제가 그쪽 가게에서 바지를 하나 샀는데요. 집에 와서 옷에 문제가 있는 걸 발견했어요. 저는 새것으로 바꾸고 싶어요.
★ 他想换衣服。 (✓)	★ 그는 옷을 교환하고 싶다.

해설 문장의 핵심 키워드는 想换衣服(옷을 교환하고 싶다)이다. 녹음에서 옷가게에 전화를 걸어 옷에 문제가 있다고 하면서 我要换新的(저는 새것으로 바꾸고 싶어요)라고 했으므로 문장이 녹음과 일치한다.

어휘 喂 wéi 감 여보세요 商店 shāngdiàn 명 상점 买 mǎi 동 사다 条 tiáo 양 가늘고 긴 것을 세는 단위 裤子 kùzi 명 바지 回家 huíjiā 동 집에 가다 以后 yǐhòu 명 이후 才 cái 부 비로소, 그제서야 发现 fāxiàn 동 발견하다, 알아차리다 衣服 yīfu 명 옷 问题 wèntí 명 문제 换 huàn 동 바꾸다 新的 xīn de 명 새것

19

我本来打算和朋友去国外旅行，但是我的护照还没办好，不能去旅游了，很可惜。	나는 원래 친구들과 외국으로 여행을 가려고 했다. 그러나 내 여권이 아직 안 나와서 여행을 갈 수 없게 되었다. 너무 아쉽다.
★ 他要出国旅游了。 (✗)	★ 그는 외국 여행을 가려고 한다.

해설 문장의 핵심 키워드는 他要出国旅游了(외국 여행을 가려고 한다)이므로 여행을 가는지 가지 않는지에 주의해서 듣는다. 녹음에서 화자는 원래 여행을 갈 계획이었지만 여권이 나오지 않아 不能去旅游了(여행을 갈 수 없게 되었다)라고 했으므로 일치하지 않는 내용임을 알 수 있다.

어휘 本来 běnlái 부 본래는, 원래는 打算 dǎsuan 동 ~할 계획이다 和 hé 개 ~와/과 朋友 péngyǒu 명 친구 国外 guówài 명 국외, 외국 旅行 lǚxíng 명 여행 但是 dànshì 접 그러나, 그렇지만 护照 hùzhào 명 여권 还 hái 부 아직 办 bàn 동 처리하다 可惜 kěxī 형 안타깝다, 아쉽다 出国 chūguó 동 출국하다 旅游 lǚyóu 명 여행

20

昨天你买回来的鱼，在哪儿买的？一点儿都不新鲜。以后还是别去那儿买了。	어제 네가 사 온 생선 어디서 산 거야? 하나도 안 신선해. 다음부터 거기 가서 사지 말자.
★ 那条鱼很新鲜。 (✗)	★ 그 생선은 아주 신선하다.

해설 문장의 핵심 키워드는 那条鱼(그 생선)와 很新鲜(아주 신선하다)이다. 녹음에서 一点儿都不新鲜(하나도 안 신선해)이라고 했으므로 제시된 문장과 일치하지 않음을 알 수 있다.

어휘 昨天 zuótiān 명 어제 买 mǎi 동 사다 回来 huílái 동 돌아오다 鱼 yú 명 물고기, 생선 一点儿 yìdiǎnr 양 조금 新鲜 xīnxiān 형 신선하다 以后 yǐhòu 명 이후 还是……吧 háishì……ba 아무래도 ~하는 게 낫다 别 bié 부 ~하지 마라 条 tiáo 양 가늘고 긴 것을 세는 단위

듣기 제3부분

21

女：在路上跟你打招呼的那个女孩儿是谁？ 男：是新来的职员，叫小丽，她的性格很好。 问：男的遇到了谁？	여: 길에서 인사한 그 여자 누구야? 남: 새로 온 직원이야. 샤오리라고 해. 성격이 아주 좋아. 질문: 남자는 누구를 만났는가?
A 新职员　B 王阿姨　C 马医生	**A 새로 온 직원**　B 왕 아줌마　C 마 의사

해설 보기의 어휘로 보아 인물을 묻는 문제임을 알 수 있다. 녹음에 언급되는 인물에 주의해서 듣는다. 여자가 남자에게 길에서 인사한 여자가 누구냐고 물었고 남자는 是新来的职员(새로 온 직원이다)이라고 대답했다. 질문에서 남자가 누구를 만났는지 물었으므로 정답은 A 新职员(새로 온 직원)이다.

어휘 路上 lùshang 명 길 가는 중, 도중　打招呼 dǎ zhāohu 인사하다　女孩儿 nǚháir 명 여자아이　谁 shéi 대 누구　新来 xīnlái 동 새로 오다　职员 zhíyuán 명 직원　叫 jiào 동 ~라고 하다　性格 xìnggé 명 성격　遇到 yùdào 동 만나다　阿姨 āyí 명 아주머니　医生 yīshēng 명 의사

22

男：我们一共几个人去滑雪场呀？ 女：四个人。小明感冒了，不能去了。 问：他们要去哪儿？	남: 우리 모두 몇 명이 스키장 가는 거야? 여: 4명. 샤오밍은 감기에 걸려서 못 간대. 질문: 그들은 어디에 가려고 하는가?
A 学校　**B 滑雪场**　C 邮局	A 학교　**B 스키장**　C 우체국

해설 보기의 어휘로 보아 장소를 묻는 문제임을 알 수 있다. 장소를 묻는 질문이 나올 것임을 예상하여 去(가다) 또는 到(~에 이르다)와 같은 단어의 뒤를 주의해서 들어야 한다. 남자의 말 我们一共几个人去滑雪场呀?(우리 모두 몇 명이 스키장에 가?)에 滑雪场(스키장)이 들렸다. 질문에서 그들이 가려고 하는 장소를 물었으므로 정답은 B 滑雪场(스키장)이다.

어휘 一共 yígòng 부 전부, 합계　个 gè 양 개, 명　人 rén 명 사람　感冒 gǎnmào 동 감기에 걸리다　要 yào 조동 ~하려고 하다　学校 xuéxiào 명 학교　滑雪场 huáxuěchǎng 명 스키장　邮局 yóujú 명 우체국

23

女：电梯坏了吗？你怎么走楼梯上来了？ 男：没有，一整天在办公室坐着，我越来越胖了，我想运动一下。 问：男的为什么走楼梯？	여: 엘리베이터 망가졌어? 너 왜 계단으로 올라와? 남: 아니야. 하루종일 사무실에 앉아 있으니 점점 더 뚱뚱해져서 운동을 좀 하고 싶었어. 질문: 남자는 왜 계단으로 갔는가?
A 停电了 B 电梯人太多了 **C 想锻炼身体**	A 정전됐다 B 엘리베이터에 사람이 너무 많다 **C 몸을 단련하고 싶다**

해설 보기의 어휘로 보아 사물 또는 사람의 상태를 묻는 문제임을 알 수 있다. 왜 계단으로 올라오느냐는 여자의 질문에 남자는 我想运动一下(운동을 좀 하고 싶었어)라고 했다. 질문에서 남자가 계단을 이용한 이유를 물었으므로 정답은 C 想锻炼身体(몸을 단련하고 싶다)이다. 运动과 锻炼身体는 모두 '운동하다'라는 뜻이다.

어휘 电梯 diàntī 명 엘리베이터　坏 huài 형 고장나다　怎么 zěnme 대 어떻게　走 zǒu 동 가다　楼梯 lóutī 명 계단　上来 shànglái 동 (낮은 데서 높은 데로) 올라오다　一整天 yìzhěngtiān 명 온종일　办公室 bàngōngshì 명 사무실　坐 zuò 동 앉다

越来越 yuèláiyuè 부 갈수록 胖 pàng 형 뚱뚱하다 运动 yùndòng 동 운동하다 为什么 wèishénme 부 왜, 어째서 停电 tíngdiàn 동 정전되다 锻炼 duànliàn 동 단련하다 身体 shēntǐ 명 신체

24

男："说"前面是什么字？我看不清楚。 女：是"小"字。你眼睛不好吧？我们下次坐在前边吧。 问：关于男的可以知道什么？	남: '说' 앞에 무슨 글자야? 나 잘 안 보여. 여: '小'자야. 너 눈이 안 좋구나? 우리 다음에는 앞에 앉자. 질문: 남자에 관하여 알 수 있는 것은?
A 看不清字 B 在运动 C 想吃饭	**A 글자가 잘 안 보인다** B 운동을 하고 있다 C 밥을 먹고 싶다

해설 보기의 어휘로 보아 사람의 상태를 묻는 문제임을 알 수 있다. 남자가 어떤 글자인지를 물으며 我看不清楚(나는 잘 안보인다)라고 했다. 질문에서 남자에 관하여 알 수 있는 것을 물었으므로 정답은 A 看不清字(글자가 잘 안보인다)이다.

어휘 说 shuō 동 말하다 前面 qiánmian 명 앞, 앞쪽 清楚 qīngchu 형 분명하다 小 xiǎo 형 작다 眼睛 yǎnjing 명 눈 下次 xiàcì 명 다음 번 坐 zuò 동 앉다 前边 qiánbian 명 앞 看不清 kàn bu qīng 형 잘 보이지 않다 字 zì 명 글자 运动 yùndòng 동 운동하다

25

女：你怎么现在才来？飞机马上就要起飞了。 男：不好意思，让你久等了。路上堵车堵得很厉害，所以来晚了。 问：他们最有可能在哪儿？	여: 너 왜 지금에서야 와? 비행기 곧 이륙하려고 하잖아. 남: 미안해. 오래 기다렸지. 길에 차가 너무 심하게 막혀서 늦었어. 질문: 그들은 어디에 있을 가능성이 가장 큰가?
A 公司 B 运动场 **C 机场**	A 회사 B 운동장 **C 공항**

해설 보기의 어휘를 보아 장소를 묻는 문제임을 알 수 있다. 여자의 말 飞机马上就要起飞了(비행기가 곧 이륙하려고 한다)에 飞机(비행기)와 起飞(이륙하다)가 있으므로 이들이 공항 또는 비행기 안에 있음을 알 수 있다. 질문에서 그들이 있는 장소를 물었으므로 정답은 C 机场(공항)이다.

어휘 怎么 zěnme 대 어떻게 才 cái 부 비로소, 그제서야 飞机 fēijī 명 비행기 马上 mǎshàng 부 곧, 바로 就要……了 jiùyào……le 곧 ~하려고 하다 起飞 qǐfēi 동 이륙하다 不好意思 bùhǎoyìsi 미안하다 让 ràng 동 ~하게 하다 久 jiǔ 형 오래되다 等 děng 동 기다리다 路上 lùshang 명 길 가는 중, 도중 堵车 dǔchē 동 차 막히다 厉害 lìhai 형 대단하다, 심하다 所以 suǒyǐ 접 그리하여 公司 gōngsī 명 회사 运动场 yùndòngchǎng 명 운동장 机场 jīchǎng 명 공항

26

男：你这部手机用了多长时间了？ 女：快一年了，去年三月买的。 问：手机是什么时候买的？	남: 이 휴대폰 쓴 지 얼마나 됐어? 여: 곧 1년 돼. 작년 3월에 샀어. 질문: 휴대폰은 언제 산 것인가?
A 明年 B 今年 **C 去年**	A 내년 B 올해 **C 작년**

해설 보기의 어휘로 보아 시간을 묻는 문제임을 알 수 있다. 휴대폰 쓴 지 얼마나 됐느냐는 남자의 물음에 여자는 去年三月买的(작년 3월에 샀어)라고 했다. 질문에서 휴대폰은 언제 산 것인지 물었으므로 정답은 C 去年(작년)이다.

어휘 部 bù 양 서적, 영화, 기계를 세는 단위 手机 shǒujī 명 휴대폰 用 yòng 동 사용하다 多长时间 duōcháng shíjiān 얼마 동안 快 kuài 부 곧 买 mǎi 동 사다 什么时候 shénme shíhou 대 언제 明年 míngnián 명 내년 今年 jīnnián 명 올해 去年 qùnián 명 작년

27

女：外面冷不冷？ 男：很冷，风也特别大，你出门要多穿点儿衣服，别感冒了。 问：今天天气怎么样？	여: 밖에 추워 안 추워? 남: 아주 추워. 바람도 많이 불고. 너 밖에 나갈 때 옷 많이 따뜻하게 입어. 감기 걸리지 않게. 질문: 오늘 날씨는 어떤가?
A 很热　　B 下雨　　**C 非常冷**	A 아주 덥다　　B 비가 온다　　**C 매우 춥다**

해설 보기의 어휘로 보아 날씨를 묻는 문제임을 알 수 있다. 바깥 날씨가 어떠냐는 여자의 질문에 남자는 很冷，风也特别大(매우 추워. 바람도 많이 불고)라고 했다. 질문에서 오늘 날씨를 물었으므로 정답은 C 非常冷(매우 춥다)이다.

어휘 外面 wàimiàn 명 밖　冷 lěng 형 춥다　风 fēng 명 바람　特别 tèbié 형 특별하다, 특이하다　大 dà 형 크다　出门 chūmén 동 외출하다, 나가다　多 duō 형 많다　穿 chuān 동 입다　衣服 yīfu 명 옷　别 bié 부 ~하지 마라　感冒 gǎnmào 동 감기에 걸리다　怎么样 zěnmeyàng 대 어떠하다

28

男：你要不要牛奶？ 女：不要了，中国人喝茶的时候，一般不加牛奶。 问：他们在做什么？	남: 너 우유 필요해? 여: 필요 없어. 중국인은 차 마실 때, 보통 우유를 안 넣어. 질문: 그들은 무엇을 하고 있는가?
A 看书　　**B 喝茶**　　C 运动	A 책을 본다　　**B 차를 마신다**　　C 운동한다

해설 보기의 어휘로 보아 동작을 묻는 문제임을 알 수 있다. 우유가 필요하느냐는 남자의 질문에 여자는 필요없다고 하며 中国人喝茶的时候，一般不加牛奶(중국인은 차 마실 때, 보통 우유를 안넣어)라고 했다. 질문에서 그들이 무엇을 하고 있는지를 물었으므로 정답은 B 喝茶(차를 마신다)이다.

어휘 要 yào 동 필요하다　牛奶 niúnǎi 명 우유　不要 búyào 동 필요 없다　中国人 Zhōngguórén 명 중국인　喝 hē 동 마시다　茶 chá 명 차　时候 shíhou 명 시각, 때　一般 yìbān 형 보통이다, 일반적이다　加 jiā 동 더하다　运动 yùndòng 동 운동하다

29

女：喂，你好，我是803号房间的客人。房间的空调坏了，你来看一下。 男：好的，我这就过去。 问：他们最可能在哪儿？	여: 여보세요. 안녕하세요. 저는 803호 방 손님입니다. 방에 에어컨이 고장났어요. 와서 봐 주세요. 남: 알겠습니다. 제가 바로 갈게요. 질문: 그들은 어디에 있을 가능성이 가장 큰가?
A 酒店　　B 商店　　C 游泳馆	**A 호텔**　　B 상점　　C 수영장

해설 보기의 어휘를 보아 장소를 묻는 문제임을 알 수 있다. 여자의 我是 803 号房间的客人(저는 803호 방 손님입니다)이라는 말을 통해 여자는 현재 호텔에 있음을 추측할 수 있다. 질문에서 그들이 있는 장소를 물었으므로 정답은 A 酒店(호텔)이다.

어휘 喂 wéi 감 여보세요　号 hào 명 호　房间 fángjiān 명 방　客人 kèrén 명 손님　空调 kōngtiáo 명 에어컨　坏 huài 형 고장나다　看 kàn 동 보다　一下 yíxià 양 한번 ~하다　过去 guòqù 동 가다　酒店 jiǔdiàn 명 호텔　商店 shāngdiàn 명 상점　游泳馆 yóuyǒngguǎn 명 수영장

30

男：小明怎么没来上班？ 女：他请假了，他说要带孩子去医院看病。 问：小明为什么请假？	남: 샤오밍 왜 출근 안 했어? 여: 그는 휴가냈어. 그가 말하길 아이를 데리고 병원에 가서 진찰받아야 한대. 질문: 샤오밍은 왜 휴가를 냈는가?
A 他想休息 **B 他要去医院** C 他要准备考试	A 그는 쉬고 싶다 **B 그는 병원에 가려고 한다** C 그는 시험을 준비하려고 한다

해설 보기의 어휘를 보아 사람의 상태를 묻는 문제임을 알 수 있다. 샤오밍이 왜 출근 안 했느냐는 남자의 질문에 여자는 他请假了(그는 휴가냈다)라며 휴가를 낸 이유로 要带孩子去医院看病(아이를 데리고 병원에 가서 진찰받아야 한다)이라고 했다. 질문에서 샤오밍이 휴가를 낸 이유를 물었으므로 정답은 B 他要去医院(그는 병원에 가려고 한다)이다.

어휘 怎么 zěnme 대 어떻게 上班 shàngbān 동 출근하다 请假 qǐngjià 동 휴가를 내다 带 dài 동 이끌다, 데리다 孩子 háizi 명 아이 医院 yīyuàn 명 병원 看病 kànbìng 동 진찰하다, 진료하다 为什么 wèishénme 대 왜, 어째서 休息 xiūxi 동 쉬다 准备 zhǔnbèi 동 준비하다 考试 kǎoshì 명 시험

듣기 제4부분

31

男：你哪儿不舒服？ 女：我好像感冒了，头疼，咳嗽，还流鼻涕。 男：什么时候开始？ 女：从昨晚开始的。 问：他们最有可能在哪儿？	남: 어디가 불편하세요? 여: 아무래도 감기에 걸린 것 같아요. 머리가 아프고 기침을 하고 게다가 콧물도 흘려요. 남: 언제부터 시작됐죠? 여: 어젯밤부터요. 질문: 그들은 어디에 있을 가능성이 가장 큰가?
A 医院　B 图书馆　C 车站	**A 병원**　B 도서관　C 정류장

해설 보기의 어휘를 보아 장소를 묻는 문제임을 알 수 있다. 직접적인 장소가 언급되지는 않았지만 장소를 추측할 수 있는 문장이 언급됐다. 남자의 말 你哪儿不舒服?(어디가 불편하세요?)와 이에 대한 여자의 대답 我好像感冒了，头疼，咳嗽，还流鼻涕(아무래도 감기에 걸린 것 같아요. 머리가 아프고, 기침을 하고, 게다가 콧물도 흘려요)를 통해 의사와 환자의 대화임을 예상할 수 있다. 질문에서 그들이 있는 장소를 물었으므로 정답은 A 医院(병원)이다.

어휘 哪儿 nǎr 대 어디 舒服 shūfu 형 편안하다 好像 hǎoxiàng 부 마치 ~과 같다 感冒 gǎnmào 동 감기에 걸리다 头疼 tóuténg 동 머리가 아프다 咳嗽 késou 동 기침하다 还 hái 부 게다가, 더욱 流鼻涕 liú bítì 동 콧물이 나오다 什么时候 shénme shíhou 대 언제 开始 kāishǐ 동 시작하다 从 cóng 개 ~부터 昨晚 zuówǎn 명 어제 저녁 医院 yīyuàn 명 병원 图书馆 túshūguǎn 명 도서관 车站 chēzhàn 명 정류장

32

女：喂，你在哪儿？我到你说的那儿了。 男：到了吗？你再向前走一点儿，就能看到红绿灯了。 女：再往前走？ 男：是的，你在那儿等我吧。我马上出去。	여: 여보세요. 어디야? 나 네가 말한 그곳에 도착했어. 남: 도착했어? 좀 더 앞으로 와. 그럼 신호등이 보일 거야. 여: 좀 더 앞으로? 남: 응. 거기에서 기다려. 바로 나갈게.

问：关于女的可以知道什么？	질문: 여자에 관하여 알 수 있는 것은?
A 在喝茶 **B 不认识路** C 要买衣服	A 차를 마시고 있다 **B 길을 모른다** C 옷을 사려고 한다

해설 보기의 어휘를 보아 동작을 묻는 문제임을 알 수 있다. 여자가 전화를 하며 我到你说的那儿了(나 네가 말한 그곳에 도착했어)라고 했고, 남자는 你再向前走一点儿(좀 더 앞으로 와)라며 길을 알려 주고 있다. 질문에서 여자에 대해 알 수 있는 것을 물었으므로 정답은 B 不认识路(길을 모른다)이다.

어휘 喂 wèi 감 여보세요 到 dào 동 도착하다 再 zài 부 또, 다시 向 xiàng 개 ~을 향해서 走 zǒu 동 가다 就 jiù 부 곧, 즉시 看到 kàndào 동 보다 红绿灯 hónglǜdēng 명 신호등 再 zài 부 또, 다시 往 wǎng 개 ~를 향하여 等 děng 동 기다리다 马上 mǎshàng 부 곧, 바로 出去 chūqù 동 나가다 喝 hē 동 마시다 茶 chá 명 차 认识 rènshi 동 알다 路 lù 명 길 买 mǎi 동 사다 衣服 yīfu 명 옷

33

男：别看电视了，感冒要注意休息。 女：没关系，我已经好多了。 男：吃药了没？ 女：吃过了，你放心吧。 问：女的现在做什么？	남: 텔레비전 보지 마. 감기는 휴식에 주의해야 해. 여: 괜찮아. 이미 좋아졌어. 남: 약 먹었어? 여: 먹었어. 안심해. 질문: 여자는 지금 무엇을 하고 있는가?
A 做菜　B 打扫房间　**C 看电视**	A 요리를 한다　B 방을 청소한다　**C 텔레비전을 본다**

해설 보기의 어휘를 보아 동작을 묻는 문제임을 알 수 있다. 남자는 여자에게 别看电视了(텔레비전 보지 마)라고 했다. 질문에서 여자가 무엇을 하고 있는지 물었으므로 정답은 C 看电视(텔레비전을 본다)이다.

어휘 别 bié 부 ~하지 마라 看 kàn 동 보다 电视 diànshì 명 텔레비전 感冒 gǎnmào 동 감기에 걸리다 注意 zhùyì 동 주의하다 休息 xiūxi 동 휴식하다, 쉬다 没关系 méi guānxi 괜찮습니다 已经 yǐjing 부 이미 吃 chī 동 먹다 药 yào 명 약 放心 fàngxīn 동 마음을 놓다 做菜 zuòcài 동 요리를 하다 打扫 dǎsǎo 동 청소하다 房间 fángjiān 명 방

34

女：你看到我给你发的短信了吗？ 男：还没，有什么事吗？ 女：下个星期我们部门要去爬山的内容。 男：好，我现在就看。 问：他们下个星期最有可能做什么？	여: 제가 보낸 문자 메세지 봤어요? 남: 아직이요. 무슨 일 있어요? 여: 다음 주에 우리 부서 등산 가는 내용이에요. 남: 알겠어요. 제가 지금 바로 볼게요. 질문: 그들은 다음 주에 무엇을 할 가능성이 가장 큰가?
A 爬山　B 旅游　C 逛街	**A 등산하다**　B 여행하다　C 쇼핑하다

해설 보기의 어휘를 보아 동작을 묻는 문제임을 알 수 있다. 무슨 일 있느냐는 남자의 질문에 여자가 下个星期我们部门要去爬山的内容(다음 주에 우리 부서 등산 가는 내용이다)이라고 했으므로 그들은 다음 주에 등산을 갈 것임을 알 수 있다. 질문에서 다음 주에 하려고 하는 일을 물었으므로 정답은 A 爬山(등산하다)이다.

어휘 发 fā 동 보내다 短信 duǎnxìn 명 문자 메시지 还没 háiméi 아직 ~하지 않았다 下个星期 xià ge xīngqī 다음 주 部门 bùmén 명 부서 内容 nèiróng 명 내용 爬山 páshān 동 등산하다 旅游 lǚyóu 동 여행하다 逛街 guàngjiē 동 쇼핑하다

35

男：现在几点了？	남: 지금 몇 시예요?
女：八点一刻。	여: 8시 15분이요.
男：那我们快点儿吧，电影就要开始了。	남: 그럼 우리 서둘러야겠어요. 영화가 곧 시작하겠어요.
女：我们十点半的电影。还有两个多小时呢。不用担心。	여: 우리 10시 반 영화예요. 아직 두 시간 넘게 남았어요. 걱정 마세요.
问：电影几点开始？	질문: 영화는 몇 시에 시작하는가?
A 10:30　B 11:30　C 12:30	**A 10:30**　B 11:30　C 12:30

해설 보기의 어휘로 보아 시간을 묻는 문제임을 알 수 있다. 30분은 三十分 또는 半으로 표현할 수 있음을 기억하자. 지금 몇 시냐는 남자의 질문에 여자는 八点一刻(8시 15분)라고 대답했고, 이에 서두르자는 남자의 말에 여자는 我们十点半的电影(우리 10시 반 영화예요)이라고 말했다. 질문에서 영화 시작 시간을 물었으므로 정답은 A 10:30이다.

어휘 现在 xiànzài 명 지금　点 diǎn 양 시　一刻 yíkè 15분　快 kuài 형 빠르다　电影 diànyǐng 명 영화　就要……了 jiùyào……le 곧 ~할 것이다　开始 kāishǐ 동 시작하다　还有 háiyǒu 접 그리고, 또　小时 xiǎoshí 명 시간　不用 búyòng 동 ~할 필요 없다　担心 dānxīn 동 걱정하다

36

女：你怎么还没去学校？	여: 너 왜 아직도 학교에 안 갔어?
男：我起晚了，这就去。	남: 늦게 일어났어요. 지금 가요.
女：外面阴天了，可能会下雨。你带雨伞吧。	여: 밖에 날씨가 흐리다. 비 올 것 같아. 우산 챙겨.
男：知道了，妈。	남: 알겠어요. 엄마.
问：外边天气怎么样？	질문: 바깥 날씨는 어떠한가?
A 很热　**B 阴天**　C 晴天	A 덥다　**B 흐린 날씨**　C 맑은 날씨

해설 보기의 어휘를 보아 날씨를 묻는 문제임을 알 수 있다. 여자가 外面阴天了，可能会下雨(밖에 날씨가 흐리다. 비 올 것 같아)라고 했으므로 현재 날씨가 흐리고 비가 온다는 것을 알 수 있다. 질문에서 바깥 날씨를 물었으므로 정답은 B 阴天(흐린 날씨)이다.

어휘 学校 xuéxiào 명 학교　起晚 qǐwǎn 동 늦게 일어나다　外面 wàimiàn 명 밖　可能 kěnéng 부 아마도　下雨 xiàyǔ 동 비가 오다　带 dài 동 가져가다, 지니다　雨伞 yǔsǎn 명 우산　知道 zhīdào 동 알다　天气 tiānqì 명 날씨　怎么样 zěnmeyàng 대 어떠하다　热 rè 형 덥다　阴天 yīntiān 명 흐린 날씨　晴天 qíngtiān 명 맑은 날씨

37

男：你干什么？	남: 너 뭐해?
女：我今天不用上班，在家休息呢。	여: 오늘 출근 안 해도 돼서 집에서 쉬고 있어.
男：今天一起去唱歌，怎么样？	남: 오늘 같이 노래 부르러 갈래? 어때?
女：好啊，我正无聊呢。	여: 좋아. 때마침 심심했어.
问：关于女的可以知道什么？	질문: 여자에 관하여 알 수 있는 것은?
A 不去上班　B 感冒了　C 在睡觉	**A 출근하지 않았다**　B 감기에 걸렸다　C 잠을 자고 있다

해설 보기의 어휘를 보아 사람의 상태를 묻는 문제임을 알 수 있다. 뭐하고 있느냐는 남자의 질문에 여자는 我今天不用上班，在家休息呢(오늘 출근 안 해도 돼서 집에서 쉬고 있어)라고 했다. 질문에서 여자에 대해 알 수 있는 것을 물었으므로 정답은 A 不去上班(출근하지 않았다)이다.

어휘 干 gàn 동 하다 不用 búyòng 동 필요 없다 休息 xiūxi 동 휴식하다, 쉬다 一起 yìqǐ 부 같이, 함께 唱歌 chànggē 동 노래 부르다 怎么样 zěnmeyàng 대 어떠하다 正 zhèng 부 마침, 딱 无聊 wúliáo 형 무료하다, 재미없다 上班 shàngbān 동 출근하다 感冒 gǎnmào 동 감기에 걸리다 睡觉 shuìjiào 동 자다

38

女：我要去超市，你去不去？ 男：不去了，我要做作业，明天要交。 女：好，我帮你买什么吗？ 男：没有。 问：男的为什么不去超市？	여: 나 슈퍼마켓에 갈 건데 너 갈래? 남: 안 갈래요. 저 숙제 해야 해요. 내일 내야 해요. 여: 알겠어. 뭐 사다 줄까? 남: 아뇨. 질문: 남자는 왜 슈퍼마켓에 안 가는가?
A 生病了 B 很麻烦 **C 要写作业**	A 병이 났다 B 귀찮다 **C 숙제를 해야 한다**

해설 보기의 어휘를 보아 사람의 상태를 묻는 문제임을 알 수 있다. 슈퍼마켓에 갈 거냐는 여자의 질문에 남자는 가지 않겠다며 그 이유로 我要做作业，明天要交(저 숙제 해야 해요. 내일 내야 해요)라고 했다. 질문에서 남자가 슈퍼마켓에 가지 않는 이유를 물었으므로 정답은 C 要写作业(숙제를 해야 한다)이다. 做作业와 写作业는 모두 '숙제를 하다'라는 뜻의 동의어이다.

어휘 超市 chāoshì 명 슈퍼마켓 作业 zuòyè 명 숙제 交 jiāo 동 내다 帮 bāng 동 돕다 买 mǎi 동 사다 为什么 wèishénme 대 왜, 어째서 生病 shēngbìng 동 아프다 麻烦 máfan 형 귀찮다, 번거롭다 写 xiě 동 쓰다

39

男：小姐，您好！有什么可以帮您的吗？ 女：我的手机不见了。 男：您的手机是什么颜色的？ 女：黑色的。 男：是这个吗？我们在打扫洗手间的时候发现的。 问：女的怎么了？	남: 아가씨, 안녕하세요. 무엇을 도와 드릴까요? 여: 제 휴대폰이 안 보여요. 남: 휴대폰은 어떤 색인가요? 여: 검정색이요. 남: 이건가요? 저희가 화장실 청소할 때 발견했습니다. 질문: 여자는 무슨 일인가?
A 累了 **B 手机不见了** C 高兴了	A 힘들다 **B 휴대폰이 안 보인다** C 기쁘다

해설 보기의 어휘를 보아 사람의 상태를 묻는 문제임을 알 수 있다. 도움이 필요하느냐는 남자의 말에 여자는 我的手机不见了(제 휴대폰이 안보여요)라고 했다. 질문에서 여자에게 어떤 일이 생겼는지 물었으므로 정답은 B 手机不见了(휴대폰이 안 보인다)이다.

어휘 小姐 xiǎojiě 명 아가씨 帮 bāng 동 돕다 颜色 yánsè 명 색깔 黑色 hēisè 명 검은색 打扫 dǎsǎo 동 청소하다 洗手间 xǐshǒujiān 명 화장실 时候 shíhou 명 시간, 때 发现 fāxiàn 동 발견하다, 알아차리다 怎么了 zěnme le 무슨 일이야? 累 lèi 형 피곤하다, 힘들다 手机 shǒujī 명 휴대폰 见 jiàn 동 보다 高兴 gāoxìng 형 기쁘다, 즐겁다

실전모의고사 2

40

女：你怎么买了西红柿回来？不是要买苹果吗？ 男：我去得晚，苹果都卖完了。不得不买西红柿了。 女：啊，这样啊。辛苦了，去洗个澡吧，我来做饭。 男：好。 问：男的为什么没买苹果？	여: 너 왜 토마토를 사 와? 사과 사야 한다고 하지 않았어? 남: 늦게 가서 사과가 다 팔렸더라고. 어쩔 수 없이 토마토 사 왔어. 여: 아! 그랬구나. 고생했어. 가서 씻어. 내가 밥 할게. 남: 알겠어. 질문: 남자는 왜 사과를 사지 않았는가?
A 卖完了　B 不新鲜　C 太贵了	**A 다 팔렸다**　B 신선하지 않다　C 너무 비싸다

해설 보기의 어휘를 보아 사물의 상태를 묻는 문제임을 알 수 있다. 왜 사과를 사러 가서는 토마토를 사 왔느냐는 여자의 질문에 남자는 苹果都卖完了(사과가 다 팔렸다)라고 했다. 질문에서 남자가 사과를 사 온 이유를 물었으므로 정답은 A 卖完了(다 팔렸다)이다.

어휘 怎么 zěnme 대 왜, 어째서　买 mǎi 동 사다　西红柿 xīhóngshì 명 토마토　回来 huílái 동 돌아오다　苹果 píngguǒ 명 사과　晚 wǎn 형 늦다　不得不 bùdébù 부 어쩔 수 없이　辛苦 xīnkǔ 형 고생스럽다　洗澡 xǐzǎo 동 샤워하다　做饭 zuòfàn 동 식사 준비를 하다　卖 mài 동 팔다　新鲜 xīnxiān 형 신선하다　太……了 tài……le 너무 ~하다　贵 guì 형 비싸다

독해 제1부분

41-45

A 办公室里怎么这么热？ B 请问，国家图书馆怎么走？ C 我打算带儿子去动物园，他非常喜欢动物。 D 你先坐下来休息一下吧。 E 当然。我们先坐公共汽车，然后换地铁。 F 我记得他小时候很矮，没想到现在这么高了。	A 사무실 안이 왜 이렇게 더워? B 말씀 좀 여쭙겠습니다. 국립도서관 어떻게 가나요? C 나 아들을 데리고 동물원에 갈 계획이야. 아들이 동물을 아주 좋아해. D 우선 앉아서 좀 쉬어. E 당연하지. 우리는 우선 버스를 타고 그 다음에 지하철로 갈아 탈 거야. F 내가 기억하기론 어렸을 땐 엄청 작았는데, 지금 이렇게 클 줄은 생각도 못 했네.

41

周末你打算做什么？	주말에 너 뭐 할 계획이야?
(C 我打算带儿子去动物园，他非常喜欢动物。)	(C 나 아들을 데리고 동물원에 갈 계획이야. 아들이 동물을 아주 좋아해.)

해설 문장은 질문형이고 핵심 키워드는 打算(~을 할 계획이다)이므로 계획에 관한 내용의 문장을 찾는다. 보기 C에 打算이 있고 구체적인 계획이 언급되었으므로 내용이 연결됨을 알 수 있다.

어휘 周末 zhōumò 명 주말　打算 dǎsuan 동 ~할 계획이다　带 dài 동 이끌다, 데리다　儿子 érzi 명 아들　动物园 dòngwùyuán 명 동물원　非常 fēicháng 부 매우　喜欢 xǐhuan 동 좋아하다　动物 dòngwù 명 동물

42	
做了两个小时的运动，真累啊！	두 시간 동안 운동했더니 너무 힘들다.
(D 你先坐下来休息一下吧。)	(D 우선 앉아서 좀 쉬어.)

해설 문장의 핵심 키워드는 运动(운동하다)과 累(피곤하다)이다. 보기 D에 坐下来休息一下吧(앉아서 좀 쉬어)라고 권하고 있으므로 내용이 연결됨을 알 수 있다.

어휘 小时 xiǎoshí 명 시간 运动 yùndòng 명 운동 真 zhēn 부 확실히, 참으로 累 lèi 형 피곤하다, 힘들다 先 xiān 부 먼저 坐 zuò 동 앉다 休息 xiūxi 동 휴식하다, 쉬다

43	
空调坏了，我们开窗户吧。	에어컨이 망가졌어. 우리 창문 열자.
(A 办公室里怎么这么热？)	(A 사무실 안이 왜 이렇게 더워?)

해설 문장의 핵심 키워드는 空调坏了(에어컨이 망가졌다)이다. 따라서 덥다는 내용이 있는 문장을 찾는다. 보기 A가 怎么这么热？(왜 이렇게 더워?)라고 묻고 있으므로 내용이 연결된다.

어휘 空调 kōngtiáo 명 에어컨 坏 huài 형 고장나다 开 kāi 동 열다, 켜다 窗户 chuānghu 명 창문 办公室 bàngōngshì 명 사무실 里 lǐ 명 안 这么 zhème 대 이렇게나 热 rè 형 덥다

44	
我儿子今年才17岁，就长到一米八了。	내 아들은 올해 17세밖에 안됐는데 키가 180cm야.
(F 我记得他小时候很矮，没想到现在这么高了。)	(F 내가 기억하기론 어렸을 땐 엄청 작았는데, 지금 이렇게 클 줄은 생각도 못 했네.)

해설 문장의 핵심 키워드는 长到一米八了(키가 180cm야)이므로 키에 관한 내용을 찾는다. 보기 F에 矮(작다)와 高(크다)가 언급되어 키에 관해 문장이므로 서로 연결됨을 알 수 있다.

어휘 儿子 érzi 명 아들 今年 jīnnián 명 올해 才 cái 부 비로소, 그제서야 岁 suì 명 나이, 세 长 zhǎng 동 자라다 米 mǐ 양 미터(m) 记得 jìde 동 기억하다 小时候 xiǎo shíhou 명 어렸을 때 矮 ǎi 형 (키가) 작다 没想到 méixiǎngdào 생각지 못하다, 뜻밖이다

45	
一直往前走，就能看到。	앞으로 쭉 가시면 바로 보일 거예요.
(B 请问，国家图书馆怎么走？)	(B 말씀 좀 여쭙겠습니다. 국립 도서관 어떻게 가나요?)

해설 문장의 一直往前走(앞으로 쭉 가다)를 보아 길을 알려 주는 내용이다. 보기 B에 怎么走？(어떻게 가요?)가 있으므로 길을 묻는 내용이 서로 연결됨을 알 수 있다.

어휘 一直 yìzhí 부 줄곧, 계속해서 往 wǎng 개 ~를 향하여 前 qián 명 앞 走 zǒu 동 가다 看到 kàndào 동 보다 请问 qǐngwèn 말씀 좀 묻겠습니다 国家 guójiā 명 국가 图书馆 túshūguǎn 명 도서관

46-50

A 妈妈，我想看一会儿电视。	A 엄마, 저 텔레비전 잠깐 보고 싶어요.
B 我怕你迟到，你还是早点儿出发吧。	B 네가 지각할까 걱정되니 너 그냥 일찍 출발해.
C 我戴这顶帽子怎么样？	C 내가 쓴 이 모자 어때?
D 我每天都很忙。	D 나는 매일 아주 바쁘다.
E 这种花我还是第一次见。	E 이 꽃 난 처음 봐요.

실전모의고사 2

46	
很好看，颜色很适合你，你在哪儿买的？	예쁘다. 색깔이 너랑 잘 어울려. 어디서 샀어?
(C 我戴这顶帽子怎么样？)	(C 내가 쓴 이 모자 어때?)

해설 문장의 핵심 키워드는 很好看(아주 예쁘다)이고, 단답형 대답으로 시작하므로 질문형 문장이 앞에 올 수 있다. 보기 C가 怎么样？(어때?)이라고 하여 모자에 관한 견해를 물었으므로 내용이 서로 연결된다.

어휘 好看 hǎokàn 형 예쁘다　颜色 yánsè 명 색깔　适合 shìhé 동 적합하다　买 mǎi 동 사다　戴 dài 동 착용하다　顶 dǐng 양 모자를 세는 단위　帽子 màozi 명 모자　怎么样 zěnmeyàng 대 어떠하다

47	
它的叶子长得真奇怪。	그것의 잎사귀는 정말 이상하게 생겼어요.
(E 这种花我还是第一次见。)	(E 이 꽃 난 처음 봐요.)

해설 문장의 핵심 키워드는 叶子(잎사귀)이므로 식물에 관한 내용을 찾는다. 보기 E에 花(꽃)가 있으므로 꽃의 잎사귀에 관한 설명이 서로 연결된다.

어휘 叶子 yèzi 명 잎　长 zhǎng 동 자라다, 생기다　真 zhēn 부 확실히, 참으로　奇怪 qíguài 동 기이하다, 이상하다　种 zhǒng 양 종, 종류　花 huā 명 꽃　还是 háishi 부 여전히, 그래도　第一次 dìyīcì 명 최초, 맨 처음으로　见 jiàn 동 보다

48	
除了工作，我还要做家务，照顾孩子。	일 말고도 나는 집안일도 하고 아이도 돌봐야 해.
(D 我每天都很忙。)	(D 나는 매일 아주 바쁘다.)

해설 문장의 핵심 키워드는 工作(일하다), 做家务(집안일을 하다), 照顾孩子(아이를 돌보다)이다. 보기 D에 很忙(아주 바쁘다)이 있어 많은 일로 인해 바쁘다라는 내용이 서로 연결된다.

어휘 除了 chú le 개 ~을 제외하고　工作 gōngzuò 명 일　还 hái 부 게다가, 더욱　家务 jiāwù 명 집안일, 가사　照顾 zhàogù 동 돌보다　孩子 háizi 명 아이　忙 máng 형 바쁘다

49	
好吧，不过看完了就要睡觉啊。	좋아. 그러나 다 보고 나서 바로 자야 한다.
(A 妈妈，我想看一会儿电视。)	(A 엄마. 저 텔레비전 잠깐 보고 싶어요.)

해설 문장은 단답형 대답 好吧(좋아)로 시작하고, 핵심 키워드는 看(보다)이다. 보기 A에도 看이 있고 아이가 엄마에게 텔레비전을 보겠다고 허락을 구하는 내용으로 서로 연결된다.

어휘 不过 búguò 접 그러나　看 kàn 동 보다　完 wán 동 다하다, 끝나다　睡觉 shuìjiào 동 자다　电视 diànshì 명 텔레비전

50	
喂，现在路上堵车堵得很厉害。	여보세요. 지금 길에 차가 너무 많이 막혀.
(B 我怕你迟到，你还是早点儿出发吧。)	(B 네가 지각할까 걱정되니 너 그냥 일찍 출발해.)

해설 문장의 핵심 키워드는 堵车(차가 막히다)이므로 시간 약속에 관한 내용이 있는지 살펴본다. 보기 B에 迟到(지각하다)와 出发(출발하다)가 있으므로 차가 막혀 늦을 수도 있으니 일찍 출발하라는 내용으로 연결됨을 알 수 있다.

어휘 喂 wèi 감 여보세요　路 lù 명 길　堵车 dǔchē 동 차가 막히다　厉害 lìhai 형 대단하다　怕 pà 동 걱정하다　迟到 chídào 동 지각하다　早点儿 zǎodiǎnr 좀 일찍　出发 chūfā 동 출발하다

독해 제2부분

51-55

A 生日	B 双	C 关	A 명 생일	B 양 켤레	C 동 닫다
D 一定	E 声音	F 安静	D 부 반드시	E 명 목소리	F 형 조용하다

51 这家咖啡厅又(F 安静)又舒服。

이 커피숍은 (F 조용하)고 편안하다.

해설 빈칸의 구조는 [又+___+又+형용사(舒服)]로 '又……又……'는 형용사를 사용하여 '~하기도 하고 ~하기도 하다'라는 뜻을 나타낸다. 문장의 주어가 咖啡厅(커피숍)이므로 문맥상 F 安静(조용하다)이 들어가야 한다.

어휘 家 jiā 양 가정, 가게 등을 세는 단위　咖啡厅 kāfēitīng 명 커피숍　又A又B yòu A yòu B A하기도 하고 B하기도 하다　安静 ānjìng 형 조용하다　舒服 shūfu 형 편안하다

52 这(B 双)鞋很好看，我可以试试吗？

이 (B 한 켤레) 신발 너무 예뻐요. 신어 봐도 되나요?

해설 빈칸의 구조는 [지시대사(这)+___+명사(鞋)]이므로 빈칸은 양사가 들어가야 한다. 鞋(신발)와 어울리는 양사는 B 双(켤레)이다.

어휘 双 shuāng 양 쌍, 켤레　鞋 xié 명 신발　好看 hǎokàn 형 예쁘다　试 shì 동 시도하다

53 祝你(A 生日)快乐，这是我送你的礼物，希望你喜欢。

(A 생일) 축하해. 이건 내가 너에게 주는 선물이야. 좋아했으면 좋겠다.

해설 빈칸에 사용된 '祝……快乐'는 축하할 때 쓰는 말이다. 문장에 礼物(선물)가 언급되었으므로 문맥상 어울리는 것은 A 生日(생일)이다.

어휘 祝 zhù 동 빌다, 축원하다　生日 shēngri 명 생일　快乐 kuàilè 명 즐거움　送 sòng 동 주다, 선물하다　礼物 lǐwù 명 선물　希望 xīwàng 동 희망하다　喜欢 xǐhuan 동 좋아하다

54 外边在刮风，(C 关)上窗户，好吗？

밖에 바람이 분다. 창문 (C 닫아도) 될까?

해설 빈칸의 구조는 [___+결과보어(上)+목적어(窗户)]이므로 빈칸은 동사술어가 들어가야 한다. 문장이 '밖에 바람이 분다. 창문을 ~하다'라는 뜻이므로 문맥상 C 关(닫다)이 적합하다.

어휘 外边 wàibian 명 밖, 바깥쪽　刮风 guāfēng 동 바람이 불다　关 guān 동 닫다　窗户 chuānghu 명 창문

55 我们明天早上八点出发，你(D 一定)要按时到机场。

우리는 내일 아침 8시에 출발할 거야. 너 (D 반드시) 시간 맞춰서 공항에 와야 해.

해설 빈칸의 구조는 [주어(你)+___+부사어(要按时)+술어(到)+목적어(机场)]이므로 빈칸은 부사어가 들어가야 한다. 부사어의 어순은 '부사+조동사+개사구'이며 조동사 要(~해야 한다)는 앞에 부사 一定(반드시)과 자주 결합하므로 정답은 D 一定(반드시)이다.

어휘 明天 míngtiān 명 내일　早上 zǎoshang 명 아침　点 diǎn 양 시　出发 chūfā 동 출발하다　一定 yídìng 부 꼭, 반드시　按时 ànshí 부 제때에, 시간에 맞추어　到 dào 동 도착하다　机场 jīchǎng 명 공항

56-60

A 参加	B 清楚	C 洗手间	A 동 참가하다	B 형 분명하다	C 명 화장실
D 爱好	E 突然	F 糖	D 명 취미	E 부 갑자기	F 명 설탕

56

A：请问，(C 洗手间) 在哪儿？
B：先往前走，到电梯前边往右拐，就能看到。

A: 말씀 좀 여쭙겠습니다. (C 화장실)은 어디에 있나요?
B: 우선 앞으로 가서 엘리베이터 앞에서 우회전하시면 바로 보이실 거예요.

해설 빈칸의 구조는 [___+술어(在)+목적어(哪儿)]이므로 빈칸은 주어 자리이다. 대화가 위치를 알려 주는 내용이므로 장소인 C 洗手间(화장실)이 들어가야 한다.

어휘 请问 qǐng wèn 말씀 좀 묻겠습니다 洗手间 xǐshǒujiān 명 화장실 先 xiān 부 먼저 往 wǎng 개 ~를 향하여 前 qián 명 앞 走 zǒu 동 가다 到 dào 동 도착하다 电梯 diàntī 명 엘리베이터 前边 qiánbian 명 앞 右拐 yòuguǎi 명 우회전 看到 kàndào 동 보다

57

A：您好，您需要什么饮料？
B：我要一杯咖啡，不加 (F 糖)，谢谢。

A: 안녕하세요. 어떤 음료가 필요하신가요?
B: 저 커피 한 잔이요. (F 설탕)은 넣지 않고요. 감사합니다.

해설 빈칸의 구조는 [부사어(不)+술어(加)+___]이므로 빈칸은 목적어 자리이다. A가 어떤 음료가 필요한지 물었고, 음료를 주문하며 무언가를 넣지 말아 달라고 하는 내용이므로 정답은 F 糖(설탕)이다.

어휘 需要 xūyào 동 필요하다 饮料 yǐnliào 명 음료수 杯 bēi 양 잔 咖啡 kāfēi 명 커피 加 jiā 동 더하다 糖 táng 명 설탕

58

A：怎么 (E 突然) 下雨了？你带雨伞了吗？
B：我有两把，先借你用一下吧。

A: 왜 (E 갑자기) 비가 오지? 너 우산 가져 왔어?
B: 나 두 개 있어. 내가 빌려줄게.

해설 빈칸의 구조는 [부사어(怎么)+___+술어(下)+목적어(雨)]이므로 빈칸은 부사어 자리이다. 대화의 내용으로 보아 비가 와서 우산을 빌려준다는 내용이므로 문맥상 E 突然(갑자기)이 적합하다.

어휘 突然 tūrán 부 갑자기 下雨 xiàyǔ 동 비가 오다 带 dài 동 가져가다, 지니다 雨伞 yǔsǎn 명 우산 把 bǎ 양 손잡이가 있는 물건을 세는 단위 借 jiè 동 빌리다 用 yòng 동 사용하다

59

A：你怎么了？
B：我看不 (B 清楚) 黑板上的字，我们坐前边吧。

A: 무슨 일이야?
B: 나 칠판에 있는 글자가 (B 분명하게) 안 보여. 우리 앞에 앉자.

해설 빈칸의 구조는 [동사(看)+不+___]이므로 빈칸은 가능보어 자리이다. 빈칸 뒤에 字(글자)가 있어 문맥상 잘 안 보인다는 내용이 어울리므로 B 清楚(분명하다)가 들어가야 한다.

어휘 怎么了 zěnme le 무슨 일이야? 清楚 qīngchu 형 분명하다 黑板 hēibǎn 명 칠판 字 zì 명 글자 坐 zuò 동 앉다 前边 qiánbian 명 앞

60

A：你怎么还不睡觉？
B：我明天 (A 参加) 足球比赛，很紧张。

A: 너 왜 아직도 안 자니?
B: 저 내일 축구 시합에 (A 참가해야) 해서 너무 긴장돼요.

해설 빈칸의 구조는 [주어(我)+부사어(明天)+___+목적어(足球比赛)]이므로 빈칸은 동사술어가 들어가야 한다. 목적어인 足球比赛(축구 시합)와 어울리는 동사는 A 参加(참가하다)이다.

어휘 睡觉 shuìjiào 동 자다 参加 cānjiā 동 참가하다 足球 zúqiú 명 축구 比赛 bǐsài 명 경기, 시합 紧张 jǐnzhāng 형 긴장되다

독해 제3부분

61

今天早上下大雪了，我在车站等了30分钟，可是公共汽车还不来，我很担心迟到，就打车来公司了。	오늘 아침 폭설이 내려서 나는 정류장에서 30분을 기다렸다. 그러나 버스가 오지 않았고, 나는 지각할까 봐 걱정이 되어 바로 택시를 타고 회사에 왔다.
★ 他今天早上： A 起得很晚 B 肚子疼 **C 坐出租车上班**	★ 그는 오늘 아침에 어땠는가? A 늦게 일어났다 B 배가 아팠다 **C 택시를 타고 출근했다**

해설 질문에서 그가 아침에 어땠는지를 묻고 있다. 지문의 시작 부분에서 今天早上下大雪了(오늘 아침 폭설이 내렸다)라고 하여 폭설이 내린 상황임을 알 수 있고 마지막 부분에 打车来公司了(택시를 타고 회사에 왔다)라고 했으므로 택시를 타고 회사에 가게 되었음을 알 수 있다. 따라서 정답은 C 坐出租车上班(택시를 타고 출근했다)이다. 보기와 지문의 어휘가 일치하지 않지만 같은 뜻의 동의어를 사용하여 打车는 坐出租车로, 来公司는 上班으로 표현되었다.

어휘 下雪 xiàxuě 동 눈이 내리다　车站 chēzhàn 명 정류장　等 děng 동 기다리다　分钟 fēnzhōng 명 분　可是 kěshì 접 그러나　公共汽车 gōnggòng qìchē 명 버스　担心 dānxīn 동 걱정하다　迟到 chídào 동 지각하다　打车 dǎchē 동 택시를 타다　公司 gōngsī 명 회사　起晚 qǐwǎn 동 늦게 일어나다　肚子 dùzi 명 배, 복부　疼 téng 형 아프다　出租车 chūzūchē 명 택시　上班 shàngbān 동 출근하다

62

如果想学好一种外语，就要了解那个国家的历史和文化，最好到那个国家走一走，看一看，这样才能学好外语。	만약에 외국어 하나를 잘 배우고 싶다면 그 나라의 역사와 문화를 잘 이해해야 하며, 그 나라에 가서 걷고 보는 게 가장 좋다. 이렇게 해야만 외국어를 배울 수 있다.
★ 根据这段话，要学好一种外语： A 去补习班 **B 了解历史文化** C 多背单词	★ 이 글에 근거하여 한 외국어를 잘 배우기 위해서는 어떻게 해야 하는가? A 학원에 간다 **B 역사 문화를 이해한다** C 단어를 많이 외운다

해설 질문에서 어떻게 해야 외국어를 잘 배울 수 있는지를 묻고 있다. 지문의 도입부에서 질문의 키워드가 등장하며 如果想学好一种外语，就要了解那个国家的历史和文化(만약에 외국어 하나를 잘 배우고 싶다면 그 나라의 역사와 문화를 잘 이해해야 한다)라고 했다. 따라서 키워드가 그대로 일치하는 B 了解历史文化(역사 문화를 이해한다)가 정답이다.

어휘 如果 rúguǒ 접 만약　学 xué 동 배우다　种 zhǒng 양 종, 종류　外语 wàiyǔ 명 외국어　了解 liǎojiě 동 자세히 알다　国家 guójiā 명 국가　历史 lìshǐ 명 역사　文化 wénhuà 명 문화　最好 zuìhǎo 부 제일 좋기는　走 zǒu 동 가다　这样 zhèyàng 대 이렇게　才 cái 부 비로소, 그제서야　补习班 bǔxíbān 명 학원　背 bèi 동 외우다　单词 dāncí 명 단어

63

中国有句话叫“不怕慢，只怕站”。意思是说无论学习还是工作不怕做得有多慢，只要坚持下去，就一定会成功。	중국에 '천천히 가는 것은 두렵지 않다. 다만 두려운 것은 멈추는 것이다'라는 말이 있다. 공부를 하건, 일을 하건 간에 얼마나 천천히 하느냐는 걱정할 필요가 없고, 지속해 나가기만 하면 바로 성공할 수 있다는 의미이다.
★ 这段话主要想告诉我们： A 要学会放弃 **B 要一直努力** C 要变化	★ 이 글이 우리에게 말하고자 하는 것은? A 포기할 줄 알아야 한다 **B 계속해서 노력해야 한다** C 변화해야 한다

해설 질문은 이 글이 우리에게 주는 교훈이 무엇인가이다. 교훈적인 내용은 보통 뒷부분에 등장한다. 지문의 마지막 부분에서 只要坚持下去，就一定会成功(지속해 나가기만 하면 바로 성공할 수 있다)이라고 하여 계속해 나가는 것이 중요하다는 것을 강조하였다. 따라서 B 要一直努力(계속해서 노력해야 한다)가 정답이다.

어휘 中国 Zhōngguó 지명 중국　句 huà 양 마디　话 huà 명 말　叫 jiào 동 부르다　怕 pà 동 걱정하다　慢 màn 형 느리다, 천천히　只 zhǐ 부 단지, 오로지　站 zhàn 동 서다　意思 yìsi 명 의미, 뜻　还是 háishi 접 아니면　工作 gōngzuò 동 일하다　只要A，就B zhǐyào A, jiù B A하기만 하면 B하다　坚持 jiānchí 동 견지하다, 고수하다　下去 xiàqù ~해 나가다　一定 yídìng 부 꼭, 반드시　成功 chénggōng 동 성공하다　学会 xuéhuì 동 배워서 ~할 줄 알다　放弃 fàngqì 동 포기하다　一直 yìzhí 부 줄곧, 계속해서　努力 nǔlì 형 노력하다　变化 biànhuà 동 변화하다

64

房子又大又干净，有山有树，周围环境也不错。我很满意，但是还是要和妻子商量，以后再和你联系。	집이 크고 깨끗해요. 산도 있고 나무도 있고, 주위 환경도 좋아서 저는 매우 만족해요. 그러나 그래도 부인과 상의를 하고 나서 다시 연락드릴게요.
★ 说话人在做什么？ **A 找房子**　B 买水果　C 问路	★ 화자는 지금 무엇을 하고 있는가? **A 집을 구한다**　B 과일을 산다　C 길을 묻는다

해설 질문은 화자가 현재 무엇을 하고 있는가이다. 지문의 앞부분에서 房子又大又干净(집이 크고 깨끗해요)이라고 하며 집의 조건에 관해 이야기하고 있으므로 화자는 현재 집을 찾고 있음을 알 수 있다. 따라서 정답은 A 找房子(집을 구한다)이다.

어휘 房子 fángzi 명 집　又A又B yòu A yòu B A하기도 하고 B하기도 하다　干净 gānjìng 형 깨끗하다　树 shù 명 나무　周围 zhōuwéi 명 주위　环境 huánjìng 명 환경　不错 búcuò 형 좋다, 괜찮다　满意 mǎnyì 형 만족하다　但是 dànshì 접 그러나, 그렇지만　还是 háishi 부 ~하는 편이 좋다　妻子 qīzi 명 아내　商量 shāngliang 동 상의하다　以后 yǐhòu 명 이후　再 zài 부 또, 다시　联系 liánxì 동 연락하다　找 zhǎo 동 찾다　水果 shuǐguǒ 명 과일　问路 wènlù 동 길을 묻다

65

我爸爸今年70多岁了，但是看起来很年轻。他告诉我，要想年轻，要注意三点：第一要多做运动，第二要保持乐观的态度，第三不要发脾气。	우리 아빠는 올해 70세가 넘으셨지만 보기에 젊어 보이신다. 아빠는 나에게 젊어지고 싶다면 3가지를 주의해야 한다고 하셨다. 첫째, 운동 많이 하기. 둘째, 낙관적인 태도 유지하기. 셋째, 화내지 않기.
★ 他爸爸认为，想年轻就应该： A 要保养皮肤 B 常常去医院 **C 多锻炼身体**	★ 그의 아빠 생각에 젊어지고 싶다면 마땅히 어떻게 해야 하는가? A 피부를 관리해야 한다 B 자주 병원에 가야 한다 **C 몸을 많이 단련해야 한다**

해설 질문에서 아빠가 생각하는 젊음의 비결을 묻고 있다. 질문의 키워드 想年轻(젊어지고 싶다면)을 지문에서 찾는다. 키워드가 언급된 곳에서 비결 세 가지를 말하고 있는데 첫 번째가 要多做运动(운동 많이 하기)이므로 보기 C와 일치한다. 따라서 정답은 C 多锻炼身体(몸을 많이 단련해야 한다)이다. 做运动과 锻炼身体는 모두 '운동하다'라는 뜻의 동의어이다.

어휘 今年 jīnnián 명 올해 岁 suì 양 살, 세 但是 dànshì 접 그러나, 그렇지만 看起来 kànqǐlái 보아하니, 보기에 年轻 niánqīng 형 젊다 告诉 gàosu 동 알려 주다 注意 zhùyì 동 주의하다 第一 dìyī 수 첫째 运动 yùndòng 동 운동하다 第二 dì'èr 수 둘째 保持 bǎochí 동 유지하다 乐观 lèguān 형 낙관적이다 态度 tàidù 명 태도 第三 dìsān 수 셋째 不要 búyào ~하지 마라 发脾气 fā píqi 화를 내다 认为 rènwéi 동 ~라고 생각하다 应该 yīnggāi 조동 마땅히 ~해야 한다 保养 bǎoyǎng 동 보양하다, 양생하다 皮肤 pífū 명 피부 常常 chángcháng 부 늘, 항상 医院 yīyuàn 명 병원 锻炼 duànliàn 동 단련하다 身体 shēntǐ 명 신체

66

我很喜欢旅行，一有时间就去，这么多年来，我几乎到过世界各国，所以我最近写了一本关于旅行方面的书。	나는 여행을 좋아해서 시간만 있으면 간다. 이렇게 몇년을 지내니 나는 거의 세계 각국을 다녀왔다. 그래서 나는 요즘 여행에 관한 책을 한 권 쓰는 중이다.
★ 关于他： **A 喜欢旅游** B 喜欢吃水果 C 是老师	★ 그는? **A 여행을 좋아한다** B 과일 먹는 것을 좋아한다 C 선생님이다

해설 질문에서 그에 관한 옳은 내용을 묻고 있다. 지문의 시작 부분에서 我很喜欢旅行(나는 여행을 좋아한다)이라고 했으므로 보기 A와 일치하는 내용이다. 旅行과 旅游는 모두 '여행하다'라는 뜻의 동의어이므로 정답은 A 喜欢旅游(여행을 좋아한다)이다.

어휘 喜欢 xǐhuan 동 좋아하다 旅行 lǚxíng 동 여행하다 一A就B yī A jiù B A하자 마자 곧 B하다 时间 shíjiān 명 시간 这么 zhème 대 이렇게 几乎 jīhū 부 거의 世界各国 shìjiè gèguó 세계 각국 所以 suǒyǐ 접 그래서 本 běn 양 권(책을 세는 단위) 关于 guānyú 개 ~에 관하여 方面 fāngmiàn 명 방면, 부분 旅游 lǚyóu 동 여행하다 水果 shuǐguǒ 명 과일

67

这只小狗是我朋友的，他要去出差，让我帮他照顾几天。小狗很听话，也很可爱。我家的孩子也非常喜欢它。	이 강아지는 내 친구 거야. 그가 출장을 가야 해서 나에게 며칠 돌봐 달라고 했어. 그 강아지는 말도 잘 듣고 너무 귀여워. 우리집 애도 너무 좋아해.
★ 关于那只狗，可以知道什么？ A 生病了 **B 很可爱** C 很麻烦	★ 이 개에 관해서 알 수 있는 것은? A 병이 났다 **B 귀엽다** C 귀찮다

해설 질문에서 강아지에 관한 옳은 내용을 묻고 있다. 강아지는 친구가 자신에게 맡긴 것이라고 했고, 지문의 중간 부분에서 小狗很听话，也很可爱(그 강아지는 말도 잘 듣고 너무 귀여워)라고 하여 보기 C가 그대로 언급되었다. 따라서 정답은 B 很可爱(귀엽다)이다.

어휘 只 zhī 양 마리(동물을 세는 단위) 小狗 xiǎogǒu 명 강아지 出差 chūchāi 동 출장 가다 让 ràng 동 ~로 하여금 ~하게 하다 帮 bāng 동 돕다 照顾 zhàogù 동 돌보다 几天 jǐtiān 명 며칠 听话 tīnghuà 동 말을 잘 듣다 可爱 kě'ài 형 귀엽다 孩子 háizi 명 아이 喜欢 xǐhuan 동 좋아하다 生病 shēngbìng 동 병이 나다 麻烦 máfan 동 귀찮게 하다

68

同学们，我们现在要回宾馆了，今天玩儿得怎么样？高兴吗？回宾馆以后好好儿休息，明天早上八点在宾馆门口集合。	학생 여러분, 우리는 지금 호텔로 돌아갈 겁니다. 오늘 잘 노셨나요? 즐거우신가요? 호텔로 돌아가서 푹 쉬시고, 내일 아침 8시에 호텔 입구에서 모이겠습니다.

★ 根据这段话，可以知道什么？	★ 이 문장에 근거하여 알 수 있는 것은?
A 要准时吃药 B 在打扫房间 **C 明天八点集合**	A 제 시간에 약을 먹어야 한다 B 방을 청소하고 있는 중이다 **C 내일 8시에 집합한다**

해설 질문은 세부 사항을 묻는 유형이므로 보기의 키워드 吃药(약을 먹다), 打扫(청소하다), 八点集合(8시에 집합하다) 등이 언급되는지 살펴본다. 화자는 학생들에게 지금 호텔로 돌아갈 것이라고 하면서 明天早上八点在宾馆门口集合(내일 아침 8시에 호텔 입구에서 모이겠습니다)라고 했다. 보기 C의 내용이 그대로 언급되었으므로 정답은 C 明天八点集合(내일 8시에 집합한다)이다.

어휘 同学 tóngxué 명 학우, 동창　回 huí 동 돌아오다, 돌아가다　宾馆 bīnguǎn 명 호텔　玩儿 wánr 동 놀다　怎么样 zěnmeyàng 대 어떠하다　好好儿 hǎohāor 부 잘, 충분히　休息 xiūxi 동 휴식하다, 쉬다　门口 ménkǒu 명 입구　集合 jíhé 동 집합하다, 모으다　准时 zhǔnshí 부 제때에　吃药 chīyào 동 약을 먹다　打扫 dǎsǎo 동 청소하다　房间 fángjiān 명 방

69

有些女孩儿认为越瘦越漂亮，为了能变瘦，不吃饭，通过节食来减肥，但是这样做对身体不太好。其实健康才是最重要的，想要减肥应该多做运动。	어떤 여자들은 마를수록 예쁘다고 생각해서 마르기 위해 밥을 안 먹고 단식을 통해 다이어트를 하려고 한다. 하지만 이렇게 하는 것은 몸에 좋지 않다. 사실 건강이야말로 가장 중요한 것이다. 다이어트를 하고 싶다면 마땅히 운동을 많이 해야만 한다.
★ 这段话告诉我们什么？	★ 이 글이 우리에게 알려 주고자 하는 것은?
A 要学习外语 **B 健康最重要** C 要读书	A 외국어를 공부해야 한다 **B 건강이 가장 중요하다** C 책을 읽어야 한다

해설 질문은 이 글이 우리에게 주는 교훈은 무엇인가이다. 교훈은 보통 뒷부분에 언급된다. 지문의 중간 부분에 강조하는 표현인 其实(사실은)을 사용하여 其实健康才是最重要的(사실 건강이야말로 가장 중요한 것이다)라고 하였다. 화자는 다이어트는 건강한 방법으로 해야 한다고 말하고 있으므로 알맞은 정답은 B 健康最重要(건강이 가장 중요하다)이다.

어휘 有些 yǒuxiē 대 일부, 어떤 것　女孩儿 nǚháir 명 여자아이　认为 rènwéi 동 ~라고 생각하다　越A越B yuè A yuè B A하면 할수록 B하다　瘦 shòu 형 마르다　漂亮 piàoliang 형 예쁘다　为了 wèi le 개 ~을 위해서　变瘦 biànshòu 동 살이 빠지다　通过 tōngguò 개 ~을 통해서　节食 jiéshí 동 음식을 줄이다, 절제하다　减肥 jiǎnféi 동 다이어트하다　但是 dànshì 접 그러나, 그렇지만　这样 zhèyàng 대 이렇게　对 duì 개 ~에 대하여　身体 shēntǐ 명 신체　其实 qíshí 부 사실은　健康 jiànkāng 명 건강　才 cái 부 비로소, 그제서야　重要 zhòngyào 형 중요하다　想要 xiǎngyào 조동 원하다　应该 yīnggāi 조동 마땅히 ~해야 한다　运动 yùndòng 동 운동하다　外语 wàiyǔ 명 외국어　读书 dúshū 동 책을 읽다

70

办公室的传真机突然不能用了，好像坏了，等会儿叫小张过来看一下。这份资料先用电子邮件发一下吧。	사무실의 팩스기가 갑자기 안돼요. 아무래도 망가진 거 같아요. 조금 이따가 샤오장을 불러서 봐 달라고 하죠. 이 자료는 우선 이메일로 보내세요.
★ 传真机：	★ 팩스기는?
A 很贵　B 没电　**C 坏了**	A 비싸다　B 배터리가 없다　**C 망가졌다**

해설 질문에서 팩스기에 관한 옳은 내용을 묻고 있다. 첫 문장에서 办公室的传真机突然不能用了，好像坏了(사무실의 팩스기가 갑자기 안돼요. 아무래도 망가진 거 같아요)라고 했으므로 그대로 일치하는 C 坏了(망가졌다)가 정답이다.

어휘 办公室 bàngōngshì 명 사무실　传真机 chuánzhēnjī 명 팩스　突然 tūrán 부 갑자기　用 yòng 동 사용하다　好像 hǎoxiàng 부 마치 ~과 같다　坏 huài 동 고장나다　等会儿 děnghuìr 좀 기다리다, 이따가　叫 jiào 동 부르다　过来 guòlai 동 오다　份 fèn 양 문건을 세는 단위　资料 zīliào 명 자료　电子邮件 diànzǐ yóujiàn 명 이메일　发 fā 동 보내다　没电 méidiàn 동 배터리가 없다

쓰기 제1부분

71 很　满意　老师对　我的回答

주어	부사어	술어
老师 명사	对我的回答+很 개사구+정도부사	满意。 형용사

선생님께서 나의 대답에 매우 만족하셨다.

해설 **술어 배치** 제시어 중 술어가 될 수 있는 형용사 满意(만족하다)를 술어에 배치한다.
주어 목적어 배치 형용사는 목적어를 두지 않으므로 주어를 찾는다. 술어 满意를 하는 주체로 老师(선생님)를 주어에 배치한다.
남은 어휘 배치 정도부사는 형용사를 꾸며주므로 很(아주)을 满意 앞에 배치하고 개사 对(~에)는 명사와 함께 개사구를 이루므로 我的回答(나의 대답)와 결합시켜 부사어로서 很 앞에 배치하여 문장을 완성한다.

Tip▶ 对A满意　A에 대해 만족하다
　예 老师**对**他的回答非常**满意**。 선생님께서 그의 대답에 매우 만족하셨다.

어휘 老师 lǎoshī 명 선생님　对 duì 개 ~에 대해　回答 huídá 명 대답　满意 mǎnyì 형 만족하다

72 火车　出发　马上　了　就要

주어	부사어	술어
火车 명사	马上+就+要 부사+부사+조동사	出发+了。 동사+了

기차가 곧 출발하려고 한다.

해설 **술어 배치** 제시어 중 술어가 될 수 있는 동사 出发(출발하다)를 술어에 배치한다.
주어 목적어 배치 술어 出发의 주어로 火车(기차)를 배치한다.
남은 어휘 배치 就要는 了와 함께 '就要……了'의 형식으로 쓰여 '곧 ~할 것이다'라는 뜻을 나타내므로 술어 앞에 배치하고, 어기조사 了를 문장 끝에 배치한다. 부사 马上(곧)은 부사의 어순에 따라 就 앞에 배치하여 문장을 완성한다.

어휘 火车 huǒchē 명 기차　马上 mǎshàng 부 바로　就要……了 jiùyào……le 곧 ~하려고 하다　出发 chūfā 동 출발하다

73 她的　又大又圆　眼睛

관형어	주어	술어
她+的 인칭대사+的	眼睛 명사	又+大+又+圆。 又+형용사+又+형용사
그녀의 눈은 크고 둥글다.		

해설 **술어 배치** 제시어 중 '又A又B' 형식인 又大又圆(크고 둥글다)을 술어에 배치한다.
주어 목적어 배치 명사 眼睛(눈)을 주어에 배치한다.
남은 어휘 배치 구조조사 的가 결합된 她的는 관형어로 眼睛 앞에 배치하여 문장을 완성한다.

어휘 眼睛 yǎnjing 명 눈　大 dà 형 크다　圆 yuán 형 둥글다

74 把　打扫　房子　干净了　我

주어	부사어 把+목적어	술어	보어
我 인칭대사	把+房间 把+명사	打扫 동사	干净+了。 형용사+了
나는 집을 깨끗하게 청소했다.			

해설 **술어 배치** 제시어에 개사 把가 있으므로 把자문임을 예상하고 동사 打扫(청소하다)를 술어에 배치한다.
주어 목적어 배치 把자문은 '주어+把+목적어+동사+기타성분'의 어순이므로 我(나)를 주어에 배치하고, 청소하는 대상인 房子(집)를 把와 결합시켜 술어 앞에 배치한다.
남은 어휘 배치 남은 어휘 형용사 干净了(깨끗하다)는 결과보어로 술어 뒤에 배치하여 문장을 완성한다.

어휘 把 bǎ 개 ~을/를　房子 fángzi 명 집　打扫 dǎsǎo 동 청소하다　干净 gānjìng 형 깨끗하다

75 很　说得　汉语　他　流利

주어	목적어	술어	보어
他 인칭대사	汉语 명사	说 동사	得+很+流利。 得+정도부사+형용사
그는 중국어를 유창하게 한다.			

해설 **술어 배치** 제시어 중 구조조사 得가 있으므로 정도보어가 있는 문장임을 예상한다. 得가 결합된 说得를 술어에 배치한다.
주어 목적어 배치 술어의 행위의 주체자로 대사 他(그)를 주어에 배치하고, 행위의 대상인 汉语(중국어)는 정도보어 문장의 어순에 따라 주어 뒤, 술어 앞에 배치한다.
남은 어휘 배치 남은 어휘 형용사 流利(유창하다)는 정도보어로 정도부사 很(아주)과 함께 得 뒤에 배치하여 문장을 완성한다.

Tip▶ 정도보어 문장에서 목적어는 술어 앞에 위치해야 한다.
[주어+(동사)+**목적어**+술어+得+정도보어]
예 他(唱)**歌**唱得非常好。 그는 노래를 매우 잘 부른다.

어휘 汉语 Hànyǔ 명 중국어　说 shuō 동 말하다　流利 liúlì 형 유창하다

쓰기 제2부분

76

我在学习时有(听 tīng)音乐的习惯，你有没有这种习惯呢？	나는 공부할 때 음악을 (듣는) 습관이 있다. 넌 이런 습관이 있니?

해설 빈칸의 구조는 [술어(有)+관형어{___+명사(音乐)+的}+목적어(习惯)]이다. 문장이 '음악을 ~하는 습관이 있다'라는 뜻이므로 병음 tīng에 해당하는 동사 听(듣다)을 써 넣는다.

어휘 学习 xuéxí 동 공부하다 时 shí 명 때, 시기 音乐 yīnyuè 명 음악 习惯 xíguàn 명 습관 种 zhǒng 양 종, 종류

77

(学 xué)校附近有一家中国餐厅，听说那里的菜很好吃。	(학)교 근처에 중국 식당이 하나 있는데, 듣자 하니 거기 음식 맛있다더라.

해설 빈칸의 구조는 [___校+명사(附近)+술어(有)+관형어(一家中国)+목적어(餐厅)]이다. 빈칸 뒤에 附近(근처)이 있으므로 빈칸이 포함된 단어는 장소가 되어야 한다. 병음 xué에 해당하면서 校와 함께 쓰일 수 있는 学를 써 넣는다. 学校는 '학교'라는 뜻이다.

어휘 学校 xuéxiào 명 학교 附近 fùjìn 명 부근, 근처 家 jiā 양 가정, 가게 등을 세는 단위 中国 Zhōngguó 지명 중국 餐厅 cāntīng 명 식당 听说 tīngshuō 동 듣자 하니 好吃 hǎochī 형 맛있다

78

雨下得这么大，不(知 zhī)道能不能准时到机场。	비가 이렇게 심하게 오는데, 공항에 제시간에 도착할 수 있을 지 (모르겠다).

해설 빈칸의 구조는 [부사어(不)+___道+목적어(能不能准时到机场)]이므로 빈칸이 포함된 단어는 동사술어이다. 병음 zhī에 해당하면서 道와 함께 한 단어를 이루는 知를 써 넣는다. 知道는 '알다'라는 뜻이다.

어휘 下雨 xiàyǔ 동 비가 내리다 这么 zhème 대 이렇게 知道 zhīdào 동 알다 准时 zhǔnshí 형 제시간에 到 dào 동 도착하다 机场 jīchǎng 명 공항

79

我儿子今年8岁，他又聪(明 míng)又可爱。	내 아들은 올해 8살인데 (똑똑하고) 귀엽다.

해설 빈칸의 구조는 [又+聪___+又+형용사(可爱)]이다. '又A又B'는 형용사와 함께 쓰여 'A하기도 하고 B하기도 하다'라는 뜻을 나타낸다. 따라서 병음 míng에 해당하면서 聪과 함께 한 단어를 이루는 明이 들어가야 한다. 聪明은 '똑똑하다'라는 뜻이다.

어휘 儿子 érzi 명 아들 今年 jīnnián 명 올해 岁 suì 양 살, 세 又A又B yòu A yòu B A하기도 하고 B하기도 하다 聪明 cōngmíng 형 똑똑하다 可爱 kě'ài 형 귀엽다

80

我(打 dǎ)算大学毕业后出国留学。	나는 대학교 졸업 후에 외국유학을 갈 (계획이다).

해설 빈칸의 구조는 [주어(我)+___算+부사어(大学毕业后)+술어1(出国)+술어2(留学)]이다. 문장이 '나는 대학교를 졸업한 후에 외국 유학을 ~하다'를 나타내므로 병음 dǎ에 해당하면서 算과 함께 한 단어를 이루는 打가 들어가야 한다. 打算은 '~할 계획이다'라는 뜻이다.

어휘 打算 dǎsuàn 동 ~할 계획이다 大学 dàxué 명 대학 毕业 bìyè 동 졸업하다 后 hòu 명 후 出国 chūguó 동 출국하다 留学 liúxué 동 유학하다

MEMO

I wish you the best of luck!

HSK 3급 고수들의 합격전략 4주 단기완성

초판1쇄 발행	2020년 06월 05일(인쇄 2020년 4월 22일)
발 행 인	박영일
책 임 편 집	이해욱
저 자	이지현, 이선민, 김보름, 김혜연
감 수	陈 英
편 집 진 행	이지현, 신기원, 박은경
표지디자인	이미애
편집디자인	양혜련, 안아현
발 행 처	(주)시대고시기획
출 판 등 록	제 10-1521호
주 소	서울시 마포구 큰우물로 75 [도화동 538 성지 B/D] 9F
전 화	1600-3600
팩 스	02-701-8823
홈 페 이 지	www.sidaegosi.com
I S B N	979-11-254-7079-3 (13720)
정 가	21,000원

합격의 공식 시대에듀

필수어휘

600

단어장

순서

단어장 활용법

1. 매일 30개 단어를 학습하고 암기합니다.
2. 어려운 단어는 아래와 같이 단어 옆 박스(ㅁ)에 체크 표시를 한 뒤 복습합니다.

0003 ☑	矮 3급	ǎi	형 (키가) 작다. (높이가)
0004 ☐	爱 1급	ài	명 동 사랑(하다)

3. 매일 30개 단어를 3회에 걸쳐 암기하고, 1회 암기를 완료할 때마다 박스(ㅁ)에 체크 표시를 합니다.

   ☑ **1번 외우기** ☑ **2번 외우기** ☐ **3번 외우기**

4. 마무리 학습으로 주요 단어를 테스트해 봅니다.

듣기 기초 훈련 핵심 단어를 듣는 연습하기

듣기는 꼭 들어야 할 단어를 정확히 듣는 것이 중요합니다. 따라서 듣기에서 가장 자주 출제되는 핵심 단어를 모아 정확히 듣는 훈련을 해 봅시다. 아래의 녹음은 실전모의고사 1, 2회의 듣기 지문이므로 모의고사를 모두 푼 후에 문제를 푸세요. (정답 p005)

※ 녹음을 듣고 들리는 단어에 ○표시를 하세요. 035.mp3

1. A 拿　　B 非常　　C 吃药
2. A 半　　B 旧　　C 喜欢
3. A 相信　　B 喝　　C 条
4. A 然后　　B 小心　　C 舒服
5. A 邻居　　B 安静　　C 长
6. A 穿　　B 错　　C 关心
7. A 跑步　　B 坐　　C 干净
8. A 搬　　B 难过　　C 试
9. A 别人　　B 住　　C 漂亮
10. A 奇怪　　B 历史　　C 站

11. A 骑	B 宾馆	C 认真
12. A 一样	B 眼镜	C 草
13. A 附近	B 不客气	C 考试
14. A 左边	B 公园	C 洗
15. A 写	B 怎么	C 国家
16. A 贵	B 节日	C 唱歌
17. A 经理	B 有	C 睡
18. A 锻炼	B 手机	C 让
19. A 放心	B 米饭	C 减肥
20. A 钱	B 方便	C 欢迎

	A	B	C
21.	A 见面	B 爬山	C 手表
22.	A 带	B 水果	C 知道
23.	A 新鲜	B 结束	C 天气
24.	A 习惯	B 介绍	C 堵车
25.	A 电梯	B 熊猫	C 请假
26.	A 上班	B 打扫	C 银行
27.	A 疼	B 饮料	C 飞机
28.	A 胖	B 中间	C 想
29.	A 照顾	B 旅游	C 感冒
30.	A 树	B 便宜	C 准备

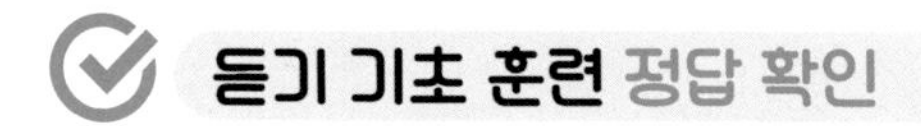

	정답	녹음
1.	C 吃药	现在好多了，只要一吃这种药眼睛就不怎么疼了。 Xiànzài hǎo duō le, zhǐyào yì chī zhè zhǒng yào yǎnjīng jiù bù zěnme téng le. 지금은 많이 좋아졌어. 이 약 먹고 나니 별로 안 아프더라고.
2.	B 旧	家里的那台洗衣机用了很久了，太旧了。 Jiā li de nà tái xǐyījī yòng le hěn jiǔ le, tài jiù le. 집에 세탁기 오래 써서 너무 낡았어.
3.	B 喝	中国人喝茶的时候，一般不加牛奶。 Zhōngguórén hē chá de shíhou, yìbān bù jiā niúnǎi. 중국인은 차 마실 때, 보통 우유를 안 넣어.
4.	C 舒服	你哪儿不舒服？ Nǐ nǎr bù shūfu? 어디가 불편하세요?
5.	A 邻居	这只小猫是邻居家养的。 Zhè zhī xiǎomāo shì línjū jiā yǎng de. 이 고양이는 이웃집에서 기르는 거야.
6.	A 穿	你出门要多穿点儿衣服，别感冒了。 Nǐ chūmén yào duō chuān diǎnr yīfu, bié gǎnmào le. 너 밖에 나갈 때 옷 많이 따뜻하게 입어. 감기 걸리지 않게.
7.	B 坐	一整天在办公室坐着，我越来越胖了，我想运动一下。 Yìzhěngtiān zài bàngōngshì zuò zhe, wǒ yuèláiyuè pàng le, wǒ xiǎng yùndòng yíxià. 하루 종일 사무실에 앉아 있으니 점점 더 뚱뚱해져서 운동을 좀 하고 싶었어.
8.	A 搬	妹妹打算下周日搬家。 Mèimèi dǎsuàn xiàzhōurì bānjiā. 여동생은 다음 주 일요일에 이사를 할 계획이다.
9.	C 漂亮	那个时候你妈妈非常漂亮。 Nàge shíhou nǐ māmā fēicháng piàoliàng. 그때 너희 엄마 예뻤지.

	정답	녹음
10.	B 历史	您对中国历史这么了解，您是不是历史教师？ Nín duì Zhōngguó lìshǐ zhème liǎojiě, nín shì bu shì lìshǐ jiàoshī? 중국 역사에 대해 이렇게나 잘 아시다니. 역사 선생님이세요?
11.	A 骑	女：你每天怎么上班？ Nǐ měitiān zěnme shàngbān? 너 매일 어떻게 출근해? 男：骑自行车上班，我家离公司很近。 Qí zìxíngchē shàngbān, wǒ jiā lí gōngsī hěn jìn. 자전거 타고 출근해. 우리 집은 회사에서 매우 가까워.
12.	B 眼镜	今天我忘带眼镜了。 Jīntiān wǒ wàng dài yǎnjìng le. 오늘 안경을 깜빡하고 안 챙겼어.
13.	C 考试	下个星期就要考试了。 Xià ge xīngqī jiù yào kǎoshì le. 다음 주에 곧 시험이야.
14.	C 洗	我在洗碗呢，等一会儿给你找。 Wǒ zài xǐwǎn ne, děng yíhuìr gěi nǐ zhǎo. 설거지하고 있으니까, 조금 이따가 찾아줄게.
15.	A 写	妈，这本书上的那个字怎么写？ Mā, zhè běn shū shang de nà ge zì zěnme xiě? 엄마, 이 책에 저 글자는 어떻게 쓰는 거예요?
16.	A 贵	这台冰箱好是好，就是有点儿贵。 Zhè tái bīngxiāng hǎo shì hǎo, jiùshì yǒudiǎnr guì. 이 냉장고 좋긴 좋은데, 근데 조금 비싸네요.
17.	C 睡	现在我太困了，什么都不想看了，我还是睡一会儿吧。 Xiànzài wǒ tài kùn le, shénme dōu bù xiǎng kàn le, wǒ háishì shuì yíhuìr ba. 지금 나 너무 졸려. 아무 것도 보고 싶지 않아. 아무래도 나 잠깐 자야겠어.

	정답	녹음
18.	B 手机	你这部手机用了多长时间了？ Nǐ zhè bù shǒujī yòng le duōcháng shíjiān le? 이 휴대폰 쓴 지 얼마나 됐어?
19.	C 减肥	不太像现在那么瘦，你减肥了吗？ Bú tài xiàng xiànzài nàme shòu, nǐ jiǎnféi le ma? 지금처럼 마르진 않았네. 다이어트한 거야?
20.	B 方便	过去手机只能打电话，但是现在除了打电话以外，还能玩游戏、听歌、看电影、上网等很方便。 Guòqù shǒujī zhǐnéng dǎ diànhuà, dànshì xiànzài chú le dǎ diànhuà yǐwài, hái néng wán yóuxì, tīnggē, kàn diànyǐng, shàngwǎng děng hěn fāngbiàn. 옛날에 휴대폰은 전화밖에 할 수 없었는데, 그러나 지금은 전화 거는 것 외에도 게임하기, 노래 듣기, 영화 보기, 인터넷 등을 할 수 있어 편리하다.
21.	B 爬山	下个星期我们部门要去爬山的内容。 Xià ge xīngqī wǒmen bùmén yào qù páshān de nèiróng. 다음 주에 우리 부서 등산 가는 내용이에요.
22.	A 带	外面阴天了，可能会下雨。你带雨伞吧。 Wàimiàn yīntiān le, kěnéng huì xiàyǔ. Nǐ dài yǔsǎn ba. 밖에 날씨가 흐리다. 비 올 것 같아. 우산 챙겨.
23.	A 新鲜	昨天你买回来的鱼，在哪儿买的？一点儿都不新鲜。 Zuótiān nǐ mǎi huílái de yú, zài nǎr mǎi de? Yìdiǎnr dōu bù xīnxiān. 어제 네가 사 온 생선 어디에서 산 거야? 하나도 안 신선해.
24.	C 堵车	挺近的，不堵车的话，二十分钟就能到。 Tǐng jìn de, bù dǔchē de huà, èrshí fènzhōng jiù néng dào. 매우 가까워요. 안 막히면 대략 20분 정도면 바로 도착해요.
25.	A 电梯	电梯坏了吗？你怎么走楼梯上来了？ Diàntī huài le ma? Nǐ zěnme zǒu lóutī shànglái le? 엘리베이터 망가졌어? 너 왜 계단으로 올라와?

	정답	녹음
26.	B 打扫	是这个吗？我们在打扫洗手间的时候发现的。 Shì zhège ma? Wǒmen zài dǎsǎo xǐshǒujiān de shíhòu fāxiàn de. 이건가요? 저희가 화장실 청소할 때 발견했습니다.
27.	C 飞机	你怎么现在才来？飞机马上就要起飞了。 Nǐ zěnme xiànzài cái lái? Fēijī mǎshàng jiù yào qǐfēi le. 너 왜 지금에서야 와? 기차 곧 출발할 거야.
28.	A 胖	那个时候我有点儿胖。 Nà ge shíhòu wǒ yǒu diǎnr pàng. 그때 나 조금 통통했었어.
29.	B 旅游	我的护照还没办好，不能去旅游了。 Wǒ de hùzhào hái méi bànhǎo, bù néng qù lǚyóu le. 내 여권이 아직 안 나와서 여행을 갈 수 없게 되었다.
30.	B 便宜	夏季的西瓜不但很好吃，而且价钱也很便宜。 Xiàjì de xīguā búdàn hěn hǎochī, érqiě jiàqián yě hěn piányi. 여름 수박은 맛있을 뿐만 아니라 게다가 가격도 저렴하다.

쓰기 기초 훈련 비슷한 한자를 구별하기

우리나라 말에 '아' 다르고 '어' 다르다라는 말이 있는 것처럼 중국어에도 한 획이 있고 없음에 따라 뜻이 달라지는 한자가 있습니다. 자주 혼동되는 비슷한 모양의 한자를 정확히 쓰는 연습을 해 봅시다.

1.

介 : 价			
介绍 jièshào 동 소개하다		价格 jiàgé 명 가격	
介绍	介绍	价格	价格

2.

午 : 干			
下午 xiàwǔ 명 오후		干净 gānjìng 형 깨끗하다	
下午	下午	干净	干净

3.

和 : 种			
和 hé 접 와/과		种类 zhǒnglèi 명 종류	
和	和	种类	种类

쓰기 기초 훈련

4.

哥 : 歌			
哥哥 gēge ⑱ 오빠/형		唱歌 chànggē ⑧ 노래를 부르다	
哥哥	哥哥	唱歌	唱歌

5.

银 : 钱			
银行 yínháng ⑱ 은행		钱包 qiánbāo ⑱ 지갑	
银行	银行	钱包	钱包

6.

化 : 花			
文化 wénhuà ⑱ 문화		花钱 huāqián ⑧ 돈을 쓰다	
文化	文化	花钱	花钱

7.

直 : 真			
一直 yìzhí ㊇ 줄곧, 곧바로		真的 zhēnde 진짜	
一直	一直	真的	真的

8.

雪 : 需			
下雪 xiàxuě ㊍ 눈이 내리다		需要 xūyào ㊍ 필요로 하다	
下雪	下雪	需要	需要

9.

错 : 借			
错误 cuòwù ㊌ 잘못된, 틀린		借 jiè ㊍ 빌리다, 빌려주다	
错误	错误	借	借

쓰기 기초 훈련

10.

间 : 闻			
时间 shíjiān ⑲ 시간		新闻 xīnwén ⑲ 뉴스	
时间	时间	新闻	新闻

11.

还 : 运			
还是 háishi ⑮ 아직도, 여전히		运动 yùndòng ⑤ 운동하다	
还是	还是	运动	运动

12.

弟 : 第			
弟弟 dìdi ⑲ 남동생		第一 dìyī ④ 첫째	
弟弟	弟弟	第一	第一

13.

注 : 往			
注意 zhùyì ⓢ 주의하다		往前 wǎng qián 앞으로	
注意	注意	住前	住前

14.

喝 : 唱			
喝 hē ⓢ 마시다		唱 chàng ⓢ 부르다	
喝	喝	唱	唱

15.

好 : 奶			
爱好 àihào ⓜ 취미		奶奶 nǎinai ⓜ 할머니	
爱好	爱好	奶奶	奶奶

쓰기 기초 훈련

16.

先 : 洗			
先生 xiānsheng 명 선생, ~씨		洗澡 xǐzǎo 동 목욕하다	
先生	先生	洗澡	洗澡

17.

国 : 图			
国家 guójiā 명 국가, 나라		图书馆 túshūguǎn 명 도서관	
国家	国家	图书馆	图书馆

18.

已 : 己			
已经 yǐjing 부 이미, 벌써		自己 zìjǐ 대 자기, 자신	
已经	已经	自己	自己

19.

休 : 体			
休息 xiūxi ⓢ 쉬다		身体 shēntǐ ⓜ 신체, 건강	
休息	休息	身体	身体

20.

茶 : 菜			
茶 chá ⓜ 차		菜 cài ⓜ 음식, 요리	
茶	茶	菜	菜

Day 01

0001 □	阿姨 3급	āyí	명 아주머니
0002 □	啊 3급	a	조 1. 문장 끝에 쓰여 감탄의 어기를 나타냄 2. 평서문 · 의문문 · 명령문의 끝에 쓰여 해당 어기를 나타냄
0003 □	矮 3급	ǎi	형 (키가) 작다, (높이가) 낮다
0004 □	爱 1급	ài	명 동 사랑(하다)
0005 □	爱好 3급	àihào	명 취미
0006 □	安静 3급	ānjìng	형 조용하다, 고요하다
0007 □	八 1급	bā	수 8, 여덟
0008 □	把 3급	bǎ	개 ~을/를 양 ~자루
0009 □	爸爸 1급	bàba	명 아빠
0010 □	吧 2급	ba	조 문장 끝에 쓰여 추측 · 청유 · 명령의 어기를 나타냄
0011 □	白 2급	bái	형 희다, 하얗다
0012 □	百 2급	bǎi	수 100, 백
0013 □	班 3급	bān	명 반, 조
0014 □	搬 3급	bān	동 운반하다, 옮기다, 이사하다
0015 □	半 3급	bàn	수 2분의 1, 반
0016 □	办法 3급	bànfǎ	명 방법, 수단
0017 □	办公室 3급	bàngōngshì	명 사무실
0018 □	帮忙 3급	bāngmáng	동 일을 돕다, 도움을 주다
0019 □	帮助 2급	bāngzhù	동 돕다
0020 □	包 3급	bāo	동 싸다 명 보따리

□ 1번 외우기 □ 2번 외우기 □ 3번 외우기

0021 □	饱 3급	bǎo	형 배부르다
0022 □	报纸 2급	bàozhǐ	명 신문
0023 □	杯子 1급	bēizi	명 잔, 컵
0024 □	北方 3급	běifāng	명 북방, 북쪽
0025 □	北京 1급	Běijīng	명 베이징
0026 □	被 3급	bèi	개 ~에 의해 ~당하다
0027 □	本 1급	běn	양 권
0028 □	鼻子 3급	bízi	명 코
0029 □	比 2급	bǐ	동 비교하다 개 ~보다
0030 □	笔记本 3급	bǐjìběn	명 노트, 노트북

※ 다음 단어의 알맞은 뜻을 연결하세요.

1. 矮 •
2. 帮忙 •
3. 鼻子 •
4. 被 •

a. 동 일을 돕다, 도움을 주다
b. 명 코
c. 형 (키가) 작다, (높이가) 낮다
d. 개 ~에 의해 ~당하다

※ 다음 병음에 해당하는 단어에 ✓표시하세요.

5. bǎ — a. 把 ( ) b. 八 ( )
6. bái — a. 百 ( ) b. 白 ( )
7. bān — a. 搬 ( ) b. 半 ( )
8. bǎo — a. 包 ( ) b. 饱 ( )

정답 1. c 2. a 3. b 4. d 5. a 6. b 7. a 8. b

0031 □	比较 3급	bǐjiào	동 비교하다 부 비교적
0032 □	比赛 3급	bǐsài	명 경기, 시합
0033 □	必须 3급	bìxū	부 반드시 ~해야 한다
0034 □	变化 3급	biànhuà	동 명 변화(하다)
0035 □	别 2급	bié	부 ~하지 마라 형 별개의, 다른
0036 □	别人 3급	biérén	명 다른 사람
0037 □	宾馆 2급	bīnguǎn	명 호텔
0038 □	冰箱 3급	bīngxiāng	명 냉장고
0039 □	不但A, 而且B 3급	búdàn A, érqiě B	A일 뿐만 아니라 게다가 B하다
0040 □	不客气 1급	búkèqi	사양하지 않다, 천만에요
0041 □	不 1급	bù	부 동사, 형용사 앞에 쓰여 부정을 나타냄
0042 □	菜 1급	cài	명 음식, 요리
0043 □	菜单 3급	càidān	명 메뉴, 메뉴판
0044 □	参加 3급	cānjiā	동 참가하다, 참여하다
0045 □	草 3급	cǎo	명 풀
0046 □	层 3급	céng	양 층, 겹
0047 □	茶 1급	chá	명 차
0048 □	差 3급	chà	형 부족하다, 좋지 않다
0049 □	长 2급	cháng	형 길다
0050 □	唱歌 2급	chànggē	동 노래를 부르다

0051 □	超市 3급	chāoshì	ⓜ 슈퍼마켓
0052 □	衬衫 3급	chènshān	ⓜ 셔츠, 블라우스
0053 □	成绩 3급	chéngjì	ⓜ 성적
0054 □	城市 3급	chéngshì	ⓜ 도시
0055 □	吃 1급	chī	ⓓ 먹다
0056 □	迟到 3급	chídào	ⓓ 지각하다
0057 □	出 2급	chū	ⓓ 나가다, 출석하다
0058 □	出租车 1급	chūzūchē	ⓜ 택시
0059 □	除了 3급	chú le	ⓙ ~을 제외하고, ~외에 또
0060 □	穿 2급	chuān	ⓓ 입다, 신다

※ 다음 단어의 알맞은 뜻을 연결하세요.

1. 别人 • a. ⓑ 반드시 ~해야 한다
2. 参加 • b. ⓜ 셔츠, 블라우스
3. 衬衫 • c. ⓓ 참가하다, 참여하다
4. 必须 • d. ⓜ 다른 사람

※ 다음 병음에 해당하는 단어에 ✓표시하세요.

5. chídào a. 除了 ( ) b. 迟到 ( )
6. cài a. 茶 ( ) b. 菜 ( )
7. chéngjì a. 成绩 ( ) b. 城市 ( )
8. bǐsài a. 比较 ( ) b. 比赛 ( )

정답 1. d 2. c 3. b 4. a 5. b 6. b 7. a 8. b

Day 03

0061 □	船 3급	chuán	ⓜ 배, 선박
0062 □	春 3급	chūn	ⓜ 봄
0063 □	词典 3급	cídiǎn	ⓜ 사전
0064 □	次 2급	cì	ⓨ 번, 횟수
0065 □	聪明 3급	cōngming	ⓗ 똑똑하다
0066 □	从 2급	cóng	ⓖ ~부터
0067 □	错 2급	cuò	ⓗ 틀리다, 나쁘다
0068 □	打电话 1급	dǎ diànhuà	전화를 걸다
0069 □	打篮球 2급	dǎ lánqiú	농구를 하다
0070 □	打扫 3급	dǎsǎo	ⓓ 청소하다
0071 □	打算 3급	dǎsuàn	ⓓ ~할 계획이다
0072 □	大 1급	dà	ⓗ 크다
0073 □	大家 2급	dàjiā	ⓓ 모두, 여러분
0074 □	带 3급	dài	ⓓ 지니다, 데리다
0075 □	担心 3급	dānxīn	ⓓ 걱정하다
0076 □	蛋糕 3급	dàngāo	ⓜ 케이크
0077 □	当然 3급	dāngrán	ⓑ 당연히, 물론 ⓗ 당연하다
0078 □	到 2급	dào	ⓓ 도착하다, 도달하다 ⓖ ~에, ~까지
0079 □	的 1급	de	ⓙ ~의 (수식 또는 종속 관계를 나타냄)
0080 □	得 2급	de	ⓙ 동사나 형용사 뒤에 쓰여 보어를 연결시키는 역할을 함

0081 □	地 3급	de	㊀ 단어 뒤에 쓰여 부사어를 만듦
0082 □	灯 3급	dēng	ⓜ 등, 등불
0083 □	等 2급	děng	ⓓ 기다리다
0084 □	弟弟 2급	dìdi	ⓜ 남동생
0085 □	地方 3급	dìfang	ⓜ 장소, 부분
0086 □	地铁 3급	dìtiě	ⓜ 지하철
0087 □	地图 3급	dìtú	ⓜ 지도
0088 □	第一 2급	dìyī	ⓢ 첫 번째, 최초
0089 □	点 1급	diǎn	ⓜ 시
0090 □	电脑 1급	diànnǎo	ⓜ 컴퓨터

※ 다음 단어의 알맞은 뜻을 연결하세요.

1. 担心 • a. ⓓ 걱정하다
2. 带 • b. ⓗ 똑똑하다
3. 聪明 • c. ⓜ 지하철
4. 地铁 • d. ⓓ 지니다, 데리다

※ 다음 병음에 해당하는 단어에 ✓표시하세요.

5. dìfang a. 地方 ( ) b. 地图 ( )
6. dào a. 地 ( ) b. 到 ( )
7. dǎsǎo a. 打扫 ( ) b. 打算 ( )
8. dēng a. 等 ( ) b. 灯 ( )

정답 1. a 2. d 3. b 4. c 5. a 6. b 7. a 8. b

0091 □	电视 1급	diànshì	⑲ 텔레비전
0092 □	电梯 3급	diàntī	⑲ 엘리베이터
0093 □	电影 1급	diànyǐng	⑲ 영화
0094 □	电子邮件 3급	diànzǐ yóujiàn	⑲ 전자 우편, 이메일
0095 □	东 3급	dōng	⑲ 동쪽
0096 □	冬 3급	dōng	⑲ 겨울
0097 □	东西 1급	dōngxi	⑲ 물건, 음식
0098 □	懂 2급	dǒng	⑤ 알다, 이해하다
0099 □	动物 3급	dòngwù	⑲ 동물
0100 □	都 1급	dōu	⑭ 모두, 다
0101 □	读 1급	dú	⑤ 읽다, 공부하다
0102 □	短 3급	duǎn	⑳ 짧다
0103 □	段 3급	duàn	⑰ 사물이나 시간의 한 구분을 나타냄
0104 □	锻炼 3급	duànliàn	⑤ (몸과 마음을) 단련하다
0105 □	对 2급	duì	⑳ 맞다, 옳다
0106 □	对 2급	duì	⑦ ~에게, ~에 대하여
0107 □	对不起 1급	duìbuqǐ	미안합니다
0108 □	多 1급	duō	⑳ (수량이) 많다
0109 □	多么 3급	duōme	⑭ 얼마나, 어느 정도
0110 □	多少 1급	duōshao	⑪ 얼마, 몇
0111 □	饿 3급	è	⑳ 배고프다

0112 □	儿子 1급	érzi	명 아들
0113 □	耳朵 3급	ěrduo	명 귀
0114 □	二 1급	èr	수 2, 둘
0115 □	发 3급	fā	동 보내다, 발생하다
0116 □	发烧 3급	fāshāo	동 열이 나다
0117 □	发现 3급	fāxiàn	명 동 발견(하다)
0118 □	饭店 1급	fàndiàn	명 호텔, 여관, 식당
0119 □	方便 3급	fāngbiàn	형 편리하다
0120 □	房间 2급	fángjiān	명 방

※ 다음 단어의 알맞은 뜻을 연결하세요.

1. 短 • a. 명 전자 우편, 이메일
2. 饿 • b. 형 짧다
3. 电子邮件 • c. 동 (몸과 마음을) 단련하다
4. 锻炼 • d. 형 배고프다

※ 다음 병음에 해당하는 단어에 ✓표시하세요.

5. duōme a. 多么 ( ) b. 多少 ( )
6. fāxiàn a. 发现 ( ) b. 发烧 ( )
7. dòngwù a. 东西 ( ) b. 动物 ( )
8. diàntī a. 电视 ( ) b. 电梯 ( )

정답 1. b 2. d 3. a 4. c 5. a 6. a 7. b 8. b

0121 □	放 3급	fàng	⑧ 놓다, 두다
0122 □	放心 3급	fàngxīn	⑧ 마음을 놓다, 안심하다
0123 □	非常 2급	fēicháng	⑨ 대단히, 매우
0124 □	飞机 1급	fēijī	⑲ 비행기
0125 □	分 3급	fēn	⑧ 나누다, 구분하다
0126 □	分钟 1급	fēnzhōng	⑲ 분
0127 □	服务员 2급	fúwùyuán	⑲ 종업원
0128 □	附近 3급	fùjìn	⑲ 부근, 근처
0129 □	复习 3급	fùxí	⑲ ⑧ 복습(하다)
0130 □	干净 3급	gānjìng	⑱ 깨끗하다
0131 □	感冒 3급	gǎnmào	⑲ ⑧ 감기(에 걸리다)
0132 □	感兴趣 3급	gǎn xìngqù	⑧ 흥미를 느끼다, 관심을 갖다
0133 □	刚才 3급	gāngcái	⑲ 막, 방금
0134 □	高 2급	gāo	⑱ 높다
0135 □	高兴 1급	gāoxìng	⑱ 기쁘다, 즐겁다
0136 □	告诉 2급	gàosù	⑧ 알리다
0137 □	哥哥 2급	gēge	⑲ 형, 오빠
0138 □	个 1급	gè	⑲ 개, 명
0139 □	个子 3급	gèzi	⑲ 키
0140 □	给 2급	gěi	⑧ 주다 ㉮ ~을 위하여, ~에게

0141 □	跟 3급	gēn	동 따라가다 개 ~와/과
0142 □	根据 3급	gēnjù	동 명 근거(하다), 의거(하다)
0143 □	更 3급	gèng	부 더욱, 더
0144 □	公共汽车 2급	gōnggòng qìchē	명 버스
0145 □	公斤 3급	gōngjīn	양 킬로그램
0146 □	公司 2급	gōngsī	명 회사
0147 □	公园 3급	gōngyuán	명 공원
0148 □	工作 1급	gōngzuò	명 동 일(하다)
0149 □	狗 1급	gǒu	명 개
0150 □	故事 3급	gùshi	명 이야기

※ 다음 단어의 알맞은 뜻을 연결하세요.

1. 附近 • a. 명 이야기
2. 故事 • b. 형 깨끗하다
3. 干净 • c. 명 부근, 근처
4. 公斤 • d. 양 킬로그램

※ 다음 병음에 해당하는 단어에 ✓표시하세요.

5. gèng a. 跟 ( ) b. 更 ( )
6. gōngyuán a. 公园 ( ) b. 公司 ( )
7. fàng a. 放 ( ) b. 分 ( )
8. gèzi a. 个子 ( ) b. 哥哥 ( )

정답 1. c 2. a 3. b 4. d 5. b 6. a 7. a 8. a

0151 □	刮风 3급	guāfēng	ⓢ 바람이 불다
0152 □	关 3급	guān	ⓢ 닫다, 끄다
0153 □	关系 3급	guānxi	ⓜ 관계, 관련
0154 □	关心 3급	guānxīn	ⓢ ⓜ 관심(을 갖다)
0155 □	关于 3급	guānyú	ⓖ ~에 관해서
0156 □	贵 2급	guì	ⓗ 비싸다
0157 □	国家 3급	guójiā	ⓜ 국가, 나라
0158 □	过 3급	guò	ⓢ 지나다, 겪다
0159 □	过去 3급	guòqù	ⓢ 지나가다 ⓜ 과거
0160 □	过 2급	guo	ⓙ 동사 뒤에 놓여 과거의 경험을 나타냄
0161 □	还 2급	hái	ⓑ 아직, 더, 또
0162 □	还是 3급	háishi	ⓑ 아직도 ⓙ 아니면
0163 □	孩子 2급	háizi	ⓜ 아동, 아이
0164 □	害怕 3급	hàipà	ⓢ 두려워하다, 무서워하다
0165 □	汉语 1급	Hànyǔ	ⓜ 중국어
0166 □	好 1급	hǎo	ⓗ 좋다, 안녕하다
0167 □	好吃 2급	hǎochī	ⓗ 맛있다
0168 □	号 1급	hào	ⓜ 일(날짜), 번호
0169 □	喝 1급	hē	ⓢ 마시다
0170 □	和 1급	hé	ⓙ ~와/과

0171 □	黑 2급	hēi	형 검다, 까맣다
0172 □	黑板 3급	hēibǎn	명 칠판
0173 □	很 1급	hěn	부 매우, 아주
0174 □	红 2급	hóng	형 붉다, 빨갛다
0175 □	后来 3급	hòulái	부 그 뒤에, 그 다음에
0176 □	后面 1급	hòumiàn	명 뒤쪽
0177 □	护照 3급	hùzhào	명 여권
0178 □	花 3급	huā	명 꽃
0179 □	花 3급	huā	동 (돈, 시간을) 쓰다
0180 □	画 3급	huà	동 명 그림(을 그리다)

※ 다음 단어의 알맞은 뜻을 연결하세요.

1. 还是 • a. 동 바람이 불다
2. 刮风 • b. 부 아직도 접 아니면
3. 护照 • c. 동 두려워하다, 무서워하다
4. 害怕 • d. 명 여권

※ 다음 병음에 해당하는 단어에 ✓표시하세요.

5. háishi a. 过去 ( ) b. 还是 ( )
6. hòulái a. 后来 ( ) b. 后面 ( )
7. huā a. 红 ( ) b. 花 ( )
8. guānxīn a. 关心 ( ) b. 关于 ( )

정답 1. b 2. a 3. d 4. c 5. b 6. a 7. b 8. a

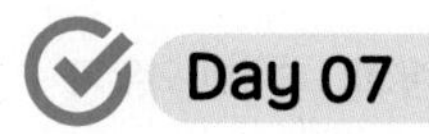

Day 07

0181 □	坏 3급	huài	형 나쁘다, 고장나다
0182 □	欢迎 3급	huānyíng	동 환영하다
0183 □	还 3급	huán	동 돌려주다, 갚다
0184 □	环境 3급	huánjìng	명 환경
0185 □	换 3급	huàn	동 교환하다, 바꾸다
0186 □	黄河 3급	Huánghé	명 황허
0187 □	回 1급	huí	동 되돌아가다
0188 □	回答 3급	huídá	동 명 대답(하다)
0189 □	会 1급	huì	조동 ~을 할 수 있다, ~할 것이다
0190 □	会议 3급	huìyì	명 회의
0191 □	火车站 2급	huǒchēzhàn	명 기차역
0192 □	或者 3급	huòzhě	접 ~이거나
0193 □	机场 2급	jīchǎng	명 공항
0194 □	鸡蛋 2급	jīdàn	명 계란, 달걀
0195 □	几乎 3급	jīhū	부 거의
0196 □	机会 3급	jīhuì	명 기회
0197 □	极 3급	jí	부 아주, 몹시, 매우
0198 □	几 1급	jǐ	수 몇
0199 □	记得 3급	jìde	동 기억하고 있다
0200 □	季节 3급	jìjié	명 계절

□ 1번 외우기 □ 2번 외우기 □ 3번 외우기

0201 □	家 1급	jiā	명 집 양 가정, 가게 · 기업 등을 세는 단위
0202 □	检查 3급	jiǎnchá	동 검사하다, 점검하다
0203 □	简单 3급	jiǎndān	형 간단하다, 단순하다
0204 □	件 2급	jiàn	양 일, 옷을 세는 단위
0205 □	健康 3급	jiànkāng	명 건강 형 건강하다
0206 □	见面 3급	jiànmiàn	동 만나다
0207 □	讲 3급	jiǎng	동 이야기하다, 말하다
0208 □	教 3급	jiāo	동 가르치다
0209 □	角 3급	jiǎo	양 위안(元)의 1/10 (화폐 단위)
0210 □	脚 3급	jiǎo	명 발

※ 다음 단어의 알맞은 뜻을 연결하세요.

1. 回答 • a. 동 환영하다
2. 健康 • b. 명 환경
3. 欢迎 • c. 동 명 대답(하다)
4. 环境 • d. 명 건강 형 건강하다

※ 다음 병음에 해당하는 단어에 ✓표시하세요.

5. jīhuì	a. 几乎 ( )	b. 机会 ( )
6. jí	a. 几 ( )	b. 极 ( )
7. jiāo	a. 教 ( )	b. 脚 ( )
8. huàn	a. 坏 ( )	b. 换 ( )

정답 1. c 2. d 3. a 4. b 5. b 6. b 7. a 8. b

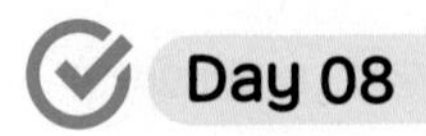

0211 □	叫 1급	jiào	동 외치다, 부르다, (이름을) ~라고 하다
0212 □	教室 2급	jiàoshì	명 교실
0213 □	接 3급	jiē	동 잇다, 연결하다
0214 □	街道 3급	jiēdào	명 거리, 큰길
0215 □	结婚 3급	jiéhūn	동 결혼하다
0216 □	节目 3급	jiémù	명 프로그램
0217 □	节日 3급	jiérì	명 기념일, 명절
0218 □	结束 3급	jiéshù	동 끝나다, 마치다
0219 □	姐姐 2급	jiějie	명 누나, 언니
0220 □	解决 3급	jiějué	동 해결하다
0221 □	借 3급	jiè	동 빌려주다, 빌리다
0222 □	介绍 2급	jièshào	동 소개하다
0223 □	今天 1급	jīntiān	명 오늘
0224 □	进 2급	jìn	동 (바깥에서 안으로) 들다
0225 □	近 2급	jìn	형 가깝다
0226 □	经常 3급	jīngcháng	부 늘, 항상
0227 □	经过 3급	jīngguò	동 경과하다, 경험하다
0228 □	经理 3급	jīnglǐ	명 기업의 책임자, 사장, 매니저
0229 □	九 1급	jiǔ	수 9, 아홉
0230 □	久 3급	jiǔ	형 오래다, (시간이) 길다

0231 □	就 2급	jiù	부 곧, 바로
0232 □	旧 3급	jiù	형 옛날의, 과거의, 낡다
0233 □	句子 3급	jùzi	명 문장, 구
0234 □	觉得 2급	juéde	동 ~라고 생각하다, 느끼다
0235 □	决定 3급	juédìng	동 결정하다, 결심하다
0236 □	咖啡 2급	kāfēi	명 커피
0237 □	开 1급	kāi	동 열다
0238 □	开始 2급	kāishǐ	동 시작하다
0239 □	看 1급	kàn	동 보다, 구경하다, (눈으로만) 읽다
0240 □	看见 1급	kànjiàn	동 보다, 보이다

※ 다음 단어의 알맞은 뜻을 연결하세요.

1. 决定 • — a. 동 끝나다, 마치다
2. 结束 • — b. 동 해결하다
3. 经理 • — c. 명 기업의 책임자, 사장, 매니저
4. 解决 • — d. 동 결정하다, 결심하다

※ 다음 병음에 해당하는 단어에 ✓표시하세요.

5. jīngcháng — a. 经常 ( ) b. 经过 ( )
6. jiémù — a. 节目 ( ) b. 节日 ( )
7. jiù — a. 久 ( ) b. 旧 ( )
8. jiē — a. 叫 ( ) b. 接 ( )

정답 1. d 2. a 3. c 4. b 5. a 6. a 7. b 8. b

Day 09

0241 □	考试 2급	kǎoshì	㊔ ㊐ 시험(을 보다)
0242 □	渴 3급	kě	㊕ 목이 마르다
0243 □	可爱 3급	kě'ài	㊕ 사랑스럽다, 귀엽다
0244 □	可能 2급	kěnéng	㊖ 아마도, 아마
0245 □	可以 2급	kěyǐ	㊐ ~할 수 있다, ~해도 좋다
0246 □	课 2급	kè	㊔ 수업, 강의
0247 □	刻 3급	kè	㊗ 15분
0248 □	客人 3급	kèrén	㊔ 손님
0249 □	空调 3급	kōngtiáo	㊔ 에어컨
0250 □	口 3급	kǒu	㊔ 입 ㊗ 식구(사람을 셀 때 쓰임)
0251 □	哭 3급	kū	㊐ (소리 내어) 울다
0252 □	裤子 3급	kùzi	㊔ 바지
0253 □	块 1급	kuài	㊗ 덩어리, 조각, 위안(화폐 단위)
0254 □	快 2급	kuài	㊕ (속도가) 빠르다
0255 □	快乐 2급	kuàilè	㊕ 즐겁다, 유쾌하다
0256 □	筷子 3급	kuàizi	㊔ 젓가락
0257 □	来 1급	lái	㊐ 오다
0258 □	蓝 3급	lán	㊕ 남색의
0259 □	老 3급	lǎo	㊕ 늙다, 나이 먹다
0260 □	老师 1급	lǎoshī	㊔ 선생님

0261 □	了 1급	le	㉢ 동작의 완료, 변화를 나타냄
0262 □	累 2급	lèi	ⓗ 지치다, 피곤하다
0263 □	冷 1급	lěng	ⓗ 춥다
0264 □	离 2급	lí	㉮ ~에서, ~로부터
0265 □	离开 3급	líkāi	ⓓ 떠나다, 벗어나다
0266 □	里 1급	lǐ	ⓜ 속, 안
0267 □	礼物 3급	lǐwù	ⓜ 선물
0268 □	历史 3급	lìshǐ	ⓜ 역사
0269 □	脸 3급	liǎn	ⓜ 얼굴
0270 □	练习 3급	liànxí	ⓓ 연습하다, 익히다 ⓜ 연습

※ 다음 단어의 알맞은 뜻을 연결하세요.

1. 渴 • a. ⓗ 목이 마르다
2. 历史 • b. ⓜ 손님
3. 哭 • c. ⓓ (소리 내어) 울다
4. 客人 • d. ⓜ 역사

※ 다음 병음에 해당하는 단어에 ✓표시하세요.

5. kǎoshì a. 考试 ( ) b. 练习 ( )
6. lí a. 里 ( ) b. 离 ( )
7. lán a. 老 ( ) b. 蓝 ( )
8. kuàizi a. 筷子 ( ) b. 裤子 ( )

정답 1. a 2. d 3. c 4. b 5. a 6. b 7. b 8. a

Day 10

0271 □	两 2급	liǎng	㊌ 2, 둘
0272 □	辆 3급	liàng	㊏ 대 (차량을 셀 때 쓰는 양사)
0273 □	聊天 3급	liáotiān	㊍ 이야기하다
0274 □	了解 3급	liǎojiě	㊍ 알다, 이해하다
0275 □	邻居 3급	línjū	㊔ 이웃, 이웃 사람
0276 □	零 2급	líng	㊌ 0, 공
0277 □	留学 3급	liúxué	㊍ ㊔ 유학(하다)
0278 □	六 1급	liù	㊌ 6, 여섯
0279 □	楼 3급	lóu	㊔ 층, 건물
0280 □	路 2급	lù	㊔ 길, 도로
0281 □	旅游 2급	lǚyóu	㊔ ㊍ 여행(하다)
0282 □	绿 3급	lǜ	㊗ 푸르다 ㊔ 초록색
0283 □	妈妈 1급	māma	㊔ 엄마, 어머니
0284 □	马 3급	mǎ	㊔ 말
0285 □	马上 3급	mǎshàng	㊓ 곧, 즉시
0286 □	吗 1급	ma	㊇ 문장 끝에 쓰여 의문을 표시함
0287 □	买 1급	mǎi	㊍ 사다
0288 □	卖 2급	mài	㊍ 팔다, 판매하다
0289 □	满意 3급	mǎnyì	㊗ 만족하다, 만족스럽다
0290 □	慢 2급	màn	㊗ 느리다

□ 1번 외우기 □ 2번 외우기 □ 3번 외우기

0291 □	忙 2급	máng	형 바쁘다
0292 □	猫 1급	māo	명 고양이
0293 □	帽子 3급	màozi	명 모자
0294 □	没关系 1급	méi guānxi	괜찮다, 문제없다
0295 □	没有 1급	méiyǒu	동 없다, 가지고 있지 않다
0296 □	每 2급	měi	대 매, ~마다
0297 □	妹妹 2급	mèimei	명 여동생
0298 □	门 2급	mén	명 문, 출입구
0299 □	米 3급	mǐ	명 쌀 양 미터
0300 □	米饭 1급	mǐfàn	명 밥, 쌀밥

※ 다음 단어의 알맞은 뜻을 연결하세요.

1. 帽子 · a. 양 대 (차량을 셀 때 쓰는 양사)
2. 辆 · b. 동 이야기하다
3. 满意 · c. 명 모자
4. 聊天 · d. 형 만족하다, 만족스럽다

※ 다음 병음에 해당하는 단어에 ✓표시하세요.

5. máng a. 忙 ( ) b. 慢 ( )
6. lóu a. 路 ( ) b. 楼 ( )
7. mǎ a. 吗 ( ) b. 马 ( )
8. mài a. 买 ( ) b. 卖 ( )

정답 1. c 2. a 3. d 4. b 5. a 6. b 7. b 8. b

0301 □	面包 3급	miànbāo	명 빵
0302 □	面条 2급	miàntiáo	명 국수
0303 □	明白 3급	míngbai	형 분명하다 동 이해하다, 알다
0304 □	明天 1급	míngtiān	명 내일
0305 □	名字 1급	míngzi	명 이름, 사물의 명칭
0306 □	拿 3급	ná	동 (손으로) 잡다, 가지다
0307 □	哪 1급	nǎ	대 어느, 어떤
0308 □	那 1급	nà	대 저것, 그것
0309 □	奶奶 3급	nǎinai	명 할머니
0310 □	男 2급	nán	명 남자, 남성
0311 □	南 3급	nán	명 남쪽
0312 □	难 3급	nán	형 어렵다, 곤란하다
0313 □	难过 3급	nánguò	형 괴롭다, 슬프다
0314 □	哪儿 1급	nǎr	대 어디, 어느 곳
0315 □	呢 1급	ne	조 의문문의 끝에 쓰여 의문을 나타냄
0316 □	能 1급	néng	동 ~할 수 있다 (능력을 표시함)
0317 □	你 1급	nǐ	대 너, 당신
0318 □	年 1급	nián	명 해, 년
0319 □	年级 3급	niánjí	명 학년
0320 □	年轻 3급	niánqīng	형 젊다

0321 □	鸟 3급	niǎo	명 새
0322 □	您 2급	nín	대 당신, 귀하 (你를 높여 부르는 말)
0323 □	牛奶 2급	niúnǎi	명 우유
0324 □	努力 3급	nǔlì	동 명 노력(하다)
0325 □	女 2급	nǚ	명 여자
0326 □	女儿 1급	nǚ'ér	명 딸
0327 □	爬山 3급	pá shān	동 명 등산(하다)
0328 □	盘子 3급	pánzi	명 쟁반, 접시
0329 □	旁边 2급	pángbiān	명 옆
0330 □	胖 3급	pàng	형 뚱뚱하다, 살찌다

※ 다음 단어의 알맞은 뜻을 연결하세요.

1. 爬山 ·　　a. 형 분명하다 동 이해하다, 알다
2. 胖 ·　　b. 형 괴롭다, 슬프다
3. 难过 ·　　c. 형 뚱뚱하다, 살찌다
4. 明白 ·　　d. 동 명 등산(하다)

※ 다음 병음에 해당하는 단어에 ✓표시하세요.

5. niánqīng　　a. 年级 ( )　　b. 年轻 ( )
6. nà　　a. 哪 ( )　　b. 那 ( )
7. miànbāo　　a. 面条 ( )　　b. 面包 ( )
8. nǔlì　　a. 努力 ( )　　b. 女儿 ( )

정답 1. d 2. c 3. b 4. a 5. b 6. b 7. b 8. a

Day 12

0331 □	跑步	2급	pǎobù	ⓢ 달리다 ⓜ 달리기
0332 □	朋友	1급	péngyou	ⓜ 친구
0333 □	啤酒	3급	píjiǔ	ⓜ 맥주
0334 □	皮鞋	3급	píxié	ⓜ 가죽 구두
0335 □	便宜	2급	piányi	ⓗ (값이) 싸다
0336 □	票	2급	piào	ⓜ 표, 티켓
0337 □	漂亮	1급	piàoliang	ⓗ 아름답다, 예쁘다
0338 □	苹果	1급	píngguǒ	ⓜ 사과
0339 □	瓶子	3급	píngzi	ⓜ 병
0340 □	七	1급	qī	ⓢ 7, 일곱
0341 □	妻子	2급	qīzi	ⓜ 아내
0342 □	骑	3급	qí	ⓢ (동물이나 자전거 등에) 타다
0343 □	奇怪	3급	qíguài	ⓗ 이상하다, 의아하다
0344 □	其实	3급	qíshí	ⓑ 사실은
0345 □	其他	3급	qítā	ⓜ 기타, 그 외
0346 □	起床	2급	qǐchuáng	ⓢ 일어나다, 기상하다
0347 □	起飞	3급	qǐfēi	ⓢ 이륙하다
0348 □	起来	3급	qǐlai	ⓢ 일어나다, 일어서다
0349 □	千	2급	qiān	ⓢ 1,000, 천
0350 □	铅笔	2급	qiānbǐ	ⓜ 연필

0351 □	钱 1급	qián	명 돈, 화폐
0352 □	前面 1급	qiánmiàn	명 앞
0353 □	清楚 3급	qīngchu	형 분명하다
0354 □	晴 2급	qíng	형 맑다, 개어 있다
0355 □	请 1급	qǐng	동 요청하다, 초빙하다, 초대하다
0356 □	请假 3급	qǐngjià	동 휴가를 신청하다
0357 □	秋 3급	qiū	명 가을
0358 □	去 1급	qù	동 가다
0359 □	去年 2급	qùnián	명 작년
0360 □	裙子 3급	qúnzi	명 치마

※ 다음 단어의 알맞은 뜻을 연결하세요.

1. 奇怪 • a. 형 분명하다
2. 骑 • b. 형 이상하다, 의아하다
3. 裙子 • c. 명 치마
4. 清楚 • d. 동 (동물이나 자전거 등에) 타다

※ 다음 병음에 해당하는 단어에 ✓표시하세요.

5. qíshí a. 其实 ( ) b. 其他 ( )
6. qǐfēi a. 起来 ( ) b. 起飞 ( )
7. piányi a. 漂亮 ( ) b. 便宜 ( )
8. qǐng a. 晴 ( ) b. 请 ( )

정답 1. b 2. d 3. c 4. a 5. a 6. b 7. b 8. b

Day 13

0361 □	然后 3급	ránhòu	㉆ 그리고 나서
0362 □	让 2급	ràng	㉢ ~로 하여금 ~하게 하다
0363 □	热 1급	rè	㉧ 덥다, 뜨겁다
0364 □	热情 3급	rèqíng	㉠ 열정, 의욕 ㉧ 친절하다
0365 □	人 1급	rén	㉠ 사람, 인간
0366 □	认识 1급	rènshi	㉢ 알다, 인식하다
0367 □	认为 3급	rènwéi	㉢ ~라고 여기다, 생각하다
0368 □	认真 3급	rènzhēn	㉧ 진지하다, 성실하다
0369 □	日 2급	rì	㉠ 낮, 하루, 일
0370 □	容易 3급	róngyì	㉧ 쉽다
0371 □	如果 3급	rúguǒ	㉆ 만일, 만약
0372 □	三 1급	sān	㉦ 3, 셋
0373 □	伞 3급	sǎn	㉠ 우산
0374 □	商店 1급	shāngdiàn	㉠ 상점
0375 □	上 1급	shàng	㉠ 위 ㉢ 오르다, 가다
0376 □	上班 2급	shàngbān	㉢ 출근하다
0377 □	上网 3급	shàngwǎng	㉢ 인터넷에 접속하다
0378 □	上午 1급	shàngwǔ	㉠ 오전
0379 □	少 1급	shǎo	㉧ 적다, 부족하다
0380 □	谁 1급	shéi	㉣ 누구, 아무

0381 □	身体 2급	shēntǐ	명 신체, 몸, 건강
0382 □	什么 1급	shénme	대 무엇, 무슨
0383 □	生病 2급	shēngbìng	동 병이 나다
0384 □	生气 3급	shēngqì	동 화내다, 성내다
0385 □	生日 2급	shēngrì	명 생일, 생신
0386 □	声音 3급	shēngyīn	명 소리, 목소리
0387 □	十 1급	shí	수 10, 열
0388 □	时候 1급	shíhou	명 때, 무렵
0389 □	时间 2급	shíjiān	명 시간, 시각
0390 □	是 1급	shì	동 ~이다

※ 다음 단어의 알맞은 뜻을 연결하세요.

1. 然后 • a. 접 만일, 만약
2. 如果 • b. 형 진지하다, 성실하다
3. 热情 • c. 명 열정, 의욕 형 친절하다
4. 认真 • d. 접 그리고 나서

※ 다음 병음에 해당하는 단어에 ✓표시하세요.

5. shíjiān a. 时候 ( ) b. 时间 ( )
6. rènwéi a. 认为 ( ) b. 认识 ( )
7. shàngwǎng a. 上午 ( ) b. 上网 ( )
8. shēngbìng a. 生病 ( ) b. 生气 ( )

정답 1. d 2. a 3. c 4. b 5. b 6. a 7. b 8. a

Day 14

0391 □	试 3급	shì	동 명 시험(삼아 해 보다)
0392 □	世界 3급	shìjiè	명 세계, 세상
0393 □	事情 2급	shìqing	명 일, 사건
0394 □	手表 2급	shǒubiǎo	명 손목시계
0395 □	手机 2급	shǒujī	명 휴대폰, 핸드폰
0396 □	瘦 3급	shòu	형 마르다, 여위다
0397 □	书 1급	shū	명 책
0398 □	舒服 3급	shūfu	형 편안하다, 상쾌하다
0399 □	叔叔 3급	shūshu	명 아저씨, 숙부
0400 □	树 3급	shù	명 나무 동 심다
0401 □	数学 3급	shùxué	명 수학
0402 □	刷牙 3급	shuāyá	동 이를 닦다 명 칫솔
0403 □	双 3급	shuāng	양 쌍, 켤레
0404 □	水 1급	shuǐ	명 물
0405 □	水果 1급	shuǐguǒ	명 과일
0406 □	水平 3급	shuǐpíng	명 수준
0407 □	睡觉 1급	shuìjiào	동 자다
0408 □	说 1급	shuō	동 말하다
0409 □	说话 2급	shuōhuà	동 말하다, 이야기하다
0410 □	司机 3급	sījī	명 운전기사

0411 □	四 1급	sì	㊃ 4, 넷
0412 □	送 2급	sòng	㊅ 보내다, 주다, 선물하다
0413 □	虽然A, 但是B 2급	suīrán A, dànshì B	비록 A하지만 그러나 B하다
0414 □	岁 1급	suì	㊏ 세, 살 (나이를 세는 단위)
0415 □	他 1급	tā	㊐ 그
0416 □	她 1급	tā	㊐ 그녀
0417 □	它 2급	tā	㊐ 그, 그것 (사람 이외의 것을 가리킴)
0418 □	太 1급	tài	㊑ 너무, 매우
0419 □	太阳 3급	tàiyáng	㊔ 태양, 해
0420 □	特别 3급	tèbié	㊑ 특히, 특별히

※ 다음 단어의 알맞은 뜻을 연결하세요.

1. 瘦 •
2. 特别 •
3. 太阳 •
4. 试 •

a. ㊔ 태양, 해
b. ㊑ 특히, 특별히
c. ㊅ ㊔ 시험(삼아 해 보다)
d. ㊕ 마르다, 여위다

※ 다음 병음에 해당하는 단어에 ✓표시하세요.

5. shuǐpíng a. 水果 ( ) b. 水平 ( )
6. suì a. 说 ( ) b. 岁 ( )
7. shǒujī a. 手机 ( ) b. 手表 ( )
8. shūfu a. 舒服 ( ) b. 数学 ( )

정답 1. d 2. b 3. a 4. c 5. b 6. b 7. a 8. a

Day 15

0421 □	疼 3급	téng	ⓗ 아프다
0422 □	踢足球 2급	tī zúqiú	축구를 하다
0423 □	题 2급	tí	ⓜ 제목, 문제
0424 □	提高 3급	tígāo	ⓓ 향상시키다
0425 □	体育 3급	tǐyù	ⓜ 체육
0426 □	天气 1급	tiānqì	ⓜ 날씨
0427 □	甜 3급	tián	ⓗ 달다, 달콤하다
0428 □	条 3급	tiáo	ⓨ 가늘고 긴 것을 세는 양사
0429 □	跳舞 2급	tiàowǔ	ⓓ ⓜ 춤(을 추다)
0430 □	听 1급	tīng	ⓓ 듣다
0431 □	同事 3급	tóngshì	ⓜ 동료
0432 □	同学 1급	tóngxué	ⓜ 동창, 학우
0433 □	同意 3급	tóngyì	ⓜ ⓓ 동의(하다)
0434 □	头发 3급	tóufa	ⓜ 머리카락
0435 □	突然 3급	tūrán	ⓗ 갑작스럽다 ⓑ 갑자기
0436 □	图书馆 3급	túshūguǎn	ⓜ 도서관
0437 □	腿 3급	tuǐ	ⓜ 다리
0438 □	外 2급	wài	ⓜ 밖, 바깥
0439 □	完 2급	wán	ⓓ 다하다, 끝나다, 완성하다
0440 □	玩 2급	wán	ⓓ 놀다

□ 1번 외우기 □ 2번 외우기 □ 3번 외우기

0441 □	完成 3급	wánchéng	ⓢ 완성하다
0442 □	碗 3급	wǎn	ⓜ 공기, 그릇
0443 □	晚上 2급	wǎnshang	ⓜ 저녁, 밤
0444 □	万 3급	wàn	ⓢ 10,000, 만
0445 □	往 2급	wǎng	ⓖ ~쪽으로, ~을 향해
0446 □	忘记 3급	wàngjì	ⓢ 잊어버리다
0447 □	为 3급	wèi	ⓖ ~에게, ~을 위하여
0448 □	位 3급	wèi	ⓨ ~분, ~명
0449 □	喂 1급	wèi	ⓖ 야, 어이, 여보세요
0450 □	为了 3급	wèi le	ⓖ ~을 위하여

※ 다음 단어의 알맞은 뜻을 연결하세요.

1. 突然 •　　a. ⓗ 갑작스럽다 ⓑ 갑자기
2. 同意 •　　b. ⓢ 잊어버리다
3. 忘记 •　　c. ⓜ ⓢ 동의(하다)
4. 完成 •　　d. ⓢ 완성하다

※ 다음 병음에 해당하는 단어에 ✓표시하세요.

5. wèi　　a. 位 (　)　　b. 外 (　)
6. wǎng　　a. 万 (　)　　b. 往 (　)
7. tóngyì　　a. 同意 (　)　　b. 同事 (　)
8. wán　　a. 碗 (　)　　b. 玩 (　)

정답 1. a 2. c 3. b 4. d 5. a 6. b 7. a 8. b

Day 16

0451 □	为什么 2급	wèishénme	㊐ 무엇 때문에, 왜
0452 □	文化 3급	wénhuà	㊔ 문화
0453 □	问 2급	wèn	㊒ 묻다, 질문하다
0454 □	问题 2급	wèntí	㊔ 문제, 질문
0455 □	我 1급	wǒ	㊐ 나, 저
0456 □	我们 1급	wǒmen	㊐ 우리(들)
0457 □	五 1급	wǔ	㊑ 5, 다섯
0458 □	西 3급	xī	㊔ 서쪽
0459 □	西瓜 2급	xīguā	㊔ 수박
0460 □	希望 2급	xīwàng	㊒ ㊔ 희망(하다)
0461 □	习惯 3급	xíguàn	㊔ 습관, 버릇
0462 □	洗 2급	xǐ	㊒ 씻다
0463 □	喜欢 1급	xǐhuan	㊒ 좋아하다
0464 □	洗手间 3급	xǐshǒujiān	㊔ 화장실
0465 □	洗澡 3급	xǐzǎo	㊒ 목욕하다
0466 □	下 1급	xià	㊔ 밑, 아래, 나중, 다음
0467 □	夏 3급	xià	㊔ 여름
0468 □	下午 1급	xiàwǔ	㊔ 오후
0469 □	下雨 1급	xiàyǔ	㊒ 비가 내리다
0470 □	先 3급	xiān	㊓ 먼저, 우선

0471 □	先生 1급	xiānsheng	명 선생, ~씨 (성인 남자에 대한 존칭)
0472 □	现在 1급	xiànzài	명 지금, 현재
0473 □	香蕉 3급	xiāngjiāo	명 바나나
0474 □	相信 3급	xiāngxìn	동 믿다
0475 □	想 1급	xiǎng	동 생각하다 조동 ~하고 싶다
0476 □	向 3급	xiàng	개 ~로, ~을 향하여
0477 □	像 3급	xiàng	동 닮다, 비슷하다
0478 □	小 1급	xiǎo	형 작다, 적다, 어리다
0479 □	小姐 1급	xiǎojie	명 아가씨
0480 □	小时 2급	xiǎoshí	명 시간

※ 다음 단어의 알맞은 뜻을 연결하세요.

1. 像 • a. 명 문화
2. 洗手间 • b. 명 습관, 버릇
3. 习惯 • c. 명 화장실
4. 文化 • d. 동 닮다, 비슷하다

※ 다음 병음에 해당하는 단어에 ✓표시하세요.

5. xiàyǔ a. 下午 ( ) b. 下雨 ( )
6. xiānsheng a. 先生 ( ) b. 洗澡 ( )
7. xiāngxìn a. 相信 ( ) b. 香蕉 ( )
8. xiǎoshí a. 小姐 ( ) b. 小时 ( )

정답 1. d 2. c 3. b 4. a 5. b 6. a 7. a 8. b

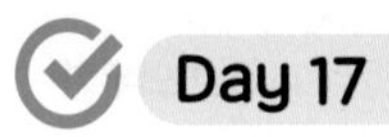

0481 □	小心 3급	xiǎoxīn	ⓓ 조심하다, 주의하다
0482 □	笑 2급	xiào	ⓓ 웃다
0483 □	校长 3급	xiàozhǎng	ⓜ 교장
0484 □	些 1급	xiē	ⓨ 약간, 조금
0485 □	写 1급	xiě	ⓓ (글씨를) 쓰다
0486 □	谢谢 1급	xièxie	감사합니다, 고맙습니다
0487 □	新 2급	xīn	ⓗ 새롭다, 새로운
0488 □	新闻 3급	xīnwén	ⓜ 뉴스
0489 □	新鲜 3급	xīnxiān	ⓗ 신선하다
0490 □	信用卡 3급	xìnyòngkǎ	ⓜ 신용 카드
0491 □	星期 1급	xīngqī	ⓜ 요일
0492 □	行李箱 3급	xínglǐxiāng	ⓜ 트렁크, 여행용 가방
0493 □	姓 2급	xìng	ⓜ 성씨 ⓓ ~을 성으로 하다
0494 □	熊猫 3급	xióngmāo	ⓜ 판다
0495 □	休息 2급	xiūxi	ⓜ ⓓ 휴식(하다), 쉬다
0496 □	需要 3급	xūyào	ⓓ 요구되다, 필요로 하다 ⓜ 수요, 필요
0497 □	选择 3급	xuǎnzé	ⓓ ⓜ 선택(하다)
0498 □	学生 1급	xuésheng	ⓜ 학생
0499 □	学习 1급	xuéxí	ⓜ ⓓ 공부(하다)
0500 □	学校 1급	xuéxiào	ⓜ 학교

□ 1번 외우기 □ 2번 외우기 □ 3번 외우기

0501 □	雪 2급	xuě	명 눈
0502 □	颜色 2급	yánsè	명 색깔
0503 □	眼睛 2급	yǎnjing	명 눈 (신체 기관)
0504 □	羊肉 2급	yángròu	명 양고기
0505 □	要求 3급	yāoqiú	명 동 요구(하다)
0506 □	药 2급	yào	명 약
0507 □	要 2급	yào	동 필요하다, 원하다 조동 ~해야 한다
0508 □	爷爷 3급	yéye	명 할아버지
0509 □	也 2급	yě	부 ~도, 역시
0510 □	一 1급	yī	수 1, 하나

※ 다음 단어의 알맞은 뜻을 연결하세요.

1. 信用卡 • a. 동 명 선택(하다)
2. 熊猫 • b. 명 동 요구(하다)
3. 要求 • c. 명 판다
4. 选择 • d. 명 신용 카드

※ 다음 병음에 해당하는 단어에 ✓표시하세요.

5. xūyào a. 颜色 ( ) b. 需要 ( )
6. xīnxiān a. 新鲜 ( ) b. 新闻 ( )
7. xiē a. 些 ( ) b. 写 ( )
8. xuéxiào a. 学习 ( ) b. 学校 ( )

정답 1. d 2. c 3. b 4. a 5. b 6. a 7. a 8. b

Day 18

0511 □	衣服 1급	yīfu	명 옷, 의복
0512 □	医生 1급	yīshēng	명 의사
0513 □	医院 1급	yīyuàn	명 병원
0514 □	一定 3급	yídìng	부 반드시, 필히, 꼭
0515 □	一共 3급	yígòng	명 합계 부 전부, 모두
0516 □	一会儿 3급	yíhuìr	잠시, 잠깐 동안
0517 □	一下 2급	yíxià	양 좀 ~하다
0518 □	一样 3급	yíyàng	형 같다, 동일하다
0519 □	已经 2급	yǐjing	부 이미, 벌써
0520 □	以前 3급	yǐqián	명 이전
0521 □	椅子 1급	yǐzi	명 의자
0522 □	一般 3급	yìbān	형 보통이다
0523 □	一边 3급	yìbiān	명 한쪽, 한편
0524 □	一点儿 1급	yìdiǎnr	조금
0525 □	一起 2급	yìqǐ	부 같이, 함께
0526 □	意思 2급	yìsi	명 생각, 뜻
0527 □	一直 3급	yìzhí	부 똑바로, 계속해서
0528 □	阴 2급	yīn	형 흐리다
0529 □	因为A, 所以B 2급	yīnwèi A, suǒyǐ B	A때문에 그래서 B하다
0530 □	音乐 3급	yīnyuè	명 음악

0531 □	银行 3급	yínháng	명 은행
0532 □	饮料 3급	yǐnliào	명 음료
0533 □	应该 3급	yīnggāi	조동 마땅히 ~해야 한다
0534 □	影响 3급	yǐngxiǎng	동 명 영향(을 주다)
0535 □	用 3급	yòng	동 쓰다, 사용하다 명 쓸모, 용도
0536 □	游戏 3급	yóuxì	동 놀다, 장난치다
0537 □	游泳 2급	yóuyǒng	동 명 수영(하다)
0538 □	有 1급	yǒu	동 있다, 가지고 있다
0539 □	有名 3급	yǒumíng	형 유명하다
0540 □	又 3급	yòu	부 또, 다시

※ 다음 단어의 알맞은 뜻을 연결하세요.

1. 影响 · a. 동 명 영향(을 주다)
2. 以前 · b. 명 이전
3. 一定 · c. 부 반드시, 필히, 꼭
4. 饮料 · d. 명 음료

※ 다음 병음에 해당하는 단어에 ✓표시하세요.

5. yìbiān a. 一直 ( ) b. 一边 ( )
6. yīnggāi a. 有名 ( ) b. 应该 ( )
7. yòu a. 又 ( ) b. 有 ( )
8. yóuxì a. 游戏 ( ) b. 游泳 ( )

정답 1. a 2. b 3. c 4. d 5. b 6. b 7. a 8. a

Day 19

0541 □	右边 2급	yòubiān	명 오른쪽
0542 □	鱼 2급	yú	명 물고기
0543 □	遇到 3급	yùdào	동 만나다, 마주치다
0544 □	元 3급	yuán	명 위안 (중국의 화폐 단위)
0545 □	远 2급	yuǎn	형 멀다
0546 □	愿意 3급	yuànyì	조동 ~하기를 바라다
0547 □	月 1급	yuè	명 월, 달
0548 □	越 3급	yuè	동 넘다, 정도를 넘다
0549 □	月亮 3급	yuèliang	명 달
0550 □	运动 2급	yùndòng	명 동 운동(하다)
0551 □	在 1급	zài	동 존재하다, 있다 개 ~에서
0552 □	再 2급	zài	부 다시, 또
0553 □	再见 1급	zàijiàn	또 뵙겠습니다, 안녕히 계십시오
0554 □	早上 2급	zǎoshang	명 아침
0555 □	怎么 1급	zěnme	대 어떻게, 왜
0556 □	怎么样 1급	zěnmeyàng	대 어떻다, 어떠하다
0557 □	站 3급	zhàn	동 서다, 일어서다 명 정류장
0558 □	张 3급	zhāng	양 종이, 책상, 침대 등을 세는 단위
0559 □	长 3급	zhǎng	동 생기다, 자라다
0560 □	丈夫 2급	zhàngfu	명 남편

0561 □	着急 3급	zháojí	ⓢ 조급해하다, 초조해하다
0562 □	找 2급	zhǎo	ⓢ 찾다, 구하다
0563 □	照顾 3급	zhàogù	ⓢ 돌보다, 보살피다
0564 □	照片 3급	zhàopiàn	ⓜ 사진
0565 □	照相机 3급	zhàoxiàngjī	ⓜ 사진기, 카메라
0566 □	这 1급	zhè	ⓓ 이, 이것
0567 □	着 2급	zhe	ⓙ ~하고 있다, ~해 있다
0568 □	真 2급	zhēn	ⓑ 정말
0569 □	正在 2급	zhèngzài	ⓑ 마침, 바야흐로
0570 □	只 3급	zhī	ⓨ 마리 (동물을 세는 단위)

※ 다음 단어의 알맞은 뜻을 연결하세요.

1. 站 • a. ⓢ 조급해하다, 초조해하다
2. 遇到 • b. ⓢ 서다, 일어서다 ⓜ 정류장
3. 着急 • c. ⓢ 만나다, 마주치다
4. 愿意 • d. ⓢ ~하기를 바라다

※ 다음 병음에 해당하는 단어에 ✓표시하세요.

5. zhǎng a. 张 ( ) b. 长 ( )
6. zhǎo a. 着 ( ) b. 找 ( )
7. yuán a. 鱼 ( ) b. 元 ( )
8. zhàogù a. 照顾 ( ) b. 照片 ( )

정답 1. b 2. c 3. a 4. d 5. b 6. b 7. b 8. a

0571 □	知道 2급	zhīdào	ⓢ 알다, 이해하다
0572 □	只 3급	zhǐ	ⓑ 단지, 오직
0573 □	只有A, 才B 3급	zhǐyǒu A, cái B	A해야만 B하다
0574 □	中国 1급	Zhōngguó	ⓜ 중국
0575 □	中间 3급	zhōngjiān	ⓜ 속, 가운데
0576 □	中文 3급	Zhōngwén	ⓜ 중국어
0577 □	中午 1급	zhōngwǔ	ⓜ 점심, 정오
0578 □	终于 3급	zhōngyú	ⓑ 마침내, 결국
0579 □	种 3급	zhǒng	ⓨ 종류, 가지
0580 □	重要 3급	zhòngyào	ⓗ 중요하다
0581 □	周末 3급	zhōumò	ⓜ 주말
0582 □	主要 3급	zhǔyào	ⓗ 주요하다 ⓑ 주로, 대부분
0583 □	住 1급	zhù	ⓢ 살다, 거주하다, 숙박하다
0584 □	注意 3급	zhùyì	ⓢ 주의하다, 조심하다
0585 □	准备 2급	zhǔnbèi	ⓢ 준비하다
0586 □	桌子 1급	zhuōzi	ⓜ 탁자, 책상
0587 □	字 1급	zì	ⓜ 글자, 문자
0588 □	自己 3급	zìjǐ	ⓓ 자기, 자신 ⓑ 스스로
0589 □	自行车 3급	zìxíngchē	ⓜ 자전거
0590 □	总是 3급	zǒngshì	ⓑ 늘, 줄곧, 결국

0591 □	走 2급	zǒu	동 걷다, 걸어가다
0592 □	嘴 3급	zuǐ	명 입
0593 □	最 2급	zuì	부 가장, 제일
0594 □	最后 3급	zuìhòu	명 최후, 맨 마지막
0595 □	最近 3급	zuìjìn	명 최근
0596 □	昨天 1급	zuótiān	명 어제
0597 □	左边 2급	zuǒbiān	명 왼쪽
0598 □	坐 1급	zuò	동 앉다
0599 □	做 1급	zuò	동 만들다, 하다
0600 □	作业 3급	zuòyè	명 숙제, 과제

※ 다음 단어의 알맞은 뜻을 연결하세요.

1. 嘴 • a. 부 단지, 오직
2. 只 • b. 부 마침내, 결국
3. 终于 • c. 명 입
4. 注意 • d. 동 주의하다, 조심하다

※ 다음 병음에 해당하는 단어에 ✓표시하세요.

5. zuò　a. 住 (　)　b. 坐 (　)
6. zhòngyào　a. 重要 (　)　b. 主要 (　)
7. zuìjìn　a. 最后 (　)　b. 最近 (　)
8. Zhōngwén　a. 中文 (　)　b. 中间 (　)

정답 1. c 2. a 3. b 4. d 5. b 6. a 7. b 8. a